U0553912

区域产业发展规划
理论与实例

曹 林 著

THEORY
AND CASES OF
REGIONAL
INDUSTRIAL
DEVELOPMENT
PLANNING

社会科学文献出版社
SOCIAL SCIENCES ACADEMIC PRESS (CHINA)

前 言

区域产业发展规划是地方政府实现区域产业管理的一种重要手段，在区域产业发展中发挥着至关重要的作用。党的十八大和十八届三中全会明确提出：全面深化经济体制改革，核心是处理好政府和市场的关系，要更加尊重市场规律，要使市场在资源配置中起决定性作用。因此，在当前我国经济社会转型发展、政府职能加速转变的背景下，正确认识市场与政府职能边界，科学发挥政府这只"看得见的手"的作用，通过编制符合实际和市场经济原则的区域产业发展规划，明确产业发展重点与方向，科学制定政府相关政策，引导区域产业健康持续发展，已经成为区域经济与产业发展中一项重要而迫切的研究课题。

我国制定区域产业发展规划的历史较长。但是，长期以来，由于缺乏统一的规划理论与方法体系的支撑，各地编制的产业规划暴露出诸多问题：第一，产业发展规划体系不健全。主要表现为学界对产业发展规划概念尚无共识，规划内容体系不统一，规划深度不一致，规划流程步骤不完善。第二，产业发展规划理论研究不足。产业规划涉及的理论较多，但是缺乏内在联系、完整系统、自成一体的理论体系。第三，产业发展规划方法科学性有待提高。传统产业发展规划方法过分依赖经验主义和定性研究，对工程系统方法论和现代计量经济方法的应用不足。第四，产业发展规划质量水平不高。主要表现是产业发展规划缺乏全球化与开放经济视角，缺乏公众参与性，导致产业发展定位不准确，产业发展目标不合理；对产业支撑体系、政府职能手段与产业政策认识的不足，导致产业发展保障措施及政策建议可操作性不强。

国内产业发展规划理论研究滞后与经济发展客观要求的矛盾日趋突出，因此，深入、系统地研究制定产业发展规划的理论和方法，成为重要而急迫的理论与实践研究课题。

基于此，本书对区域产业发展规划的内容、理论、方法进行了全面、系统论述，并结合案例进行分析。

除引论外，本书包含四篇十四章。

引论部分，科学界定了区域产业发展规划的定义和特征，提出区域产业发展规划合理化的标准及遵循的基本原则，指出产业规划对区域发展的积极作用和意义，并对区域产业发展规划的历程进行了回顾和评价。

第一篇为区域产业发展规划的内容体系，包括第一、第二章。第一章是区域产业发展规划的基本内容，主要有：区域产业发展的状况，总体要求、空间布局、方向与重点、支撑体系和保障措施。第二章是区域产业发展规划的研究内容，主要包括：高级次区域产业发展状况，产业发展理论与典型案例分析、产业发展条件评价、产业发展外部环境分析、产业发展战略研究和产业发展策略分析。

第二篇为区域产业发展与规划理论体系，包括第三至第八章。第三章主要从产业结构演变一般规律和主导产业选择角度归纳介绍了产业结构相关理论；第四章从结构主义、新产业组织理论和规模经济三方面总结了产业组织规划理论；第五章从区域产业分工、产业区位、产业集群、产业空间结构四大方面综述了相关产业空间布局理论；第六章以产业生命周期理论和产业链理论为核心，总结了产业时序发展规律；第七章从产业生态化概念、发展实践与生态化理论研究三方面介绍了产业生态化相关研究成果；第八章从区域产业政策概念与特征，产业政策类型与内容，产业政策手段和实施三方面综述了产业政策制定及实施相关理论。以上产业结构、产业组织、产业空间布局、产业生态化、产业时序发展与产业政策六方面的相关理论，构成了区域产业发展规划理论体系。

第三篇为区域产业发展规划方法体系，包括产业规划的研究程序与流程和发展研究方法两部分内容，分别为第九章和第十章。第九章介绍了区域产业发展规划编制的研究程序和流程，重点包括规划项目前期准备、预研及调研、规划编制、评审与结项、组织与实施、评估与调整等内容。第十章综述了产业研究和规划常用的方法，主要包括产业基本面分析法、产业发展预测法、产业结构分析法和产业空间布局分析法。

第四篇为区域产业发展规划实例分析，包括第十一章至第十四章内容。本篇主要以总体和专项这两类区域产业规划为例，说明区域产业规划的分析方法和研究过程。第十一、第十二章为区域总体产业规划案例。其中，第十一章是一个总体产业规划纲要，直接展示了西安民用航天产业基地产业发展规划（文本）的基本内容；第十二章是一个总体产业规划研究案例，主要从山西临猗县域发展战略、产业战略与产业规划三个层次，从产业规划研究的五个方面展示了区域总体产业规划的研究内容；第十三、第十四章是专项产业规划研究案例。第十三章从国内外枸杞产业发展状况、中宁枸杞产业发展典型案例、海西枸杞产业发展条件、海西枸杞产业外部环境、海西枸杞产业发展战略与海西枸杞发展策略六方面对海西枸杞产业发展规划进行了全面分析；第十四章从世界黄金产业发展状况、黄金珠宝产业发展典型案例、潼关黄金立县依据、黄金立县外部环境分析、黄金立县发展战略与黄金立县发展策略六方面对潼关黄金立县发展战略进行了分析和研究。

本书是作者在长期的产业发展理论研究与规划实践过程中总结形成的成果。其中，作者主持或参与制定的《西安民用航天产业基地"十二五"发展规划》及《海西州枸杞产业发展战略研究》《山西临猗县经济和社会发展"十二五"规划》《潼关县黄金立县发展战略规划》为本书的完成提供了深入思考的机会和良好的案例分析基础。

本书在写作过程中，得到陕西省社会科学院经济研究所裴成荣所长、吴刚副所长，陕西西部区域经济研究院李湛平等相关领导，冉树青、周宾、张馨等同事，辛宇、李艳、孙薇、韩莹、李红、宁泽逵、兰永生、岳永、张爱玲等合作老师的鼎力支持，在此表示衷心感谢！

区域产业发展规划是一项综合、复杂的研究课题。尽管作者经历和花费较长的时间思考、研究和写作，但囿于个人理论水平有限和实践经验的不足，书中难免存在诸多问题和不足。当然，本人对文中的观点与文字负有不可推卸的责任。最后，希望各位专家、学者、同人不吝批评指正，以期后续能够修改完善。

陕西省社会科学院经济研究所

曹　林

2013 年 7 月 1 日

目 录
CONTENTS

引 论 / 001

　第一节　区域产业发展规划的概念与类型 / 001

　第二节　区域产业发展规划合理化的标准与原则 / 007

　第三节　区域产业发展规划的作用和意义 / 009

　第四节　区域产业发展规划的历程及评价 / 012

　参考文献 / 016

第一篇　区域产业发展规划内容体系

第一章　区域产业发展规划的基本内容 / 019

　第一节　产业发展的状况 / 019

　第二节　产业发展的总体要求 / 020

　第三节　产业发展的空间布局 / 022

　第四节　产业发展的方向和重点 / 023

　第五节　产业发展的支撑条件 / 024

　第六节　产业发展的保障措施 / 026

　参考文献 / 027

第二章　区域产业发展规划的研究内容 / 028

　第一节　产业发展规划的研究内容 / 028

　第二节　产业发展规划研究的成果体系 / 036

　参考文献 / 038

第二篇　区域产业发展与规划理论体系

第三章　产业结构理论／041
第一节　产业结构演变理论／041
第二节　主导产业理论／045
参考文献／048

第四章　产业组织理论／049
第一节　结构主义理论／049
第二节　新产业组织理论／051
第三节　规模经济理论／052
参考文献／053

第五章　产业空间布局理论／054
第一节　产业分工理论／054
第二节　产业区位理论／056
第三节　产业集群理论／060
第四节　产业空间结构理论／067
参考文献／070

第六章　产业发展时序理论／071
第一节　产业生命周期理论／071
第二节　产业链规划理论／076
参考文献／080

第七章　产业生态化实践与理论／081
第一节　产业生态化的概念／081
第二节　产业生态化的发展实践／082
第三节　产业生态化的理论研究／084
参考文献／089

第八章　区域产业政策理论 / 090

第一节　区域产业政策的概念与特征 / 090

第二节　区域产业政策的类别及主要内容 / 091

第三节　区域产业政策的手段及选择 / 097

参考文献 / 102

第三篇　区域产业发展规划方法体系

第九章　区域产业发展规划的研究程序 / 106

第一节　规划的前期准备 / 106

第二节　规划的预研及调研 / 111

第三节　规划的科学编制 / 114

第四节　规划的评审与结项 / 116

第五节　规划的实施、评估与调整 / 117

参考文献 / 119

第十章　产业发展与规划分析方法 / 120

第一节　产业基本面分析方法 / 120

第二节　产业发展预测分析方法 / 133

第三节　产业结构分析方法 / 147

第四节　产业空间布局分析方法 / 156

参考文献 / 168

第四篇　区域产业发展规划实例分析

第十一章　西安民用航天产业基地"十二五"产业发展规划纲要 / 171

第一节　发展状况 / 171

第二节　总体要求 / 173

第三节　空间布局 / 175

第四节　发展重点 / 177

第五节　发展任务 / 186

第六节　支撑与保障 / 193

参考文献 / 196

第十二章　山西临猗产业发展规划研究 / 197

第一节　产业发展条件分析 / 197

第二节　产业发展环境分析 / 200

第三节　县域发展战略分析 / 202

第四节　产业发展战略研究 / 205

第五节　产业发展策略研究 / 214

参考文献 / 225

第十三章　青海海西枸杞产业发展规划研究 / 226

第一节　国内外枸杞产业发展研究 / 226

第二节　中宁枸杞产业发展典型案例 / 240

第三节　海西枸杞产业发展条件评价 / 244

第四节　海西枸杞产业发展环境分析 / 250

第五节　海西枸杞产业发展战略分析 / 255

第六节　海西枸杞产业发展策略研究 / 263

参考文献 / 285

第十四章　潼关黄金立县发展战略规划研究 / 286

第一节　国内外黄金产业发展研究 / 286

第二节　区域黄金产业发展典型案例分析 / 291

第三节　潼关黄金立县的条件评价 / 297

第四节　潼关黄金立县的环境分析 / 302

第五节　潼关黄金立县发展战略研究 / 304

第六节　潼关黄金立县发展策略分析 / 311

参考文献 / 329

引 论

区域产业发展规划是地方政府实现区域产业管理的一种重要手段，在区域产业发展中发挥着至关重要的作用。科学理解区域产业规划的定义与类型，树立产业规划合理化的标准与原则，正确认识区域产业规划的作用和意义，客观认识区域产业规划的发展历程与历史经验是科学编制产业规划的前提。

第一节 区域产业发展规划的概念与类型

目前，我国规划有很多种类型，如经济和社会发展计划、区域规划、城市规划、产业规划、土地规划、园区规划等。这些规划既有区别又相互联系，并且都与产业有密切关系，如何准确理解和定义区域产业发展规划，清晰界定、明确其与相关规划之间的关系，是科学制定产业规划的基本前提，也有助于增强对规划认识的系统性。

一 区域产业发展规划的定义

所谓定义，就是用简短明确的语句揭示概念的内涵，即揭示概念所反映的对象的特点或本质的一种逻辑方法。被定义概念主要是将种差和邻近属概念整合成具有内在逻辑关系的单句，可以等式表示为"被定义概念＝种差＋邻近属概念"。其中，"种差"是指同一属概念下的种概念所独有的属性（和其他属概念的本质差别），"邻近属概念"是指包含被定义者的最小属概念。

区域产业发展规划与规划概念紧密相关。我们在对这两个概念的研究成果基础上，科学界定区域产业发展规划的定义。

在学术界，学者对规划给出了不同定义，产业发展规划在学术界也尚未达成共识。《牛津词典》指出，"规划是考虑如何处理正在发生和未来发生的事情的一种认知过程"。世界文化遗产中心的区域恢复议程（2004）认为，"规划是对一项活动程序制定的规则和政策"。互动百科（2004）认为：规划，意即进行比较全面的长远的发展计划，是对未来整体性、长期性、基本性问题的思考、考量和设计未来整套行动方案。

在区域经济规划的概念的基础上，孙久文（2004）提出"区域产业发展规划是在一定范围内区域产业发展与布局的方案设计及其实施对策的总和"。杜莉，原毅军（2007）认为，"可以把产业发展规划理解为产业发展的战略性决策，实现产业长远发展目标的方案体系，为产业发展所制定的指导性纲领"。张文忠（2009）认为，"产业规划是对一个国家或地区未来产业发展的预见和预想，是建立在对一个国家或地区产业发展现状、产业发展要素禀赋、国际国内产业发展态势和市场潜力等理性分析和经验判断基础之上的。"陈文辉（2010）认为，"产业规划是在产业要素或资源空间合理配置理论基础上，研究特定地区产业发展的未来趋势，并制定出相应的对策和措施"。蓝庆新（2011）认为，"产业规划是综合考虑产业内的自然资源和社会经济基础的各个方面，在一定范围内对产业开发和布局，对产业结构和组织调整进行整体布置和安排，并制定相关策略措施的系统过程"。中国项目咨询网认为，"产业规划是指综合运用各种理论分析工具，从当地实际状况出发，充分考虑国际国内及区域经济发展态势，对当地产业发展的定位、产业体系、产业结构、产业链、空间布局、经济社会环境影响、实施方案等做出一年以上的科学计划"。

综合以上研究成果可以看出，各学者从邻近属概念和种差角度，对产业发展规划的定义进行了探讨，从中可以基本把握区域产业发展规划的特征。

第一，区域产业发展规划的邻近属概念。产业发展的邻近属概念主要包含两层含义：一是产业未来发展的谋划，即以上研究者分别提出的产业发展的"预见和预想""整体布置和安排"或"产业发展蓝图"，主要包含对产业结构、产业布局、产业链、空间布局等的布置与安排。二是实现产业发展的对策和措施，即以上学者分别提出的"实施对策""方案体系""对策和措施""策略措施"等，主要包含产业支撑体系、政策及相关措施。

第二，区域产业发展规划的种差。种差是由多个属性组成的复杂属性，是限定邻近属概念属性的重要信息点，体现了被定义概念的核心特征。以上研究表明，产业发展规划的种差主要包含以下属性：一是产业发展规划具有空间属性。诸多学者认为产业发展规划应有区域性，规划应立足本地实际，认识区域产业发展的基础与优势。规划产业的最终规划内容应该限定在"特定区域内"。同时，在进行产业研究时，也应从全国或全球化视野，识别本区域产业规划的地位和作用、优势和差距。二是产业发展规划制定必须遵循客观规律。在规划理论上，产业发展规划要遵循现代产业运行规律、区域经济发展规律、公共经济管理理论等。三是产业规划编制方法要科学。随着学科的不断融合发展，也产生了许多新的研究方法，产业规划要不断汲取新成果，创新规划研究方法。

以上研究成果从多方面概括了产业发展规划的基本特征。但是，产业发展规划依然有若干特点应该予以体现。

第一，产业发展规划应该具有时段性。从时间维度看，区域产业发展规划具有时间性的限定，否则规划不能反映随着产业周期变动，产业发展的规划重点。按照实践，我国区域产业发展规划一般期限均在1年以上。

第二，产业发展规划临近属性应该更全面。产业临近属性范围不仅包括产业结构、产业组织与产业布局等内容，也包括产业链、产业生态与时序发展等多项内容。

第三，产业发展规划流程与步骤要科学合理。在步骤与流程上，要遵循产业发展预研、调研、编制与动态调整的科学要求，采用规范合理的研究流程。很多研究机构及政府规划部门总结出合理实用的规划编制流程与步骤值得借鉴。

综合上述分析，我们认为区域产业发展规划概念的邻近属概念为：产业未来发展的谋划、对策和措施。种差特征为：区域性、时段性、科学性，其中，科学性主要体现为科学的产业规划理论基础、科学的规划方法体系，合理的规划步骤与流程。

因此，我们对区域产业发展规划进行如下界定：区域产业发展规划是在特定时间、特定区域内，遵循产业发展基本规律，综合运用产业规划方法体系，按照既定的流程与步骤，立足区域发展基础，把握产业发展趋势与分布格局，对区域总体或某项产业在产业结构、产业组织、产业布局、产业生态、产业时序、产业政策未来发展上提出战略性、系统性、前瞻性、操作性的谋划、对策和措施。

二 区域产业发展规划的特点

区域产业发展规划的本质是在一定区域内，地方政府部门通过合理干预的方式，实现产业快速健康发展的预期。它是一个对既定目标不断修正，对影响规划主要因素不断平衡和协调的动态发展过程。产业发展规划主要呈现以下特点。

第一，科学性。产业规划是产业经济学、公共经济学、策划学交叉的研究领域，是一个包含理论、方法、内容在内的系统科学体系。一方面，产业发展规划要求遵循产业发展规律，充分发挥产业自身发展机制，合理引导和促进产业发展；另一方面，产业规划编制要求遵循正确的研究程序，采用科学的规划理论与方法，设计合理的产业发展战略和策略。

第二，战略性。区域产业规划是对区域内产业未来发展的定位、目标、实现途径和手段的总体谋划，是产业发展全局性、未来性、根本性的问题。产业规划重点关注产业的未来发展趋势、战略部署和战略措施，而不细究产业发展规划的细枝末节与微细操作工具的设计。

第三，前瞻性。产业发展规划是对未来产业发展状态的一种判断与展望。因此，产业发展规划制定时，要求不仅仅立足当时产业发展基础，更强调在科学预测未来发展环境前提下，对产业发展趋势做出科学判断和提出有效的思路对策。科学规划的前瞻性主要体现为：一是产业规划注重区域环境变化、发展机遇和政策机会的研究，利用区域比较优势，挖掘产业发展新机会。二是产业规划关注对全球产业新动向的研究，培育未来成长性新产业，或是对产业进行改造和提升，以此增强产业竞争力。

第四，系统性。产业规划内容比较广泛，是一个与区域经济、社会、政治、文化紧密相关，涵盖原料供给（种植养殖）、加工、存储物流、销售服务、技术研发、文化创意等整个产业链的复杂系统。产业规划既要对产业内各系统、各要素进行全面考虑，又要对经济社会发展部门进行统筹协调，在综合平衡中推动产业协调发展。因此，产业规划的过程实际上就是一个在多方向、多目标、多方案的产业规划方案比较选择最优方案的过程。

第五，操作性。区域产业发展规划属于应用研究范畴，它更强调对策性与实用性。这要求在规划中要识别关键因素，抓住主要问题和矛盾，寻求解决问题的有效办法。产业发展规划操作性具体体现在：一是规划的发展目标尽可能数量化，具有横向、纵向可比性。二是规划要宏观、微观结合，在进行产业重点与方向设计时，要进一步细化行业门类和产业链条，寻求规划能够依托的重点企业和项目。三是产业规划要和土地利用结合，保障产业"可落地"。四是注重产业发展任务的时序性安排，保证产业能够有序稳步推进。

三 区域产业发展规划与相关规划的关系

从规划体系来看，产业规划属于专项规划，因此它应该以综合规划的基本要求、发展目标等为依据，具体细化、落实综合规划中关于产业规划的内容。

1. 区域产业发展规划与经济社会发展规划

区域经济社会发展规划是区域发展的综合性规划，涉及区域发展的经济、政治、社会、文化、民生等各个方面。区域经济社会发展规划通过制定区域战略意图，明确政府工作重点，引导市场主体行为，是未来经济社会发展的蓝图和行动纲领，是政府履行经济调节、市场监管、社会管理和公共服务与职责的重要依据。因此，国民经济社会发展规划是一个指导各类综合规划和专项规划的统领性、战略性和全局性的综合规划。它对所有的总体规划、行业规划、空间规划等都具有直接或间接的指导性。区域产业规划是区域经济社会发展规划的一部分，是经济社会发展规划在产业发展和空间布局上的具体落实。

2. 区域产业发展规划与区域规划

区域规划是为了通过促进区域经济发展，控制不合理开发，保护生态环境和国土整治，提高区域的综合福利水准和保持可持续发展，而对国内某一地区或特定地区实施区别于其他地区的政策和规划。区域规划包括区域发展、产业发展、土地利用、城镇体系等多方面。产业规划是区域规划内容的主要组成部分，产业规划要服从区域规划的基本原则和内容。

3. 区域产业发展规划与城市规划

城市规划是指对城市未来的空间和实体发展进行的谋划。它的对象主要偏重于城市物质形态部分，内容涵盖产业布局、建筑物布局、道路及运输设施设置、城市工程安排等。城市规划涉及的产业发展和规划内容主要是对产业规划内容在城市中的具体落实，两者是相互影响、相互作用的关系。因此，城市规划不应该只是简单地从用地角度对产业布局进行指导，而需要把产业作为城市发展的主要支撑力来考虑产业发展与空间配置，要明确产业的发展和区域限制。

4. 区域产业发展规划与主体功能区规划

主体功能区规划要根据区域的资源环境承载能力、现有开发密度和发展潜力，统筹谋划未来人口分布、经济布局、国土利用和城镇化格局，将国土空间划分为优化开发、重点开发、限制开发和禁止开发四类，确定主体功能定位，明确开发方向，控制开发强度，规范开发秩序，完善开发政策，逐步形成人口、经济、资源环境相协调的空间开发格局。区域产业发展规划要在主体功能区规划的指导下进行，在相应类型的功能区范围内进行产业谋划和布局。

四 区域产业发展规划的分类

分类，就是按照不同的特点、标准等将无规律的事物划分为有规律的事物。依据不同的研究目的，按照不同的标准，区域产业发展规划具有不同的分类。

根据产业规划的空间范围大小，区域产业发展规划可以划分为：跨省的区域产业发展规划，如《关中天水经济区先进制造业发展规划》《长江三角洲产业发展规划》。省域产业发展规划，如《广东省"十二五"电子信息产业发展规划》《陕西省"十二五"工业经济发展规划》。市域产业发展规划，如《西安市"十二五"都市农业发展规划》《山东威海市新能源产业发展规划（2009~2011）》。县域（县级市）产业发展规划，如《陕西省潼关县黄金产业发展规划（2009～2020）》《威海文登市养生产业发展战略规划（2013～2025）》《浙江长兴县"十二五"纺织产业发展规划》。镇域产业发展规划，如《陕西大荔高明镇"十二五"苹果产业发展规划》《广东东莞虎门镇文化产业发展规划（2011～2020）》。街区产业发展规划，如《西安市长安路街区"十二五"产业发展规划》。

根据对象的不同，产业规划可以分为：总体产业规划，如《陕西渭南市"十二五"产业发展规划》《山东烟台市产业发展规划（2011～2020）》。专项产业发展规划，如《云南省"十二五"花卉产业发展规划》《鄂尔多斯"十二五"煤炭产业发展规划》。

根据产业主体的不同，可以将区域产业发展规划分为：产业结构调整规划，如《东莞市产业结构调整规划（2008～2017）》《工业转型升级规划（2011～2015）》。产业链发展规划，如《江西省战略新兴产业延伸产业链发展规划》。产业开发规划，如《苏州太湖旅游度假区绿色产业发展规划》。产业布局规划，如《成都市文化创意产业布局规划》《江苏省沿江产业空间布局规划》。产业组织发展规划，如《山东潍坊市农业物流产业组织空间布局规划》。产业技术发展规划，如《"十一五"重大技术装备研制和重大产业技术开发专项规划》《莆田市"十二五"企业技术创新专项规划》。

根据三次产业形态，可以将区域产业发展规划分为：第一产业规划，如《陕西省"十二五"农业发展规划》《青海海西州"十二五"农牧业发展规划》。第二产业规划，如《吉林省"十二五"工业发展规划》《安徽淮安市"十二五"建筑业发展规划》。第三产业规划，如《西安市"十二五"服务业发展规划》。

根据具体行业，可以将区域产业发展规划细化分为多种行业规划。如《陕西省"十二五"钛产业发展规划》《西安周至县猕猴桃产业发展规划》《灌云县家禽养殖与加工特色产业三年规划（2010～2012年）》，等等。

根据产业载体，可以将区域产业发展规划分为：产业集群发展规划，如《山东省中小企业产业集群发展规划》。产业园区规划，如《西安（国家级）民用航天产业基地"十二五"产业发展规划》《西宁市（国家级）经济技术开发区产业发展规划（2010～2015）》。产业基地发展规划，如《南昌国家生物产业发展规划》《浙江省杭州湾产业带发展规划》《关中星火产业带规划》。

根据规划时间长短，可以将区域产业发展规划分为：长期规划，一般指5～15年的产业规划，如《阜新市太平区产业发展战略规划（2009～2020）》《杭州市大旅游产业发展规划（2006～2020）》。中期规划，一般指3～5年的产业规划，如《西安曲江楼观新区产业发展规划（2012～2015）》《兰州市"十二五"产业发展规划》。短期规划，一般为1~3年的产业规划，如《无锡市物流产业调整与提升行动计划（2009~2011）》《重庆市电子信息产业三年振兴规划》。

第二节 区域产业发展规划合理化的标准与原则

一 区域产业发展规划合理化的标准

区域产业发展规划合理化是指区域产业规划制定的产业谋划、对策和措施具有科学性，能够体现区域比较优势，与上位区域产业规划相协调，能够获得最佳的综合经济效益，实现区域产业健康、快速、协调发展。

1. 与上位区域产业规划是否相协调

（目标）区域产业规划与上位区域产业规划是系统与子系统的关系，是相互联系、相互影响、相互制约的。上位区域产业规划是出于对更高一级区域利益最大化需求而做出的。目标区域规划最大化目标可能会与上位区域产业规划的最大化目标相矛盾，然而，出于整体综合利益最大化的考虑，一般要求目标区域产业规划与上位区域产业规划相一致、相协调，因此，判断区域产业规划是否合理的标准之一是区域产业规划与上位区域产业规划相协调。

2. 是否符合区际动态比较优势

区域产业发展规划是在客观认识区域产业现状与优势基础上对区域产业未来发展提出的具有科学性的谋划、对策和措施。因此，区域产业发展规划必须符合动态比较优势原则。动态比较优势原则是在考虑区域多种因素和多种变量，特别是将技术作为内生变量或外生变量，在更宽的理论框架和更接近现实的条件下，探讨区域贸易的动态利益或比较优势的动态发展问题。区际动态比较优势原则要求谋划区域产业发展时，不仅要充分考虑当前本区域的资源、劳动、资本等资源在区际或全国具有优势，而且还要求在技术进步与扩散条件下，考量区域的相对比较优势。是否符合区际动态比较优势原则，成为判断区域产业规划是否合理的一项重要标准。

3. 是否具有最佳的综合经济效益

区域产业发展最终目的是获取经济收益，以满足当地人民日益增长的物质与精神需求。因此，区域产业规划合理化最重要的标志是能否取得最佳的综合经济效益。最佳的综合经济效益，是指在区域资源有限的条件下，能够利用人、财、物等资源，促使经济以较高速度增长；在市场需求、资源、技术等条件变动情况下，区域经济结构具有较强的应变适应能力，能够抑制经济波动，保持区域经济稳定发展。

二 区域产业发展规划编制遵循的原则

产业发展规划编制应遵循以下原则。

1. 科学性原则

产业规划是遵循产业发展基本规律，综合运用产业规划方法体系，按照既定的流程与步骤，立足区域发展基础，把握产业发展趋势，对区域产业未来发展提出的谋划、对策和措施。这要求在产业发展规划中要始终坚持科学第一性，全面贯彻落实科学发展观，严格遵循产业发展规律，正确运用产业发展规划方法，科学运用政府干预手段和措施，制定具有战略性、系统性、前瞻性、可操作性的谋划、对策和措施。

2. 协调性原则

区域中各类规划构成了一个相互联系的有机体系，相互联系、相互制约。区域产业规划是功能区规划和区域经济社会发展规划的组成部分，是区域经济规划的主要内容，也是城市规划的子系统。因此，区域规划的编制要与其他区域规划相互衔接，避免矛盾冲突。重点做好"三个"协调。一是区域规划与国家功能区划相协调。区域产业规划要符合国家功能区域类型的要求，发展与当地资源环境承载力相适应的产业。二是区域产业规划与总体规划相协调。产业规划是一种专项规划，协调产业规划和总体规划的关系，可避免重大产业投资项目与经济社会的总体发展相脱节。三是区域产业规划与专项规划相协调。协调产业规划与城市建设规划，避免产业用地与住宅用地、基础设施用地、公共服务设施用地相冲突。四是促进产业体系内部协调，促进产业结构优化发展，推进产业组织合理化，实现产业空间合理化布局。

3. 适度集中与合理分散原则

产业配置的适当集中与分散相结合，是产业规划的重要原则。产业在地域上的集中与分散，与区域间的经济发展有着直接联系。产业适当集中，能够实现规模经济，对综合开发和利用资源、建设和利用基础设施、增强生产的配套协作等有着重要作用。产业配置要求适当集中，但并不排除合理的分散，发挥产业的扩散效应，有利于缩小区域发展的极度不平衡，有利于产业要素成本的降低。

4. 增量布局与存量调整相结合原则

长期以来，我国区域经济增长以粗放型经济增长模式为主，并在此模式下形成了一批生产力较为低下、布局不尽合理的企业，成为当前经济存量的重要部分。在经济转型发展的背景下,由粗放型经济增长模式向集约型增长模式转变的任务紧迫而艰巨。在产业规划中,要对经济增量设置经济、技术和环保门槛,淘汰落后新增产能,促进先进生产力的合理布局。为了实现区域经济平稳增长,在对先进产业增量进行合理布局的同时,更要注重经济存量的调整。在制定产业规划时,既要兼顾传统基础,考虑原有产业布局状况,也要对原有布局进行调整,通过促进资金和要素存量的流动和重组,扭转原有产业布局不合理状况。

5. 政府与市场结合原则

产业规划的目的是要借助市场的力量和政府的作用推动地区产业发展。产业资源配置依靠两种手段来实现,其中,市场是资源配置的基础,政府计划是弥补市场缺陷与不足的必要手段。两种手段则体现了推动产业发展的内生因素和外部推力。在产业发展规划中,两种手段和两个力量均不可偏废,既要重视政府在信息失灵、公共产品与服务提供、市场秩序维护等方面的作用,更应以市场规律为指导,决定产业类型的选择,产业的发展方向与目标的确定,要坚决避免凌驾于市场之上,人为、盲目选择时髦产业,拔高产业定位与目标。

第三节 区域产业发展规划的作用和意义

区域产业发展规划对区域发展具有重大意义。区域产业发展规划是地方政府指导和调控经济发展的重要手段,能够弥补"市场失灵",有效配置公共资源,增加社会福利。区域产业规划是区域规划序列中的重要内容,是地区经济与社会发展规划的落实和检验,是城市土地规划的导向,是对各经济专项规划的整合。

一 区域产业发展规划的作用

在区域发展中,产业规划具有广泛的应用领域,主要体现在以下方面。

1. 区域综合规划的落实与支撑

区域产业规划作为区域综合规划中的一项专项规划,着重解决产业发展面临的重大问题和薄弱环节,对综合规划起着战略支撑作用。首先,区域产业规划是区域综合规划在产业特定领域的延伸。区域综合性规划能否实现,需要在经济和社会各个层面延伸落实。产业规划是以区域特定产业为对象编制的规划,是区域综合规划在产业领域的延伸。其次,区域产业规划是区域综合规划在特定领域的细化。制定产业规划必须将区域规划的原则、目标、任务及战略方案在产业层面上加以落实。没有产业方面的细致落实,区域综合规划就存在"短板",成为

"空中楼阁"。最后，区域产业规划是区域综合规划的必备内容。区域综合规划内容包括经济、社会、政治、文化、生态等。产业是经济规划中的重中之重，是区域指导思想、发展战略、重大项目、经济政策与保障措施中的核心内容。没有产业内容的综合规划是不完整的，也难以真正指导区域发展。

2. 地方经济部门工作的指南

产业规划对经济部门工作具有直接的指导作用，是部门长期、年度工作目标和行动方案制定的依据。区域产业规划一经地方政府确定，其目标、内容将会分解落实到发展与改革、科技、招商、财政、税务、经贸、园区等地方政府各个职能部门的行动计划中。产业规划确定的目标也成为评价部门工作的重要标准。区域产业规划设置的发展目标，给各部门行动方案提供了约束和要求，各个部门必须相互协调，共同努力，按照规划中制定的时间和目标推进。

3. 区域招商引资的依据

招商引资是产业发展的关键环节，产业发展规划包含招商引资的重要内容，并为招商引资提供指导。首先，产业发展规划中的招商引资内容不可或缺。产业的培养和发展离不开外界因素的介入，其中外部企业的进入，外部资本、技术等资源的引入是区域产业发展不可缺少的条件。其次，产业规划为区域招商提供指导。产业规划制定的产业和业态指导目录，规定鼓励、限制、禁止的产业和业态，可作为地方政府进行招商引资、项目准入、结构调整、政策支持的意见，为地方招商方案的确定和目标的选择提供指导，对招商引资的重点、方向提供支持。最后，招商引资宣传必须以产业规划为基础。招商工作实际上是产业的招商，产业发展规划确定的产业发展方向、重点领域、产业项目、优惠政策成为招商部门制定招商规划的重要基础。招商引资活动中关于投资环境、重点项目、优惠政策等内容必须与区域产业规划相一致。

4. 区域开发建设规划的先导

城市规划、土地利用规划和产业规划是区域发展中的三个重要规划。产业规划是对未来产业发展的谋划，决定着区域经济发展的方向。城市规划是指对城市未来的经济（产业）空间和实体发展进行的谋划。土地利用规划是在明确未来经济发展方向的前提下，推动项目落地，实现对土地的高效利用。三者之间关系紧密，相互联系，相互依存。但是，在时序发展方向上，三者之间并不是并列的关系，产业规划先导于城市建设规划和土地利用规划，因为只有在明确区域发展方向之后，才能具体考虑空间布局和土地如何利用的问题。因此，产业发展规划是区域开发建设的先导，在区域开发建设规划中发挥着"先行者"的角色和作用。

5. 区域产业配套政策制定的依据

区域产业配套政策是区域政府为了促进相关产业发展专门制定的鼓励性政策措施。区域产业配套政策一般包括资金补助、税收减免、土地优惠、项目奖励、人才引进奖励等诸多方面。产业规划在科学制定产业发展目标和产业发展重点的同时，也要提出相关产业的扶持政策和建议。一方面，可以直接为地方政府相关部门制定产业配套政策提供依据；另一方面，也可以为地方政府向上级主管部门寻求相应配套政策提供依据。

二　区域产业发展规划的意义

实践证明，市场经济机制是实现资源配置的有效机制。然而，市场机制并非完美无缺，也存在失灵现象。尤其是在我国市场经济体制不完善，经济发展造成的生态环境破坏负外部性比较严重的情况下，通过发挥政府的作用，对于吸引外部资源和要素，优化区域资源配置，加速区域产业发展，改善区域生态环境具有重要意义。

1. 弥补市场失灵，优化资源配置

市场是资源配置的有效方式，但市场发挥作用的前提条件是：经济主体完全理性、市场信息完全、市场竞争充分、不存在外部影响。这些条件在现实中，尤其是发展中国家很难具备。我国区域产业发展过程中存在着大量"市场失灵"现象，从而导致产业资源配置不合理。为了克服市场失灵，弥补市场机制的缺陷或不足，优化资源配置，政府应对市场失灵进行干预。区域产业发展规划是地方政府指导和调控经济发展的重要手段，通过政府"看得见的手"，能够弥补"市场失灵"，有效配置地方经济资源。

2. 提升产业发展水平，增强产业竞争力

区域产业发展规划是在科学判断区域发展优势，把握现代产业发展特征和路径的基础上，对本地产业发展方向、目标、路径的科学谋划。产业发展规划注重在区域优势的基础上确定产业专业化方向；注重通过地方公共资源与公共政策引导产业投资，优化产业结构；注重通过建设园区，吸引企业集中，引进中介服务组织，培育产业集群；注重创新机制的建立，通过实施创新战略，增强企业创新能力，提高企业竞争力；注重产业上下游的紧密衔接和产业链打造，通过关键环节的确立，配套环节的引进，延伸产业链，提高产业附加值。总之，区域产业规划能够通过区域劳动分工深化、产业技术水平提升、产业结构高级化、产业组织优化、产业推进模式集群化提升地方产业发展水平，增强区域产业竞争力。

3. 推动地方经济社会发展，增强区域综合实力

产业是经济社会发展的重要支撑。地方经济社会发展离不开产业规划的统筹

协调。区域经济社会如何发展，最核心的不是厂房、道路、土地、绿化、景观等系统的工程建设，而是如何从当地资源禀赋及经济发展基础条件出发，选择合理的主导产业、优势产业、特色产业，如何研究产业链，并从时间和空间两方面，对区域产业发展做出科学的时序和空间布局谋划。同时，产业规划经过众多学者、专家和民众长时间论证形成，起源于对区域经济的现实观察和与其他区域的比较，不仅立足现实，更重要的是其预见性和指导性，因而区域产业规划能够通过对未来区域发展的引导作用推动地方经济发展，增强区域综合实力。

4. 推动人与自然和谐相处，经济社会与生态环境持续发展

生态文明是人类文明的一种形态，它以尊重和维护自然为前提，以人与人、人与自然、人与社会和谐共生为宗旨，以建立可持续的生产方式和消费方式为内涵，以引导人们走上持续、和谐的发展道路为着眼点。现代产业是生态文明的重要组成部分，生态文明要求产业发展过程中，注重实现人与自然的和谐相处，实现经济社会的可持续发展。现代区域产业发展规划将生态理念贯穿其中，将生态作为其基本原则；在产业发展目标中，将节能减排与产业生态作为约束性指标；将产业转型与循环经济发展模式作为重要战略；将经济社会与生态环境持续发展作为产业政策的重要支持方向。产业发展规划通过可持续发展理念，能够有力推动人与自然和谐相处，经济社会与生态环境持续发展。

第四节　区域产业发展规划的历程及评价

我国制定区域产业发展规划的历史较长，并且随着经济体制的转型，区域产业发展规划也随之发生了根本性转变。

一　计划经济体制下的区域经济（产业）计划

新中国成立初期，我国学习苏联建立了计划经济制度。但是，受中国自身条件的制约，"理想的"计划经济制度在中国始终没有实现。1953～1980年，全国先后制定和实施了五个"五年计划"。但实际上，有四个没有经过全国"人大"通过并形成正式版本公开颁布。唯一形成正式版本的第一个五年计划也在制定的过程中不断修改、完善，并于第一个五年计划中期才正式颁布。与全国计划经济发展形势相似，各省市区域经济（产业）计划基本也如此。这一时期，区域经济（产业）计划作为全国计划在各地的具体落实方案而被制定，区域产业计划制定的自主权和在区域经济发展的指导作用非常有限。主要原因与特点是：

第一,区域产业计划编制普遍缺乏科学基础。区域产业计划科学编制的基础是:是否了解区域产业经济实际情况,是否认识不同时期区域经济所具有的特殊结构、生产力水平和运行方式,能否根据实际情况及时调整和采取正确的决策思维、决策机制和决策手段。然而,在计划经济体制下,信息不完全的制约、决策的形成与修订缺乏广泛参与、经济建设计划服从政治斗争和意识形态,需求和供给割裂、投入与产出分家等诸多原因,使得区域产业计划的制订缺乏科学性,难以有效指导实践。

第二,区域产业计划实施形式比较单一。新中国成立初期,基于多种经济成分并存的所有制经济基础,我国在全国范围内实施了包含指令性、指导性与参考性多种形式并存的计划管理体制。在经济计划工作的分工上,全国及各级工业经济计划主管部门,着重负责工业经济的直接计划与管理,而在农业、手工业和私人工商业领域,主要由国务院各办公室、各部和各省(区市)分工进行间接计划管理。这一时期,地方政府在农业、手工业和私人工商业领域具有一定的管理权限。但是,1958年以后,随着人民公社化运动的发展,农村经济中的指令性计划管理不断加强,管理形式趋于单一。"文革"期间,农民少量的家庭经营被取缔,生产队农作物品种、种植面积、产量均受计划制约。不仅农民没有自主权,生产队也失去了自主权。直接计划成为区域计划实施的唯一形式。

第三,直接管控企业。在计划经济体制下,与宏观多变并行的,是企业被管得很死,没有自我更新改造的能力。20世纪50年代,我国经济的所有制成分逐渐形成单一公有制,计划成为资源配置的唯一方式。为了集中财力、物力完成重点项目建设,企业的投资权限受到严格的限制。特别是国营企业的自主权微乎其微。而计划工作则要管理投资,管理经营,对于企业的各项活动都要审批且程序严格,并在一定程度上承担风险。这种直接管控企业的高度集中计划的管理体制,严重限制了企业自主权,束缚了企业的主动性和积极性。

第四,区域产业分工呈现以"条""块"为特征的整体与局部分割状态。区域经济计划被中央各部门(简称为"条")与地方政府(简称为"块")分割为部门之间的"条条"关系和地方政府之间的"块块"关系。"条块分割"的体制阻碍了区域产业之间的分工协作关系,成为区域经济社会发展各类矛盾的一个焦点。比如,工业管理体制被称作"条条"行业管理。在地方,中央各部门由于自管自营,自成系统,缺乏进行综合利用和专业化协作的激励,导致同区域具有合作效率的产业分工难以实现,产业运行成本极高。地方政府虽具有发展区域经济的动力,但受体制决定,权力有限,资源缺乏,产业自主发展能力较弱。而地方、中央部门因为自成系统,区域分工合作意愿不强,"(中)

央地（方）"产业协作机制难以形成，造成地方与中央经济"两张皮"现象。

计划经济体制下，产业计划存在的问题由来已久，中央、地方有关领导早已察觉。并在1956年、1964年一再集中提出改革计划工作的要求。但是拘泥于社会主义经济是计划经济的传统理论，改革措施局限于局部性的"修修补补"，效果差强人意。

随着国民经济体系的建立，计划体制的弊病越来越突出，区域产业计划暴露的问题与矛盾也越来越尖锐，国家及地方计划经济体制的转型势在必行。

二 市场经济体制下的区域产业发展规划

1978年中国开始了向市场经济方向的改革，1992年明确了社会主义市场经济的改革目标，2003年召开的第十届全国人大决定以国家发展改革委员会取代国家计划发展委员会，标志着我国经济体制和计划管理逐步发生了根本的"转轨"和变化。与此相适应，区域产业规划也发生了根本性转变。

从1980年开始，我国先后制定了"六五""七五""八五""九五""十五"经济和社会发展计划，各地方也参照国家要求先后制定了地方经济社会发展和专项产业发展计划。从"十一五"开始，我国将"经济和社会发展计划"改为"经济和社会发展规划"，尽管只有一字之差，却反映了我国经济规划和产业规划在规划理念与方法、规划方式、指导思想、实施方式等方面均发生了根本性的转变。主要表现在以下几个方面。

第一，区域产业发展规划体制的转变。为适应建立社会主义市场经济体制的要求，区域产业规划体制发生了明显变化。主要表现为：区域产业发展规划中产业指令性计划指标减少，指导性计划指标增加；产业总量指标减少，结构性指标增加；产业项目布局和建设的数量减少，环境分析和市场预测的内容增加；具有明确产业指向的政策减少，公共产品、基础设施和制度建设的内容增加；涉及产业发展的内容减少，涉及产业就业、社会发展、生态环境的内容增加。区域产业规划对编制工作也进行了积极而富有成效的探索，在突出规划的宏观性、战略性、政策性以及探索新的规划体系、规划编制方法和程序，提高规划编制的透明度和公众参与度等方面取得了积极进展。

第二，区域产业发展规划观念与指导思想的转变。随着经济体制改革的不断深入和社会主义市场经济体制的建立和完善，区域产业发展规划的观念和指导思想也发生了转换：一是区域产业发展规划由"政府本位"向"市场本位"转变，在重视政府规划引导作用外，更加重视市场机制对资源配置的基础性作用；二是区域产业发展规划重点开始由"资源导向"向"要素导向"转变，随着经济发展阶段的推进，区域产业发展过程中更加重视技术、研发、信息、创新等新经济增长要素的作用；三是区域产业所有制结构规划重点由"公有制经济"为重点向"多元经济"转变，伴随我国所有制结构的调整，产业规划更加重视民营经济的作用；四是区域产业发展规划立足点由"国内市场"向"国际市场"转变，随着全球一体化的加强，区域产业发展规划更加重视全球化市场的开拓。

第三，区域产业发展规划方式方法的转变。计划经济时期实施的是以经验性、定性的和静态为特征的传统产业规划的方式，表现出种种弊端，难以适应科学制定产业规划与实践指导的实际要求。因此，以系统工程方法论为指导的产业规划方式逐步确立，产业规划方法也相应出现了以下转变：一是产业规划方法以经验性的、直观的定性研究逐渐转变为定性、定量和定位相结合的研究，主要表现为系统工程方法、现代产业经济分析、经济计量模型、电脑模拟与预测技术等方法的大量应用；二是由注重区域某一部门或行业单维规划向多部门、多行业统筹协调发展，由注重具体产业项目到重视整个产业发展转变；三是由区域封闭式、线性规划逐步向区域开放式、非线性系统规划转变，更加强调产业规划在开放系统的运行和与当地经济互动影响过程中的融合式发展，也更关注产业与自然、环境与人口的和谐发展；四是产业规划由注重产业量的扩大到重视质的提升转变，产业发展规划由简单考虑经济总量和发展速度，转变为经济、社会、生态指标的全面发展，核心指标不仅包括产业增加值、投资规模、外资企业数量，还考虑产业经济效益、节能减排、环境影响、就业拉动等生态、社会性指标。五是规划实施方式由政府主导规划向政府主导和公众参与相结合转变。区域规划工作已经由地方政府主导开始向委托专业机构编制，积极吸纳专家学者、企业、民众与非政府组织共同参与编制转变。

三　我国区域产业发展规划现状及评价

从"一五"计划到"十二五"规划，我国区域经济（产业）规划走过了60余年，经过了产业规划体制、产业规划方式方法、产业规划内容的巨大转型与调整，产业规划理论与方法不断完善，产业规划编制的科学性和质量水平有了很大提高。然而，由于缺乏统一的规划理论与方法体系的支撑，各地编制的产业规划仍然暴露出诸多问题：

第一，产业发展规划内容体系不健全。主要表现为区域产业发展规划概念尚无共识，人们对区域产业规划的内涵和外延认识不统一，由此导致对区域产业规划的类型、内容与深度认识存在偏差。目前，对区域产业发展规划内容的理解主要局限于规划文本的基本内容，而缺乏对规划研究内容的关注和重视，规划的论证支撑内容明显薄弱。人们对区域产业规划的深度认识不一致，往往将规划和计划混为一谈，或是片面强调规划的微观细节与具体操作，或是片面强调规划的宏观、指导性而缺乏规划的针对性和可操作性。

第二，区域产业发展规划理论研究相对薄弱。区域产业规划涉及的理论较多，涵盖区域经济学、产业经济学、政策学、营销学等多个学科，但是当前区域产业发展与规划的理论研究滞后于区域经济实践，关于区域产业发展理论的研究缺乏完整性与系统性，难以形成自成一体的理论体系。

第三，区域产业发展规划方法科学性依然有待提高。区域产业规划研究程序仍然不尽合理，普遍存在产业规划前期准备不足，调查不够全面、细致，规划研讨深度与广度不够，轻视规划执行、评估和调整后续环节等问题。区域产业发展研究与规划的方法不规范，主要表现为：过分依赖经验主义和定性研究，对工程系统方法论、现代产业分析方法、社会统计、计量经济方法与电脑模型分析方法应用不足。

第四，区域产业发展规划水平不高。主要表现是：因为产业发展规划缺乏全球化与开放经济视角，缺乏公众参与性，导致产业发展定位不准确，产业发展目标不合理；因为对产业支撑体系、地方政府职能手段与产业政策认识的不足，导致区域产业发展保障措施及政策建议可操作性不强。

第五，区域产业规划落实情况堪忧。"规划规划，墙上挂挂"是对区域产业规划落实现状的形象反映。调查发现，产业规划制定后，实际落实执行的不到十分之一，产业规划所起作用多为"上级规划报批需要""明确领导发展思路""展示发展前景""提炼发展口号"，在实际产业发展中的指导作用有限。

因此，进一步完善和发展区域产业发展规划的理论、方法，形成系统、科学的产业规划理论体系与规划体系，为地方政府决策提供理论依据，成为当前急迫而重要的研究课题。

参考文献

董志凯：《我国计划经济时期计划管理的若干特点（1953～1980）》，http：//www.cass.net.cn。

沈左权：《宁夏新材料产业发展规划编制、政策体系及组织实施》，天津大学硕士学位论文，2004年5月。

张文忠等：《产业发展和规划的理论与实践》，科学出版社，2009。

蓝庆新：《区域产业规划方法与案例研究》，知识产权出版社，2011。

第一篇
区域产业发展规划内容体系

区域产业发展规划的内容体系主要包括两方面：一是区域产业发展规划的基本内容，是产业规划文本的基本结构和内容组成，直接体现了产业规划研究的核心结论，具体内容包括：区域产业发展的状况、总体要求、方向与重点、支撑条件和保障措施；其主要成果形式表现为产业发展规划文本。二是产业发展规划的研究内容，是为了论证区域产业发展规划中所提出的观点，而对其进行的系列化论证性研究。从具体内容来看，主要包括：高级次区域产业发展状况、产业发展理论与典型案例分析、产业发展条件、产业发展外部环境、产业发展战略研究和产业发展策略。从整个研究形成的系列化成果内容来看，主要包括：工作计划及方案书、调查资料汇编、产业发展研究专题或产业总体研究报告。

第一章 区域产业发展规划的基本内容

目前,区域产业发展规划尚未达成共识和定型的内容,区域产业规划的结构和内容有诸多差异,但是,从区域产业规划的研究目的和规划实践结果来看,区域产业规划有着共通的基本框架和基本内容,一般包括:区域产业发展状况、总体要求、方向与重点、支撑条件和保障措施。

第一节 产业发展的状况

了解区域产业发展的状况是区域产业规划的起点。把握产业发展的现状,搞清楚产业发展所处的阶段、所面临的主要问题是科学制定区域产业发展规划的基础条件。

一 产业发展的现状

区域产业发展现状是确定区域产业定位、发展目标和方向的基础。因此,要客观分析本区域产业的发展条件和发展现状,以便弄清产业发展的基础,找准区域产业规划的起点。了解区域产业发展现状一般从以下几个方面把握。

首先,确定规划的具体产业对象。区域产业发展规划一般是在规划的对象已经确定的前提下,具体制定产业未来发展的目标与途径。但是,在某些情况下,需要进一步明确规划的具体产业对象。比如区域区位条件突然发生变化,或重大资源突然被发现,或是毗邻大城市的卫星城市面临融入城市发展,承接城市产业转移功能。在区域分工日益深化的条件下,确定规划的具体产业对象,已经不仅仅局限于产业对象是第一产业,第二产业还是第三产业,而是要具体确定是产业中的哪个具体行业,甚或是确定行业中的哪个具体产业链环节。

其次,了解产业发展的现状。产业有其本质属性,形成其独特的性状。因此,了解产业现状,一般主要从产业总量、产业结构、产业组织、产业空间布局、产业生态化等方面把握区域内产业发展现状。例如,第十二章第四节第一目的"产业发展存在的问题",分别从产业总量、增长要素、产业结构、空间布局、产业组织等角度回顾了临猗县三次发展的现状,总结了其存在的主要问题。在必要的情况下,还需要从产业链纵向角度,即产业资源、技术研发、产业加工、采购与运输、市场与品牌、创新创意角度透视产业发展的状况。需要强调的是,区域产业发展规划主要是从产业属性和产业发展角度了解产业发展的现状,而不是从政府部门工作总结的角度切入。

二 产业发展存在的问题

准确分析和把握区域产业发展存在的问题是制定产业发展规划的重要基础。产业发展存在的问题需要从行业和区域两个角度,从产业属性出发,分析产业在产业资源、产业技术、产业组织、产业结构、产业布局、产业配套、区域品牌、生态环境、产业公共服务等方面存在的问题或不足。需要强调的是,在进行产业问题分析时,切忌"眉毛胡子一把抓",而是要进行系统分析,找出制约产业发展的关键问题和关键因素,从而为把握产业发展方向与重点,为产业发展政策提供依据。

第二节 产业发展的总体要求

区域产业发展的总体要求是形成区域产业未来发展的总体战略构想,主要包括区域产业发展指导思想、发展思路、定位和目标。

一 产业发展的指导思想

区域产业发展指导思想是区域产业未来发展思路的最高概括,对区域产业发展影响是长期性的、全局的,有很高的稳定性。正确的产业发展指导思想与区域发展阶段一致,是建立在深入细致调查的基础之上的。

在产业规划实践中,区域产业发展指导思想一般包括以下基本内容:一是强调贯彻落实与之相关的国家最新大政方略,如坚持"三个代表"重要思想,坚持科学发展观等相关经济社会发展的基本方略,坚持国家提出的转型发展战略和结构调整战略等。从系统论观点看,产业系统是经济社会发展的子系统,国家关于经济社会发展的大政方略也必然要求在产业系统予以贯彻和落实。因此,该部分内容是国家经济社会发展战略对区域产业发展的最根本要求。二是强调遵循区域发展战略与总体要求。区域发展战略和总体要求是统领区域发展的基本战略,是对产业发展的基本要求,产业发展战略必须与之适应。三是科学判断未来发展的趋势和面临机遇。指导思想一般要点明分析区域产业未来面临的形势，尤其提出重大发展机遇，为明确产业发展政策重点寻找着力点。四是提出产业发展的基本思路。主要是从更为宏观的角度对区域产业发展方向和思路提出总括性、纲要性的论断。与产业发展思路不同，这里并不需要具体展开与详细论述。五是科学提出产业发展的基本目标或发挥的功能作用。指导思想要提出产业发展所要达到的基本目标，为产业发展所要实现的前景提出展望或要求。

二　产业发展的思路

区域产业发展思路是关于区域产业发展的思维方向和路径，表现为发展产业的想法、计划、行为路线和目标等。发展思路不同于指导思想，指导思想是高度概括的产业发展思路，更具宏观性、概括性和方向性。发展思路是指导思想的贯彻与落实，是指导思想的具体展开。在规划实践过程中，人们往往很难把握两者的差别和界限，因此，规划中经常两者仅选其一。此时的指导思想和发展思路表现为同义。

发展思路是在把握产业发展趋势、了解区域产业发展现状、把握产业发展存在问题与制约因素的基础上，对区域产业发展总体方向和路径的发展预想。在制定产业发展思路中，要重点把握以下内容：一是明确产业类型，把握产业发展演进的一般路径。不同的产业具有不同的本质，其演进路径和发展方式也不同。因此，先要明确规划产业是哪类产业，然后根据此类产业发展的一般路径审视本区域产业发展思路。二是根据本地优劣势和存在的关键制约因素，确定推动产业发展的思路。一般产业发展思路从产业属性，诸如产业结构、产业组织、产业空间布局、产业生态化等方面着眼制定。

三　产业发展的定位

区域产业发展定位是指确定区域产业在一定范围内所占据的地位、发挥的作用、承担的功能等。区域产业发展定位要立足长远，从不同空间尺度，科学分析各产业在全国或各级次区域不同空间尺度中发挥的作用和所处的地位。区域产业定位要重点把握以下三个方面：一是区域产业定位要从空间尺度体现层次性，由大及小层层定位，如在国家层面、区域层面产业可能发挥的作用和所处的地位等；二是区域产业定位要准确判断其发挥的作用和承担的功能，既不要脱离实际盲目夸大，也不要悲观失望定位过低；三是要以市场为导向，不拘泥于行业和区域自身的发展现状，从未来产业发展潜力和对周边区域发展可能带来的机遇进行定位；四是要体现未来性，要着眼于未来，从长远的发展前景和趋势判断区域内各产业可能发挥或承担的作用和功能。

四 产业发展的目标

区域产业发展目标主要是根据国内外产业发展的趋势，综合考虑未来产业发展环境，结合本地实际，分析、判断和预测未来产业发展的前景和目标。产业发展目标主要有两层含义：一是发展规划所要解决的中心问题，这是质的方面的规定；二是最终所要达到的发展程度，这是规划量的方面的规定。当前，产业规划越来越强调产业规划质的方面的目标，即规划所要解决的中心问题。一般这一目标有三类：一是以生产本身发展为中心的目标，其目的是解决生产力的发展，诸如产业技术发展、产业结构优化与调整、产业组织合理化等相关产业自身发展的内容；二是以收入提高，人们整体发展为中心的目标，其目的在于提高区域社会收入水平和富裕程度，改善生态环境，提高人们的生活质量水平，诸如产业经济效益、产业收入增长效应、产业生态效应等与产业素质提高相关的内容；三是以满足人们的基本需要为中心的目标，这类目标强调从区域发展实际出发，解决人民的温饱问题。诸如产业就业拉动、产业扶贫、社会增收等相关内容。一个产业规划究竟确定怎样的发展目标主要取决于产业发展处于哪个阶段以及地方政府制定产业发展的主要战略意图。

区域产业发展目标按照不同的标准可以划分为：总体目标和具体目标，定性目标和定量目标，短期、中期和远期目标。总体目标是产业整体发展的目标，主要是产业经济总量与产业整体发展水平方面的指标。具体目标是总体目标的具体化，主要从产业结构、产业组织、产业布局、产业技术、产业生态等方面提出的目标。定性目标主要是采用定性的方法对产业发展目标进行描述，定量目标主要采用量化的方法提出具体产业指标值，包括产业增加值、产值、产业结构比例、龙头企业数目、园区产值比重、主要排放物指标值等。近期目标一般是指3年及3年以下的产业发展目标，中期目标一般是3~5年的产业发展目标，长期目标一般是指5年以上的产业发展目标。

第三节 产业发展的空间布局

区域产业发展的空间规划是产业发展在区域空间上的具体落实，也是区域产业规划的重要内容。区域产业空间规划要根据全国或区域功能区布局安排，立足本区域产业发展基础，以最大限度利用空间资源和可持续发展为目标，合理进行产业空间规划，科学引导区域资源配置和产业发展。

一　产业发展的空间引导

产业的区位选择主要依靠市场调节机制来实现。区域产业发展规划是在遵循产业空间演变和企业区位选择规律基础上，引导产业在获得最大利益的前提下，集中地向特定区域空间（如生态功能基础较好的区域，适合经济发展的开发带、开发区、工业园区等）布局，以便统一建设、共享基础设施，尽量避免产业发展和布局造成的土地、水、矿产等资源的浪费，减少产业发展对生态和环境的压力，形成产业空间配置相对均衡。

二　产业空间开发

产业经济发展在空间上主要表现为不均衡的发展路径。在区域区位条件优越的城市、交通干线两侧、空港码头等地会形成不同规模、等级的产业集聚点（轴、带），它是不同区域经济发展的重要依托和支撑，也是产业发展的核心区。因此，产业空间开发就要遵循产业发展规律，促进不同类型、规模的产业集聚点、集聚轴、集聚带和集聚区的形成和发展。

三　产业空间管制

区域产业要实现持续发展必须与自然、生态和谐发展。因此，产业空间布局要针对重要的生态和环境保护区、居住区、文物保护区、风景名胜区等区域或轴线制定严格的产业发展和布局的限制政策，形成不同层次的产业管制区。根据产业管制区的类型特征，按照强制性、指导性、引导性等政策手段进行分类指导，促进产业发展与生态建设和环境保护的协调。

第四节　产业发展的方向和重点

产业发展的方向和重点是区域产业规划的核心内容之一。产业发展方向是指产业发展的门类选择，产业发展重点是指产业发展的重点领域和环节。在确定区域产业发展方向与重点时，需要把握以下几点。

一是在区域总体产业规划中，首先要根据区域的潜在比较优势和产业发展基础，综合运用产业结构分析方法，确定未来区域产业结构体系，辨明哪些是区域主导产业，哪些是支柱产业，哪些是一般性产业，在产业结构体系中它们分别处于什么地位和担当什么角色。其次，是要对产业进行细化行业分析，确定重点行业。重点行业分析是以市场供求为导向的对产业结构的细化与深化分析，目的是确定行业结构与产品结构。

二是在确定主要产业类型与产业结构后，从产业链角度，立足区域比较优势和产业核心环节发展现状，选择区域产业未来发展的重点领域和产业链环节。产业链分析主要是从产业纵向对产业进行的价值链分析，用以确定区域产业发展的核心或重点产业链环。完整的产业链一般包括资源开发、产品加工、运输物流、批发交易、产业服务、文化创意、研发等环节，但对区域某一特定产业而言，并非要发展所有产业链环节，而是需要根据动态比较优势，选择合适的区域产业链环节，并根据产业发展时序，循序渐进，有序推进产业链环节演替。

第五节　产业发展的支撑条件

区域产业发展的支撑条件是指为保证产业正常发展运行所必需的各类条件，既包括交通运输、供电供水、通信网络、环保设施等"硬件"条件，也包括行政运作服务、产业保障、教育培训、文化建设、金融服务、科技服务、商务服务等公共服务体系的"软件"条件。

一　硬件支撑条件

1. 交通设施

交通设施是产业发展的基本条件之一。因此，应以发展交通、设施需求为目标，建设不同类别、层次、等级的交通设施。规划实践中，尤其要注意加强产业集聚点内部、外部的交通建设。在外部，构建能够与外部畅通联系的包括航空、高速公路、高速铁路、干线公路、国家铁路公路在内的高效外部交通体系；在内部，要加强集聚点交通网络建设，促进形成多层次、多等级的快速、便捷的内部交通网络。

2. 电源点和电网

现代产业发展对供电系统的要求比较高。供电能力、稳定的价格对不同产业的发展具有一定程度的影响，尤其是对高耗能产业的发展制约程度更大。因此，要做好电源点和电网的规划和建设，对产业发展提供基本的动力条件支持。

3. 供水排水系统

供水排水是产业发展的重要保障。根据产业不同发展的要求，合理测算用水规模，寻找水源，建设供水设施。同时，建立必要的污水处理系统，提高产业用水的循环利用率。

4. 通信网络

产业信息化是现代产业发展的重要特征。因此，建立通信网络是产业发展的基本要求。要根据产业发展需求，在集聚点加强通信、网络基础设施建设，为企业信息化奠定基础。

二　软件支撑条件

产业发展的软件条件主要指现代产业公共服务体系，主要包含行政运作服务、产业保障服务、基础设施服务、金融服务、商务服务、科技服务、教育培训服务、产业文化服务。

1. 行政运作服务

行政运作服务体系是区域产业发展，尤其是产业集群区发展的重要支撑系统。构建行政运作服务支撑的重要任务是创建有效的产业行政管理体制和运作模式，进行政策法规建设，提供高效的行政管理服务。

2. 环境保障

环境保障，主要是指政府为产业发展提供的各种安全保护，构筑良好的行业安全环境对产业发展具有举足轻重的作用。产业发展的安全保障重点内容是提供完善的社会保障、生态环境保护、信用环境保护和治安保护。

3. 金融服务

金融服务是有关产业资金的集中、流动、分配和再分配的系统，产业金融服务重点是为产业融资需求提供信贷服务、证券服务、交易服务、保险服务、资产管理服务和信息咨询服务。

4. 商务服务

商务服务主要指为企业从事交易或贸易服务等商业活动而提供的各种直接和间接服务，主要包括信息服务、现代物流、中介服务、会展服务等。

5. 教育培训

教育培训服务是指政府在教育培训和员工招聘方面直接提供的各种免费和收费服务。招聘服务主要内容包括建立人才信息网站、举办人才招聘会、设立猎头服务公司以及为吸引高素质人才提供的各种优惠政策。培训服务主要包括举办各类培训班，为企业培训提供场地和设施，为企业员工培训提供师资。

6. 科技服务

科技服务是面向社会开展技术扩散、成果转化、科技评估、创新资源配置、创造决策和管理咨询等专业化服务。科技服务主要包括由生产力促进中心、科技企业孵化器、科技咨询和评估机构、技术交易机构、创业投资服务机构、农村技术服务组织等提供的投融资服务、成果转移服务、企业孵化、人才服务及法律监督等服务。

7. 产业文化

产业文化是区域产业软实力的集中体现，通过产业文化建设，可以逐步形成并显现其独特的区域文化氛围和文化竞争力。产业文化概念和内涵上没有明确的界定，在实践中，产业文化主要包括：差异化的制度文化、创新性的精神文化、统一的形象文化、全方位的物质载体文化、规范的行为文化和可持续发展的创新文化、和谐共生的产业生态文化。

第六节　产业发展的保障措施

产业发展保障措施是实现产业发展和规划目标，形成主导产业和落实产业空间规划的重要保障。保障措施一般分为政策保障和规划落实保障。

一　政策保障

政策保障主要是指确保产业规划目标实现的政策及其措施手段。政策按照产业属性划分主要包括：区域产业结构政策、区域产业组织政策、区域产业布局政策和区域产业技术政策。产业政策的实现手段是包括政府、中介组织、企业和劳动者在内的所有政策主体为实现产业政策目标而采取的措施手段。规划实践中，很少出现宏观笼统的产业政策，而是根据政策目标相机抉择，选取包括法律、经济、行政等方面的系列政策手段或其组合达到有效调整促进产业发展的目的（详见第八章第二节、第三节相关内容）。政策保障的核心手段如下。

1. 法律法规手段

通过立法程序来实施区域产业发展和规划，把产业发展和规划纳入地区经济和社会发展规划体系中，建立产业准入制度。根据行业类型、规模和产业空间特点等，形成"鼓励、限制、禁止"相结合的产业准入机制。

2. 经济手段

运用一系列经济手段，组织、调节和影响产业活动，促进产业发展和规划的实施，包括财政手段、金融手段、外贸手段、土地手段、改革手段、信息指导手段。

3. 行政手段

采取行政手段和方式促进产业发展和规划的实施，依靠地方各级行政管理部门使用可实施的政策工具，如政策规定、指导意见、管理办法、任务分解等方式促进产业发展和规划的实施。

二 落实保障

落实保障是为了保障规划有效落实与执行而采取的措施，主要包括规划的组织保障、规划任务的分解与执行、规划的监督、规划的评估与调整等措施。

1. 建立组织领导机构

产业管理涉及较多的政府部门，因此，规划的执行需要一个统一、有效的组织与协调机构。政府一般成立规划实施领导组织，由当地政府主要领导担任规划领导小组组长，相关部门参与的临时组织结构总体负责，围绕规划目标，分解任务，落实部门，明确权责，建立奖惩机制，促进规划有序实施。

2. 规划任务的分解与落实

规划任务的分解与执行是确保规划落实的有效手段。一般主要由规划实施领导小组，负责将规划的任务按照地方部门职能所属原则，将规划任务层层分解与落实，形成职能部门的考核任务与目标。

3. 规划的监督

规划的执行与落实需要第三方的监督，这样才能督促规划强力执行，如期完成，避免规划成为一张废纸。规划的监督主要包括地方人大机关、政协组织的监督，相关利益民众群体的监督，新闻媒体的舆论监督等。

4. 规划的评估与调整

区域产业发展规划是在对未来发展形势预判的条件下编制的，随着实际情况的变化，需要对规划进行适当修正与调整。因此，一般要在规划的特定时期（初期、中期、终期或条件较大变化的时期）对规划进行评估、调整与修正，以保障规划对产业发展的引导与指导作用。

参考文献

蓝庆新：《区域产业规划方法与案例研究》，知识产权出版社，2011。

陈文辉、鲁静：《产业规划研究与案例分析》，社会科学文献出版社，2010。

孙久文：《区域经济规划》，商务印书馆，2004。

丁孝智、张华等：《现代产业发展服务体系建设研究——基于国内外高新区的分析框架》，企业管理出版社，2012。

第二章 区域产业发展规划的研究内容

区域产业发展规划文本的基本内容是在区域产业发展研究的基础上形成的，而规划系列研究成果构成了规划强有力的支撑。区域产业发展规划的研究内容一般包括高级次区域产业发展状况，产业发展理论与典型案例分析，产业发展条件，产业发展外部环境，产业发展战略和产业发展策略等研究内容。相应的，区域产业发展规划研究内容的成果形式主要包括：产业发展规划工作计划及方案书、调查资料汇编、产业专题或总体研究报告、规划纲要文本。

第一节 产业发展规划的研究内容

一 高级次区域产业发展状况

把握行业发展状况与趋势是科学制定区域产业规划的前提。在经济全球化和区域经济一体化条件下，区域经济与外界经济联系更为密切，只有准确把握更大区域内（或世界、或中国、或省市）产业发展的总体特征，科学预测产业发展趋势与空间变化态势，才能真正把握区域产业发展的优势和劣势、机遇和挑战，对产业发展和规划具有重要意义。

首先，分析和掌握区域产业发展的基本状况。根据本地产业的市场影响，选择合理的高级次区域等级，从世界、全国、区域、省域或县域角度，从产业资源、市场供求及结构、产业技术、产业链及产业组织和空间布局等方面考察世界、国内产业发展的状况，并从产业增长的角度，总结产业发展的特点，分析产业价值增长的源泉，以此把握高级次区域产业发展的现状和模式，为客观认识规划区产业发展优势、劣势提供条件，为科学选择产业发展模式提供依据。

其次，正确把握未来产业发展的趋势。高级次区域产业发展趋势和演进路径，也代表规划目标区域产业未来发展的趋势和方向。因此，要科学预测高级次区域产业市场规模和结构、空间布局变化、产业发展重点转换等趋势，为掌握规划区产业发展机会和空间，寻求本地产业发展路径奠定基础。

二 产业发展理论与典型案例分析

产业发展规划属于应用研究,在产业规划编制过程中,既需要相关理论的支撑,也需要通过典型案例研究开拓规划思路。通过类似区域相关案例的成功经验和教训分析,可以加深对规划区域产业发展趋势和战略的理解,有利于战略策略的提出与完善。

(一) 理论研究

产业发展理论是关于产业演进规律的系统化的研究成果,是制定区域产业发展规划的理论依据。因此,掌握产业理论是科学制定产业规划的前提条件,规划编制者必须加强产业发展理论的研究和学习。一般来说,产业发展规划理论主要包括产业结构、产业组织、空间布局、产业生态化及产业政策制定与执行等方面的演进规律与理论。规划者在加强基本产业理论学习的同时,尤其要关注相关学科最新理论研究成果对规划理论与方法的借鉴意义和启示作用。

(二) 典型案例分析

案例分析是有效的产业发展规划研究方法。案例研究将为产业规划提供有益借鉴和启示。一方面,通过案例分析可以为解决产业规划中的方向性问题,如产业定位、产业布局等提供有意义的借鉴;另一方面,可以通过借鉴兄弟地区政府产业管理的成功经验,为区域政府产业管理创新提供参考。另外,还可以从相关案例的失败教训中汲取经验,使制定产业规划少走弯路。

产业规划的案例分析主要以研究的问题为导向,形成研究成果。主要包括以下几类。

一是成功企业典型案例分析。企业成功经营的关键是把握产业的本质。通过成功企业的深入剖析和经验总结,既可以帮助企业把握产业本质,又可以学习和掌握企业经营的成功经验,从微观案例中寻求产业规划的思路。例如:郎咸平在《突围》一书中,通过对三星、LG、现代、H&M 和 Inditex 等企业发展案例分析和总结,提出中国企业如何突破"同质化竞争、利润不断降低、发展长期停滞"困境的思路与方法步骤:对外部市场和经济环境进行整体评估;认识整体性的战略性迷失;实施产业整合,实现规模经济;实施内部垂直整合,实现成本控制;控制企业战略性风险,实现持续经营。这些案例的分析为产业规划提出行业发展思路,确定政府规划任务重点和政策引导方向提供了重要参考。

二是产业发展的典型模式研究。在市场经济高度发达,信息经济迅猛发展的时代,市场环境和生产方式都发生着深刻变化,现代产业的经营、盈利和管理方式都发生巨大变化,产业发展模式也呈现出多样性。产业发展模式分析可以帮助我们理解产业未来发展方向、明确所处环境,理性制定发展目标,科学制定合理的产业发展政策。

三是政府推动产业发展的经验案例分析。区域产业规划是地方政府指导和调控经济发展的重要手段,能够有效弥补"市场失灵",有效配置公共资源,培育新兴产业,优化产业结构,促进产业持续发展。然而,政府有其严格的职责范围和特定的产业管理手段,并且在不同的产业发展阶段政府对产业发展的扶持重点和实施政策也不相同。所以,选择同类地区、同类产业,学习政府管理区域产业的经验,对于确定产业规划中政府工作重点和出台相关政策具有重要作用和意义。

三 产业发展的条件评价

区域产业发展的内部条件是指支撑区域产业发展的基础条件和产业发展基础。产业发展的内部条件是区域产业赖以成长和发展的土壤,产业内部条件的改变直接影响区域产业发展。因此,准确认识区域产业发展的内部条件,是科学制定区域产业规划的基本要求。

(一) 产业发展的基础条件

产业发展的基础条件是产业规划的基础性要素。产业发展规划需要全面研究规划区域内的产业发展基础条件,对自然条件、生产要素、基础设施、经济社会文化条件进行深入调查分析,以发掘规划区的优势、劣势和核心要素。

1. 自然条件

自然条件分析主要是对地理方位、自然环境、自然资源等进行分析,弄清产业发展的自然基础与资源禀赋。地理方位,从绝对意义上讲,是指经纬坐标网中的某个地点;作为相对意义而言,是指在某个地域内的相对空间关系。自然环境就是指人类生存和发展所依赖的各种自然因素总和,一般主要包括地形、气候、降水、土壤、日光辐射等。自然资源指天然存在并有利用价值的自然物(不包括人类加工制造的原材料),如土地、矿藏、水利、生物、气候、海洋等资源。

2. 生产要素条件

生产要素是产业活动所需要的各种要素,传统的生产要素主要包括劳动力、土地、资本、企业家才能,随着科技的发展和知识产权制度的建立,技术、信息也作为相对独立的要素被提出来，并且随着知识经济、信息经济的到来，技术和信息所发挥的作用越来越大。产业发展规划要对以上区域各类生产要素的数量、质量及其要素流通、组合性能进行评估，以客观认识和评价区域产业要素的竞争力和产业发展承载力，从而为产业发展规划提供依据。

3. 基础设施条件

基础设施是产业发展的基本条件，主要通过影响企业成本，间接影响区域产业的竞争力。因此，区域产业发展规划必须对交通运输、供电供水、通信网络、环保设施等基础设施条件进行分析和评估。

4. 经济社会文化条件

经济社会文化条件分析是对区域经济社会文化发展历史及状况进行分析，目的是了解规划产业发展与当地经济、社会、文化的渊源和共生关系。经济分析主要是通过对区域经济发展总量、经济结构、收入与消费水平、财政收入、特色产业发展演变历史的分析，了解产业发展的区域经济基础，当地产业消费水平，规划产业在区域经济中的地位和作用。社会分析主要对与产业紧密相关的科技、教育、卫生、社保等状况进行分析，以发掘产业成长的科技、教育条件；文化分析主要从发掘产业文化历史渊源的角度对产业相关的历史、文化、传统与风俗进行研究。

（二）产业发展的基础

产业发展具有强烈的路径依赖性质，未来产业发展的方向和速度，既与产业基础相关，又和产业现状密切联系。因此，区域产业规划需要对区域产业基础进行科学评估。评估产业发展基础，主要是从产业总量、产业结构、细分行业情况、产业组织、市场竞争程度、重点企业情况、产业技术水平和空间布局等方面做深入调查和研究，为科学进行产业规划，合理预测产业目标做准备。产业规划主要通过产业现状的分析，发现产业发展过程中存在的重大问题及制约产业发展的不利条件和制约因素，从而明确规划中应该重点关注和需要解决的问题。

四 产业发展的环境分析

产业是与外部环境时刻发生密切联系的自组织系统。产业的发展与内部、外部环境密切相关。环境在为产业系统提供条件的同时，也限制着产业内企业的活动，影响产业发展方向和内容选择。外部环境是对产业绩效产生持续影响或潜在影响的各种外部力量的总和，产业外部环境的研究主要包括发展背景和区域发展战略的研究。

（一）发展背景分析

产业发展背景分析，主要是从宏观和战略角度，以规划产业为中心，分析和把握世界经济政治形势，了解产业发展的整体外部环境。产业规划实践中，产业发展背景的研判一般主要从宏观形势、相关产业重大决策和重大事件分析入手。

1. 宏观形势分析

宏观形势分析主要指对当前国内外经济发展的总体状况、发展走向的分析。在进行宏观形势研究时，应该全面进行资料收集、整理和分析，把握其中与规划产业相关的有利或者不利的因素，掌握机遇，规避风险，趋利避害。

编制区域产业发展规划时，对国内外宏观形势研究，应重点从以下几个方面着手：一是把握国际形势，对世界宏观政治形势进行预判和研究。二是对世界经济形势，宏观走势进行分析，判断未来世界经济处于低迷、恢复、平稳还是高速发展状态，判断相关产业出口形势以及主要消费生产国生产与贸易状况，并分析此情况对规划产业带来哪些影响。三是对国内重大经济社会发展战略进行研究，分析蕴藏的发展机遇和对相关产业带来的影响。

2. 重大决策分析

重大决策的分析主要是指对规划产业相关的重要战略策略进行分析，对其中为区域产业规划带来的机遇和挑战进行深入研究，同时也吸收相关精神，作为对区域产业规划的指导和要求。

3. 重大事件解析

重大事件是指与规划产业相关的重大基础设施项目的建设、重大国际性盛会的举行、重大投资项目的落成、重大技术的突破等，对重大事件的分析可作为区域产业发展规划宏观形势分析的有益补充。

（二）区域规划分析

区域产业系统是区域经济系统的子系统，也可看做区域系统的外部环境。因此，区域规划分析是区域产业发展环境分析的重要内容。区域规划分析主要从高级次区域和规划区域（国家、省、市等）经济社会发展现状和规划分析入手，研究这一区域和产业未来发展的战略、趋势。区域规划分析也是区域功能定位分析的重要组成部分，下文将在区域功能定位分析中对区域规划分析的内容进行详细论述。

五　产业发展战略研究

产业发展战略是指从产业发展的全局出发，分析构成产业发展全局的各个局部、因素之间的关系，找出影响并决定经济全局发展的局部因素，而相应做出的筹划和决策。产业发展战略研究主要包括：区域功能定位、产业战略定位与产业发展策略。

（一）区域功能定位

区域功能定位是指对规划区及所在大区域的相关规划进行深入分析、研究，确定规划区的区域功能定位及布局，为产业规划方案制定提供直接依据。区域功能定位研究目的主要指通过挖掘规划区域在所在大区域的地位和价值，探索规划区所能够和应该承担的城市功能，促进形成各具特色的区域发展格局。

区域功能定位一般遵循三个原则：一是与时俱进原则。要紧跟时代步伐，顺应经济社会发展趋势。区域功能定位要坚持选择走中国特色新型工业化、信息化、城镇化、农业现代化道路，区域功能定位要有利于推动信息化和工业化深度融合、工业化和城镇化良性互动、城镇化和农业现代化相互协调，促进工业化、信息化、城镇化、农业现代化同步发展。二是对接原则。区域功能定位要与高级次区域发展战略充分对接，要在高级次区域发展战略中，确定规划区域发展战略，并确定相应产业功能及定位。三是立足实际原则。区域功能定位要从区域产业现状出发，立足规划区实际，充分认清区域自身的优势与劣势，确定科学合理的战略定位。

区域功能定位主要任务是在深刻分析规划区所在背景基础上，准确把握区域未来发展趋势，并根据资源环境的承载能力和发展潜力，结合规划区的综合发展条件，考虑错位和协同，确立规划区的价值和功能定位。在设计区域功能定位时，要从外部区域影响和内部空间功能两个角度分析。一是注重对高级次区域发展战略研究。充分了解国家、省、市、县等各级次区域功能定位及其分别对规划区域功能定位和开发建设的要求，合理确定本区域在其中所处的战略地位和作用，科学分析规划区所承担的战略功能与城镇化功能。二是注重对高级次区域的产业战略研究。要对高级次区域经济社会发展规划、专项产业规划进行分析，了解高级次区域的产业发展战略和重点，并结合规划区实际，突出特色，错位发展，科学确定规划区的产业战略和重点。三是要注重对规划区内部进行空间安排。详细分析高级次区域空间格局，立足区域实际，从区域资源合理利用、生态环保要求、公共资源的科学布局和有效利用等方面考虑，科学划分规划区主体功能区、产业发展分布带、发展轴、发展极等空间结构。

（二）产业战略定位

区域产业战略定位，主要基于区域功能定位的总体结论性意见，对规划区的产业发展，从产业细分门类视角进行深入讨论和规划，确定规划区要发展的产业门类、产业结构、产业布局及产业目标，描绘规划区的产业蓝图。

1. 产业结构

产业结构定位旨在描述各个产业之间的关系，主要包含产业地位、产业关系和发展次序三个层次。产业定位就是通过总体贡献、产业关联度等分析各个产业在规划区经济发展中所处的地位和作用。重点运用区域产业结构的专业化分析、区域产业结构的差异化分析、份额—偏离法分析、区域主导产业、支柱产业或优势产业选择方法，确定区域的主导产业、支柱产业和基础产业。产业关系主要指区域内外及区域内部各产业之间的关系。产业关系重点是依据产业结构演进变化规律，确定产业结构的具体比例关系。

2. 产业门类

随着区域社会分工的深化，产业细分在产业规划中的作用变得越来越重要。产业门类既包括产业大类，也包括产业大类下的细分行业。产业门类的细化分析的基本步骤是：第一，确定备选产业。以国民经济行业分类为依据，根据产业发展趋势，区域产业发展潜力或当地产业发展的现状，提出规划区可以发展的产业门类作为备选产业。二是通过系统的筛选模型（如产业竞争力评价、产业区位商等各类方法）对产业备选库各类产业进行筛选，确立规划区重点发展产业门类与细分行业。采用模型分析时，各类高级次区域产业或行业数据获取是一个难点，这里可借助中国工业企业数据库微观数据进行系列化、灵活性处理和分析。

3. 产业组织

产业组织定位主要是依据产业组织相关理论对产业内部市场组织形态进行科学规划。产业组织分析的重点内容一般包括：一是判断是否存在规模不经济问题。判断区域产业企业规模是否小于适宜的经济规模，如果存在规模不经济，那就要确定产业组织合理化的目标与方案。分析理论与方法参见本书第四章第三节"规模经济理论"。二是判断是否存在市场垄断，垄断是否影响产业效率，如何打破垄断促进竞争。三是判断是否形成产业集群，如何促进区域产业集群的形成，确定产业集群的目标是什么。

4. 产业布局

产业定位在门类上表现为产业结构与细分行业，空间上表现为产业带、产业基地、开发区、园区、产业板块等产业空间布局。产业空间布局既要遵循一般规律，又要服务于区域功能布局。产业布局一般要遵循"因地制宜、集约集聚、错位发展、城乡统筹、预留空间、持续发展"的布局原则。

产业布局包含两层含义：一是区域产业开发布局。主要指在区域产业发展过程中，如何有序组织产业空间的开发，主要表现为对区域产业"增长极""点、轴"的识别与规划。二是具体产业的空间布局。具体产业布局描述了各个产业在空间上的分布与格局。重点是依据产业发展现状，根据产业区位理论与方法对农业、工业、服务业进行合理布局规划。

5. 产业目标

产业目标是产业定位的定性、定量化体现。产业目标的确定，既要注意与高级次区域总体目标与产业目标的衔接，又要立足区域产业发展实际，对产业战略定位、产业结构、产业门类、产业组织、产业布局进行深化研究，综合运用产业预测多种分析方法对其进行具体化定性与定量分析。

六　产业发展策略

产业战略定位解决的是产业发展的方向和目标问题，而产业发展策略关注的是，为达到既定的产业发展目标，所应采取的发展策略和产业政策，为各产业职能部门提供最直接的工作思路。

1. 战略阶段

产业规划遵循一定的时序发展规律，适合采用分阶段推进的模式。产业定位确定后，需要根据产业时序发展规律，将产业规划分为几个战略阶段，每一阶段按照总体规划的部署工作有所侧重，渐进有序推进。产业战略阶段的划分要从产业总量、产业结构、组织结构、产品技术成熟度、产业风险、产业竞争、产业进入壁垒等方面出发，遵循产业演进规律，兼顾内部条件和外部环境变化，科学划分产业发展阶段，从而为产业阶段目标、产业战略举措的制定提供依据。

2. 发展措施

发展措施是指为了实现产业发展战略目标而采取的举措。发展举措以产业竞争力的提升和产业的优化为核心理念，以构筑强大的产业支撑平台和系统的区域创新网络为核心手段，以促进产业集群发展和产业协同发展为核心目标。

3. 重点项目策划

重点项目策划主要是依据产业定位与重点产业门类选择，按照产业链环节，对其有重大影响的项目进行规划设计。内容包括市场分析、建设条件、建设内容、投资收益分析等内容。

"项目树"是体现产业各部分关系的重要分析工具。"项目树"，即仿照树形创建产业规划系统。其中，树干是产业体系；多个树枝代表产业结构体系；

每个树枝是一个产业，但其主枝是主导产业，旁枝则是普通产业；树枝的上、中、下各段代表了产业的上、中、下游链环；树枝上有更细的分枝，则代表产业细分的行业；密布的树叶则是诸多产业项目，其中处于树枝关键链环的项目是重大项目。项目树能更加清晰地展现产业规划内容，令人一目了然。

4. 政策保障措施

政策保障措施是在发展策略之下提出的更为具体的产业举措，主要针对重点推进的产业门类，提出针对性的产业政策和发展措施，为各产业职能部门提供最直接的工作方向和思路。

第二节　产业发展规划研究的成果体系

产业发展规划研究的成果体系主要包括：工作计划及方案书、调查资料汇编、产业专题或总体研究报告、规划纲要文本。

一　工作计划及方案书

制定工作计划及方案是规划工作准备阶段的重要内容。工作计划及方案一般包括编制规划的任务、规划时间进度、规划工作人员分工、各项经费预算及相关的规章制度等内容。同时还要制定详细的工作方案，如编制规划的方法、技术路线、工作的步骤等内容。

区域产业规划工作方案主要步骤及内容如下：一是准备工作阶段。主要包括组织规划小组、制订工作计划及技术方案等。二是调查分析阶段。包括搜集整理分析资料、专题研究、确定规划的目标方针及对策等。三是编制规划阶段。包括拟定规划供选方案、编制规划初稿、规划图、拟定规划实施的措施等。四是报批实施阶段。包括将规划形成送审稿交政府审议、规划批准后公布实施、实施情况反馈和修订规划等。

二　调查资料汇编

产业规划需要大量调查资料作为研究支撑。这些资料主要包括：一是区域自然条件资料及全区自然资源、土地资源、土地利用的现状和历史资料；二是区域社会经济资料；三是区域相关规划资料；四是在调查过程中获得的重要行业信息资料、企业资料和座谈内容等。在规划进行的过程中，要对已经掌握的资料进行汇编，可以作为阶段性成果或最后成果的一部分。

三　专题与总体研究报告

专题研究报告是指为了完成规划编制工作，按照产业规划研究需要对产业规划的若干问题进行专项研究，从而为总体产业规划编制工作提供支撑。比如，按照产业属性划分，可以分为产业技术、产业文化、产业组织等专项问题研究；按照研究内容划分，可以分为高级次产业发展研究、产业发展典型案例分析、产业发展条件评价、产业外部环境、产业发展战略和产业发展策略等专项问题研究。

四　规划文本

规划文本是规划工作的核心内容，是规划成果的集中体现。规划文本既包含文字内容，也包含规划图表等。

产业规划文本大纲框架结构一般内容如下。

一、发展状况

（一）产业发展现状

（二）发展存在的问题

二、发展环境

（一）优势分析

（二）劣势分析

（三）机遇分析

（四）挑战分析

三、总体要求

（一）指导思想

（二）基本原则

（三）发展思路

（四）发展目标

四、产业布局

（一）布局原则

（二）规划布局

五、发展重点

（一）积极壮大优势产业

（二）大力改造提升传统产业

（三）大力发展新型传统产业

（四）加快发展生产性服务业

六、主要任务

（一）加大工业投资和项目建设

（二）大力推进企业技术创新

（三）着力打造优势产业集群

（四）积极发展循环经济

（五）加大品牌和质量建设

（六）促进产业融合发展

（七）推动大中小企业和民营企业协调发展

（八）积极承接产业转移

七、保证措施

（一）强化组织领导

（二）加大财税支持

（三）保障用地供给

（四）完善投融资机制

（五）优化人才发展环境

（六）深化企业改革

参考文献

张文忠等：《产业发展和规划的理论与实践》，科学出版社，2009。

孙久文：《区域经济规划》，商务印书馆，2004。

蓝庆新：《区域产业规划方法与案例研究》，知识产权出版社，2011。

郎咸平等：《突围》，东方出版社，2006。

朱晓帆、王少枋等：《现代产业发展模式》，人民出版社，2012。

丁孝智、周丽等：《现代产业发展服务体系建设研究——基于国内外高新区的分析框架》，企业管理出版社，2012。

第二篇
区域产业发展与规划理论体系

从区域产业发展规划任务来看，产业发展规划主要是对产业结构和产业组织进行合理调整，对产业布局和产业生态进行科学化安排，并通过科学制定与执行产业政策，促进产业健康、持续、稳定发展。因此，产业发展规划理论主要是指在产业发展规划过程中，需要在产业结构、产业组织、空间布局、产业生态化、产业政策制定与执行等方面遵循的原则。

产业发展规划理论体系主要包括六方面内容：一是反映产业结构演变规律的理论，主要包括产业结构演变规律、主导产业理论；二是反映产业组织演变规律的理论，主要包括结构主义、行为主义、规模经济理论；三是反映产业空间布局规律的理论，主要包括产业分工理论、产业区位理论、产业空间结构理论和产业集群理论；四是反映产业生态化规律的相关理论与实践，主要包括产业生态化理论与实践；五是反映产业时序发展规律的理论，主要包括产业生命周期理论和产业链理论；六是反映产业政策制定、执行、评估、调整的相关理论，主要包括产业政策类型及产业政策实施手段等内容。见产业发展规划理论体系表。

产业发展规划理论体系表

产业属性	产业理论	理论组成
结构属性	产业结构理论	产业结构演变规律、主导产业理论
	产业组织理论	结构主义、行为主义、规模经济理论
空间属性	产业空间布局理论	产业分工理论、产业区位理论、产业集群理论和产业空间结构理论
时间属性	产业时序演进理论	产业生命周期理论、产业链理论
生态属性	产业生态理论	产业生态化相关理论
政策属性	产业政策理论	产业政策相关理论

第三章 产业结构理论

产业结构分析是产业规划的重点。产业结构演变的相关理论是分析、判断、设计区域产业体系的重要理论基础。产业结构演变理论主要包括产业结构演进规律和主导产业发展规律。

第一节 产业结构演变理论

产业结构演变理论是揭示产业结构与经济发展之间关系,产业结构演变遵循一般规律的理论。从17世纪威廉·配第开始,经霍夫曼、库兹涅茨、钱纳里、赤松要等学者从不同角度的补充,产业结构演变理论日益丰富和完善。

一 配第—克拉克定律

17世纪,英国经济学家威廉·配第首先发现了世界各国的国民收入差异与不同发展阶段之间的对应关系。后来,柯林·克拉克受配第有关思想启发,依据费希尔提出的三次产业划分的方法,对人均国民收入与产业结构之间的变动进行了研究并加以佐证。他们的共同发现是:随着全社会人均国民收入水平的提高,就业人口首先由第一产业向第二产业转移,进而再向第三产业转移;从劳动力在三次产业之间的分布比重来看,第一产业劳动力比重逐步下降,第二产业和第三产业劳动力的比重则呈现增加的趋势。这也就是配第—克拉克定律。

二 霍夫曼工业化经验法则

德国经济学家霍夫曼首次开始对产业内部行业结构变动规律进行研究。通过对英国产业革命以来50年间20多个国家的工业化进程所做的实证分析,霍夫曼阐述了工业部门之间结构变动的一般规律,这一结果后来被称为"霍夫曼工业化经验法则"。根据霍夫曼比例,即消费品工业净产值与资本工业净产值的比例,可以把工业化分为四个阶段,其阶段特征见表3-1。

表3-1 霍夫曼的工业阶段论及特征

阶段划分	阶段名称	霍夫曼系数	阶段特征
第一阶段	轻纺化阶段	5（±1）	消费资料工业生产在制造业中占据统治地位,重工业生产不发达
第二阶段	轻纺化向重工业化过渡阶段	2.5（±0.5）	与轻工业相比,重工业获得较快发展,轻工业比重明显大于重工业
第三阶段	重工业化前期阶段	1（±0.5）	重工业规模达到相当水平
第四阶段	重工业化后期阶段	<1	重工业规模大于轻工业规模

注:霍夫曼系数=消费资料工业的净产值/资本品工业的净产值。

三 库兹涅茨人均收入影响论

库兹涅茨依据人均国内生产总值份额基准,考察了生产总值变动和就业人口结构变动的规律,揭示了结构变动的总方向,从而进一步证明了配第—克拉克定律。他发现的这种变动规律,即产业结构的变动受人均国民收入变动的影响,被称为库兹涅茨人均收入影响论。基本内容为:

生产总值变化的规律:①人均生产总值较低的国家,非农业部门所占比重上升较快,但其产业内部结构转换比较平缓;②人均生产总值较高的国家,非农业部门所占比重上升较快,并且内部细分行业结构转换也相当显著(见表3-2)。

表3-2 生产部门在国内生产总值(1958年生产基准点价值)中的份额

单位:美元,%

人均GDP	主要部门			工业			服务业			
	农业	工业	服务业	制造业	建筑业	运输通信及公用事业	商业	银行保险及房地产	住房	政府及其他服务
70	48.4	20.6	31.0	9.3	4.1	6.1	12.7	1.0	3.7	13.5
150	36.8	26.3	36.9	13.6	4.2	6.9	13.8	1.9	5.7	15.6
300	26.4	33.0	40.6	18.2	5.0	7.8	14.6	2.9	5.9	17.2
500	18.7	40.9	40.4	23.4	6.1	9.4	13.6	3.3	5.5	18.1
1000	11.7	48.4	39.9	29.6	6.6	10.4	13.4	3.6	5.4	18.5

资料来源:西蒙·史密斯·库兹涅茨:《各国的经济增长》,商务印书馆,1985,第126页。

劳动力结构变化的规律：①人均生产总值较低的国家，伴随着人均生产总值的增长，农业部门劳动力所占比重下降较快，工业和服务业劳动力所占比重不断提高；②人均生产总值较高的国家，工业和服务业劳动力所占比重提高的速度更快（见表3-3）。

表3-3　1958年人均国内生产总值基准水平计算的劳动力生产部门份额

单位：美元，%

人均GDP	主要部门			工业			服务业			
	农业	工业	服务业	矿业和采掘业	制造业	建筑业	电、煤气、水	运输、仓储和通信	商业	服务业
70	80.5	9.6	9.9	1.2	5.5	1.3	0.2	1.4	4.5	5.4
150	63.3	17.0	19.7	1.0	9.3	3.2	0.5	3.0	7.6	12.1
300	46.1	26.8	27.1	1.0	15.5	5.4	0.8	4.1	10.3	16.8
500	31.4	36.0	32.6	1.1	21.4	7.1	1.0	5.4	12.5	20.1
1000	17.0	45.6	37.4	1.1	27.9	8.4	1.2	7.0	15.5	21.9

资料来源：西蒙·史密斯·库兹涅茨：《各国的经济增长》，商务印书馆，1985，第226页。

四　钱纳里多国标准模式

美国经济学家钱纳里将产业结构变动的研究范围扩展到了发展中国家，尤其是新兴工业国家，从而总结出经济发展和结构变动的"标准模式"。钱纳里借助多国模型，按照不同的人均收入水平，将一国（或地区）经济发展的过程划分为6个时期（见表3-4），其中，第（2）～（4）时期为工业化阶段，第（5）、（6）时期为后工业化阶段。

表3-4　钱纳里人均收入发展阶段

单位：美元

工业化阶段	前工业化阶段	工业化阶段			后工业化阶段	
时　期	初级产品阶段（1）	工业化初期（2）	工业化中期（3）	工业化后期（4）	发达经济初级阶段（5）	发达经济高级阶段（6）
人均GDP（1964年美元）	100~200	200~400	400~800	800~1500	1500~2400	2400~3600

续表

工业化阶段	前工业化阶段	工业化阶段			后工业化阶段	
人均GDP（1970年美元）	140~280	280~560	560~1120	1120~2100	2100~3360	3360~5040
人均GDP（1995年美元）	610~1220	1220~2430	2430~4870	4870~9120	9120~14600	14600~21900
人均GDP（2004年美元）	720~1440	1440~2880	2880~5760	5760~10810	10810~17290	17290~25940
人均GDP（2009年美元）	763~1526	1526~3025	3025~6104	6104~11445	11445~18312	18312~27468

注：根据《美国统计概要（2009）》公布的物价指数变动情况，2009年美元与1970年美元的换算因子为5.45，因此，对应工业化不同阶段的标准值发生变化。

五 赤松要的雁行模式

日本学者赤松要通过对日本棉纺工业发展史的系统研究，揭示了日本棉纺业"国外进口—国内加工（出口替代）—国外出口"的生成与演变过程，并将这一过程形象地称为"雁行形态"。"二战"后，赤松要及小岛清等学者进一步拓展了"雁行模式"理论，将原来特定产业生命周期扩展到五个阶段，即引进—进口替代（国内生产）—出口增长—出口增长、成熟和返进口。

在引进阶段，国内生产规模小，远不能满足国内需求，进口是平衡国内需求的主要手段；进口替代阶段，国内生产规模急速扩大，进口开始下降；在出口阶段，随着国内生产规模的进一步扩大，产品出现了剩余；到成熟阶段，由于生产成本的不断攀升，生产规模开始缩小，国际市场份额也不断下降；当国内生产规模不能满足市场需求时，国外低价同类产业进入国内市场，国内生产急速下滑，产业发展周期进入返进口阶段。

20世纪60年代以后，日本国内相关产业由于工资上升导致竞争力下降，开始向以工业化为目标的亚洲"四小龙"转移。针对这一现象，赤松要及小岛清等学者进一步拓展了"雁行模式"理论，用以解释相关产业比较优势国际转移的路径和形成机制。这种比较优势的国际转移过程在亚洲"四小龙"和东盟国家体现得最为典型。

近年来，我国学者对以上各种产业结构理论在我国的适用性进行了探讨，并结合实际进一步提出了理论修正方案。不论怎样，其基本思想和观点依然不变。

以上产业结构理论为区域产业规划提供了理论基础和指导。一是可以帮助确定区域产业发展所处的工业化阶段，帮助了解产业发展的现状；二是可以对区域产业结构合理化评价提供方法借鉴和经验参考，为产业结构的调整和升级提供方向性指导；三是帮助理解产业结构的变动及产业转移现象，为制定区域产业转移战略提供依据。

第二节　主导产业理论

在区域产业规划中，调整和优化产业结构、合理选择区域主导产业是产业规划的核心内容之一。

一　主导产业内涵

一般而言，主导产业是指在经济发展的一定阶段上，本身成长性很高并具有很高的创新率，能迅速引入技术创新，对一定阶段的技术进步和产业结构升级转换具有重大的关键性的导向作用和推动作用，对经济增长具有很强的带动性和扩散性的产业。主导产业和支柱产业是一对紧密关联的概念，它们具有共同点，但也有明显的不同点。共同点是两者在区域经济中均占有较大比重，增长速度均较快。但在产业的生命周期中，主导产业处于成长期，其当前在经济中所占比重不一定很大，但它代表了区域未来产业发展方向，在未来所占比重将快速提高；支柱产业处于成熟期，在当期区域经济中占有绝对比重，但长期看逐步趋于衰退，其在经济中所占的比重也将不断降低。

二　主导产业选择基准的相关研究

主导产业的特征和作用可以通过选择基准来体现。选择主导产业的基准中最著名的是罗斯托基准、筱原两基准、赫希曼的产业关联基准等。

罗斯托基准是指罗斯托提出的产业扩散效应理论和主导产业的选择基准，其含义是选择具有扩散效应（回顾、旁侧、前瞻）的部门作为主导产业部门，将主导产业的产业优势辐射传递到产业链上的各个产业，以带动和促进区域经济的全面发展。

日本经济学家筱原三代平提出了选择主导产业的两条基准，即"收入弹性基准"和"生产率上升基准"。收入弹性基准是按照收入弹性大小来选择主导产业。生产力上升基准是按照技术进步快慢、技术要素密集大小和经济效益好坏基准选择主导产业。筱原两基准曾经是日本政府20世纪60～70年代制定产业政策的依据。

赫希曼提出了产业关联基准。他认为，发展政策的目标应挑选和集中力量发展那些在技术上相互依赖、产业关联效应强烈的"战略部门"，这种产业关联是前向联系和后向联系的有机结合。

总体来看，这些基准主要是从产业结构演化规律、主导产业的特点等角度来考虑的，而且这些基准在不同的社会经济历史条件下有不同的侧重。我国诸多学者也结合我国实际，对主导产业选择标准进行了理论与实证研究（见表3-5），分别提出了"三基准""四基准""五基准""六基准""七基准"。区域主导产业选择不同于国家主导产业选择，不需要考虑产业体系的完整性。因此，区域主导产业在选择过程中，除了要遵循一般的规律和客观选择基准外，还应充分考虑产业成长所面临的约束条件和具体情况，需要结合空间特性，突出重点和特色，选择区域主导产业。

表3-5 国内研究主导产业选择基准主要观点

基　　准	代表学者	代表性观点
三基准说	周振华	增长后劲基准、短缺替代性基准、瓶颈效应基准
	许秋星	收入弹性基准、生产率上升基准、产业关联基准
四基准说	党耀国等	产业关联基准、收入弹性基准、增长率基准、劳动就业基准
五基准说	陈　刚	创新率基准、生产率上升基准、需求收入弹性基准、产业关联基准、规模经济基准
	王　莉	可持续发展基准、生产率上升基准、需求收入弹性基准、产业关联基准、比较优势基准
	朱要武 朱玉能	收入弹性基准、生产率上升基准、产业关联基准、动态比较优势基准、国际竞争力基准
	张圣祖	收入弹性基准、生产率上升基准、产业关联基准、生产协调最佳基准、增长后劲最大化基准
六基准说	邹义钧等	需求收入弹性基准、供给弹性最大基准、劳动生产率基准、产业关联基准、技术水平基准、产业稳定基准
	关爱萍等	持续发展基准、需求基准、效率基准、技术进步基准、产业关联基准、竞争优势基准
七基准说	王嫁琼等	市场前景和市场竞争力基准、产业之间带动基准、技术创新与进步基准、吸纳劳动力基准、动态比较综合优势基准、世界市场竞争力基准、可持续发展基准
	张魁伟	动态比较综合优势基准、需求收入弹性基准、生产率上升基准、产业关联基准、生产要素相对集约基准、就业基准、可持续发展基准

资料来源：《区域主导产业选择基准研究综述》，http://www.docin.com/p-353074727.html#documentinfo。

三 主导产业的选择基准

综合国内外研究成果，区域主导产业选择应该结合区域实际情况，确立合理的选择基准进行科学分析，一般区域主导产业选择应包括以下六大基准。

1. 产业关联效应基准

赫希曼提出，发展中国家应首先发展那些产业关联度高的产业，即政府应选择那些关联效应高的产业作为主导产业，通过政府重点支持和优先发展，带动整个经济的发展。赫希曼认为，主导产业对经济发展和产业结构的引导带动作用，主要通过其关联效应表现出来。主导产业的关联效应有三种形式。一是前向关联效应。主导产业广阔的市场前景，必然扩大对原材料、技术及相关设备等要素的需求，从而带动这些要素提供部门的迅速发展。二是后向关联效应。主导产业关联性强，技术领先，发展快速，能够为其后续产业的发展提供更多的产品和技术，创造更好的条件，感应这些后续产业的发展。三是旁侧关联效应。主导产业的发展，将引起横向关联的系列配套和服务产业的发展，也会引起所在区域经济、社会、文化等多方面的变化，对主导产业所在区域的市场繁荣、就业扩大、基础设施建设以及其他产业的形成和壮大产生巨大的需求拉动作用。

2. 收入弹性基准

收入弹性基准也叫产业增长潜力基准，因为从根本上说，收入弹性决定了市场需求的大小，而市场需求大小则是产业增长潜力的最大决定因素。收入弹性基准是某种产品的需求增长率与国民收入增长率之比，它表明产品需求增长对收入增长的敏感程度。收入弹性系数大于1的产品和行业，其增长速度将高于国民收入的增长。收入弹性系数小于1的产品和行业，增长速度低于国民收入的增长。随着人均国民收入的增长，收入弹性高的产品在产业结构中的比重呈现不断提高的趋势，选择这些产业作为主导产业，将促进整个产业持续高增长率，有利于创造更多国民收入。

3. 生产率上升基准

生产率上升基准是指某一产业的要素生产率与其他产业的要素生产率之比，一般用全要素生产率进行比较。全要素生产率的上升主要取决于技术进步，按生产率上升基准选择主导产业，就是选择技术进步快、技术要素密集的产业。因此，生产率上升基准也被称为比较技术进步率基准。这一基准反映了主导产业迅速有效地吸收技术进步成果的特征，优先发展全生产要素生产率上升快的产业，有利于技术进步、提高创汇能力、改善贸易条件和贸易结构，提高整个经济资源的使用效率。

4. 比较优势基准

区域主导产业应符合区域经济的发展阶段，是由区域动态比较优势产业或产业群决定的。因此，比较优势基准是区域选择主导产业的重要基准之一。在区域经济理论中，比较优势是指某一地区在经济和生产发展中所独具的资源与有利条件，包括静态比较优势和动态比较优势。静态比较优势是指因资源禀赋等自然形成的比较优势，动态比较优势是指可由人类的经济活动创造的比较优势。

5. 就业基准

就业基准是许多发展中国家或地区从产业吸纳劳动力就业，增加人民收入，维护社会稳定角度提出的主导产业选择基准。该基准强调选择主导产业要注重就业带动的强度。从产业的要素密集度看就业功能强度，劳动密集型产业的就业功能较强，资本密集型产业的就业功能较弱，技术密集型产业又可以分为两种情况：劳动—技术密集型产业的就业功能相对较强，资本—技术密集型产业的就业功能相对较弱。但是，各个产业的实际就业功能及其差别还取决于产业的发展水平、趋势和特点。

6. 可持续发展基准

主导产业是未来带动区域发展的主导型产业，具有长期发展的能力。因此，可持续发展基准也是主导产业选择的重要基准。近年来，尤其是在环境和生态遭到严重破坏、资源日益消耗和枯竭背景下，这一基准越来越受到发展中国家的关注和强调。可持续发展决定主导产业可持续发展性，主要表现在资源消耗（物耗和能耗）低和环境污染小两个方面。这两个方面基本上可以通过产业的经济效益水平来考察，因为物耗和能耗本身就是经济效益的部分内容，而环境污染的大小一般可以通过治理污染的成本反映出来。

主导产业理论为区域主导产业的选择和发展提供了重要理论依据和方法指导。在区域产业规划中，各地方政府可以根据区域发展战略需求，以主导产业理论为指导，选择合理的主导产业选择基准，科学确定本区域主导产业。

参考文献

张文忠等：《产业发展和规划的理论与实践》，科学出版社，2009，第58~62页。

百度词条：主导产业，http://baike.baidu.com/view/767148.htm。

《区域主导产业选择基准研究综述》，http://www.docin.com/p-353074727.html#documentinfo。

第四章　产业组织理论

产业组织发展原理主要包括结构主义理论、行为主义理论和规模经济理论，它从产业内部微观企业的规模、行为及其之间关系对产业绩效影响角度，为区域产业规划提供理论支持。

第一节　结构主义理论

结构主义理论的创始人，美国哈佛大学的梅森（E. Mason）教授及其弟子贝恩（J. Bain），被称为哈佛学派。他们建立了结构主义（Structure – Conduct – Performance，SCP）（结构—行为—绩效）分析模型。该模型提供了一个既能深入具体环节，又有系统逻辑体系的市场结构（Structure）—市场行为（Conduct）—市场绩效（Performance）的产业分析框架。

结构主义的主要观点是：企业的市场结构、市场行为和市场绩效之间存在一种单向的因果联系。集中度的高低决定了企业的市场行为方式，而后者又决定了企业市场绩效的好坏。行业集中度高的企业总是倾向于提高价格、设置障碍，以便谋取垄断利润，阻碍技术进步，造成资源的非效率配置；要获得理想的产业市场，重要的是通过公共政策来调整和改善不合理的市场结构，限制垄断力量的发展，保持市场适度竞争。这便是产业组织理论特有的"结构—行为—绩效"分析范式。

一　市场结构

市场结构是指特定的市场中的企业在数量、份额、规模上的关系。一个特定的市场属于何种市场结构类型主要取决于以下几个要素。

1. 企业的数量和分布

一个市场上，存在众多的买者和卖者，企业规模均很小以至于任何单独企业都不能对市场上的价格产生影响，只能是市场价格的接受者，这时不存在任何市场垄断。随着交易双方企业数量的减少，双方企业的规模会相应增大，价格变动的潜力越来越强，出现垄断的可能性越来越大，到了一定阶段，必然会出现卖方或买方的市场垄断。

2. 产品差异化程度

产品间总是在某些方面存在差异，随着产品差异化程度的增大，不同企业间产品的可替代性变弱，企业获取垄断地位的可能性相应变大，市场的垄断性也将逐步趋强。

3. 市场份额和市场集中度

特定的市场中，市场份额（某个企业的市场销售份额比重）、市场集中度（少数几个最大规模企业所占的市场份额）与市场结构密切相关。一般而言，市场份额越大、市场集中度越高，少数企业的市场支配势力越大，市场的竞争程度越低。

4. 产业进入壁垒

进入壁垒是指进入某一特定市场所遇到的各种障碍，障碍越大意味着市场垄断性越大。进入壁垒主要包括：一是因国家立法、政府政策针对少数特定厂商授予特许经营权所形成的行政性壁垒。二是在位厂商采取措施抵制新厂商进入而形成的策略性壁垒。三是因资源分布的区域性导致外地厂商无法取得该资源而不能进入特定行业的资源性壁垒。四是在位厂商的绝对成本优势所构成的成本性壁垒。五是潜在进入者获取行业核心技术的困难所形成的技术性壁垒。此外，市场容量、规模经济、消费者偏好也会构成进入壁垒。

二　企业行为

企业行为是市场结构、经济绩效的联系纽带，企业行为通过各种策略对潜在进入者施加压力从而影响市场结构。但必须在不完全竞争市场中讨论企业行为方有意义，完全竞争市场中企业微弱的市场控制力决定了企业广告、串谋等行为的无效性，企业可以按照市场价格销售任何数量产品。行为主要包括产品定价行为和非价格行为。它强调市场结构影响单个厂商的经济行为，包括直接和间接两个方面：直接影响如厂商的内部组织结构，包括用工策略、工作条件等；间接影响如厂商内部资源配置及其产品定价和竞争策略。

三　经营绩效

所谓市场绩效是指在一定的市场结构下，通过一定的市场行为使某一产业组织在资源配置效率、技术效率、经济效益和市场外部性等方面所达到的现实状态。具体特指企业行为使产业在价格、产量、成本、利润、产品质量、品种及技术进入等方面达到的状态。

结构主义关于规范产业市场结构，抑制垄断，保护市场有效竞争，建立合理市场结构等观点给区域产业规划提供了理论依据。在产业规划中，需要对产业发展的市场秩序进行规范，打破市场的行政保护和完全垄断行为，为企业创造公平竞争的市场环境，通过市场环境的优化促进企业进行良性竞争和发展，从而提高市场运转效率和社会福利，保障产业获得良好发展。

第二节 新产业组织理论

20 世纪 70 年代以来，由于竞争市场理论、交易费用理论和博弈论等新理论、新方法的引入，产业组织理论研究的理论基础、分析手段和研究重点等发生了实质性突破，大大推动了产业组织理论的发展。泰勒尔、克瑞普斯等人将博弈论引入产业组织理论的研究领域，用博弈论的分析方法对整个产业组织学的理论体系进行了改造，逐渐形成了"新产业组织学"的理论体系。新产业组织理论的特点可以归纳为三个主要方面：一是从重视市场结构的研究转向重视市场行为的研究，即由"结构主义"转向"行为主义"；二是突破了传统产业组织理论单向、静态的研究框架，建立了双向的、动态的研究框架；三是在研究方法上引入博弈论。

科斯、诺斯、威廉姆森、阿尔钦等人以交易费用理论为基础，从制度角度研究产业经济学，其被称为"后 SCP 流派"。后 SCP 流派组织理论的主要特点在于它改变了只从技术角度考察企业和只从垄断竞争角度考察市场的传统观念与方法，而引入交易费用理论，采用交易费用经济学的理论体系、基本假说、研究方法对产业经济作了系统的阐述，为企业行为的研究提供了全新的理论视角，对产业组织的深化起了直接推动作用。新制度产业经济学的创新是将研究重点深入到企业内部，从企业内部产权结构和组织结构的变化来分析企业行为的变异及其对市场运作绩效的影响。

产业组织的新奥地利学派是一个重要的产业组织流派。新奥地利学派注重个体行为的逻辑分析，在理解市场时着重过程分析，而非新古典主义的均衡分析，其研究目标是从个人效用和行为到价格的非线性因果传递该学派从主观主义的立场出发，把经济学看做是不同于自然科学的"人类行为科学"的一个领域，批判和反对数理的研究方法，主张经济现象应运用人类行为科学的方法，按"人类行为是实现其目的的合理行为"这一公理，通过语言进行阐述。

在政策上，新奥地利学派对传统哈佛学派的反垄断政策基本持批判态度，强烈反对政府干预，认为政府的信息也是不完全的。哈佛学派建立在 SCP 分析框架基础上的反垄断政策着眼于形成和维护竞争的市场结构，而市场结构又由市场集中度、产品差别化、进入壁垒所决定，新奥地利学派认为，市场竞争源于企业家的创新精神，只要确保自由的进入机会，就能形成充分的竞争压力，唯一能真正成为进入壁垒的是政府的进入规制政策和行政垄断。因此，最有效促进竞争的政策首先应该是废除那些过时的规制政策和不必要的行政垄断，实行自由放任政策。新奥地利学派认为，社会福利的提高源于生产效率而非哈佛学派强调的配置效率，只要不是依赖行政干预，垄断企业实际上是生存下来的最有效率的企业，这导致新奥地利学派对大规模的企业组织持宽容的态度，认为市场竞争过程本来就是淘汰低效率企业的过程，反对企业分割、禁止兼并的结构主义政策主张。

新产业组织理论从企业行为、制度等各个视角为区域组织产业规划提供了理论与方法借鉴。在产业组织规划中，要合理吸收相关理论，注重制度创新，从企业内部产权结构和组织结构进行规划和设计；要营造尊重企业家精神的良好氛围，积极培育企业家。要正确处理政府与市场的关系，破除不合理的行政垄断，实施有效竞争，为企业提供良好的经营环境。

第三节　规模经济理论

规模经济理论是产业组织理论研究的重要内容。规模经济理论是指在一个特定时期内，企业产品绝对量增加时，其单位成本下降，即扩大经营规模可以降低平均成本，从而提高利润水平。

规模经济理论认为规模企业具有以下优势。一是能够实现产品规格的统一和标准化。二是通过大量购入原材料，而使单位购入成本下降。三是有利于管理人员和工程技术人员的专业化和精简。四是有利于新产品开发。五是具有较强的竞争力。因此，规模经济理论更关注大企业的培育和发展。

规模经济理论认为，企业的规模经济范围随技术水平的提高而不断扩大，平均成本也随之降低，因此只要企业规模的扩大与技术水平的提高相一致，就是必然的和合理的。由此推断，企业规模的扩大不仅不会造成资源的浪费，反而会因平均成本的降低而提高资源的利用效率。对于企业规模与竞争度之间的关系，规模经济理论认为，只要潜在竞争者在进入和退出市场时是完全无障碍的，市场上现有的厂商就总是面临来自潜在进入者的竞争压力，而为了避免引来更多的竞争者，原有企业的定价和产量选择将总是被迫处于一种"无显著超额利润的均衡约束下"。这并不像哈佛学派所认为的那样，大厂商可以任意确定价格，获取高额垄断利润。企业规模的扩大或集中度的提高并不意味着垄断程度的提高和竞争程度的下降，不能以集中度的高低和规模的大小来作为判断一个企业是不是垄断企业的标准，也不应该毫无区别地拆分大企业，实行强硬的反托拉斯政策，主张根据企业绩效的好坏为判断标准，放松对大企业的不必要管制措施。规模经济理论实际上更加关注产业市场绩效，认为只有市场绩效好，产业才会发展，无所谓什么样的市场结构，要排除的垄断是不合理的垄断行为，也即政府过度保护而形成的行政垄断。

在区域产业规划中，既要防止真正的垄断，促进市场有效竞争，提高市场效率；又要规范企业过度竞争，适当提高产业集中度，推动兼并重组，促进产业向优势企业集中，提高产业规模经济水平，进而提升产业的竞争能力。在我国一些区域，尤其是西部地区，经济不发达，缺乏大型企业集团成为制约经济发展的关键。规模经济理论为区域产业组织合理化规划提供了重要理论依据。

参考文献

蓝庆新：《区域产业规划方法与案例研究》，知识产权出版社，2011。

卫志民：《20世纪产业组织理论的演进与最新研究》，《国外社会科学》2002年第5期。

第五章　产业空间布局理论

产业空间布局理论，包括产业分工理论、产业区位理论、产业集群理论和产业空间结构理论，从空间角度为区域产业布局规划提供理论支持。

第一节　产业分工理论

一　古典产业分工理论

（一）绝对优势分工理论

绝对优势分工理论由英国古典经济学派主要代表人物亚当·斯密创立。绝对优势理论是最早主张自由贸易的理论，将一国内部不同职业之间、不同工种之间的分工原则推演到各国之间的分工，从而形成国际分工理论。基本观点如下。

第一，分工可以提高劳动生产率，增加国民财富。交换是出于利己心并为达到利己目的而进行的活动，是人类的一种天然倾向。人类的交换倾向产生分工，社会劳动生产率的巨大进步是分工的结果。

第二，分工的原则是成本的绝对优势或绝对利益。分工既然可以极大地提高劳动生产率，每个人专门从事他最有优势产品的生产，然后彼此交换，则对每个人都是有利的。即分工的原则是成本的绝对优势或绝对利益。

第三，国际分工是各种形式分工中的最高阶段，在国际分工基础上开展国际贸易，对各国都会产生良好效果。斯密由家庭推及国家，论证了国际分工和国际贸易的必要性。他认为，适用于一国内部不同个人或家庭之间的分工原则，也适用于各国之间。国际分工是各种形式分工中的最高阶段。他主张，如果外国的产品比自己国内生产的要便宜，那么最好是输出在本国有利的生产条件下生产的产品，去交换外国的产品，而不要自己生产。

第四，国际分工的基础是有利的自然禀赋或后天的有利条件。斯密认为，有利的生产条件来源于有利的自然禀赋或后天的有利条件。自然禀赋和后天的条件因国家而不同，这就为国际分工提供了基础。因为有利的自然禀赋或后天的有利条件可以使一个国家生产某种产品的成本绝对低于别国而在该产品的生产和交换上处于绝对有利地位。各国按照各自的有利条件进行分工和交换，将会使各国的资源、劳动和资本得到最有效的利用，将会大大提高劳动生产率和增加物质财富，并使各国从贸易中获益。这便是绝对成本说的基本精神。

绝对成本说解决了具有不同优势的国家之间的分工和交换的合理性。但是，这只是国际贸易中的一种特例。对于一个国家在各方面都处于绝对优势，而另一个国家则都处于劣势这种情况下，绝对成本理论无法解释，这就催生了相对优势分工理论。

(二) 相对优势分工理论

大卫·李嘉图继承和发展了斯密经济理论的精华，提出了相对优势理论。基本内容为：

在两国之间，劳动生产率的差距并不是在任何产品上都是相等的。对于处于绝对优势的国家应集中生产优势较大的商品，处于绝对劣势的国家应集中生产劣势较小的产品（即"两优相权取其重，两劣相衡取其轻"），然后通过国际贸易，互相交换商品，这样彼此都节省了劳动力，都得到了好处。比较优势理论的核心内容是：两利取其重，两害取其轻。

相对优势理论一直是国际分工的基本准则。但是也存在不足，相对优势理论在一定程度上妨碍了国家创新，存在相对优势陷阱，即陷入或者陶醉于自己自然资源的、成本的或者既有能力的比较优势而不能自拔。事实上，以劳动力成本或者天然资源为优势的产业，通常都是进入门槛不高的产业，因而会吸引更多的进入者和更多的投入。当越来越多的企业、地区、国家被这类产业吸引时，人们很快就发现，自身除了优势不断消失之外，还因为过多资产的投入而被套牢，其竞争优势也日益削弱乃至消失。

二 新古典理论

生产要素禀赋论，是用各国生产要素（主要包括土地、劳动力和资本）丰裕程度的差异解释国际分工的原因和结构的理论。比较完善的要素禀赋论是瑞典经济学家赫克歇尔和他的学生俄林提出建立的赫克歇尔—俄林原理，或简称赫—俄原理（H-O原理），其主要内容为：

当国际贸易使参加贸易的国家在商品的市场价格、商品的生产要素的价格、两国生产同一产品的技术水平相等（或生产同一产品的技术密集度相同）的情况下，国际贸易决定于各国生产要素的禀赋，各国的生产结构表现为，每个国家专门生产密集使用本国比较丰裕生产要素的商品。生产要素禀赋论假定，生产要素在各部门转移时，增加生产的某种产品的机会成本保持不变。各国生产要素的丰裕程度是不同的。有的国家劳动力比较丰裕，有的国家资本比较丰裕，一国要充分使用本国的全部生产要素，就形成了各国专门生产某种产品的倾向性。资本比较丰裕的国家倾向于生产资本密集型产品，劳动力比较丰裕的国家倾向于生产劳动密集型产品，结果形成了建立在要素丰裕程度不同基础上的国际分工。

第二节　产业区位理论

产业区位论是研究各产业活动的空间选择及空间配置的理论。按照产业活动内容的不同，可以将其分为：农业区位论、工业区位论、商业区位论和服务业区位论等，其中最成熟和核心的是农业和工业区位论。

一　农业区位论

在市场经济条件下，全部或绝大部分农产品都要以商品形式投入市场，因而利润（纯收益）的大小成了农业布局的决定性指标，任何无利生产在经济上都是不可行的。以单因子或多因子研究方法为标准，可以将农业区位论分为古典农业区位论和现代农业区位论。

1. 古典农业区位论

农业区位论最早并具代表性的学说是由德国农业经济学家杜能（J. H. von）首创。他在1826年出版的《孤立国同农业和国民经济的关系》一书中，提出了一个农业区位的理论模式。该理论提出以下假设：有一个与外界无联系的孤立国，在孤立国内，只有一个中心城市（市场），环绕它的是一个广阔的、自然条件到处一样的可耕平原，由各地到中心城市只有一种运输方式（马车），农民是自行运送农产品的，各种农产品单位距离的运费到处一样；大平原上均匀分布着具有相同的技术素养的农民，他们适应任何新出现的经济条件，随时调整其生产方向，没有任何经济技术上的困难。这样，不同地方对中心城市距离远近所带来的运费差，就决定着不同地方农产品纯收益（杜能称之为"经济地租"）的大小，纯收益成为市场距离的函数。一定地方生产的农产品,应当是获得纯收益最高的那种农产品。随市场距离增大,运费增高,该种农产品的纯收益下降,到达一定距离后它将让位于纯收益比它高的另一种农产品,也就是说一种土地利用类型被另一种类型所取代。按照这样的方式,形成以城市为中心,由内向外呈同心圆状分布的六个农业地带(见图5-1):第一圈层"自由农业带",紧接城市,生产诸如蔬菜和鲜奶等易腐食品。第二圈是林业带,生产体积大而不宜远运的城市柴薪作物;第三圈至第五圈是生产谷物为主但集约程度逐渐降低的三个农耕地带,即轮作式农业带、谷草式农业带、三圃式农业带。第六圈(最外圈)是粗放畜牧业带。再外则为未开垦的荒野。杜能也讨论了可航河流或卫星城市的出现使同心圆带局部变形的情况。

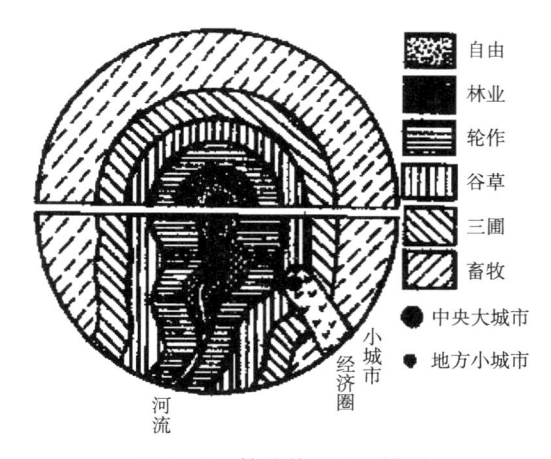

图5-1 杜能的孤立国模型

资料来源:约翰·冯·杜能:《孤立国同农业和国民经济的关系》,吴衡康译,商务印书馆,第120页。

杜能学说的意义不仅在于阐明市场距离对于农业生产集约程度和土地利用类型(农业类型)的影响,更重要的是首次确立了对于农业地理学和农业经济学都很重要的两个基本概念:土地利用方式(或农业类型)的区位存在着客观规律性和优势区位的相对性。

2. 现代农业区位理论

现代农业区位论改变了古典区位论的诸多严格假设,采用多因子方法研究农业区位问题。但是,现代农业区位论侧重研究具体农场的"农业决策"问题。该理论研究广泛运用了各种数学方法,如运用线性规划确定总生产费用最小而纯收益最大的农作物最优组合;运用博弈论研究面对种种不确定性和风险(如天气变化、市场变化等)的农场主如何作出生产上的最优决策,以争取最坏情况下的最好可能性；运用马尔可夫链研究生产革新的空间扩散等。该理论提出影响农业决策过程的因素，不仅包括各种社会经济因素、技术因素、自然因素，而且还有农场主的行为因素，如个人业务知识、经验、偏好以及冒险精神等。通过农业决策论的研究，不仅可以论证解释已有的农业区位，还可能预测它的变化。

二 工业区位论

工业区位论是研究工业企业空间位置选择规律的理论，通常以一定的经济目标为出发点，研究区位因素对工业企业空间位置的影响以及工业区位选择的规律，主要包括韦伯工业区位论、廖什工业区位论、伊萨德区位论和行为学派区位论。

1. 韦伯工业区位论

韦伯1909年发表的《工业区位理论：区位的纯粹理论》提出了工业区位论的最基本理论。韦伯理论的中心思想就是区位因子决定生产场所，将企业吸引到生产费用最小、节约费用最大的地点。韦伯将区位因子分成适用于所有工业部门的一般区位因子（主要包括运费、劳动费、集聚和分散）和只适用于某些特定工业的特殊区位因子（如湿度对纺织工业、易腐性对食品工业）。韦伯将工业区位形成的过程分为三个阶段，其作用机理总结为三大原则。

工业区位形成的过程：

第一阶段，假定工业生产引向最有利的运费地点，就是由运费的第一个地方区位因子勾画出各地区基础工业的基本格局。

第二阶段，第二地方区位因子劳动费对这一网络首先产生修改作用，使工业有可能由运费最低点引向劳动费最低点。

第三阶段，单一的力（凝集力或分散力）形成的集聚或分散因子修改基本网络，有可能使工业从运费最低点趋向集中（分散）于其他地点。

工业区位最终是区位因子综合相互作用的结果，其形成的三大原则如下。

第一，运输区位法则。韦伯研究了原料指数（即原料重量与制品单位重量之比）与运费的关系，指数越小，运费越低。从而得出运输区位法则的一般规律：原料指数 >1 时，生产地多设于原料产地；原料指数 <1 时，生产地多设于消费区；原料指数近似为1时，生产地设于原料地或消费地皆可。

第二，劳动区位法则。工业的劳动费是指特定生产过程中单位制品中工资的数量。韦伯认为劳动费，将生产区位从运费最低地点吸引到劳动费用最低的地点。

第三，集聚（分散）区位法则。分散和集聚是相反方向的吸引力，将工厂从运费最小点引向集聚地区或分散地区。如果集聚（分散）获得的利益大于工业企业从运输费用最小点迁出而增加的运费额，企业可以进行集聚或分散移动。

2. 廖什经济区位论

廖什经济区位论是动态区位论的杰出代表，对工业区位论的发展有很大影响。他对在假设的某些条件下取得的结论，用多种现实因素校正，从而提出动态模式，并以垄断代替韦伯的自由竞争，以最大利润代替最低成本。廖什认为，企业势力消涨取决于其六边形的市场圈的扩大和发展。他认为商品都有一个最大的销售半径，由于排出（分散）和吸入（吸引）两种力量的不断作用，市场圈产生扩张和收缩的变化。随着销售圈距离加大，运费增加，价格上升，销售量也逐渐减少，为此他创造了需求圆锥体理论，圆锥尖为最远点销售量，而底座为最近距离的销售量。廖什特别重视市场区对工业布局的关系，研究了不同等级的市场圈所辖消费地数量和最大供应距离等问题。开辟了从消费地研究工业布局理论的新途径。

3. 伊萨德区位论

伊萨德对工业区位理论做出了重大贡献。伊萨德从"空间经济论"出发，利用比较成本分析和投入产出分析等综合分析方法进行工业区位分析。他指出影响工业发展和布局的条件很多，但是它们的作用和地位是不同的，而且在不同区域作用的变化很大。此外，其中有些因素是互相依存的，并且是可相互取代的。例如，资本因素与劳动因素之间的关系，当资本家建立特定规模的工厂时，在工资高、技术条件好、资金来源充裕、利率低的地区，可以采用最先进的自动化设备，虽然投资多，但可节省劳动费用；而在劳动力充足、工资低廉、资金来源困难的地区，则可采用不很先进的技术，节约投资。伊萨德的最大贡献是把工业区位理论与社会实践相结合，注意地方的特点，发挥地区优势，建立地区性的最佳生产部门，把工业区位论作为地区开发规划的基本理论。

4. 行为学派区位论

行为学派区位论以行为因素为核心，构建工业区位形成和发展的学说体系。该理论认为，过去的区位论研究更多的是侧重于包括运费、劳动费、市场利益、建筑用地和工厂用地的可能性、地方税、工业气候等在内的"外部区位因素"，而忽视了诸如个人决策和爱好、事务所的合并、企业扩张等"内部区位因素"。该理论把工业区位论与行为科学相结合，强调研究区位与个人行为的空间问题，从时间与空间的连续体角度研究个人与行为的关系，并指出人类可能的行为空间要受财政、技术、制度和生物学的制约。

第三节　产业集群理论

产业集群作为一种重要的产业空间组织形式，对区域经济的发展具有重要作用。在经济全球化背景下，产业集群已经成为世界范围内许多地区培植和增强竞争优势的有效途径。

一　产业集群理论的概念及特征

1. 产业集群的概念

集群本意是相同或相似的事物在一个地区的集中呈现。波特在《国家竞争优势》一书中正式提出产业集群概念：产业集群是指在某一特定领域内相互联系的、在地理位置上集中的公司和机构的集合。

后续诸多学者对产业集群进行广泛研究，对其概念进行了详细论述，总的看来，产业集群概念至少包括以下基本内容。

第一，与某一产业紧密相关。集群内的企业或机构往往都与某一产业领域相关，这是形成产业集群的基础。第二，产业集群内的企业及机构联系密切。集群内的企业、机构均非孤立存在，而是彼此之间紧密联系，相互作用。这是产业集群形成的关键。第三，产业集群是一个复杂的有机体。产业集群包括企业，而且包括相关的商会、协会、银行、中介机构等，是一个复杂的有机整体。这是产业集群的实体构成。

2. 产业集群的结构

产业集群的结构包括两个层次的要素：核心层要素、辅助层要素。核心层要素包括竞争企业、供应商企业、客户企业以及相关企业；辅助层是支撑体系，主要包括基础设施、代理机构、政府、公共服务机构和外部市场关联者（见表5-1）。

表5-1　产业集群的构成要素

层次	构成要素	要素变量
核心层次	竞争企业	竞争或互补企业
	供应商企业	生产要素的内部提供者
	客户企业	产品（中间品）的需求者
	相关企业	资源、要素、基础设施等关联企业

续表

层次	构成要素	要素变量
辅助层次	硬件基础设施	道路、港口、管道、通信、水电、环卫等
	代理机构	行业协会、企业家协会等
	公共服务机构	研发、服务、实验室和大学,人力资源培训、金融机构等
	政府	政府相关机构,如科委、经委、计委等
	外部市场关联者	外部资源关联者、外部产品需求者

资料来源:魏江《集群创新系统构建研究》,《中国软科学研究会论文集》,2002。

3. 产业集群的特征

产业集群具有专业化集聚、企业网络、企业根植性以及具有超强学习与创新能力四大特征。

第一,专业化集聚。集群在特定区域内创造了一个巨大的市场需求空间,对分工更细、专业化更强的产品和服务需求也更为强烈,从而吸引了大量专业化企业在该区域高度集中,使区域实现规模生产,获得规模效益。

第二,网络化生存。集群内企业通过产销系统在某一地区形成一个区域化的网络,各行为主体之间通过合同关系和长期交往所形成的非合同关系实现紧密合作,共同生存。企业交织形成的网络既有利于提高生产效率,促进企业学习、信息交流和技术创新,也形成了企业生存的形态。

第三,融合性发展。集群内的企业,一方面,通过"公司—供应商—客商"三位一体的企业群,形成一个区域性发展网络;另一方面,集群内的行为主体通过经济、社会、文化、政治等纽带和当地社会网络紧密联系在一起。集群中的企业在相互学习、互相促进的过程中,逐步形成区域性发展环境,促使本地企业,尤其是中小企业在区域社会文化中获得资源。

二 产业集群理论渊源与形成机理

对产业集群的关注主要源于人们对区域经济增长的思考。区域经济增长主要涉及分工、专业化、外部经济、收益递增(递减)等因素。集群理论与此颇有渊源,某种意义上成为新思想试验的场所。

亚当·斯密提出,分工是经济增长的源泉,分工的深度与广度主要取决于市场容量。这一经典论述不仅解释了随着产业的发展带来的产业链上的纵向分工,也可以解释区域市场上不同程度的分工。

在新经济增长理论中,Romer 和 Lucas 构建了一个基于外部经济的增长模型。罗默认为,知识溢出这种外部经济形式是理解经济增长的关键。Martin 和 Ottaviano 在此基础上,建立了经济增长和经济活动的空间集聚间的自我强化模型,证明区域经济活动的空间集聚降低了创新成本,刺激了经济增长。

完全竞争假设下的均衡分析方法虽然代表了主流经济学关于经济增长的主要观点,但是由于其严格的假设条件越来越受到质疑,在现实条件下难以得到经验证据的确证。近年来,演化经济学因其对于现实世界的解释力越来越受到关注。演化经济学继承了熊彼特非均衡分析的传统,结合进化论分析经济增长和技术变迁过程,重视历史事件、路径依赖的作用。在演化经济学指导下,对于区域范围内技术变迁和创新过程的研究正成为近年来集群研究的一个新兴的领域。

解释集群的形成原因及其内在机理的文献是集群研究中的一个重要方面。在研究企业集群的文献中,各种理论和学派受其理论渊源的影响在解释产业集聚方面各有侧重,主要被引用的观点有马歇尔的外部经济和三要素论、集聚经济理论和新经济地理思想等。

马歇尔继承斯密的分工理论,提出了外部经济的概念。外部经济是指企业生产规模扩大对该产业的所有企业产生有利影响,外部经济相当于正的外部性或正的溢出效应。通过对产业区的分析,马歇尔认为,外部经济使得同行业企业集聚于同一地区而获得运输便利和信息优势,他通过三要素(劳动力市场共享、中间产品投入和技术外溢)对产业集聚做出解释,前两者称之为"金融外部性",后者称之为"技术外部性"。虽然外部经济难以度量,马歇尔的外部经济分析法仍然提供了一个在完全竞争环境框架下的考察收益递增的分析工具。

韦伯在区位论方面做出了开创性的研究,并首次提出了集聚经济(Agglomeration Economy)的概念。韦伯产业区位理论的核心,就是在配置产业时,尽量降低成本,尤其是把运输费用降到最低限度,以实现产品的最佳销售。韦伯认为,一个企业可以通过两种方式获得集聚的经济效益,即:①扩大生产规模,增加生产的集聚程度,从而可以降低产品成本;②通过选择与其他工厂紧密相连的配置,可以获得收益。这种集聚,使企业共同使用专用设备,共同利用劳动力市场,共同使用公共设施,从而使每一个工厂减少成本。韦伯还对产业集聚做了定量研究,试图以等差费用曲线作为分析工具来确定产业的集聚程度。

相似的研究还包括有关空间联合体的讨论:Florence 开始了集聚经济凝聚性趋势及其空间联合体的讨论,其追随者有 Streit, Richter, Czamanski & Czamanski,他们检验了集聚经济的假设,认为集聚经济并不仅仅是城市中心的一般吸引力的结果,而是不同产业相互作用的结果。提出了产业间互动的重要性。帕鲁(Perroux)的增长极理论,通过增长极概念描述了产业间的关系。Chlnitz 的贡献在于通过对市场结构、企业家行为和产业组织等因素的分析重新认识了集聚经济。在 20 世纪 70 年代一系列运用生产功能理论的研究试图通过不同的指标度量集聚经济的地区生产率。

对于产业集聚机理探讨的另外一个值得关注的是克鲁格曼的新经济地理思想。新经济地理思想主要是整合了新古典经济理论与传统的区域经济理论,通过规模报酬递增和内生的集中经济解释产业的空间集聚问题。克鲁格曼通过其新贸易理论发展了其集聚经济观点,理论基础仍然是收益递增。他的产业集聚模型假设一个国家有两个区位,有农业和制造业两种生产活动,在规模经济、低运输费用和高制造业投入的综合作用下,通过数学模型分析,证明了工业集聚将导致制造业中心区的形成。另外,他的垄断竞争模型在融合传统经济地理学理论的基础上,综合考虑多种影响因素:收益递增、自组织理论、向心力和离心力的作用,证明了低的运输成本、高制造业比例和规模有利于区域集聚的形成。

对于集群机理的研究还包括产业组织学方面的文献。产业组织理论从市场结构、产权结构和交易费用出发,借用威廉姆森的"中间规制结构"来解释集群,认为产业集聚是克服市场失灵和内部组织失灵的一种制度安排。

三 产业集群理论的新发展

1. 新产业区理论

意大利学者巴格纳斯科(Bagnasco)在 1977 年首先提出新产业区的概念,认为新产业区是具有共同社会背景的人们和企业在一定自然地域上形成的"社会地域生产综合体"。巴卡蒂尼(Becattini)于 1990 年进一步指出,新产业区是一个社会和地域性的实体,是由一个在自然和历史所限定的区域中的人和企业集合的特征所决定。新产业区的首要标志是本地化网络,也就是区域内行为主体之间的正式合作联系以及在长期交往过程中所发生的非正式交流关系。

区域产业集群一经形成就具有难以复制的各种特性。一是因企业集聚而形成的高度专业化分工。新产业区理论强调产业区内部企业通过高度专业化分工或转包合同结成一种长期的稳定关系。而这种稳定的关系是基于企业之间的依赖和信任而形成的。二是本地结网。这是新产业区的核心内容,网络是指区内行为主体,包括企业、大学、科研机构、政府机构等,有选择地与其他行为主体进行长期正式的或非正式的合作,在此基础上所结成的长期稳定关系。三是植根性。一般来说，企业的竞争力取决于国家环境，但更取决于企业所在的区域和地方环境，任何经济活动都离不开当地的社会文化环境。四是行为主体的对称关系。在新产业区，各企业都是相对独立的、平等的，没有支配和依附关系，都以平等的地位在本地结网。

新产业区的概念虽然是巴卡蒂尼所提出的，但真正让这一理论引起关注的却是在皮奥勒和撒贝尔（Piore and Sabel）的弹性专精理论提出后。他们二人在合著的《第二次产业分工》一书中首次对19世纪的产业区再现的现象进行了重新解释，并提出了这种发展模式的特点是弹性专精（flexibility plus specialization）。

皮奥勒和撒贝尔认为，以弹性专精为基础的产业集群具有以下特点：一是柔性加专业化。所谓柔性指通过生产要素的再配置不断改变生产过程，专业化指这种资源的再配置是在有限范围内进行的，因为进入某一产业界的企业都认为"他们的行业"是生产此领域内的产品而不是其他领域的产品。二是限制进入。一旦形成产业集群区，则区外的生产者无法享受区内的各种资源及制度性供给。三是鼓励创新和竞争但限制过度竞争。因为恶性竞争会阻碍技术进步。

新技术革命以后，随着后工业化和信息经济时代的到来，新产业区等理论对于产业集聚或集群的解释正式进入了现代产业集群的范畴。学者们对新产业内的企业从生产方式、企业间的非物质联系、产业区内参与主体的地位等各方面提出了与产业区不同的认识。可以说，新产业区理论的确立是产业集群理论正式进入现代产业集群理论范畴的标志。

2. 新经济地理理论

克鲁格曼从经济地理角度探讨了产业聚集的成因，他在1991年发表的文章中将地理因素重新纳入经济学的分析中，通过一个简单的两区域模型说明一个国家或地区为实现规模经济而使运输成本最小化，从而使制造业企业区位选择在市场需求大的地点，反过来大的市场需求又取决于制造业的分布，最终导致所谓的中心——边缘模式。

克鲁格曼在1995年出版的《发展、地理学与经济地理》一书建立了产业集群分析的新模型，补充了他已有的产业集群理论。克鲁格曼与富济塔、维纳伯勒斯在1999年合著的《空间经济、城市、区域与国际贸易》一书中，通过设立假设条件：①生产条件无法在国际间流动；②两种产业都是垄断竞争且具有完全相同的消费者需求函数；③两种产业各获得一半的消费支出及相同的需求弹性等。并在此基础上建立了简单模型，探讨了在两个国家、两种产业和一种生产要素（假设每个国家只有一单位劳动）的情况下产业集聚形成的动因。

克鲁格曼的新经济地理理论将运输成本纳入理论分析框架，将因运输成本的减少引起的集聚经济、外部性、规模经济等要素放在企业区位选择、区域经济增长及其收敛和分散性问题的分析上，得出了比传统经济地理理论更具科学性的集聚理论。但新经济地理理论同样面临现实经济问题的考验。克鲁格曼的集聚理论也为产业政策扶持提供了理论依据，产业政策有可能成为地方产业集聚诞生和发展的促进因素。不过产业政策只不过是影响产业集聚形成和演变的因素之一，并不必然实现政策制定者的预期愿望。

3. 新制度经济学理论

科斯（Coase）于1937年提出了交易费用概念，认为企业作为价格的替代物而产生。威廉姆森（Williamson）于1975年、1985年在其出版的《市场与科层》和《资本主义经济制度》两本名著中，界定了交易费用分析方法，用不确定性、交易频率和资产专用性解释了经济活动的体制结构，提出了"中间性体制组织"的概念。

所谓"中间性体制组织"是指介于纯市场组织和纯层级组织之间的组织形式。这些组织的存在，是组织本身从效率角度或称"生存能力"角度的内生性决定的。因为利用层级组织可能带来协调成本过高导致规模不经济，而市场交易成本过大也会存在市场失灵的风险。因此，中间性组织是对两者进行权衡后决定自身组织结构的，区域企业集群就是这样的中间性组织结构。根据这一观点，可以把产业集群理解为：产业集群是基于专业化分工和协作的众多企业集合起来的组织，这种组织结构是介于纯市场和科层组织之间的中间性组织。它比市场稳定，比层级组织灵活。这一组织形式通过企业之间的分工与协作，交流与沟通，引起交易成本的降低，达到追求区域范围经济的目的。但是，实际上，新制度经济学提出的中间性组织的观点并不能完全解释产业集群的形成机理和发展的内在机制的作用。因为，一个较为成熟的产业集群内部结构涉及众多因素，绝不是只用"中间性"组织的概念就能阐述清楚的。

4. 新经济社会学派

新经济社会学有三个基本主题：根植性、社会网络和制度。它从一种新的理论视角，把社会结构引入分析中，并发展了根植性、经济的社会结构、网络理论等思想，从而在经济决策中充分考虑社会、文化、权力、制度、社会结构等因素的影响，把经济学和社会学较好地结合起来。

格兰诺维特（Granoverttor）在1985年比较完整地提出了根植性的概念。他指出经济行为是根植在网络与制度之中的，这种网络与制度是由社会构筑并具有文化意义的。他指出通过企业在本地的扎根和结网所形成的地方聚集，可以使企业构筑起交流与合作的系统，从而增强企业的竞争力。之所以如此，是因为依赖于人际信任关系的社会网络可以超越企业的边界，使企业的社会互动在某种程度上强于其原有状态。主要理由：一是以信赖为基础的社会网络中的企业有强烈的合作愿望以共同承担风险，减少机会主义行为的产生；二是企业间的关系相对稳定，不容易出现报复行为；三是企业间有着共同的利益，容易采取一致行动达到共同的目标。

新经济社会学派的"根植性"概念较好地解释了企业集群的社会文化因素和当地产业氛围的作用，强调了学习型网络的重要性。然而有研究表明，"根植性"在集群形成的初期作用较大，当集群发展到一定阶段以后，较强的"根植性"甚至会影响集群向更高层次发展。例如，基于产业集聚的特色工业园区在发展的初期，需要根植性行为嵌入当地经济；当园区走向市场化、国际化时，为避免路径依赖效应的负面影响，又要减少根植性行为。

5. 新竞争理论

波特（Porter）教授在 20 世纪 90 年代系统地提出了以产业集群为主要研究目标的新竞争经济理论，把产业集群理论的研究引向了新的领域。他认为，集群是一组在地缘上接近的相关企业和相关机构，由共同性和互补性联系在一起。

在通过对丹麦、德国、意大利、日本、英国和美国等 10 个重要贸易国的调查，波特教授认为国家竞争优势主要不是体现在比较优势上而是体现在产业集群上，产业集群是国家竞争优势的主要来源，国与国在经济上的竞争主要表现在产业集群上的竞争。他认为，创新是企业竞争优势获得的根本途径，也是企业保持持续竞争能力和国家保持竞争优势的核心，而产业集群则正是企业实现创新的一种有效途径，因为产业集群本身就是一种良好的创新环境。这实际上是从竞争力的角度探讨产业集群概念，并指出"企业—产业—国家"三个层次之间竞争力的关系。

对于如何培育一个国家的竞争力，波特提出了著名的企业集群钻石模型。他认为决定国家竞争力的关键因素主要有四个：要素条件，需求条件，相关产业及支持产业的竞争力，企业战略、结构和竞争对手的表现。

波特所研究的产业集群的主要特征是居于企业间长期稳定的竞争合作关系而带来的成本的降低和持续创新能力的提高。这对提高区域竞争力，推进区域发展具有很强的指导意义。但其理论也受到了一些批评，有人认为波特的理论解释了已经存在的产业集群是如何诞生和成长的，但是不能预测它们将如何发展以及什么是还未诞生的"成功中心"等。直到现在，这一理论也未得到主流经济学的普遍承认。

第四节　产业空间结构理论

产业活动最终要在空间上展开，而产业在空间上的活动具有一定的规律性。研究产业空间结构变化的主要影响因素，总结产业活动在空间上遵循的集聚或扩散规律，对产业发展和规划具有重要意义。

一　产业空间结构的内涵

1. 产业空间结构的概念

产业空间结构是经济领域的主要物质内容在地域空间上的相互关系和组合形式，包括各种经济活动在地域范围内的分布状态、形成机制、演进规律，以及反映这种关系的客体和现象的空间集聚规模和集聚形态。

2. 产业空间结构的组成要素

产业空间结构的组成要素主要包括：产业集聚点、产业发展轴线、产业集聚区和产业点（线、面）间的连接网络。产业集聚点是由于资源、交通条件、区位等要素的作用，产业在某个特定的位置集中而形成的产业空间分布形态，一般是依托各类中小城镇或交通结点，形成不同规模和类型的产业集聚点。产业发展轴线是指各类产业在地理空间上依托水陆交通干线呈线状分布的空间状态。产业集聚区是产业依托一个或若干个特大城市（或大城市）形成的面状分布形态。产业点（线、面）间的连接网络是指，随着区域之间人流、物流和信息流的加强，产业集聚点、轴和区之间的联系也随之加强，产业集聚点、产业发展轴线和产业集聚区之间形成相互联系和作用的网络。

3. 产业空间结构的影响因素

产业空间结构的形成是自然资源、地理位置、劳动力、资本、市场、技术、信息、知识等多种因素共同作用的结果。然而，这些因素作用的强度、形式是不同的，在空间结构发展的不同阶段，决定产业空间结构形成和发展的主导因素也不尽相同。整体来看，在工业化初期，自然资源、地理位置等因素占主导地位；伴随工业化的推进，劳动力、资本、技术等因素主导作用逐步增强；到后工业化时代，知识与信息等"新因素"成为产业空间结构的决定性因素。

二　产业空间结构的主要理论

产业空间结构理论是关于探索产业活动最优化布局和合理组织形式的理

论，相关理论包括增长极理论、中心—外围理论、梯度转移理论、点轴理论和城市区域理论。

(一) 增长极理论

增长极理论最初由帕鲁提出，后经弗里德曼、缪尔达尔等人发展并不断完善。增长极从物理学的"磁极"概念引申而来。增长极理论认为受力场的经济空间中存在着若干个中心或极，产生类似"磁极"作用的各种离心力和向心力，每一个中心的吸引力和排斥力都产生相互交汇的一定范围的"场"，经济增长空间总是以各种"磁极"为核心，形成若干辐射带动周边经济发展的"增长极"。因此，该理论认为，区域经济增长是不平衡的，经济增长总是在增长点或增长极最先出现，然后通过不同的渠道向外扩散，以此拉动周边经济，从而最终带动整个区域经济的发展。

增长极的形成与发展主要取决于极化效应和扩散效应。帕鲁认为，极化效应促成各种生产要素向增长极的回流和聚集；扩散效应促成各种生产要素从增长极向周围不发达地区扩散。在发展的初级阶段，极化效应是主要的。当增长极发展到一定程度后，极化效应削弱，扩散效应增强。在增长极理论框架中，增长极体系有四个层面：先导产业增长，产业综合体增长，增长极的增长与国民经济的增长。在此理论框架下，区域经济增长被认为是一个"先导产业增长—产业综合体增长—增长极增长—国民经济增长"的逐级、逐层推进的过程。增长极理论的主要政策含义是，区域经济的发展主要依靠条件较好的少数地区和少数产业带动，应把少数区位条件好的地区和少数条件好的产业培育成经济增长极。

(二) 中心—外围理论

"中心—外围"理论最初由劳尔·普雷维什首提，后经弗兰克、阿明、弗里德曼不断完善。该理论主要观点认为，资本主义世界可以分成两个部分：一个是生产结构同质性和多样化的"中心"，主要是由西方发达国家构成，"中心"国家的生产覆盖了资本品、中间产品和最终消费品在内的、相对广泛的领域；一个是生产结构异质性和专业化的"外围"，主要由发展中国家构成，"外围"部分的经济结构则完全不同。一方面，"外围"国家和地区的经济结构是专业化的，绝大部分生产资源被用来不断扩大初级产品的生产部门，而对工业制成品和服务的需求大多依靠进口来满足。另一方面，"外围"部分的经济结构还是异质性的，即生产技术落后、劳动生产率极低的经济部门（如生计型农业）与使用现代化生产技术、具有较高劳动生产率的部门同时存在。普雷维什认为,在资本主义的"中心—外围"体系下,"中心"与"外围"之间必然会存在严重的不平等,"外围"国家始终会处在不利的地位上,这是由这种体系的基本特征决定的。

(三) 点轴理论

点轴理论最早由波兰经济学家萨伦巴和马利士提出。点轴开发模式是增长极理论的延伸,从区域经济发展的过程看,经济中心总是首先集中在少数条件较好的区位,成斑点状分布。这种经济中心既可称为区域增长极,也是点轴开发模式的点。随着经济的发展,经济中心逐渐增加,点与点之间,由于生产要素交换需要交通线路以及动力供应线、水源供应线等,相互连接起来就是轴线。这种轴线首先是为区域增长极服务的,但轴线一经形成,对人口、产业也具有吸引力,吸引人口、产业向轴线两侧集聚,并产生新的增长点。点轴贯通,就形成点轴系统。因此,点轴开发可以理解为从发达区域大大小小的经济中心(点)沿交通线路向不发达区域纵深地发展推移。

点轴开发模式的特征。其一,方向性和时序性。点轴渐进扩散过程具有空间和时间上的动态连续特征,是极化能量摆脱单点的限制走向整个空间的第一步。其二,过渡性。点轴开发开始将开发重点由点转向了轴线,而多个点轴的交织就构成了网络,点轴开发成为了网络形成的过渡阶段。随着区域网络的完善,极化作用减弱,而扩散作用增强,区域经济逐渐趋于均衡,因此,点轴渐进是区域不平衡向平衡转化的过程。

点轴开发模式在规划中的启示有:第一,在特定地域范围内,确定重点发展的中心城镇,使之成为增长极,并确定其性质、发展方向和主要功能。第二,以增长极为核心,考虑极点之间的扩散连接效应,选择若干具有明显开发潜力的交通轴线,作为发展轴予以重点开发。第三,确定不同层次的点轴开发等级体系,开发重点从区域高级别点轴系统逐步向低级别的点轴开发系统扩散,最终形成由不同等级点轴系统组成的多层次结构的区域点轴体系,进而带动整个区域的经济发展。

(四) 梯度转移理论

梯度转移理论,源于弗农提出的产品生命周期理论,后经威尔斯和赫希哲等人的补充和发展,逐步形成较为成熟的理论体系。梯度转移理论认为,区域经济的发展是区域主导产业推动的结果,区域经济发展的主要表现为区域主导产业生命周期的兴衰和主导产业的有序转换,而创新则是主导产业兴衰和有序转换的核心因素。因此,创新成为区域发展的根本力量,也成为区域不均衡发展的主要原因，成为区域发展梯度层次的决定性因素。一般创新活动集中发生于高梯度地区，随着时间的推移及生命周期阶段的变化，生产活动逐渐从高梯度地区向低梯度地区转移，区域经济发展也由高梯度地区逐步向低梯度地区推移。梯度转移理论主张发达地区应首先加快发展，然后通过产业和要素向较发达地区和欠发达地区转移，以带动整个区域经济的发展。

梯度推进理论把经济效率放在区域发展和生产力布局的首位，强调效率优先，兼顾公平，对制定地区发展战略具有重要指导意义。但是，梯度推进理论也有一定的局限性，主要是难以科学划分梯度，忽视了高梯度地区有落后地区，落后地区也有相对发达地区，人为限定按梯度推进，把不同梯度地区发展的位置凝固化，可能误导经济开发。因此，在区域产业规划过程中，要正确认识和科学应用梯度转移理论。

参考文献

张文忠：《产业发展和规划的理论与实践》，科学出版社，2009，第 80～89 页。

尤振来、刘应宗：《西方产业集群理论综述》，《西北农林科技大学学报》（社会科学版）2008 年第 2 期。

点轴理论，http：//baike.baidu.com/view/1429133.htm。

梯度转移理论，http：//baike.baidu.com/view/1362553.htm。

第六章 产业发展时序理论

产业发展时序理论是从时间维度揭示产业发展的一般性规律的理论。实质上，产业结构理论、产业组织理论和产业空间结构理论等均有从时间维度动态介绍产业演进规律的内容，也是广义上的产业时序发展理论。本章主要从实践中产业时序规划出发，重点介绍产业生命周期理论和产业链规划理论。

第一节 产业生命周期理论

一 产业生命周期的概念

产业生命周期理论源于产品生命周期理论。产品生命周期反映了一个特定市场对某一特定产品的需求随时间变化的规律。但是，产业生命周期曲线忽略了具体的产品型号、质量、规格等差异，仅从整个产业的角度来考虑问题。产业生命周期是指从产业产生到完全退出所经历的时间过程。产业发展的生命周期指产业从产生到衰亡整个期间，具有阶段性和共同规律性的厂商行为的改变过程。

二 主要产业生命周期理论

产业发展的生命周期研究始于20世纪60年代，国外相继发展了A-U模型、G-K模型和K-G模型，使该理论日趋成熟。后来，国内外诸多学者也对以上模型进行了深化和拓展，重点对产业周期中企业规模的演化、企业行为特征以及与创新的关系等进行了研究，将该理论的研究推向微观层面，使之更加深入和具体。

(一) 国外产业生命周期理论研究

1. A-U产品生命周期理论

阿伯纳西（N. Abernathy）和厄特拜克（James M. Utterback）以产品生命

周期理论为基础，通过大量行业和创新案例的分析，以产品创新为中心，提出了产业创新动态过程模型。该模型指出产品创新、工艺创新和组织结构随时间的动态发展及其对产业演化的影响。因为产业的发展是一代接一代具有各自不同生命周期的产品演化过程的集合，所以一代产品技术生命周期的完结，并不表明一个产业的完结，由于根本性技术创新的出现使产业得到了质的提升，即产业由原来的技术轨道跃入到一个新的技术轨道，新一代产品替代了老一代产品，并沿着新的技术轨道开始了又一轮的产品技术。A－U产品生命周期理论为真正产业生命周期理论的建立奠定了基础。

2. G－K产品生命周期理论

Gort 和 Klepper 等产业学者以市场中厂商数目为指标，对 46 个产品长达 73 年的时间序列数据进行了实证分析。他们按产业中的厂商数目（净进入数）将产品生命周期划分为引入期、大量进入期、稳定期、大量退出期和成熟期五个阶段。后来，该模型也被称为 G－K 模型。该模型认为，在初创期，企业通过产品创新不断进入该产业；而在大量退出期，由于价格战、外部创新减少和通过"干中学"方式所建立的效率竞争，导致企业的大量退出；在产业成熟期，一旦有重大技术变动或重大需求变动产生，将开始新一轮生命周期。该模型的突出贡献在于强调了产业生命周期阶段的重要影响，即其对创新的特征、重要性和来源的重大影响，首次指出厂商数目存在"淘汰"（shakeout）现象，并建立了创新方式与进入率的正式联系。G－K 模型标志产业生命周期理论的形成。

3. 产业生命周期理论的新进展

在 G－K 模型基础上，后续多位学者对产业生命周期理论进行了多角度补充和研究。Klepper 和 Graddy 对 G－K 模型进行了技术内生化的发展，把产业生命周期重新划分为成长、淘汰和稳定三个阶段。该理论指出，在整个产业发展过程中的淘汰阶段，产业需求减少将导致进入企业数量越来越少，而成本竞争导致的退出企业数量会越来越多，在位企业规模扩大，成本下降，导致产出有一定的增长。这解释了在淘汰阶段产业产出仍有较大的增长这一现象，这一理论更强调过程创新所产生的成本竞争效应，是一个自由竞争随机过程模型。

Agarwal 和 Gort 以 25 个产品为基础，对其进行了更长时间序列数据分析。该理论以危险率为中心展开，结果表明，危险率与厂商"年龄"成反比，早期进入者的危险率在淘汰发生时开始上升，而所有厂商在淘汰阶段的危险率水平均较高，在最后阶段所有厂商的危险均上升。这一理论主要强调产业特性和厂商特性对厂商存活的影响。

（二）国内产业生命周期理论研究

国内产业生命周期理论以国外产业生命周期研究成果为基础，结合我国发展实际进行了实证研究。国内研究者一般也将产业生命周期划分为四个阶段。通常，简略用一条以销售收入为纵轴，以时间为横轴的坐标中以"S"形曲线表示，该曲线将产业生命周期分为起步阶段（投入阶段）、成长阶段、成熟阶段和衰退阶段四个阶段（见图6-1）。从识别产业生命周期所处阶段的主要标志（一般包括市场增长率、需求增长潜力、产品品种多少、竞争者多少、市场占有率状况、进入壁垒、技术革新以及用户购买行为等）来看，产业生命周期各阶段呈现如下特征。

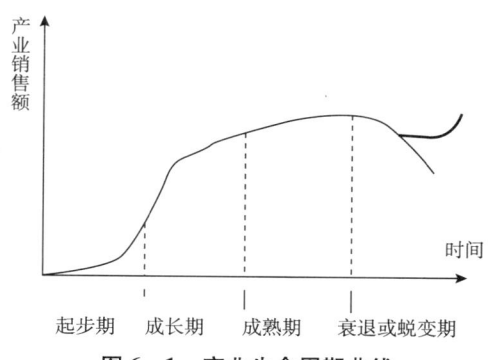

图6-1 产业生命周期曲线

1. 起步期

在起步期，由于产业刚刚诞生，行业为众人所不熟悉，市场规模狭小，需求增速缓慢，需求价格弹性很小；行业被为数不多的几家先入企业分割，产业集中度较高；此时，产业技术不成熟，产品品种比较单一，质量水平不高且不稳定；产业利润比较微薄，甚至出现全行业亏损；产业进入门槛比较低，竞争程度比较弱，产品定价各自决定。初创阶段后期，随着行业生产技术的提高、生产成本的降低和市场需求的扩大，新行业便逐步由高风险低收益的初创期转向高风险高收益的成长期（见表6-1）。

2. 成长期

在成长阶段，新产业的产品经过广泛宣传和推广逐渐为大众所接受，市场需求开始迅速扩大；产业繁荣也吸引了新厂商的大量加入，产业内部集中程度降低；此时，产业技术日益成熟和稳定，产品也逐步从单一、低质、高价向多样、优质和低价方向发展；产业进入壁垒不高，内部竞争压力大，竞争形式主要表现为价格竞争。

表6-1 不同阶段产业发展周期的特性

	起步期	成长期	成熟期	衰退期
特性	需求较小，销售量低；企业数量少，集中度高；技术不成熟，产品单一；利润微薄，行业亏损，成本高；竞争较弱，定价分散	需求扩大，销售量快速增长；新入企业增加，集中度降低；技术稳定，产品多样化、优质化；竞争激烈，手段以价格竞争为主	需求增长放缓，销量下降；进入壁垒提高，集中度最大；技术稳定，产品无差异化；竞争激烈，以非价格竞争为主	需求萎缩，销量锐减；企业纷纷退出
成长率	低	高	降低至零	负

资料来源：笔者根据相关资料整理。

3. 成熟期

在成熟阶段，市场需求增长明显减缓，需求价格弹性减小，产业内行业增长速度降到一个更加适度的水平；在竞争中生存下来的少数大厂商垄断了整个行业，行业集中度进一步提高；新企业产业进入壁垒提高，主要表现为规模壁垒，在位企业均占一定市场份额，竞争压力较小，厂商与产品之间的竞争手段逐渐从价格手段转向各种非价格手段，如提高质量、改善性能和加强售后维修服务等；技术比较成熟，产品再度无差异化，产品质量较高。该阶段持续时间较长，是产业发展的稳定阶段，若出现技术创新，则会有更长期的持续增长。

4. 衰退期

稳定期之后，由于新产品和大量替代品的出现，原产业的市场需求开始逐渐减少，产品的销售量开始下降；原产业出现了厂商数目减少，利润下降的萧条景象。至此，整个产业便进入了生命周期的最后阶段。当正常利润无法维持或现有投资折旧完毕后，整个产业便逐渐解体。从衰退的原因看，可能有四种类型的衰退，分别是：资源型衰退，即由于生产所依赖的资源的枯竭所导致的衰退；效率型衰退，即由于效率低下的比较劣势而引起的行业衰退；收入低弹性衰退，即因需求—收入弹性较低而衰退的行业；聚集过度性衰退，即因经济过度聚集的弊端所引起的行业衰退。

另外，潘成云对产业生命周期理论进行了研究，提出包含自然垄断阶段、全面竞争阶段、产业重组阶段、蜕变创新阶段在内的四个阶段产业生命周期理论，并总结了各阶段的基本特征（见表6-2）。

表6-2　产业生命周期四阶段理论基本特征

阶　　段	定　　义	特　　征
自然垄断	新技术和新工艺出现到逐步成熟，形成生产能力进入市场，为部分目标消费者所认识和接受的时期	优先引进新技术的少数企业进入； 技术不很成熟； 具有较强自然垄断性； 产业进入壁垒高，风险大
全面竞争阶段	随着新技术的不断改进和完善，市场不确定因素的减少，高额利润吸引大量投资者进入该产业，逐渐形成全面竞争状态	技术逐步完善和成熟； 新加入企业多； 自然垄断利润逐步消失； 竞争的重点表现为价格战
产业重组阶段	经过全面竞争，一部分企业成为产业中的佼佼者和领导者，另一部分企业在市场中处于不利地位，逐步被淘汰。产业进入优胜劣汰为主的产业重组阶段	市场需求处于相对饱和状态； 兼并与淘汰是主旋律； 前期以价格战为主要竞争手段，而后期表现为"寡头垄断"的特点
蜕变创新阶段	经过产业重组后，各企业为了竞争，也为了满足消费者的需求，一般实施技术升级与创新战略，或另辟蹊径进行产业的升级换代，产业进入蜕变创新阶段	产业竞争重点放在新技术的开发和运用、新产品的开发与营销和经营管理上

资料来源：刘婷、平英：《产业生命周期理论研究进展》，《湖南农业科学》2009年第8期，第93~95页。

三　产业发展生命周期理论的影响及作用

产业生命周期理论对深刻理解企业发展战略，政府产业政策制定与动态调整具有重要理论指导作用，也为在产业规划中科学进行产业时序规划与设计提供了重要理论依据。

1. 有利于科学认识产业发展所处阶段，深刻认识产业发展的现状

产业生命周期理论表明，产业处于不同的生命周期阶段，产业发展在产业结构、组织结构、产品技术成熟度、产业风险、产业竞争、产业进入壁垒等方面表现出不同的产业特征，科学把握产业发展阶段，对于制定正确的产业发展思路、科学编制产业规划具有重要意义。一方面，科学认识产业发展阶段，把握产业现状是产业规划的前提。只有正确对产业阶段进行判断，才能更为准确把握产业发展的现状及存在的问题，才能更准确地抓住制约产业的关键因素，从而为制定产业发展战略和战略举措提供依据。另一方面，产业生命周期理论为我们提供了判断产业生命周期的科学方法，为准确判断区域产业发展阶段提供了方法指导，避免单一因素方法导致的产业发展阶段误判，也防止由此导致制定出错误的产业发展战略。

2. 科学制定区域产业发展战略，实施合理的产业发展策略

产业发展战略是产业规划的核心内容，是区域产业长期发展的战略举措，具有宏观性、长期性、稳定性的特征，在区域产业规划中有举足轻重的作用。区域产业发展战略必定是立足本地实际，科学判断产业发展阶段，准确把握产业发展现状与存在问题基础上做出的。产业生命周期理论总结了产业从产生到衰退过程中不同阶段的产业特征，从而为科学制定区域产业发展战略及阶段性产业发展策略提供重要依据。

3. 制定科学的企业发展战略和产业发展政策，引导产业健康发展

对企业决策来讲，一个企业总是从事于某种产业，只有明确产业所处的生命周期阶段，企业的所处产业价值中的地位，才能做出明确的企业战略定位。处于不同的产业发展阶段，企业就具有不同的战略态势，只有对产业有足够的认识，认清产业未来发展的方向，才能更好地根据产业特征确定企业的发展战略。对政府决策来讲，只有从产业生命周期曲线、产业生命周期阶段、产业生命周期机制三个方面对产业生命周期进行研究，掌握产业生命周期规律，了解各种因素对产业生命周期的影响，正确判断产业所处阶段，认识产业在不同阶段的特征，才能了解产业发展规律，才能根据生命周期每个阶段的特征进行产业规划，制定科学的产业政策。

第二节　产业链规划理论

在经济全球化和地方化并行趋势下，全球范围内区域产业之间的联系比以往更加紧密，任何企业的发展都将日益融入相关企业及产业形成的链状经济组织结构中。产业链已经渗透到经济发展的各个层面，并成为区域之间相互联系、相互影响的重要渠道。产业链分析也已成为解析区域经济发展，理解产业演进，进行区域规划和产业规划的有效分析方法。尽管对于产业链的研究成果日益丰富，但是对产业链相关理论更深入、系统的研究成果还不多见。因此，在区域产业规划实践中，科学把握区域产业链理论，深入探讨区域产业规划方法具有重大理论与现实意义。

一　区域产业链内涵及理论

（一）产业链的内涵

目前，既有研究主要从产业经济活动过程（周新生，2006；郁义鸿、管锡展,2006)、产业价值转移和创造(曾永寿,2005;蔡宇,2004;李靖、魏后凯,2007)、产业组织形式(张铁男、罗晓梅,2005)三方面展开,并分别给予了不同的定义。本章认为产业链具有多重属性,呈现类似"波粒"二向性的特征。因此,应该从产业链的生产属性、价值属性、组织属性多维视角对其本质进行总结、概括。基于此,本章认为,产业链是一种产业组织形式,它反映了各个产业部门之间基于一定的技术经济关联,并依据特定的逻辑关系和时空布局关系客观形成的链条式关联关系形态,其生动描述了厂商内部和厂商之间为生产最终交易产品和服务所经历的增加价值的过程,涵盖了商品或服务在创造过程中经历的从原料生产到最终消费的所有阶段。相应的,区域产业链是指在某特定区域范围内所形成的产业链条或链段,是产业链在特定空间的形态和组织形式。区域产业链理论则是在开放条件下,在特定区域范围内,研究区域产业链的形成、运行机制与优化的相关理论。

(二)区域产业链理论相关研究

区域产业链的形成、运行、培育和优化构成了区域产业链理论的主体内容。诸多学者进行了探讨和研究。

陈朝隆等人(2006)认为,区域产业链的形成主要是区域自然资源、区位条件、产业基础、地域文化、产业技术、政策与制度、历史事件与机遇等因素综合作用的结果。吴金明(2006)提出了"4+4+4"产业链形成机制模型,该模型将产业链的形成看成是由四维度"对接机制"、四维调控机制和四种具体模式共同作用所致。

程宏伟等人(2008)从要素协同共生的动态系统的视角,认为产业链演化表现为在资源、资本与知识三要素相互作用下上升或下降的非线性结构态势。刘贵富(2007)认为产业链运行的机制由利益分配机制、风险共担机制、竞争谈判机制、信任契约机制、沟通协调机制和监督激励机制组成,这六大机制通过市场机制和政府共同作用于产业链,推动产业链的正常运行。芮明杰、李想(2009)认为模块化分工条件下产业链运行机制主要包括价值生成、信任、利益分配等几大机制。

杜龙政等人(2010)从要素驱动角度提出三种类型的产业链驱动模式:"资源驱动型""市场主导型"和"技术主导型"。其中,扮演关键驱动角色的要素分别为"资源""市场"和"技术",而"协调"作为第四种关键要素对其他要素作用的发挥具有基础性作用。

程宏伟等人(2008)将产业链整合视为产业链演化的重要途径,并提出基于资本与知识的产业链整合模型,分析产业链纵向、横向和侧向的三维整合路径。吴金明等人（2005，2007）认为产业链的培育主要表现在产业的配套类型与配套半径上，并进一步将产业链划分为产业"龙头"、产业"七寸"和产业"配套"三个环节，与此对应，形成各具特色与功能定位的"龙头企业""核心企业"与"关联企业"及其在产业链培育中"需求拉动""创新驱动"和"传导"三类机制。陈朝隆（2007）认为，区域产业链是由节点和产业联系构成的复杂系统。区域产业链的演进主要受基础要素和高级要素影响，随着分工的加深和竞争的加剧，信誉、社会资本等高级要素对产业链构建的影响将越来越重要。他认为区域产业链构建应该分别实施区域产业链的类型选择战略、环节配置战略、节点集聚战略和环境优化战略。

二 区域产业链规划理论及方法

基于以上区域产业链形成、影响因素、运行机制和产业链培育与构建的分析，可以形成区域产业链规划的模式、步骤与方法。

产业链的三种属性决定了区域产业链本质的三大特点和规划的主要内容。

一是从产业活动属性出发确定产业链的结构类型。主要依据主导产品链确定原则，按照产品性质，确定区域产业链的结构类别及产品类别。二是从产业链价值属性出发，确定产业链的环节配置。主要依据要素条件及链环基础，按照产业链价值分布规律确定区域产业链的类型及重点。三是从产业链的空间组织属性出发，确定区域产业链网络结构或产业链环节集群发展模式。主要依据产业链关联性、集约性、规模经济确定产业链的组织模式。四是从产业发展时序角度，提出区域产业链阶段发展战略与目标，确定每一阶段产业链发展的重点环节与相应发展策略。五是从产业链系统角度出发，研究产业链运行的环境。主要从产业链外部环境的建设和企业网络的构建出发，确定产业链发展环境。

培育和构建区域产业链的步骤和方法如下：

首先，确定区域产业链的类型选择。区域产业链类型的选择实质就是确定区域主导产业和特色产业的某一具体产业环节问题。因此，要根据区域的发展条件和产业特性选择产业链类型。区域产业链应该遵循资源特色优势、收入弹性、生产率上升、关联强度、劳动就业、可持续性等六大基准。资源特色反映了区域的资源禀赋，需求弹性反映了区域产业链需求空间大小，技术水平体现了产业链升级发展的动力，关联强度反映了产业链纵横关联强度，劳动就业反映了产业链对区域就业的贡献度，可持续性则反映了产业链发展的资源约束、环境生态要求。

其次，确定区域产业链环节配置。区域产业链各环节的价值分布是不同的，诸多产业链价值分布呈现"微笑曲线"形态。确定区域产业链环节配置，就是遵循产业链价值分布规律，根据区域要素条件和链环发展基础，确定区域产业链的关键链环、重要链环和一般链环，确定区域内主要发展哪些链环，区际合作发展什么链环。区域要素主要包括基本要素（区域自然资源、劳动力、资本等）和高级要素（人力资本、技术、知识创新等）。高级要素越多，越有利于选择资本与技术密集型的产业链。产业链环发展基础，主要包含核心企业和核心产品状况，其对发展区域核心产业链具有决定性作用。区域产业链配置方式主要有：培育关键产业链，接通产业链，补链。

再次，确定区域产业链节点集群战略。产业集群是产业链节点的密集综合体，是一种通过专业化与密集交易，把产业发展与区域经济有效地结合起来的生产组织形式。因此，产业集群选择关键就是根据产业链关联性构建包含企业、中介组织等在内的，能够发挥集群效应的产业链节点集群。构建区域产业链节点集群，通常要符合资源基础、产业分布基础与集约化三大标准。资源基础，尤其是资源型产业，对产业链的分布有重大影响。区域产业链节点集聚通常是围绕核心企业、关键企业，依据产业配套半径与规模经济布局而成。集约化则反映了推动产业链集聚所追求的资源节约利用，公共基础与服务共享，信息、知识共享、扩散的内在要求。构建区域产业链集群主要方式是建设园区或基地，确定核心产业链，强化服务和公共平台，不断促进产业集聚机制的形成。

另外，确定区域产业链的阶段发展战略。区域产业链发展遵循产业链演进的一般经济规律。因此，遵循区域产业链发展规律，确定区域产业链战略至关重要。确定区域产业链的阶段发展战略步骤：一是要根据区域产业发展阶段，依据产业链环节的产品结构、产业组织、布局、技术等特点确定区域产业链的发展阶段（初创期、发展期、成熟期和衰退期）；二是根据区域产业链所处阶段，制定采取何种发展战略（培育性、提升性还是退出性战略），并科学确定每一阶段的发展目标；三是根据区域产业链发展定位、战略和目标，制定不同阶段的产业链发展策略，确定合理的政策对策与措施手段。

最后，确定产业链的环境优化战略。区域产业链的竞争优势不仅取决于产业链内部，也受产业链外部环境、行业特性、产业链所在地等多种因素影响。因此，产业链外部环境的建设和企业网络的构建对区域产业链发展有着极为重要的意义。优化区域产业链环境手段主要包括：培育区域产业"链基"；构建企业、顾客、中介机构等有效互动的网络；培育倡导诚信的区域文化环境；加强区域内部的横向产业联系。

现实中，产业链规划方法远远先行于产业规划理论，产业链规划方法已经大量应用于区域产业规划实践中。因此，产业链发展规划理论为区域产业链规划提供了理论依据和指导。

参考文献

张会恒：《论产业生命周期理论》，《财贸研究》2004 年第 6 期。

刘婷、平英：《产业生命周期理论研究进展》，《湖南农业科学》2009 年第 8 期。

姚建华、陈莉鋆：《产业生命周期理论的发展述评》，《广东农工商职业技术学院学报》2009 年第 5 期。

第七章 产业生态化实践与理论

在环境污染、生态破坏和温室效应等环境问题日益严重和全球资源日益枯竭背景下，人们对回归自然、生态关怀的情绪日趋高涨，对生态文明社会创建的共识达到前所未有的高度。党的十八大提出："要大力推进生态文明建设，要将生态文明融入经济建设、政治建设、文化建设、社会建设全过程。"作为生态经济学研究的主要内容之一，产业生态化从理论和实践上不断丰富和完善，对指导区域产业发展规划发挥着重要的作用。

第一节 产业生态化的概念

产业生态化没有一个被普遍接受的定义。国外对产业生态化的研究源于产业生态学。Thomas Graedel（1995）等人认为：产业生态学是人类在经济、文化和技术不断发展的前提下，合理地、有意地去探索和维护可持续发展，它要求不是孤立而是系统地看待产业系统与周围生态环境的关系，是将整个物质循环过程，主要包括天然材料的获取、加工、零部件生产、形成产品到最终废弃物处置等环节，加以系统优化的方法。Erkman（1997）指出，产业生态学主要研究产业系统如何运作、规范以及与生物圈的相互关系，并基于对生态系统的认知，决定如何对产业进行调整以达到与自然生态系统的协调。

我国引入产业生态学的概念与理论后，学术界将其动词化，就是"产业生态化"。刘泽源（1994）认为，产业生态化就是把作为物质生产过程为主要内容的产业活动纳入到大生态系统中，把产业活动对自然资源的消耗和对环境的影响置于大生态系统物质、能源的总交换过程中，实现大生态系统良性循环与持续发展。袁增伟（2006）等人认为，产业生态化是依据生态经济学原理，运用生态、经济规律和系统工程的方法来经营和管理传统产业，以实现经济、社会效益最大化、资源高效利用、生态环境损害最小化和废弃物多层次利用的目标。

以上分析表明，产业生态化的目标是在人类生存和发展的自然生态环境可再生的基础上，达到人—社会—自然之间的协调持续的发展。它依据生态经济学原理，运用生态、经济规律和系统工程的方法来经营和管理传统产业，以实现经济、社会效益最大，资源高效利用，生态环境损害最小和废弃物的多层次利用。具体说来，产业生态化具有如下特征：一是产业生态化的核心是产业系统的生态化，即如何模仿自然生态系统来构造产业的生态系统。二是构造产业生态系统的目的是为了使资源在系统内得到循环利用，从而减少废弃物的产生，使产业特别是工业的发展对环境的污染和破坏降到尽可能低的限度；三是如同工业化发展的道路一样，产业的生态化发展也是一个从低级到高级的不断变化发展过程。

第二节 产业生态化的发展实践

一 发达国家产业生态化的发展实践

产业生态化在发达国家经历了丰富的实践活动，典型代表是日本的垃圾处理模式、奥地利的多产业链模式、新加坡的循环水系统、瑞士的废弃物再利用模式。

（一）日本的垃圾处理

日本发展生态产业的动因源于环境保护。日本每年产生4.5亿吨垃圾，对于土地短缺的日本而言，垃圾掩埋成为一个重大问题。垃圾焚烧成为日本考虑采用的解决办法之一。然而，垃圾焚烧虽然缓解了垃圾大量填埋而造成的土地压力，但产生的二氧化物排放却遭到公众的强烈抗议，也迫使政府制定更加严格的二氧化物排放标准，由此导致小型焚烧厂房逐步减少，原来的垃圾掩埋问题又变得更加突出。在此背景下，日本尝试通过新的生态方法解决垃圾问题。日本中央政府推行生态工业项目，鼓励使用绿色能源、热能源及回收物质（见图7-1）。

（二）奥地利的多产业链模式

奥地利在建筑业探索出了综合回收利用的多产业链生态模式。一是建筑业生态产业链。利用废旧建筑拆迁、新建筑建设产生的混凝土、沥青以及砖石垃圾，用于混凝土添加物、道路铺料，实现垃圾再生和资源再利用。二是利用垃圾发电。1963年，奥地利建成垃圾发电站，既有效解决了垃圾处理问题，也缓解了城市用电紧张问题。三是废油回收产业链。设立专门部门向家庭厨房、食品加工业和餐饮业回收废油用来制作柴油或清洁剂。

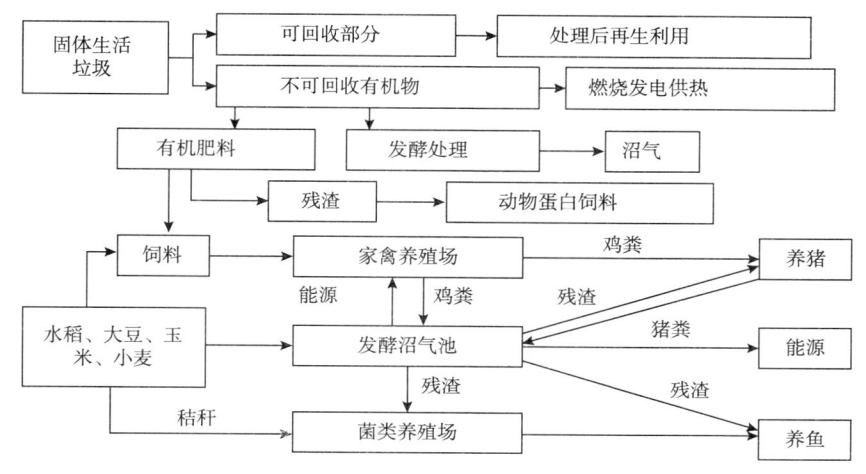

图 7-1 秸秆—垃圾—农业生态产业示意图

资料来源：孟祥林、李新：《产业生态化：从理论与实践论平衡理念下的发展模式》，《生态经济》2009 年第 6 期，第 144 页。

（三）新加坡的循环水系统

新加坡创建了水循环利用的典范。新加坡属于严重缺水国家，其生活用水主要由马来西亚提供。为此，新加坡重点通过循环模式解决水资源短缺问题。新加坡利用设在房子下面的"废水处理系统"收集废水，处理后再回流到屋内作非饮用水用。同时充分运用科技手段，将卫生间、沐浴或者洗衣等用过的生活用水进行有效处理制造出"新生水"。

（四）瑞士的废弃物再利用

瑞士在废弃物再利用方面探索形成了成功模式。瑞士主要通过两种途径实现废弃物的高效再利用：一是通过对每个塑料瓶征税为其回收筹集专用资金。二是通过回收旧手机的专门机构，对废旧手机进行检测，分拣和处理，建立了废弃手机回收产业链，构建了电信产业新的生态链。

二 我国产业生态化的发展实践

在实践应用方面，我国产业生态化也迈出了重要步伐。突出表现在生态农业和生态工业两大方面。

（一）农业生态化发展实践

生态农业模式是指按照生态学原理和生态经济规律，因地制宜地设计、组装、调整和管理农业生产和农村经济的系统工程体系。它要求把发展粮食与多种经济作物生产，发展大田种植与林、牧、副、渔业，发展大农业与第二、第三产业结合起来，利用传统农业精华和现代科技成果，通过人工设计生态工程、协调发展与环境之间、资源利用与保护之间的矛盾，形成生态上与经济上两个良性循环，经济、社会、生态三大效益的统一。我国各地政府高度重视生态农业的发展与推广工作。根据全国农业环保体系 30 个省农业环保站统计，截至 2005 年底，我国已经建立了国家级生态农业县 590 个，生态农业乡 2900 个，生态农业村 28747 个，全国生态农业建设覆盖耕地面积 1857 万公顷。全国总结形成了十大典型模式和配套技术：北方"四位一体"生态模式及配套技术，南方"猪—沼—果"生态模式及配套技术，平原农林牧复合生态模式及配套技术，草地生态恢复与持续利用生态模式及配套技术，生态种植模式及配套技术，生态畜牧业生产模式及配套技术，生态渔业模式及配套技术，丘陵山区小流域综合治理模式及配套技术，设施生态农业模式及配套技术，观光生态农业模式及配套技术。

（二）工业生态化发展实践

1999 年，联合国环境规划署联合中国政府在中国开展了"中国工业园的环境管理"项目，这个示范性质的项目为日后的首个生态工业园建设打下了坚实基础。2001 年 8 月，中国第一个国家级生态工业示范园区——广西贵港国家生态工业（制糖）示范园区由国家环保总局授牌建设。之后，辽宁、江苏、山东、天津、新疆、内蒙古、浙江、广东等省、区、市分别开展了生态工业园区建设试点，试点不仅覆盖制糖、造纸、化工、水泥、冶金等传统行业，也有电子、环保、汽车、生物化工等高科技行业。通过试点工作，中国在生态工业园区建设和管理上积累了一定经验，在此基础上，我国于 2006 年 9 月又发布了综合类生态工业园区标准（试行）、行业类生态工业园区标准（试行）、产业类生态工业园区标准（试行），这三项标准的发布实施，进一步推动现有工业园区向生态化方向转型，不断提升园区的生态化水平，从总体上加速中国新型工业化进程。

同时，我国也对服务业生态化问题进行了积极探索，在绿色商业服务业、生态旅游业、现代物流业、绿色公共管理服务等方面取得了重要成果。

第三节　产业生态化的理论研究

产业生态化理论是一门崭新的学科。到目前为止，产业生态化研究还没有形成一套完整的理论体系。因此,以下主要介绍在产业生态化研究中取得的主要理论成果,以期能够在不同领域为产业规划实践提供理论依据。

一 国外产业生态化的研究

近几年,国外学者对产业生态学的研究主要集中在生态效率的概念和衡量、产品政策的制定、生命周期评价等方面。

1. 生态效率

生态效率是生态资源满足人类需要的效率,它是产出与投入的比值。其中"产出"是指企业生产或经济体提供的产品和服务的价值;"投入"是指企业生产或经济体消耗的资源和能源及它们所造成的环境负荷。生态效率概念已经越来越多地被用于判断产品系统、生产过程以及企业的环境和经济绩效。尽管生态效率已有定义,但是依然未有一个大家普遍认可的概念。有时从产品(商品和服务)角度界定,有时从组织(公司、城市和工厂)角度界定,概念的模糊导致生态效率具有很多不同的指标和衡量方法。艾沃特·尼乌拉等人(2005)认为生态效率意味着以最小的成本取得环境改善,并指出当几种环境措施同时存在时,应该将这些措施按照单位环境改善的成本进行排序,从而选择出成本最小的生态效率方法。桑万·苏等人(2005)建立了一个表现生产系统生态效率(EE)的简单方法,并将该方法用于一个中小企业(SME)的污染防护项目。友室诺瑞等人(2005)利用质量功能配置(QFD)和生命周期影响评价(LCIA)提出了一个产品层面量化生态效率的方法。塞派奥德等人(2005)在芬兰的科门拉科索(Kymenlaakso)地区,从促进地区经济活动的竞争和减轻经济活动对环境的损害两方面,创建了地区生态效率测定和检验方法。通常,生态效率被定义为经济价值与环境影响的比率。但这个定义对末端处理技术不是很恰当,因为在这些技术上投入的目的在于提高技术加工过程的环境绩效。

尽管许多不同的方法竞相存在,然而依然还没有一项具有广泛适应、被普遍接受的分析方法。但各种生态效率方法的存在,为不同目的,适应不同领域的评价测算工作提供了参考。

2. 产品政策

产品政策是产业生态化研究领域中比较重要的研究内容。20世纪90年代,欧盟成员国先后制定产品导向的环境政策和欧盟标准的完整的产品政策。日本制定了立法要求,推动实施了一个具有影响力的绿色公共获取计划。一些发展中国家如中国也在朝着这个方向努力。制定完整的产品政策需要有产品在其整个生命周期的可靠的影响数据。瑞恩乌特·海占斯等人(2006)提出了涵盖投入产出多个方面的混合信息分析工具及其条件，并建立了可供操作的计算公式。

环境政策是因预防综合污染而产生的，它考虑了所有环境媒介（如空气、水、土地）和能量消费。因此，评估与环境相关装置的方法是必需的。筑塔·吉尔德曼和奥托·瑞恩茨（2005）提出了多重标准分析（MCA）方法。该方法既可以分析生态学方面，也可以分析经济和技术标准。

环境问题与原材料的处理密切相关。由于不管是传统的环境分析方法还是经济分析方法都不能对经济的物质方面进行足够了解。刘毅等人（2004）提出了一个将物质流分析（SFA）与生态结构分析相结合的综合方法论，将该方法用于中国的磷产业，以便更好地理解该经济体的材料利用和变化，并用1996年的统计数据建立了一个静态的国内 SFA 模型。

3. 生命周期评价（LCA）

生命周期评价（LCA）是产业生态学的核心内容之一。LCA 是指对一个产品系统的生命周期中输入、输出及其潜在环境影响的汇编和评价，具体包括互相联系、不断重复进行的四个步骤，即目的与范围的确定、清单分析、影响评价和结果解释（见表7-1）。生命周期评价（LCA）作为一种产品环境特征分析和决策支持工具，技术上已经日趋成熟，并得到广泛应用。但是，LCA 依然不完善，其应用也存在一定的局限性：一是 LCA 的评估方法具有一定的主观性。二是 LCA 重点考虑了生态环境、人体健康、资源消耗等方面，不涉及技术、经济或社会效果等因素。目前，也有很多对生命周期评价（LCA）进行扩展的研究。瑞恩乌特·海詹斯等人（2004）通过扩展 LCA 的某个一致性模型、盒分离模型、混合分析模型三种不同策略进行完善，以使 LCA 的分析更加细致，应用范围更加广阔。曼萨沃·拉黑密和迈瑞奥·韦德纳以多属性价值理论（MAVT）为基础，开发提出了一系列基于 LCA 的决策分析模型。

表7-1 生命周期评价（LCA）的步骤及内容

阶段名称	定 义	基本内容
目标与范围定义	该阶段是对 LCA 研究的目标和范围进行界定，是 LCA 研究中的第一步	目标定义主要说明进行 LCA 的原因和应用意图；范围界定则主要描述所研究产品系统的功能单位、系统边界、数据分配程序、数据要求及原始数据质量要求等
清单分析	清单分析是对所研究系统中输入和输出数据建立清单的过程，清单分析主要包括数据的收集和计算，以此来量化产品系统中的相关输入和输出	清单分析首先是根据目标与范围定义阶段确定的研究范围，建立生命周期模型，做好数据收集准备；然后进行单元过程数据收集，并根据数据收集进行计算汇总，得到产品生命周期的清单结果

续表

阶段名称	定　　义	基本内容
影响评价	影响评价是根据清单分析阶段的结果对产品生命周期的环境影响进行评价	影响评价将清单数据转化为具体的影响类型和指标参数，更便于认识产品生命周期的环境影响
结果解释	结果解释是运用科学的理论与方法对LCA的结果进行合理的解释，并提出意见	结果解释是基于清单分析和影响评价的结果，识别出产品生命周期中的重大问题，并对结果进行评估，包括完整性、敏感性和一致性检查，进而给出结论、局限和建议

资料来源：《生命周期评价》，百度百科。

二　国内产业生态化的研究

国内产业生态化的研究主要始于20世纪90年代清洁生产的工程技术。后来，伴随着国外产业生态学的传入，出现了产业生态化的研究热潮。国内生态化的研究主要集中于对国外产业生态学的翻译与阐释以及对农业、工业、服务业等产业生态化应用意义、目标、路径的探讨。研究成果主要集中在以下四个方面。

（一）理论和方法的研究

近年来，国内高等院校、科研单位相继成立了各类产业生态学研究机构，先后开展了产业生态学相关方面的研究。总体而言，我国产业生态化的研究主要集中于对国外文献的翻译及评述、内涵及方法、相关概念及其相互之间关系的梳理和意义阐释、理论体系框架、产业共生模式和机理、生态工业园区理论和方法等方面，而对产业生态学的基本理论和方法的研究相对比较少，尤其是缺乏对一般性理论框架和方法的深入探讨与创新。

（二）生态农业的研究

生态农业是产业生态化的重点实践与研究领域。彭宗波（2005）、李军（2006）、丁溪（2010）等人分别提出了我国发展生态农业对于"克服传统农业弊病""全面提高农业生产力""保护和改善生态环境""促进农民持续增收""实现农业和农村的可持续发展"等重大意义和作用。在应用研究领域，各类规划机构建立了生态农业发展规划的基本框架，并编制了区域生态农业发展规划和若干生态农业园区规划。整体而言，对农业生态化的研究依然处于初级阶段，缺乏统一的分析框架与更深层次的理论探讨，应用研究中对于生态农业具体表现以及操作实施的论证还不够深入和全面。

(三) 生态工业的研究

生态工业是产业生态化研究的核心。有关生态工业的研究，学者们主要集中探讨了生态工业园。赵国庆（2009）总结了包钢生态工业园建设的进展情况，分析了困扰包钢生态工业园区建设的诸多问题，为以后其他钢铁工业园区的建设提供了参考和借鉴。宫小龙（2010）分析了陶瓷生态工业园中的陶瓷生产过程能量集成，阐述了陶瓷生态工业园物流与能流的共生耦合资源化余热利用模式。孙晓梅（2010）对生态工业园的运行效率评价指标体系进行了研究，先后建立了包含 27 个具体指标的生态工业园运行效率评价指标体系和包含经济、资源、环境、技术支持和管理五个系统的发展状况评价指标体系。我国在规划应用层面也先后出台了综合类生态工业园区标准（试行）、行业类生态工业园区标准（试行）和静脉产业类生态工业园区标准（试行），加强了对工业生态示范园的规划指导。

随着生态产业研究的不断深入，在原有生态农业和生态工业研究的基础上，生态服务业近年来也受到越来越多的重视。诸多学者（孙婷，2007；明庆忠，2008）分别对生态旅游、生态商业进行了探讨。

(四) 区域产业生态化模式与路径的研究

区域产业生态化模式与路径是产业生态化的重点研究内容。郭莉、苏敬勤（2004）基于大量文献回顾和国内外实践情况，提出产业生态化正沿着两个不同的路径发展：一是生态工业园，二是区域范围的副产品交换。通过对两条路径的形成规律分析以及在管理手段、经济效益和环境效益上的对比分析，揭示在区域副产品交换和生态工业园基础上建立的产业生态网络将是产业生态化发展的路径选择。孟祥林、李东升（2009）提出区域产业生态化一般的发展思路是：不单纯为追求经济指标而以长远利益为代价获得短期收益，而要努力实现产业之间的平衡发展，重要途径就是努力发展生态农业、推进生态工业园模块化设计和推进产业链延伸。他们进一步从三个方面提出了区域产业生态化的探索模式：一是积极发展生态旅游业，二是推动建设产业集群，三是大力推广循环经济模式。虞震（2007）系统化地研究了我国产业生态化的发展思路与路径，他提出：要以制度建设和技术创新为保证，以打造生态化的产业体系（以生态农业、生态工业、环境产业为主的环境友好性的生态型产业体系）为主线，以改造传统产业和发展生态产业为重点，加快产业结构的优化升级，使产业发展与资源环境等因素逐步统一协调，提高产业发展的质量。吴狄（2012）提出了以产业集群为载体，拉动区域基础产业、支柱产业和主导产业生态化发展的区域产业生态化发展模式。

产业生态化是一个重要而崭新的研究领域。近年来，国内外在产业生态化理论研究和实践应用方面进行了积极探索，也取得了重要成果。但总体而言，产业生态化研究理论滞后于实践，突出表现为产业生态化研究依然缺乏统一的分析框架，产业生态化的基础理论与方法不够完善。然而，人们在产业生态化的实践应用方面取得了丰富的成果，尤其是在区域产业生态化模式以及农业、工业（尤其是生态工业园、循环工业园）、服务业产业生态化实践中取得了丰富的实践经验，这为区域产业生态化规划提供了重要的理论与经验借鉴。

参考文献

孟祥林、李东升：《产业生态化：从理论与实践论平衡理念下的发展模式》，《生态经济》2009 年第 6 期。

吴狄：《区域产业生态化的发展模式研究》，《学习与实践》2012 年第 10 期。

袁增伟、毕军：《产业生态学最新研究进展及趋势展望》，《生态学报》2006 年第 8 期。

李棕、邓光亚：《生态产业理论研究综述》，《江西师范大学学报》（哲学社会科学版）2010 年第 10 期。

郭莉、苏敬勤：《产业生态化发展的路径选择：生态工业园和区域副产品交换》，《科学学与科学技术管理》2004 年第 8 期。

张欲非：《区域产业生态化系统构建研究》，哈尔滨工业大学博士学位论文，2007。

虞震：《我国产业生态化路径研究》，上海社会科学院博士学位论文，2007。

第八章　区域产业政策理论

第一节　区域产业政策的概念与特征

一　区域产业政策的概念

产业政策与区域产业政策是一对紧密相关的概念。关于产业政策的概念，诸多学者从不同角度进行界定，至今尚未形成定论。从功能角度，Dervis 和 Page（1984）强调产业政策的工业化推动作用，他们认为，产业政策是一国政府为了推动工业部门比重的迅速提高而出台的一系列支持政策；Weiss（2011）强调产业政策的资源配置功能，将产业政策定义为用来对某一产业施加倾向性资源配置影响的政策干预措施。周绍朋、王健（1998）强调产业干预功能，认为，产业政策是国家干预或参与经济活动的一种形式，它是国家（政府）系统设计有关产业发展，特别是产业结构演变的政策目标和政策措施的总和。从信息角度，和太郎（Nawa Taro）认为，产业政策试图发现私营企业在高效生产方面所做的努力，然后将该高效方法在产业内的所有企业中进行推广。基于企业能力角度，周叔莲等人（2008）将其定义为"政府和私人部门共同'参与'（包括获得信息、决策和执行）不断引导企业和产业对变化的环境作出适应性调整，从而推动产业部门向有效的均衡收敛的一类政策"。从产业政策的演变来看，产业政策经历了"结构调整论—市场功能弥补论—信息挖掘和传递论"的历程。产业政策伴随着国家和地区产业发展的实际需求，内涵不断得以丰富和完善。

区域产业政策伴随着产业政策的发展而不断完善。区域产业政策具有严格的地域范围界定，仅指某一特定区域。因此，区域产业政策的内涵也具有多种维度，多重含义。综合目前产业政策各种定义，本章认为区域产业政策是：地方政府为了实现区域超越发展，实现推进工业化进程或产业结构合理化、高级化或某一经济和社会发展特定目的，以区域产业为直接对象，通过对其施加倾向性资源配置影响，或弥补市场功能，促进产业信息挖掘和传递，增强区域企业产业能力而实施的发展政策的总和。

二 区域产业政策的特征

区域产业政策的作用范围是某一区域的特定产业，是为了实现区域产业结构、产业组织、产业布局和产业技术的合理化或优化，其一般特征为以下几方面。

1. 区域产业政策具有区域性

区域产业政策与产业政策具有不同的范围界限，区域产业政策是从一个区域的角度出发研究产业政策问题，其产业政策作用范围、执行主体、执行客体、执行手段均具有区域有限性。同时，区域产业政策必须在全国产业政策和总体布局的要求下，从区域自然条件、资源状况、技术水平、经济基础出发，正确确定自己在全国地域分工总格局中的地位，对区域产业结构、产业组织、产业布局进行科学规划和谋划，以形成区域特色。

2. 区域产业政策具有系统性

区域产业政策是一个复杂的大系统，这种系统性不仅表现为它是一种完整的和综合性的政策体系，而且在于其所起作用是多方面、多层次的。区域产业政策是区域经济系统中的子系统，是区域经济政策的核心，其与区域经济发展政策、区域经济调控政策等各方面政策相配合，共同组成区域经济发展政策体系。

3. 区域产业政策具有非均衡性

与国家产业政策相比，区域产业政策不因考虑国家经济独立而形成完善、独立的产业体系。区域产业政策要依据国家产业政策的统筹安排，依据本区域的发展条件，选择和培育区域的主导产业、优势产业和支柱产业。区域产业结构系统是内外开放的，各区域产业结构之间的分工与协作，要求区域产业结构的变化通常采取非均衡的发展方式推进。合理的区域产业政策应当是重点倾斜、适度协调的政策，它必须是有倾斜、有重点、非均衡的产业政策体系。

第二节 区域产业政策的类别及主要内容

基于产业政策概念和内涵理解的多样化，产业政策的分类也呈现出多元化特征。伴随产业政策内涵从"结构调整论—市场功能弥补论—信息挖掘和传递论"的演进，产业政策分类也随之变动调整。以结构调整为标准，王慧炯等人（1990）根据适用对象和范围将产业政策划分为通用产业政策、特殊部门政策、特殊行业政策、特殊企业政策或特殊项目政策、特殊环节产业政策、特殊区域政策等五类;《国家 90 年代产业政策纲要》认为产业政策主要包括产业结构政策、产业组织政策、产业技术政策和产业布局政策,以及其他对产业发展有重大影响的政策和法规。苏东水(2000)将产业政策划分为产业组织政策、产业结构政策、产业布局政策和产业技术政策等四类。以市场功能弥补论为标准,周叔莲等人(2008)按照两个维度对传统产业政策进行了划分。一是按照政策目的将产业政策划分为选择性产业政策和功能性产业政策。选择性产业政策是那些旨在矫正市场失灵的干预性政策,功能性产业政策旨在促进市场机制更好地发挥资源配置功能。Tsui – Auch(1999)将产业政策分为功能性产业政策和部门性产业政策。Yilmaz(2011)对产业政策的理解仅限于选择性产业政策,指那些被设计用来对特定产业的倾向性支持措施。另外,学者们也分别从信息论和产业动态能力角度提出了区域产业政策的分类。

总体来看,将区域产业政策划分为区域产业结构政策、区域产业组织政策、区域产业技术政策和区域产业布局政策是比较普遍的做法,也能够较好反映区域产业政策属性和主要内容。本章主要按照此种分类方法介绍产业政策的主要内容和实施手段。

一 区域产业结构政策

区域产业结构政策是指地方政府依据本区域在一定时期内产业结构的现状,遵循产业结构演进的一般规律和一定时期内的变化趋势,制定并实施的有关产业部门之间资源配置方式、产业间及产业部门间的比例关系,通过影响与推动产业结构的调整和优化,以促进区域产业结构向协调化和高度化方向发展的一系列政策措施的综合。

产业结构政策按照政策目标和措施的不同,可以进一步划分为多种不同的类型,主要有以下几种。

1. 主导产业选择政策

主导产业选择政策是指政府为了引导、促进主导产业的合理发展,从整个经济发展的目标出发,运用经济政策、经济法规、经济杠杆以及必要的行政手段、法律手段来影响主导产业发展的所有政策总和。

2. 战略产业扶持政策

战略产业扶持政策是指政府为了促进区域产业结构有序转换和培育未来主导产业而扶持本地战略产业或战略新兴产业的政策。战略产业是指能够在未来成为区域主导产业或支柱产业的新兴产业。战略性新兴产业是指建立在重大前沿科技突破基础上，代表未来科技和产业发展新方向，体现当今世界知识经济、循环经济、低碳经济发展潮流，目前尚处于成长初期、未来发展潜力巨大、对经济社会具有全局带动和重大引领作用的产业。

3. 衰退产业撤让政策

衰退产业撤让政策是指为了帮助衰退产业实行有秩序的收缩、撤让，并引导其资本存量向高增长率产业部门有效转移的政策。衰退产业往往与企业破产、职工失业现象密不可分，容易引起经济与社会的不稳定，因此实施衰退产业撤让政策是经济稳定持续发展的要求。衰退产业调整政策的主要措施包括：加速设备折旧，市场保护、援助，促进转产，技术与经营支持，转岗培训等。

4. 幼小产业保护政策

幼小产业保护政策起源于德国经济学家李斯特的保护主义理论和日本学者筱原三代平的"动态比较费用论"。幼小产业保护政策是指当一个国家或地方的新兴产业还处于最适度规模的初创时期，可能经不起外界的竞争，而由政府采取过渡性的保护、扶持、提高其竞争能力的政策措施。传统的幼稚产业保护政策强调以贸易保护为重点的规避竞争的保护方式。但随着贸易全球化的发展，国际资本市场的初步形成，汇率变动的日趋频繁，对幼稚产业的保护面临着规范保护程序、加强受保护产业的监管、鼓励国内竞争等新情况。

二 区域产业组织政策

区域产业组织政策是地方政府为实现区域产业组织优化目标而对某一产业或企业采取的鼓励或限制性的政策措施。因为一般认为良好产业组织的形成需以市场结构合理、竞争适度为条件，所以，区域产业组织政策也被称为"禁止垄断政策"或"促进竞争政策"。

从政策导向角度来看，区域产业组织政策可以分为：促进产业组织有效竞争政策和产业组织合理化政策。

1. 产业组织有效竞争政策

有效竞争是指企业间通过提高质量、降低价格、提供优质服务等正当竞争手段而进行的有利于增进社会福利的竞争。产业组织政策的实施，便是要限制无效竞争，促进有效竞争，从组织上保证资源的充分利用。促进有效竞争政策着眼于维持正常的市场秩序，手段一般包括：反垄断政策或反托拉斯政策、反不正当竞争行为政策及中小企业政策等。

2. 产业组织合理化政策

产业组织合理化政策是旨在促进规模经济形成、改善产业组织结构、建立大批量生产方式和增加产业利润、实现产业振兴的产业政策。产业组织合理化集中表现为产业组织的合理化与高效化,其基础是流通过程的改组,促进产品的规格化、标准化、定型化以及加工的专业化。产业组织政策的核心手段是通过上市、兼并、联合、重组等形式,形成一批拥有著名品牌、知识产权、竞争力强的大公司和企业集团。

从政策实施手段看,区域产业组织政策主要包括以下三个方面的内容。

1. 控制市场结构

控制市场结构主要是对各产业的市场结构变动实行适时监测、控制和协调,防止市场结构的不合理。具体措施包括:一方面,为了促进有效竞争,降低市场集中度,依法分割处于垄断地位的企业,降低进入壁垒,减少不合理的产品差异化;另一方面,为了促进产业组织合理化,建立企业合并预审制度,对中小企业实行必要的扶持,推动小企业做强做大。

2. 调整市场行为

调整市场行为主要包括:禁止和限制竞争者的共谋、卡特尔及不正当的价格歧视;对卖方价格、质量实行广泛监督,增强市场信息透明度;对非法商业行为进行控制和处置。

3. 直接控制市场绩效

对资源分配方面存在市场缺陷的产业,通过政府干预(如直接投资)弥补市场机制缺陷;对赢利不多和风险较大的重大技术开发项目提供资金援助;增加教育、科研和技术推广的公共投资;禁止滥用稀缺资源。

三 区域产业布局政策

区域产业布局政策是指地方政府根据区域产业的经济技术特性、域情和各地区的综合条件,对若干重要产业的空间分布进行科学引导和合理调整的意图及其相关政策措施。从本质上讲,区域产业布局合理化的过程也就是建立合理的地区分工关系的过程,区域产业结构合理化与产业布局合理化分别从纵向和横向角度考察同一事物的两个方面。区域产业布局政策是区域政策体系中非常重要的组成部分,其重点侧重于建立和完善地区间的产业分工关系。

区域产业布局政策的目标可分为两类:一是效率目标,要求产业布局以追求最大效率地配置使用资源,实现尽可能高的经济增长速度和效益;二是公平目标,要求产业布局以追求资源的配置有利于尽快缩小地区间的经济发展效益为目的。

从产业布局政策来看,产业布局政策与区域经济发展程度紧密关联。一般在产业不发达阶段，以追求效率目标为主；在发达阶段，以公平目标为主。产业布局政策的主要内容为以下两点。

1. 重点区域发展的政策选择

在符合国家产业布局总体要求下，制定区域产业布局战略，规定区域重点支持发展的地区，设计重点发展地区的经济发展模式和基本思路；以区域直接投资方式，支持重点发展地区的交通、能源和通信等基础设施，乃至直接投资介入有关产业的发展；利用各种经济杠杆形式，对重点地区的发展进行刺激，以加强该地区经济自我积累的能力；通过差别性的地区经济政策，使重点发展地区的投资环境显示出一定的优越性，进而引导更多资金和劳动力等生产要素投入该地区的发展。

在区域产业集中发展战略方面，可供采用的产业布局政策大致包括：通过政府规划形式，确立有关具体产业的集中布局区域，以推动产业的地区分工，在一定意义上发挥由产业集中所导致的集聚规模经济效应；建立有关产业开发区，将产业结构政策重点发展的产业集中于开发区内，既使其发挥规模集聚效应，也方便政府产业结构升级政策的执行。

2. 区域重点产业的选择政策

在经济不发达阶段，政府通常更强调产业布局的非均衡性，往往通过基础较好地区的优先发展带动其他地区联动发展。政府一般倾向于建立开发区、高新区，以实行特殊政策的方式，促使区域新兴产业相对集中，形成区域新的经济发展极；在经济发展较为发达阶段，政府通常从维护经济公平和社会稳定等目标出发，强调地区经济的均衡性。在此阶段，政府往往对不发达地区经济给予较多的支持，甚至在某些经济发达地区或产业高度集中地区实行一定程度的限制进入政策。

四 区域产业技术政策

区域产业技术政策是指地方政府对产业技术发展实施指导、选择、促进与控制的政策综合。它以产业技术为直接的政策对象，是保障产业技术适度和有效发展的重要手段。

区域产业技术政策一般包括两方面内容：一是确定产业技术的发展目标与计划，包括制定各种具体的技术标准、技术发展规划、技术结构、公布重点发展的核心技术和限期淘汰落后技术项目名单。二是技术进步促进政策，包括技术开发政策、技术引进政策、技术扩散政策和人力资本开发政策。主要内容如下。

1. 技术发展规划

地方政府根据区域经济和社会发展对科学技术的需求，对未来技术进行总体分析，确定未来技术发展目标和方向，列出技术重点发展的领域，制定具体实施的步骤和时间安排并出台相关保障措施。

2. 技术结构政策

技术结构政策是为了安排好各种技术类型和技术层次之间的相互联系和数量比例，实现技术结构合理化。从技术类型看，有节约劳动消耗的技术、提高劳动生产率的技术、节约原材料和能源的技术、提高设备性能和效率的技术、废旧物资再利用技术和防治污染的技术、提高科学管理水平的技术等。从技术层次看，有尖端技术、先进技术、中间技术、初级技术等。合理的区域技术结构政策，应根据一定时期内本区域的具体国情、资源状况和技术发展规律等各方面因素综合考虑确定。一般来说，根据劳动者数量和质量状况考虑是采用先进技术为主，还是以中间技术为主。根据资源状况、资金水平确定是以提高劳动生产率的技术为主，还是以节约原材料、能源和防治污染的技术为主。

3. 技术开发政策

技术开发是指主要依靠本区域的科技力量，进行新技术、新工艺的研究、推广工作。技术开发政策，包括技术开发的鼓励、保护政策，诸如，鼓励新技术的发明与创造的政策；促进新技术传播与扩散政策；协调基础研究、应用研究和发展研究的政策；促进高新技术开发的政策；提高新技术、新工艺、新产品普及率的政策等。

4. 技术改造政策

技术改造政策是指鼓励企业采用新技术、新工艺、新设备、新材料对现有设施、工艺条件及生产服务等进行改造提升，淘汰落后产能的政策措施。包括制定技术改造总体计划、确定与审查重大技改项目、技改资金的筹集、使用与管理等。当前国家、省、市鼓励企业技术改造投资的优惠政策主要包括：技改进口设备免征关税及进口环节增值税政策、国债技改专项资金支持、省市对技改项目贷款贴息支持。

5. 技术引进政策

技术引进政策是指为了提高产业技术水平，增强企业创新能力，政府出台的各类政策措施。技术引进政策的重点一般包括：加强政府在技术引进方面的指导作用；以税收、外汇等优惠政策鼓励和支持多种方式的引进；用经济、法规和必要的行政干预等手段鼓励引进关键技术，做好引进技术的消化吸收工作。

6. 人力资源开发政策

人力资源开发是技术政策的重要组成部分，一般包括：增加教育投资，推进教育产业化；重视职业培训，推行终身教育；通过聘请专家和派留学人员引进国外的智力；合理安排高、中、初级人才结构，形成有层次的人才布局，调动各层次人才的积极性。

第三节 区域产业政策的手段及选择

良好的产业政策效果不仅取决于是否拥有合理化的产业政策，而且还取决于有效的产业政策实施手段。地方政府必须根据产业政策目标的要求，适当地选择和组合各种产业政策手段变量。

一 产业政策的手段

产业政策手段是包括政府、中介组织、企业和劳动者在内的所有政策主体为实现产业政策目标而采取的措施。按照产业政策主体划分，产业政策手段主要分为政府产业政策手段、中介组织产业政策手段和厂商与消费者产业政策手段。

（一）政府产业政策手段

政府产业政策手段主要包括以下几类。

1. 行政手段

行政手段是政府通过行政机构，采取强制性的行政命令、指示、规定等措施来实施产业政策的手段。在产业政策实施中，政府行政手段发挥着相当重要的作用，它是产业政策直接干预手段的主要内容。产业政策的行政手段通常包括四个方面内容：一是市场准入制度，如通过设定产业进入的规模、技术、环保等标准，提高产业准入的门槛等措施；二是价格规制，如对产业产品价格或成本要素价格进行规制；三是质量规制；四是环境保护规制，如出台产业相关强制性能效标准和环保标准。

2. 财政手段

产业政策的财政手段是指政府通过财政支出、实行有差别的税收政策来实施产业政策的手段。主要包括两类：一是通过倾向性的政府采购、转移支付、财政投融资等方式对重点产业和保护产业进行支持。财政支出不仅直接产生资金配置效应，而且还会产生间接示范效应，引导社会资本向政府支持产业方向流动。二是利用产业间差别性税收来促进或阻止某些产业的发展，主要包括产业或者产品的差别税率和一定时期内税收特别调整以及保护性关税等。

3. 金融手段

产业政策的金融手段是指政府通过政府金融机构或者对金融体系的干预，

以较金融市场更为优惠的条件将资金投向某些产业，或限制对某些产业提供资金支持。金融手段主要通过以下途径实现：一是通过差别化的金融货币政策，如优惠利率政策、信贷倾斜政策和资本市场融资政策引导资金投向，从而达到对不同产业的发展进行鼓励或限制的政策目标。二是通过建立政策性金融机构，向金融市场机构不愿或无力提供资金的重点产业、新兴产业进行投资和贷款，发挥对市场机制的补充作用。

4. 外贸手段

产业政策的外贸手段是指政府通过关税、非关税及出口管理等手段实现产业政策的措施。一般包括：（1）关税。为保护区域产业，限制某一类产品进口，实行保护性关税（如高关税、阶梯式关税）。对急需进口商品则实行减税；为鼓励出口性产业，实行出口退税或减税等。（2）出口管制。通过有出口信贷、出口信贷国家担保、出口补贴、商品倾销、外汇倾销等方式，鼓励出口，刺激区域外向型产业或主导产业发展。通过对有些商品实行管制，保护区域产业或保障产业安全。（3）非关税措施。包括数量限制措施和其他对贸易造成障碍的非关税措施。数量限制措施表现为配额、进口许可证、自动出口限制和数量性外汇管制等；其他非关税措施包括技术性贸易壁垒、动植物检验检疫措施、海关估价、原产地规则，以及当地含量要求、贸易平衡要求、国内销售要求等投资管理措施等。

5. 土地手段

产业政策的土地手段是指政府通过土地审批、土地供应、土地价格及其税费等措施，支持或限制行业发展。例如，通过土地审批，鼓励或限制项目落地，达到产业调整目的；优先安排产业集群区土地供应，保障新兴产业或主导产业优先发展；通过补贴、返还等多种形式的土地出让金的优惠促进产业集聚发展。

6. 信息指导手段

产业政策的信息指导手段是指政府利用所掌握的信息进行产业政策引导的手段，主要措施包括：（1）通过指导性或展望性的规划，向企业传播产业经济发展趋势的信息，引导产业进行调整。（2）通过劝告，向经济主体传递正确的信息，引导其依照产业发展方向，调整经营管理战略。（3）建立信息服务平台，通过免费提供产业公共信息，鼓励发展商业投资信息，有效促进市场信息的汇集和传播，减少市场的不确定性。

7. 制度变革

产业政策的制度变革是通过产业体制机制的改革实现产业政策目标的长期性措施，在经济转型时期，制度变革是一项长期而重要的产业政策实现手段。主要包括：（1）产业流通领域的改革。例如，加强现代流通体系建设，构建骨干流通网络；加快公共交通创新流通方式，推广供应链管理，加快发展电子商务；提高流通信息化水平，推动物联网等技术在流通领域的应用；改革流通管理体制，提高管理效率，降低管理成本等措施。（2）产业金融制度改革。例如深化金融体制改革，健全促进宏观经济稳定、支持实体经济发展的现代金融体系，加快发展多层次资本市场，稳步推进利率和汇率市场化改革，逐步实现人民币资本项目可兑换。加快发展民营金融机构，完善金融监管，推进金融创新，提高银行、证券、保险等行业竞争力，维护金融稳定。（3）所有制形式、生产组织形式的改革。例如土地制度改革、产权制度改革、企业组织形式变革（企业集团、大公司等）。（4）人力资源制度的改革。例如就业制度、失业保障制度、职业培训制度等变革。

（二）市场中介组织的产业政策手段

市场中介组织作为政府、企业与市场之间的中介机构，主要任务是承担一部分不宜由政府，也不便由企业来承担的事情，并在一定程度上弥补市场缺陷和政府缺陷。因此，市场中介组织具有特有的职能，是实现产业政策目标的重要政策主体，其实现产业政策手段主要有以下几种。

1. 社会服务

中介组织作为社会服务性组织，通过为企业制度改造中的改组、改制进行资产评估、财务审计、界定产权提供服务，达到为企业服务、为全社会服务、为社会公益事业服务的目的，从而促进产业政策的实现。

2. 信息提供

信息是经济微观主体进行经营决策的基础。信息传递是对产业政策的市场中介组织承担由政府转移出来的执行性行为，特别是政府转变职能后，需要有一个能沟通政府和企业的中间层次承载监督和管理等纯执行职能的组织。这类中介组织的行为必须由法律、法规或政府规章规范，帮助企业了解市场，帮助市场了解企业，为企业信誉提供佐证；为外商提供企业的咨询信息、吸引外商投资，促进中国企业走向国际市场。

3. 市场调节

市场中介组织按照市场运行规范，联系资金、技术、物资、劳务、信息等要素的供给和需求；维护社会各方的权益，保持市场秩序的稳定有序，监督企业活动，促进企业更好地经营。这类组织如经纪代理行、交易所、估价行、物资配运公司、技术转让公司、报关、期货等，是现代市场经济中极为重要和活跃的组织要素。

（三）厂商和劳动者的产业政策手段

厂商和劳动者的产业政策手段主要有三种。

1. 信息获取与反馈

信息是厂商和劳动者进行经营与消费思考和决策的基础。一般厂商和消费者依据个人预先掌握的一切信息，对其经营与消费活动进行思考，并产生某种预期。这种预期将对产业政策目标的决策有重大影响。从这个意义上说，信息同样也是企业和劳动者个人拥有的手段。

2. 行为调整

这里所指的行为调整，不是随机性的行为调整，而是具有相对稳定性的机制性行为调整。这种行为调整是在一定运行机制或体制条件下，对某种来自外部的刺激所作出的相应的有规则的反应。企业和劳动者个人通过这种行为调整来调节政府的产业政策意图。

3. 生产组织形式

生产组织形式是企业的政策手段。因为生产组织形式的改变，企业也具有主动权。企业通过生产组织形式的变动对产业政策产生影响。

二　产业政策手段的合理选择

（一）产业政策手段选择的依据

一般来说，产业政策手段的选择主要依据三个因素。

1. 产业政策目标

产业政策手段是为其目标服务的，因而必须服从政策目标的要求，即从产业政策目标出发选择相应的政策手段。

2. 经济运行机制

产业政策调节是为了弥补经济运行机制和市场的不足。产业政策调节作为一种经济系统的外生变量，必须与经济运行机制相适应才能很好地发挥其作用。因此，产业政策手段的选择要以经济运行机制状态为依据。

3. 经济发展阶段

产业政策手段的选择与经济发展阶段紧密相关。经济发展阶段对产业政策手段选择的影响主要体现为：一是经济起飞的必要条件。在起飞准备阶段，需要政府出面组织大规模社会基础设施建设，因而大量的重点发展手段和直接干预手段将被采用，而在起飞阶段，这些政策手段将明显减少。二是后起发展的赶超。后起地区为了实现赶超目标，则要采取不同寻常的保护政策手段和重点扶持手段。这种后起地区的赶超给产业政策手段的选择打下了深刻烙印。

（二）产业政策手段的合理选择

产业政策手段的合理选择就是在一定产业政策目标下，选择成本效益最好的一组政策组合手段。产业政策的效益是实施产业政策后所能实现产业政策目标的程度。产业政策的成本是指实施产业政策所付出的总代价。产业政策手段成本可分为两类：一类是经济成本，即为实现既定产业政策目标在人力、财力、自然资源方面所做的一切牺牲，这是物质性代价；另一类是非经济成本，即为实现既定产业政策目标在政治、社会、意识形态方面所作出的牺牲，这是非物质性代价。这两种成本都是很重要的，尤其不能忽视非物质代价。例如，因政策手段运用不当而引起社会动荡并造成的经济损失，因保护政策手段的运用引起的依赖思想会带来劳动生产率低下等。

产业政策手段的合理组合是政策手段有效性的关键。产业政策的成功在很大程度上依赖于手段配置及其效应的适当考虑。这里要特别注意以下几点：（1）对一系列政策手段的不当处理；（2）孤立地分析不同政策手段的效应，把其看做是可以独立于其他手段来发挥效应的；（3）对产业政策行为主体的可能反应缺乏适当的考虑；（4）忽视政策手段对其他目标发生的"负效应"；（5）没有充分注意政策手段的实际效应。

产业政策手段的合理组合包含着丰富的内容，涉及较广的范围，这里着重指出以下几个方面。

1. 不同行为主体的政策手段的协调运用

政府、中介组织和企业行为主体共同拥有的政策手段，具有双重效应。例如，厂商行为的调整，有可能是"正效应"，但也可能是"负效应"。因此，对于不同行为主体的共有的政策手段就要协调运用。这种协调运用主要是克服政策手段的负效应，使之能互相配合。如果企业和劳动者的行为调整与政府采取的政策手段是相抵触的，那么政策手段的效力就会减弱或消失。经济生活中经常出现的"上有政策、下有对策"的现象，就是各行为主体手段不协调运用的典型事例。这种状况是极不利于政策目标的实现。只有通过这种互相纠正的办法，才能使它们的政策手段协调起来，发挥巨大的政策手段效应。

2. 不同类型的政策手段的相机抉择

尽管在不同时期，根据产业政策目标，要采取不同类型的政策手段。但实际上，在任何时期，不同类型的政策手段都是同时存在的，只不过是某一种类型的政策手段占主导地位罢了。因此，要适当进行不同类型产业政策手段的配合，使其冲突减少到最低限度。过去，我们主要是采取差别手段和硬性手段，集中力量发展农业、能源、交通和原材料等基础产业。目前，我们主要是采取无差别手段和软性手段的适当配合，妥善处理重点产业与一般产业协调发展的关系，处理好生产要素存量调整与增量配置的关系，处理好产业总体配置与发挥地区优势的关系。

3. 不同政策手段的比较优势

根据政策手段比较优势原理，对于某一既定的政策目标来说，在同一类型的政策手段组合中必有一种政策手段组合是边际效率最高的最佳手段组合。除要注意对不同类型的政策手段的适当配合外，还要根据比较优势的原理，对同一类型中的不同政策手段进行最佳配合，以取得政策手段的最高边际效率。这就要求我们根据实际情况，区分主次手段，实行有机配合。

产业政策是产业规划的重要内容，是落实产业规划的有力保障。国内外关于产业政策的实践与理论为制定科学的产业政策、选择合理的政策手段，提供了理论支持和经验借鉴。

参考文献

吴扬、王振波、徐建刚：《我国产业规划的研究进展与展望》，《现代城市研究》2008 年第 1 期。

江世银：《论区域产业政策》，《天津行政学院院报》2002 年第 8 期。

周振华：《产业政策手段的选择与配合》，《中国工业经济研究》1990 年第 1 期。

杨帅：《产业政策研究：进展、争论与评述》，《现代经济探讨》2013 年第 3 期。

赵怡：《试论产业政策的实施手段》，《山西财经学院学报》1993 年第 2 期。

苏东水：《产业经济学》，高等教育出版社，2000。

刘汉民：《广东省产业政策及其实施手段》，《广东广播电视大学学报》2011 年第 1 期。

罗家宏、刘颖：《我国产业政策实施手段及其特点分析》，《北方经济》2010 年第 16 期。

匡明：《非均衡发展时期我国产业布局政策及其成效》，《当代经济》2007 年第 9 期（下）。

《产业发展政策》，SOSO 百科，http://baike.soso.com/v10658970.htm。

第三篇
区域产业发展规划方法体系

从产业规划任务、基本步骤、基本内容、理论基础出发,产业发展规划研究形成了自己的研究方法体系(见表"产业规划任务、步骤、内容、理论与方法体系")。区域产业发展规划的方法主要包括两大类:一类是产业发展规划编制过程中应遵循的程序性方法,该类方法是从产业规划的逻辑维度出发,对产业规划编制过程应遵循的一般程序性方法进行的总结。该方法主要是对规划前期准备,预研及调研,规划的编制,评审与结项,规划的实施、评估与调整等规划程序环节的研究内容进行说明;另一类是产业发展与规划的分析方法,主要是从知识维度出发,对产业发展与规划过程中采用的分析方法进行的提炼与总结。该类方法主要内容包括:产业基本面分析法、产业发展预测法、产业结构分析法和产业空间布局分析法。两类方法互相补充,共同构成区域产业发展规划的方法体系内容。

产业规划任务、步骤、内容、理论与方法体系

任务	基本步骤	基本内容	理论基础	技术方法	具体方法
现状分析	产业发展状况分析	产业发展现状、特征与存在问题	产业发展综合理论(产业属性六大理论)	产业基本面分析法	利益主体意见法、SWOT 分析法、波士顿矩阵、产业竞争力分析法、区位分析法
产业发展预测	产业总量预测	产业发展总体要求(总量预测)	产业发展综合理论(产业属性六大理论)	产业发展预测法(总量预测)	经济基础模型、投入产出分析、线性规划模型;定性预测方法(决策树法、专家预测法和市场调查法),时间序列预测法(概估法、趋势外推法、平滑法、滤波法、自回归移动平均法),因果预测法(单回归和复回归法、经济计量模型法)
	产业结构预测	产业发展总体要求(结构预测)	产业结构理论	产业结构分析法	区域产业结构的专业化分析、区域产业结构的差异化分析、份额—偏离法分析、区域主导产业的选择
	产业布局预测	产业发展总体要求(产业空间布局预测)	产业空间结构理论	产业空间布局分析方法	产业空间集中和集聚的测度、产业集聚的辨识与规划、基于 GIS 的产业空间布局技术方法

续表

任务	基本步骤	基本内容	理论基础	技术方法	具体方法
规划内容	产业结构规划	发展方向与重点	产业结构理论、产业链理论、产业发展时序理论	产业结构分析法	区域产业结构的专业化分析、区域产业结构的差异化分析、份额—偏离法分析、区域主导产业的选择
	产业组织规划	发展方向与重点	产业组织理论	产业组织分析法	CSP分析法、规模经济分析法
	产业布局规划	产业布局	产业空间结构理论	产业空间布局分析方法	产业空间集中和集聚的测度、产业集聚的辨识与规划、基于GIS的产业空间布局技术方法
	产业生态化规划	规划期产业生态化要求及目标	产业生态化理论与实践	产业生态分析法	生态足迹、生态园区与循环产业分析方法
	产业支撑体系规划	产业支撑体系	产业配套理论	产业链配套分析法	投入产出及各类工程数量研究方法
保障措施	保障措施设计	政策保障和规划落实保障	产业政策理论与实践	产业政策方法	产业政策的制定、手段选择及实施

注：1. 以上表中各分析方法与任务、步骤、基本内容、理论与方法并非精确地一一对应，部分存在交叉现象。

2. 本书主要对产业基本面、产业预测、产业结构、产业空间等关键产业发展规划研究方法进行说明。

第九章　区域产业发展规划的研究程序

区域产业发展规划的编制是一项科学系统工程，其方法不仅包括产业发展与规划研究方法，而且还包括产业发展规划编制过程的程序方法。从时间序列看，产业发展规划的编制过程一般主要包括规划前期准备，预研及调研，规划的编制，评审与结项，规划的实施、评估与调整等。

第一节　规划的前期准备

区域产业发展规划的前期准备是科学规划的第一个环节，是科学规划工作能否顺利推进的前提。在准备阶段，区域产业发展规划的编制者应当注意把握以下环节和重点工作。

一　明确规划目的与任务

区域产业发展规划目的就是对区域产业未来发展提出战略性、系统性、前瞻性、操作性的谋划、对策和措施。区域产业发展规划的组织与实施主体一般是政府部门，其体现了当地政府对区域产业发展的迫切要求和愿望。

委托方作为当地产业主管部门，对产业发展现状和存在问题有比较清晰的认识，也对本地产业发展的制约因素、发展战略和思路具有一定的思考。这些都会形成政府对区域产业发展规划的理念和要求，并且要求将其贯穿于规划中。因此，作为规划的具体制定者或受托方十分有必要在规划项目正式启动前与委托方进行充分的沟通交流。重点把握以下内容：第一，把握委托方对产业规划的具体要求，深入了解委托方的产业发展意图。要通过产业初步考察和与委托方的交流，了解产业发展存在的主要问题，明确产业发展规划的类型：弄清楚规划是一般的区域总体产业规划，还是专项产业规划？是侧重于某一类问题的产业布局规划、产业链延伸规划、产业招商规划，还是偏重于产业开发建设的（城市）总体规划，还是政府为申报上级政府部门某一项示范区或申请特殊政策而有具体要求的产业规划。第二，根据委托方具体的要求，列出规划主要解决的问题，制定出相应的产业规划编制大纲，明确产业规划的主要任务和要求，并以此作为产业规划合同的主要内容。第三，结合实际，对制定区域产业规划的意义和任务进行阐述和宣传，使地方相关政府部门深刻理解区域产业规划工作的性质、意义和任务，并为产业规划的调研和编制提供支持。

二 组建工作团队

区域产业发展规划涉及的知识面广、覆盖的学科多、联系的部门多，因此需要建立一个能够承担研究规划任务和有效推动规划编制的工作团队（以下简称"规划小组"）。

首先，根据产业规划目的和要求组建规划工作团队。在明确规划主要目的和任务后，根据需要组建工作团队。一般而言，区域产业规划工作团队学科领域主要包括产业经济、行业技术、城市规划、企业管理、政策研究等领域。团队成员既要有来源于高等院校、科研咨询机构专家，同时还要有政府部门从事政策研究的人员以及为规划小组服务的相关辅助人员。

其次，规划编制团队必须有规划委托方相关人员的全面参与。在团队负责形式上，委托方需派一位代表（往往是委托方的领导）作为产业规划编制的总协调人，受托方中的首席专家作为产业规划的学术负责人，委托方和受托方的其他人员作为成员，共同完成区域产业规划。委托方有必要成立产业规划领导小组，要包括政府产业相关主管部门领导和决策人员，作为规划团队的最高层次机构，负责决策、协调和指挥，确保产业规划的编制能够得到当地各部门的大力配合和支持。

最后，规划团队成员要进行合理分工。区域产业规划的编制团队要有具体的工作小组和明确的工作分工。工作任务分工一般包括两部分：一是规划学术内容分工。规划的学术总体负责人是整个团队的核心，负责规划团队的组建及任务分工，承担产业规划的框架制定，发展战略、总体目标和战略措施的总体设想和谋划，以及负责规划的定稿工作。产业技术、布局、政策等领域专家组成专家咨询组，负责相关咨询工作。规划起草团队要按照规划的组成部分，根据各人专长，合理进行分工。二是规划事务辅助人员。主要包括委托方和受托方两方组成人员，分别负责课题组相关事务的沟通和协调。规划团队工作任务分工没有统一模式，产业规划的规格高低、具体规划类型不同，分工模式也不相同。本章提出以下分工模式，仅供参考（见表9-1）。

表9-1 区域产业规划小组构成任务分工

角色	职责定位	工作任务	成果
组长	学术总负责人	规划团队的组建及分工、承担产业规划的框架制定,发展战略、总体目标和战略措施的总体设想和谋划,负责规划的定稿	产业规划文本
副组长	协调总负责人	负责规划中除学术之外的决策、协调和指挥工作,重点是产业规划区内、区外调研的安排与协调	协调服务
副组长	组长事务协助	协助组长工作,负责分工草案及计划书的起草,负责组织团队会议,一稿的统稿,课题的汇报及修改工作	产业规划文本
咨询专家	产业技术咨询专家	负责规划目标产业总体技术的发展趋势,分析规划区产业技术现状及存在问题,提出产业技术发展方向与策略	产业技术专项咨询意见书
咨询专家	产业经济咨询专家	确定高级次区域范围(世界、国家、省、市),并分析高级次区域产业发展现状、特征与趋势,提出规划区产业地位的优劣势、机遇和挑战	产业发展战略专项咨询意见书
咨询专家	空间布局咨询专家	分析高级次区域经济开发战略,分析规划区空间布局现状、存在问题及空间布局格局发展设想	产业空间布局专项咨询意见书
咨询专家	企业管理咨询专家	分析规划区内产业组织现状,剖析龙头企业发展现状与潜力,提出规划区潜力龙头企业名单,提供行业重点招商引资对象及策略	关键产业链、链环及重点企业培育发展专项咨询意见书
咨询专家	政策专家	针对各专家提出的产业组织、产业技术、产业空间布局存在的问题及建议,设计有效的产业政策与保障措施	产业政策及保障措施专项咨询意见
编制团队	编制人员1	负责起草高级次产业发展研究报告(含典型案例分析及经验),为区域产业战略制定提供基础	产业发展战略研究报告(可以是简略的PPT)
编制团队	编制人员2	负责材料搜集与整理,并负责区域产业发展基础与环境分析的写作	区域产业发展基础与环境分析
编制团队	编制人员3	产业发展空间布局及产业硬件支撑体系	产业空间布局和产业发展硬件支撑体系
编制团队	编制人员4	产业发展重点	产业发展重点
编制团队	编制人员5	产业发展主要任务	产业发展主要任务
编制团队	编制人员6	产业发展软件支撑体系及政策措施	产业发展软环境及政策措施

续表

角色	职责定位	工作任务	成果形式
辅助人员	受托方项目事务协调人员	项目具体事务的沟通、联系及协调执行，日常财务处理	规划服务
	委托方相关事务协调人员	具体负责课题组与委托相关部门之间的相关事务的联系、沟通事务	规划服务

三　制订工作计划

规划团队成立后，应该制订规划工作计划，并及时通知规划团队。一般而言，工作计划主要包括以下内容：

第一，合理预算经费支出。规划经费的支出必须首先符合作为智力资本密集性的规划活动所体现的一般规律和基本要求，同时，满足国家和地方对科研经费的花销要求，使经费真正地用于规划的编制过程中。经费预算要将经费合理划分比例，严格限制经费中的吃喝费用和礼品支出。一般而言，产业规划经费支出预算包括：资料及数据采集费，调研差旅费，误餐费，会议费，设备费，专家咨询费，劳务费，印花费，调研短期出行保险费等。

表 9-2　产业发展规划时间进度计划

序号	活动	周次																	
		1	2	3	4	5	6	7	8	9	10	11	12	13	14	15	16	17	18
1	背景资料收集	■	■	■															
2	实地考察调研			■	■														
3	外地调研				■														
4	专家座谈					■													

续表

序号	活动	周次																	
		1	2	3	4	5	6	7	8	9	10	11	12	13	14	15	16	17	18
5	资料整理分析	■	■	■	■	■													
6	专题报告与规划初稿						■	■	■	■	■	■							
7	课题组内部讨论				■	■							■	■		■			
8	初稿修改												■	■					
9	专家讨论													■	■				
10	报告修改													■	■				
11	相关领导讨论															■			
12	报告修改																■		
13	专家研讨评审																	■	
14	报告定稿提交																		■

注：1. 黑白纹状方块表示周次安排，如"背景资料收集"在第一至第二周单独进行，在"实地考察调研"环节过程中同时进行，搜集资料总共花费三周。

2. 规划后续跟踪调整服务在规划后某一时期（年度或中期）进行，一般需要2~4周。

第二，制定合理的规划研究进度。规划的研究进度必须按照规划编制时间和规划大纲的相关内容进行，在编制时间内，合理设置不同的时间段，完成规划大纲中列明的研究内容，取得阶段性成果，以便按时保质保量完成规划。需要强调的是，在制订调研计划和规划研讨计划中，要选择合理的时间进行规划调研活动，同时召开研讨会，建立规划团队的委托方和受托方之间、规划团队与外部专家的定期沟通机制。表9-2是一个产业规划时间进度计划表的案例，仅供参考。

第二节　规划的预研及调研

一　前期预研究

前期预研究主要是指在实地调研之前，对区域产业所做的先期研究和准备。主要工作是广泛搜集资料，对相关产业及案例进行研究。

由于区域产业规划的复杂性，对资料的要求十分广泛。因此，在规划团队确定以及资金到位后，团队工作人员应该根据事先拟定的产业规划大纲的内容要求，最大限度地搜集资料。

前期资料的搜集包括以下三种方式：

第一，产业规划工作小组自行搜集。规划工作小组成员通过图书检索、数据采集、文献查阅等手段全面搜集资料。自行搜集的基础资料以外部环境和内部条件为主，同时也涉及产业规划相关理论研究资料以及其他地区相关规划方案案例资料，具体而言包括：

一是时代背景资料。主要包括与产业规划任务相关的宏观形势、产业趋势和重大事件分析。

二是区位背景资料。主要包括所属省市以及所属经济地理区域的自然资源条件、社会发展状况、经济发展状况、相关发展规划等。

三是内部条件资料。主要包括规划区的自然资源条件、社会发展状况、经济发展状况、相关发展规划等。

四是理论与案例资料。与产业规划任务相关的理论和案例资料，主要为相似区域和相关产业发展的案例。

第二，与委托方密切联系，通过委托方搜集相关资料。委托方往往是区域相关政府部门，他们掌握着区域内不公开发行的资料以及相关政策文件。这些是区域产业规划中十分必要的文件，其重要性甚至超过了公开发行的资料。这些资料包括：

一是规划区基本情况。包括区位、面积、人口等最新基本资料。

二是规划区的相关统计资料和分析报告。一般包括：规划区五年经济社会发展规划和相关部门五年专题发展规划、年度经济社会发展公报、相关部门（发展改革局、农业局、林业局、交通局、科技局、招商局、工业园区管委会、农牧业基地等）连续几年的年度工作汇报、经济统计年鉴、省（区）县志等。这些资料中核心数据是：GDP、财税收入、就业等内容的经济发展状况；投资、规划、公共服务设施等内容的基础设施状况；规划面积、实用面积、用地问题等内容的产业用地空间情况；产业结构、产业组织、价值链、产业门类、企业规模、产业技术情况等内容的产业发展状况；产品、产值、利税、人数、员工素质等内容的重点企业情况，包括专利、科研机构、创新环境、人才等内容的产业科技创新情况；规划区招商引资情况以及目前入驻重点企业清单和简介；土地资源利用情况调查报告，规划区内各园区、农牧渔业基地年度工作总结和工作计划；规划区内重点开发区域或项目的规划，地方相关规定以及上级政府的优惠政策。

第三，向专业资讯机构购买的行业或技术资料。有时候，产业规划的专业性和深度要求很高，这需要向全国专业性的机构购买相关资料。一般主要包括：细分行业的深度行业研究报告，行业的专业技术咨询报告，产品的市场调查、流通渠道及品牌影响报告等。

资料的搜集工作贯穿规划的始终。前期的资料搜集是重要而必需的，但随着规划的进行，又必然产生更多的资料需求，因此，资料的搜集必须在规划编制过程中不断更新、补充和完善。

二　实地调研

前期基础资料搜集工作完成后，实地调研工作就纳入了规划工作日程。实地调研开始前，一般要在整理前期资料的基础上，形成调研计划书，其中：需要确定初步的调研时间，提出调研部门，列出调研问题，再由委托方向拟调研的相关部门出具调研函件，求得对方支持，最终确定正式的调研计划书。同时，课题组需要自行拟定调研访问提纲和问卷（如需要做问卷调查）。实地调研环节主要采用现场考察、座谈会、深度访谈、问卷调查等方法，对政府部门、典型企业、中介组织、相关人群进行调研访谈。

第一，规划区域地方领导的深度访谈。地方党政、人大、政协主要领导，负责本区域的整体发展事务，一般能够超越部门局限，立足全局，对区域经济及产业发展进行思考，往往形成对区域产业发展战略较为深刻的认知和看法。

因此，对区域地方主要领导进行深度访谈，具有举足轻重的作用。

第二，相关政府部门的调研。地方政府相关部门对当地域情和产业比较熟悉，选择与他们访谈可以尽快了解和掌握当地产业发展的实情。这些部门往往包括发展和改革委员会（局）、工业和信息化委员会（部、局）、城市建设局（委员会）、规划局、土地局、外经贸局、统计局、招商局、科技局、海关、教育局（委）、旅游局、农业局、相关行政区（省、市、区、街道、乡镇等政府部门）、相关园区（开发区、保税区、高新技术产业区、工业园区等）等。对政府相关部门的调研可以采取座谈会的形式，以部门情况自介和互动式提问相结合的方式开展调查。其中，对于规划委托部门，可以进行深度访谈，以求获得更重要的信息。

第三，对产业集群进行实地考察。产业集聚区是企业集中发展的载体，也是未来产业发展的重点规划空间区域。因此，对产业集群区的调研也是规划调研的重点。对相关园区、产业基地的调研，需要对其所辖区内的重点地块、重点项目进行现场勘查和调研，记录地形、地貌、用地大小、用地性质以及周边环节等诸多开发要素情况，以便获得规划产业布局第一手资料。

第四，对企业的调研访谈。要根据调查目的，科学选择调查企业对象。所选择的调查企业必须具有代表性，在规模上，既包括大型企业，也包括中小型企业；所有制上，既包括国有企业，也包括非公有企业；产业链上，既包括主导企业，也包括上下游配套企业。对典型企业的调研，主要采用当面访谈和问卷调查的方式，了解企业发展的现状、存在的问题、未来计划，倾听企业对区域发展环境的评价和发展政策诉求。

第五，对市场中介组织的调研访谈。中介组织对产业发展发挥着重要的服务功能和促进作用，对市场中介组织的调研不可或缺。产业规划调研主要针对当地的行业协会、学会、企业家协会进行。对中介组织的调研一般采取座谈会或直接访谈的形式进行，了解这些中介组织在地区产业发展、企业服务、科技环境塑造上的作用，并倾听它们对产业和区域发展的见解，以及如何更好发挥自身作用的诉求。

第六，对相关人群的调研访谈。主要针对当地群众、外来游客、外来工作人员、投资商等进行。对相关人群的调研往往采用随机访谈和深度约谈方式进行。规划工作人员选择不同的研究专题，面向当地居民、外来旅游者、外来投资人、外来工作人员等，选取不同时段进行随机抽样调查或访谈，目的在于了解其对当地生活环境、工作环境、劳动报酬的满意程度，对当地产业发展造成的环境问题和其他外部性的感受，对当地投资环境和发展前景的看法，以及对投资、工作、城市建设环境及投资环境改善的诉求等。

另外，根据规划需要，可通过委托政府部门沟通联系，与规划小组共同组成规划考察组，赴国内外规划产业发展较好的区域、园区、典型企业进行实地调查，搜集材料，学习、总结相关经验，并促成当地政府与之形成产业发展定期交流、产业同盟或产业互助关系，为产业发展实践服务。

三 研讨沟通

研讨沟通过程贯穿于规划编制工作的始终，产业规划工作小组通过与专家、委托方研讨沟通，以集思广益、领会委托方意图，共同探讨区域产业发展前景，弥补现有规划工作人员在相关知识领域的能力欠缺，确保规划方案具有科学性、权威性、可操作性和创新性。

第一，进行专家咨询。对相关产业领域遇到的实际需求和难题，有针对性地征询资深专家的建议和意见，确保规划方案的科学性。咨询专家的类型一般包括：产业技术、区域经济、城市规划、产业经济、企业管理、产业政策等领域，有时也涉及金融投资、品牌策划等方面。专家咨询一般采取口头咨询、书面咨询、现场调查与答疑等多种形式。或是递送调研题目的形式。

第二，举办研讨会。规划工作小组要在项目进行过程中邀请国内外知名专家、学者或政府研究机构人员举办专题研讨会，集中听取他们对区域产业发展的意见，扩大外脑，共谋区域产业发展规划大计，确保规划方案的科学性。

第三，与委托方进行充分沟通。在区域产业规划方案编制的早期与中期，规划小组应向委托方进行早期规划思路和中期成果汇报，进一步听取委托方的建议，明确产业规划的研究方向和工作重点，确保产业规划符合委托方的需求，且更具科学性、合理性与操作性。

第三节 规划的科学编制

通过资料搜集、实地调研、研讨沟通后，项目工作组就进入产业规划方案的写作阶段。前文已经详细介绍过产业发展规划的主要研究内容，本节主要从程序角度简要介绍规划方案的科学编制。

一 全面占有资料，统分结合，形成大思路

规划编制小组应对占有研究资料和信息进行综合整理，主要根据产业属性和规划大纲对资料进行分类，形成专项资料包。一是根据产业属性，将资料形

成产业技术、空间布局、产业组织、产业结构、产业政策等各类资料包，并制定包含咨询时间、咨询问题等要求的《产业规划专项咨询意见书》分别递送咨询专家，由咨询专家阅读研究后，在规定时间内（一般为1周）形成专项咨询意见并反馈给规划组。二是根据规划大纲，将资料形成产业发展基础与环境、产业布局与硬件基础设施、产业链、产业发展软环境与政策措施等专项资料包，分别交相关分工小组成员，进行专项研究，并在此基础上形成产业规划专题思路稿。在经过适当时间后，规划小组召开课题组讨论会，咨询专家及起草组分别将专项咨询意见及研究成果予以汇报，激荡思想，互通信息，交流意见，形成思路。

这一阶段前期重点形成两个研究成果，一是《专家咨询意见书》和《高级次区域产业发展研究报告及案例分析》，在宏观上为规划稿的起草提供思路。课题组讨论后，进一步修改各自规划专题，并在此基础上形成产业规划思路大纲，以统一指导下一步的研究工作。为了避免思路与当地实际脱离，这一阶段可以组织一次规划小组与委托方的初步交流意见会，及时吸收意见，修正思路大纲。

二 分项推进，定期交流，科学统稿

规划思路大纲确定后，起草组就重要的专题内容与咨询专家进行充分沟通，形成统一思想。在此基础上，起草组按照分工继续深入研究和写作。这一阶段重要的是对产业规划各个专题进行深化研究，主要内容包括产业发展基础与环境、产业布局与硬件基础设施、产业链、产业发展软环境与政策措施。

这期间，各个规划专题之间可能会有相互交叉及需要相互支撑论证的内容，需要及时进行交流与协作。因此，各个专题小组之间进行定期、不定期的常态化交流成为一项必要活动。

各项专题规划工作完成后，需要由一个资深专家进行统合形成产业发展规划草稿。合稿人需要合文并稿，删重补缺，调序整顺，提升思路，检验思路与策略的匹配性，目标测算的科学性与合理性，等等。在此基础上进一步递交课题学术总负责人总审，进行规划的提升和凝练，形成产业发展规划征求意见稿。

三 广泛参与，多方论证，不断完善

产业发展规划征求意见稿形成后，规划编制小组应当以工作协调会、规划讨论会、规划征求意见会等多形式展开产业规划的意见征求活动。在参与人员方面，除了规划工作组成员外，还应包括委托方领导及相关部门、企业界人士、市场中介组织、相关专家、代表性群众等利益相关人士和专家学者。通过规划的征求意见活动，吸取建议，修改文本，不断完善产业规划方案，最终形成区域产业发展规划的送审稿。

第四节 规划的评审与结项

区域产业规划送审稿完成后，就进入产业规划的结项阶段。结项阶段需要对产业规划进行综合评审、报批定案。

一 规划项目评审

规划项目评审以召开评审会议的形式进行，一般由项目委托方召集，参与者包括项目规划小组成员（具体执行人必须参与）、委托方成员（包括相关领导）、相关领域专家、上级相关部门成员以及区域相关部门成员。规划项目评审要成立评审小组，小组一般根据规划规格由5人、7人或9人组成，可视情况相应增加，成员包括产业相关领域专家及上级部门相关人士等。规划项目评审会基本程序如下：首先，参会评审会专家组成评审专家小组，集体民主推选评审小组组长，并由组长主持评审会议。其次，由规划课题组代表进行产业规划概述，阐述规划要点。再次，依据规划课题组回避原则，评审专家组对规划方案进行评估、论证，并遵循少数服从多数原则，确定产业规划项目是否评审通过。最后，由评审组组长宣读评审结果及评审意见。如果评审通过，规划课题组就评审委员会的意见进行方案补充修改，在规定时限内提交区域产业规划终稿；如果评审不通过，规划编制小组则需要对规划方案进行整体性修改，重新进行规划编制，待编制完成后重新提交评审小组评审。

二 形成正式规划文件

区域产业发展规划方案终稿形成后，规划小组将终稿提交委托方，同时提供产业规划纲要（或叫规划简稿，即提炼规划重点的规划简要版本）。委托方按有关规定程序将规划终稿和纲要向规划上级主管机构或政府权力部门报批，或提交相关人民代表大会审议，待相关部门通过审批后，形成具有权威性的实施文件，各部门需要按照规划指导开展相关工作。跨行政区的产业规划方案，报上级行政机关审批；各级行政单位内部的规划，报同级人民政府审批。

第五节 规划的实施、评估与调整

现实中，规划完成后，产业规划"束之高阁""墙上挂挂"的现象十分普遍。究其原因，一部分是因为规划本身脱离实际，不具有可操作性；一部分是因为"重规划、轻实施"的观念根深蒂固，相关部门对规划的宣传贯彻和执行力度不够。因此，从产业发展规划的完成过程来看，产业规划文本的完成并不意味着产业规划活动的最终结束，而产业规划的宣传贯彻、执行和落实才是产业规划的最终目的，也真正体现了产业发展规划的价值。

一 产业发展规划的宣传贯彻与实施

（一）产业发展规划的宣传贯彻

产业发展规划经过审批以后，就成为区域具有权威性的实施文件，各部门需要按照规划指导开展相关工作。因此，规划的宣传、学习成为产业规划实施的首要环节。

委托部门与产业规划编制组可组成产业规划宣传贯彻联合小组，通过举行专题讲座，专家解读、答疑会等方式向相关政府部门、企业、中介组织进行宣传，让相关组织和个人充分理解规划精神，把握政府引导产业发展方向与重点，掌握政府支持产业发展的系列优惠政策。在宣传手段上，地方政府可发挥自身掌握的宣传资源优势，借助地方电视、广播、报纸、宣传栏等媒介，向大众展开广泛宣传。

（二）产业发展规划的实施

在产业发展规划的执行方面，重点做好以下工作。

1. 融入区域综合规划，使之成为区域战略规划的战略支持

产业规划是区域综合规划中的一项专项规划，是区域综合规划在产业特定领域的延伸和细化。区域产业规划制定完成后，要将产业规划的发展思路、发展战略、重点项目与政策等核心内容融入区域综合规划，成为支撑区域战略规划的战略支持。

2. 分解规划任务，使其成为部门经济工作的重要指南

产业规划一经政府确定与公布，要将产业规划内容分解落实到发展与改革、科技、招商、财政、税务、经贸、园区管委会等各个地方政府职能部门的行动计划中。同时，产业规划确定的目标也应该成为评价部门工作的重要标准，以此保障产业规划的有效落实。

3. 确定产业重点与方向，使其成为招商引资的依据

产业发展规划要成为招商引资的依据和指导性文件。产业发展规划确定的产业发展方向、重点领域、产业项目、优惠政策等成为招商部门制定招商规划的重要基础。产业规划制定的产业和业态指导目录，规定鼓励、限制、禁止的产业和业态，要作为地方政府进行招商引资、项目准入、结构调整、政策支持的依据，为区域招商方案的确定和目标的选择提供指导。招商引资活动中关于投资环境、重点项目、优惠政策等内容必须与区域产业规划相一致。

4. 提出产业政策方向，为制定配套政策提供依据

产业发展规划在制定产业发展目标和产业发展重点的同时，也提出了包括资金补助、税收减免、土地优惠、项目奖励、人才引进奖励等相关产业的扶持政策和建议，要将其直接转化为地方政府相关部门制定产业配套政策的依据。

二 产业发展规划评估与调整

由于受到编制者规划水平、实践部门执行能力、信息不完全以及外部环境的限制，规划难免会存在偏差，无法一次性做到完全科学性，尤其是中长期区域产业规划。因此，在区域产业规划编制和实施后，需要建立一个长期跟踪和协调机制，根据规划区域产业发展出现的新形势、新问题，适时对原有规划进行评估、调整、修编和重新审定。

产业发展规划评估，按照时段可分为中期评估与终期评估。以常见的产业发展五年规划中期评估为例，产业规划的评估一般包括：产业规划主要目标完成情况、产业布局调整情况、产业规划重点任务进展情况、重点投资进展情况、情况总体评价、中期评估调整意见及展望。

1. 主要目标（指标）落实情况

主要产业规划目标指标实现情况，包括目标指标实现的进度及原因分析，完成五年目标的趋势判断等。

2. 产业布局调整情况

主要包括产业空间开发"点、轴"的发展情况，产业园区、基地等产业集群区建设与发展状况。

3. 主要任务完成情况

针对规划提出的产业任务，逐项分析执行情况，列出重大工程或重要建设项目的进展、完成情况和取得的效益，评估完成规划确定的重大工程和项目的

可能性，并分析存在的问题，提出改进措施。

4. 产业投资完成情况评估

评估规划估算的投资规模、投资结构、投资来源情况，并对产业投资形势进行分析。全面了解执行规划确定的重大工程和项目及非工程措施的资金投入、工程项目进度、存在的问题。预测分析五年产业投资规模和投资形势。

5. 产业实施情况总体评价

根据主要指标实现程度及主要任务完成情况的分析与评估，进行区域产业发展"十二五"规划执行总体情况和主要成效分析，并对执行中存在的问题及原因进行深入分析，提出总体评价意见和结论。

6. 中期评估调整意见及"十三五"规划展望

根据产业发展规划实施情况总体评价结论，分析影响目标实现和任务完成的主要因素，对确实受到不可抗力和重大政策变化影响而需要调整的目标和任务，研究提出调整意见。在综合评估和深入分析的基础上，提出针对性的政策建议，并对"十三五"规划进行初步展望。

除去中期、终期评估外，规划工作组可根据规划区域反馈情况、问题，对规划方案（如发展目标、产业政策、项目建设等）做出相应的调整、补充或修改，变"不变规划"为"持续规划"，使其适应不断变化的形势和环境，提高规划的科学性、实用性和可操作性。事实上，没有不可改动的规划，也没有一成不变的规划，在规划实施过程中，按年度持续滚动调整原规划方案是非常必要的工作。

总之，区域产业发展规划是一项系统工程，包括前期准备、项目调研、规划制定、评审与结项、组织与实施、评估与调整等程序与环节。但是在区域产业发展规划的编制过程中，编制阶段是最主要的，产业规划的科学性与合理性主要取决于该阶段。当然，区域产业发展规划编制的准备阶段和后续工作也不容忽视，只有在前期准备充分，同时不断进行后续跟踪，才能保证规划的长效性和动态性。

参考文献

蓝庆新：《区域产业规划方法与案例研究》，知识产权出版社，2011。
陈文辉、鲁静：《产业规划研究与案例分析》，社会科学文献出版社，2010。
孙久文：《区域经济规划》，商务印书馆，2004。

第十章 产业发展与规划分析方法

本章主要介绍产业发展与规划的重点研究方法，主要包括：产业基本面分析法、产业发展预测法、产业结构分析法和产业空间布局分析法。

第一节 产业基本面分析方法

产业基本面分析是指对影响产业发展态势的一些基础性因素进行研究。通过产业基本面分析，可以把握决定产业发展的基本要素，这是产业发展与规划的基础。一般来说，影响经济发展的因素都会直接或者间接作用于产业发展。根据作用力的来源划分，影响产业发展的因素分为内部因素和外部因素两大类，其中，内部要素主要包括需求因素和供给因素；外部因素则包括特定经济发展阶段下的经济发展战略、产业政策、各种制度安排等，在开放经济背景下，还包括国际贸易、国际投资等因素，如表 10-1 所示。

表 10-1 产业发展的影响因素

类别		因素
内部因素	需求因素	投资需求、消费需求、出口需求等
	供给因素	自然资源、劳动力、资本、技术等
外部因素		经济体制类型、经济发展战略、产业政策、国家贸易和国际投资等

研究产业基本面的技术方法以定性分析方法为主，包括利益主体意见法、SWOT 分析法、波士顿矩阵法等，其中比较常见的是 SWOT 分析法。虽然该分析方法最初普遍运用于企业的战略规划中，但考虑到其仅仅是一种分析工具，而且可以系统清晰地展现事物的现状特征及其发展态势，因此可将其拓展到产业发展规划中。该分析方法从优势、劣势、机遇和挑战四个角度，全面展现了规划区域内产业结构自身的实力和周边环境的吸引力，可以作为研究产业发展

规划的出发点。SWOT 分析法比较直观易懂，没有太多的技术壁垒，有助于不同学科和专业背景专家之间的交流。在特定情况下，可采用定量分析方法研究产业基本面，如产业竞争力分析法，通过单项指标评价、综合评价以及偏离—份额分析等具体方式评估规划区域内各产业的增长和竞争优势，以此明确未来产业发展的主导方向。也可采用定性与定量相结合的区位分析法，分析区域产业经济的市场区位、交通区位、地理区位等因素，以动态和发展的眼光判断产业发展的竞争优劣势与未来演进方向。

一　利益主体意见法

所谓利益主体意见法，就是从利益着手，追溯各个相关利益主体为了实现自身利益最大化而最有可能采取的行动，找到时间与利益等要素的交叉点、重叠点、平衡点，对于难点和模糊点找到简单的替代因素，而后再推导出事物的基本发展趋势。利益分析法是跨学科、交叉学科的分析系统，是广泛应用于各个领域的研究方法。

利益主体意见法也是一种重要的产业规划分析工具，在规划实践中应用广泛。在产业规划中，产业发展的利益主体主要包括产业相关科研人员、地方政府领导、部门负责人、企业负责人、员工、本地居民、中介组织、外来投资者等，他们是"对于产业发展现状、供应链、投资模式，以及新产品的契机、产业环境影响等情况了如指掌的区域代理人或紧密相关者……"（Stough，1977），是进行产业发展与布局判断的重要信息源。

针对利益主体的侧重点不同，利益主体意见法一般可以采用高级领导深度访谈、相关部门负责人座谈会、圆桌会议、入企访谈、经济问卷调查、产业发展协调会议、德尔菲专家意见法等形式收集所需要的关键信息，从而确定地区产业发展与布局的关键。根据不同利益主体需求，一般采取多种方法组合。例如，有些产业规划会重点提取一些极为重要的利益主体进行意见分析，所以又称之为专家意见法、部门调研座谈法等。

利益主体意见法针对性强，能够同时收集丰富的信息，对产业基本面分析极为重要。但其也有不足之处：一是对于代表不同类型利益的利益主体意见，研究者在引用的过程中难以准确把握其正确性；二是以利益主体的主观意见，较难实现系统化的数据收集，而且其数据收集技术的效力有待验证。因此，一般在规划实践过程中，利益主体意见法往往和资料印证、专家裁决、序列数据等其他方法配合使用。

二 SWOT 分析法

1. SWOT 分析法概念

SWOT 分析法又称为态势分析法，是分析经济主体和产业发展的战略地位的重要方法，也是目前产业规划中常用的基本面分析方法。产业态势分析法就是用"SWOT"四个英文字母分别代表：发展优势（Strength）、产业劣势（Weakness）、发展机遇（Opportunity）、面临挑战（Threat），将与研究对象密切相关的各种主要优势、劣势、机遇和挑战因素等，通过调查列举出来（见表 10-2），并依照矩阵形式排列，然后用系统分析的思想，把各种主要因素相互匹配起来构成一个矩阵加以分析（见表 10-2），从中得出一系列相应的结论，而结论通常带有一定的决策性。该模型中，优势和劣势是产业系统自身因素，是产业的内部条件，机会与挑战是区域面临的对外因素，是产业的外部环境。该法通过对区域产业主体自身所具备的优势（S）和劣势（W）的分析来判断产业主体的实力，通过对产业主体所处的环境中的机会（O）和挑战（T）的分析来判断环境的吸引力。产业主体自身的实力和环境的吸引力构成了该产业主体的战略地位，也可以作为定制区域经济战略的出发点。

表 10-2　产业态势（SWOT）分析模型

	对达成目标有帮助	对达成目标有害处
内部条件	发展优势	产业劣势
外部环境	发展机遇	面临挑战

1. SWOT 分析法的步骤

（1）分析因素

综合运用各种产业调查研究方法，分析区域产业所处的各种环境因素，即外部环境因素和内部条件因素。外部环境因素包括机遇因素和挑战因素，它们是外部环境中直接影响产业发展的有利和不利因素，属于客观因素。内部条件因素包括优势因素和劣势因素，它们是产业在其发展中自身存在的积极和消极因素，属主动因素。在调查分析这些因素时，不仅要考虑产业的历史与现状，更要考虑产业未来的发展。

(2) 构造矩阵

将调查得出的各种因素根据轻重缓急或影响程度等排序，构造 SWOT 矩阵。在这个过程中，要将那些对产业 SWOT 矩阵有直接的、重要的、大量的、迫切的、久远的影响因素优先排列出来，而将那些间接的、次要的、少许的、不急的、短暂的影响因素排在后面。

表 10-3　产业 SWOT 分析矩阵

外部环境＼内部条件	优势（Strength）	劣势（Weakness）
机遇（Opportunity）	优势—机遇战略（SO 战略）	劣势—机遇战略（WO 战略）
挑战（Threat）	优势—挑战战略（ST 战略）	劣势—挑战战略（WT 战略）

优势—机遇（SO）战略是一种发展产业内部优势与利用外部机遇的战略，是一种理想的战略模式。当产业具有特定方面的优势，而外部环境又为发挥这种优势提供有利机遇时，可以采取该战略。例如，当区域某一产业具有良好的产业基础、技术条件和品牌优势，又面临该产业市场需求高速增长，国家鼓励发展的外部环境时，区域产业发展就宜采用此种扩张规模的发展战略。

劣势—机遇（WO）战略是利用外部机遇来弥补内部弱点，使产业改劣势为优势的战略。存在外部机遇，但由于产业存在一些内部弱点而妨碍其利用机遇，可采取措施先克服这些弱点。

优势—挑战（ST）战略是指产业利用自身优势，回避或减轻外部挑战所造成的影响。如竞争区域利用新技术大幅度降低成本，给当地产业很大成本压力；材料供应紧张，其价格可能上涨；消费者要求大幅度提高产品质量；产业还要面临支付高额环保成本等，但若本区域产业拥有丰裕的产业资本、熟练的技术工人和较强的产品开发能力，便可利用这些优势开发新工艺，提高原材料利用率，降低材料消耗和生产成本。另外，开发新技术产品也是本地产业可选择的战略。新技术、新材料和新工艺的开发与应用是最具潜力的成本降低措施，同时它可提高产品质量，从而回避外部挑战影响。

劣势—挑战（WT）战略是一种旨在减少内部弱点，回避外部环境威胁的防御性技术。当产业存在内忧外患时，往往面临生存危机，降低成本也许成为改变劣势的主要措施。

(3) 制订战略计划

在完成产业环境因素分析和 SWOT 矩阵的构造之后，便可以制订相应的产业行动战略计划了。制定战略计划的基本思路是：发挥优势因素，克服劣势因素，利用机遇因素，化解挑战因素；考虑过去，立足当前，着眼未来。运用系统分析的方法，将排列与考虑的各种产业因素相互联系并加以组合，得出一系列产业未来发展的可选择对策。

SWOT 分析不仅能给出一个对区域产业战略地位的比较清晰、全面、系统的判断，而且为制定提升区域产业竞争力、发展区域产业战略提供一个直接的思路。该方法的局限性在于缺乏定量分析，难以说明影响程度，但由于其显著的优点，SWOT 分析法在产业研究与规划中仍被广泛采用。

三　波士顿矩阵法

波士顿矩阵法是由美国波士顿咨询集团首创，起初主要是应用于规划企业产品组合的管理（托马斯等，2001），后来逐渐被引入产业基本面分析，分析区域经济中各个行业及其结构如何适应市场需求的变化，由此将资源有效地分配到合理的产业中，以保证产业发展的优势，成为区域竞争取胜的关键。

波士顿矩阵把区域经济中的各个行业单位划分为以下四种产业战略类型（见图 10-1）。

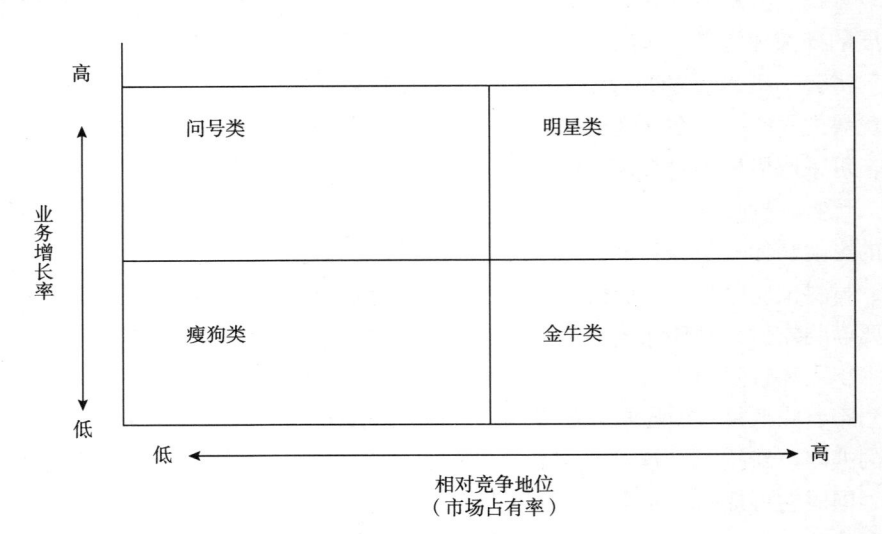

图 10-1　波士顿矩阵

1. 金牛类产业

金牛类产业是具有低产业增长率和高市场份额的产业。由于高市场份额，其利润和资金产生量应当较高。而较低的产业增长率则意味着此产业对资金的需求量也较低。于是，大量的资金余额通常会由金牛类产业创造出来。它们为本地区的资金需求提供来源，成为地区产业发展的主要基础。

2. 瘦狗类产业

瘦狗类产业是指那种具有低市场份额和低产业增长率的产业部门或单位。低市场份额通常暗示着较低的利润。而由于其产业的增长率也较低，故为提高其市场份额而进行投资通常是不允许的。但该部门为维持其现有竞争地位所需要的资金往往大于它所创造的资金量。因此，瘦狗类产业常常成为资金陷阱。适用于该产业类型的最合乎逻辑的战略方案是"清算"，调整该产业，逐步退出市场竞争。

3. 问号类产业

问号类产业部门或单位具有低市场份额和高业务增长率。由于其较高的业务增长率，资金需求量较高，而由于其市场份额所限，它们的资金产量又较低。由于其较高的业务增长率，对问号类产业采取的战略之一应当是进行必要的投资以获取增长的市场份额，并促使其成为一颗"明星"。当其业务增长率慢下去之后，该产业就会成为一头金牛类产业。另一种战略是对那些管理部门认为不可能发展成为"明星"的"问号类"产业实施脱身战略。

4. 明星类产业

明星类产业具有高增长率和高市场份额。由于高增长率和高市场份额，明星类产业运用和创造的现金数量巨大。明星类产业一般为企业提供最好的利润增长和投资机会。很明显，对于明星类产业最好的战略是进行必要的投资以保持其竞争地位。

利用波士顿矩阵分析法，可将区域经济中的产业进行分类，提取出金牛类产业、瘦狗类产业、问号类产业、明星类产业，调整产业发展方向，确定地区经济主导产业和重点发展方向，优化地区产业结构。

四　产业竞争力分析法

区域产业竞争力是指某一地区的特定产业相对于其他地区同一产业所体现的竞争能力。按照对区域产业竞争力内容与范围理解的不同，区域产业竞争力具有不同的内涵和指标评价体系。

区域产业竞争力的分析方法具有多样性。最常用的有五类：指标综合评价法、竞争结果评价法、影响因素剖析法、全要素生产率法和标杆法。这五类方法主要适用于不同的研究目的和目标。如果注重分析竞争的结果，则可采用竞争结果评价法；如果注重分析竞争力的决定和影响原因，则可采取影响因素剖析法、全要素生产率法和标杆法；如果注重分析对区域竞争力的整体评价的话，可从竞争结果和影响竞争结果的因素两方面着手采用指标综合评价法进行分析（见表 10-4）。

表 10-4 区域产业竞争力分析方法

研究目的	分析方法名称	方法说明	典型代表
分析区域竞争力的整体评价	指标综合评价法	主要指对竞争结果以及影响或决定竞争力的多种因素进行综合考虑，以建立系统科学的国际竞争力指标（包括硬指标和软指标）体系为基础的综合分析和评价方法	世界经济论坛（WEF）竞争力评价方法、瑞士国际管理开发学院（IMD）竞争力评价体系
分析竞争力的结果	竞争结果评价法	从竞争的结果表现角度来评价产业竞争力，主要分析指标都是竞争力的显性指标，如市场占有率、净进口等	市场占有率法和进出口贸易数据量测法
分析竞争力的决定和影响原因	影响因素剖析法	主要是从影响产业竞争力的因素角度来分析，可以对影响竞争力的因素有一个较深刻的了解，从而为如何提高竞争力提供决策依据	波特的关于影响产业国际竞争力的钻石体系和价值链分析方法
	全要素生产率法	主要是从技术进步对产出增长贡献的角度来分析生产率的变化，从而对产业竞争力进行评价	
	标杆法	主要通过对研究对象及其竞争对手之间的比较研究，确定同类对象中的最优秀者作为标杆，找出研究对象与标杆之间的差距	数据包络分析法（DEA 模型法）和经营竞争力比率法（OCRA 方法）等

资料来源：朱小娟《产业竞争力研究的理论、方法和应用》，首都经贸大学博士学位论文，2004。根据相关资料进行整理。

（一）指标综合评价法

指标综合评价法就是将影响区域产业竞争力的各种因素都考虑进来，通过竞争结果和影响因素的综合评价，对一个区域产业竞争力状况作出全面、综合的判断。一般采用加权求和的方法计算产业竞争力总指数，对于权重的确定，则可采用主管权重法、层次分析法、主成分分析法、因子分析法来确定，也可以采用等权重处理的方法。著名的产业竞争力评价方法有 WEF 和 IMD 的国家竞争力评价体系、UNIDO 的工业竞争力指数法等。

1. WEF 和 IMD 的国家竞争力评价体系

世界经济论坛（WEF）和瑞士国际管理开发学院（IMD）采用综合指标评价方法对不同国家和地区的国际竞争力进行评价，已初步形成一套比较完整的评价体系。此方法是目前国际上比较权威的国际竞争力评价方法。总体来说，IMD 强调竞争力是一国在先天资源与后天生产活动配合下所能创造国家财富的能力，较侧重静态的评比。由此，IMD 建立了包括国内经济实力、国际化程度、政府影响、金融服务、基础设施建设、企业管理能力、科技实力、国民素质和人力资源在内的竞争力评价体系（见表 10 – 5）。自 2001 年起，IMD 改变了评价体系，提出了经济运行、政府效率、企业效率、基础设施和社会系统 4 大国际竞争力要素构成的新体系（见表 10 – 6）。而 WEF 则强调竞争力是一国提高其经济增长率并持续提高人民生活水准的能力，注重一国 5~10 年的经济增长潜力，较侧重动态的评比。最初，WEF 建立了包含国际竞争力指数、经济增长指数、市场增长指数在内的评价体系。2000 年提出了包含增长竞争力指数、当前竞争力指数、经济创造力指数、环境管制体制指数在内的评价体系。

表 10 – 5　IMD 的竞争力构成要素

要　素	指标数	说　明	子要素
国内经济实力	30	国内宏观经济实力的评价	增加值、投资、储蓄、最终消费、产业业绩、生活成本、适应能力
国际化程度	45	一国参与国际贸易和投资的程度	贸易、进口、出口、汇率、投资组合、外商投资、国家保护主义、开放程度
政府管理水平	46	政府政策对竞争力的有利程度	政府债务、政府支出、税收政策、政府效率、政府干预、法律和社会保险
金融服务	27	对资本市场和金融服务质量的整体评估	资本成本、资本可得性、股票市场活力、银行系统效率
基础设施建设	37	经营活动需要的自然、技术和通信资源	基础设施、交通设施、技术基础、科学基础、能源基础、环境
企业管理能力	37	企业以创新赢利和负责任的方式经营管理	研发费用、研发人数、技术管理、科研环境、知识产权
科技实力	25	科学和技术的能力及在基础和应用研究上的成功程度	企业管理、生产率、劳动力成本、公司业绩、企业文化
国民素质与人力资源	43	拥有人力资源的数量和质量	人口特点、劳动力特点、就业率、失业率、教育结构、生活质量、态度价值观

资料来源：IMD World Competitiveness Yearbook 2001, 2001。根据相关资料整理。

表 10-6　2001 年 IMD 的竞争力构成新的四大要素

四大要素	经济运行	政府效率	企业效率	基础设施和社会系统
子要素	国内经济实力	公共财政	生产率	基本基础设施
	国际贸易	财政政策	劳动市场	技术基础设施
	国际投资	货币政策和政体组织	金融市场	科学基础设施
	就业	企业和市场保障组织	企业管理实践	健康与环境基础设施
	价格	教育	全球化	价值体系

资料来源：IMD World Competitiveness Yearbook 2005，2005。根据相关资料整理。

2. 联合国工业发展组织的工业绩效指数 (UNIDO)

联合国工业发展组织（UNIDO）运用工业竞争力指数（CIP）测量国家（地区）生产和出口制成品的竞争能力。它由四个指标构成：人均制造业增加值；人均制成品出口；制造业增加值中的中、高级技术产品比重；制成品出口的中、高级技术产品的比重。该方法侧重对国家（地区）制造业竞争力的评价。

3. ICOP 方法

产业和生产率国际比较方法，是由荷兰格林根大学建立，通过对一个特定地区与其他地区在相对价格水平、分部门的劳动生产率及全要素生产率等方面进行比较来揭示该地区工业与国内外其他地区差距的评价方法。

（二）竞争结果评价法

竞争结果评价法主要是从竞争的结果表现角度来评价产业竞争力。最典型的是市场占有率法和进出口贸易数据量测法。

1. 市场占有率法

市场占有率指标用市场占有率方法评价产业竞争力，是表现产业竞争力的一个最直观的显性指标。国际市场占有率指标，是一国或地区某产业出口总额占世界该产业出口总额的比例，反映一国或区域该产业出口的整体竞争力，计算公式为：出口市场占有率 = 出口总额/世界出口总额。在进行区域产业或产品层次市场占有率变化对国际竞争力影响的分析时，还可以结合固定市场份额模型指标和显示性比较优势指标进行补充分析。固定市场份额模型指标基本内容是：一国或地区某产品的出口增长率与为保持该产品原有的市场占有份额应有的出口增长率之差。如果其差值为正，则表明本国或区域的该种产品在这一时期内的出口竞争力相对于他国或地区有所提高；反之，则表明竞争力下降。显示性比较优势指标的基本内容是：在某国（区域）市场上，从本国（区域）

进口的某种工业品占该产品进口总额的比重，与从本国（区域）进口总额占该国（区域）进口总额的比重之商。一般认为，若 RCA 指数大于 2.5 则表明该出口产品（或产业）具有极强的竞争力；若 RCA 指数在 1.25～2.5 之间，则表明该出口产品具有较强的竞争力；若 RCA 指数在 0.8～1.25 之间，则表明该出口产品具有中度竞争力；若 RCA 指数小于 0.8，则表明该出口产品的竞争力较弱。

2. 进出口贸易数据量测法

以进出口数据为基础对产业国际竞争力进行评价的方法统称为进出口贸易数据量测法，主要包括贸易竞争力指数法、显示性比较优势指数法、显示性竞争优势指数法等。贸易竞争力指数通常是指一个国家（地区）某一产业或某种商品的净出口（出口减去进口，贸易收支差额）与该类商品贸易总额的比例，用来说明该产业或产品的国际竞争力。显示性比较优势指数是某一国家（地区）在某一产业或产品贸易上的比较优势，可以用该产业或产品在该国（区域）出口中所占份额与世界贸易中该产业或产品占总贸易额的份额之比显示。显示性比较优势指数只考虑一个产业或产品的出口所占的相对比例，并没有考虑该产业或产品的进口的影响。因此，显示性竞争优势指数则考虑了进出口同时存在的情况，从出口的比较优势中减去该产业进口的比较优势，从而得到该国（区域）该产业或产品的真正竞争优势。

（三）影响因素剖析法

产业竞争力研究的目的除了要客观描述特定产业的竞争实际结果之外，还要探究决定或影响特定产业的国际竞争力的各种因素。影响因素剖析法就是从分解和揭示影响产业竞争力的因素角度出发评价产业竞争力的一种方法，主要包括：波特的钻石体系和价值链分析法。

1. 波特的钻石体系

迈克尔·波特认为，一国特定产业是否具有国际竞争力，主要取决于要素条件、需求条件、相关与辅助产业的状况、结构与竞争者、机遇和政府行为六个因素。波特将这六个方面的因素绘成一个菱图，来表明它们之间的相互关系，由此构成了产业国际竞争力研究的"钻石体系"。

2. 价值链分析法

价值链由波特教授提出，他认为：任何一个产业（企业）活动均由包括材料供应、产品开发、生产加工、批发零售、服务等在内的若干环节构成。虽然若干产业（企业）环节都是产业（企业）发展所必需的，但是其在价值增值中发挥的作用是不同的。因此，运用价值链分析方法来比较产业的竞争力，就是比较哪个国家（区域）在特定行业中具有某些特定环节的比较优势。通过国际价值链生产过程的市场结构分析，可以分析特定行业中多国生产的行业竞争优势及其国籍排序。至少，可以得出四种类型的竞争力排序：在该行业中最有竞争力的国家（区域）占据垄断优势环节；在该行业中竞争力强的若干少数国家（区域）占据寡占优势环节；在该行业中有一定竞争力的国家（区域）占据不完全竞争环节；在该行业中最缺乏竞争力的国家（区域）占据完全竞争环节。这四种竞争力等级的划分既可以进行定性分析，也可以进行定量分析。定量分析的依据就是特定行业的价值链构成。按照价值增加量的大小排定不同环节的优势等级，再按不同优势等级环节的国籍归属，排定该行业国际（区域）竞争力的不同顺序。

（四）标杆法

标杆法主要通过对不同区域产业之间的比较研究，确定区域对象中的最优秀的区域产业作为标杆，找出本区域产业与其的差距，寻求区域产业发展路径。标杆法不仅能够评价和判断产业竞争力的高低，找出竞争力高低的主要原因，而且还能帮助找出提高区域产业竞争力的有效途径。用标杆法评价竞争力的方法主要包括：选取对比指标；比较待研究区域产业与同类产业中的最优秀产业各指标的差距；进行综合汇总，评价待研究产业与最优秀产业之间的总体差距，并找出提高区域产业竞争力的途径。本章主要就标杆测定过程中经常采用的数据包络分析法和经营竞争力比率法予以简单介绍。

1. 数据包络分析方法（DEA 模型法）

数据包络分析法（DEA）是运筹学、管理科学和数理经济学交叉研究的一个新领域。DEA 是以相对效率概念为基础，对具有相同类型的多投入、多产出的决策单元是否技术有效和规模有效性进行评价的一种非参数统计方法。DEA 的基本思路是：把每一个被评价单位作为一个决策单元（DMU），再由众多决策单元构成被评价群体，通过对投入和产出比率的综合分析，以决策单元的各个投入和产出指标的权重为变量进行评价运算，确定"有效生产前沿面"，并根据各决策单元与有效生产前沿面的距离状况，确定各决策单元是否 DEA 有效，同时还可用投影方法指出非 DEA 有效或弱 DEA 有效的原因以及应改进的方向和程度。

2. 经营竞争力比率法（OCRA 法）

经营竞争力比率法是比较简单实用的评价竞争力的方法，主要从经营状况角度，根据资源的消耗情况和收益情况来分析行业的经营业绩及其趋势。运用该方法既可以从经营状况方面研究各产业的相对比较优势，为评价产业的国际竞争力提供基础；也可以对不同国家同一产业的经营状况进行对比分析，发现最有竞争力的国家作为"标杆"，并确定所研究对象与最佳目标（标杆）之间的差距。

综合以上产业竞争力评价测度方法，产业竞争力定性和定量分析方法有以下特点（见表10-7），区域产业发展规划应根据研究目的和实际条件选择合适的分析方法。

表10-7　区域产业竞争力测度方法的评价

	测度方法	特点	优点	缺点
竞争结果评价法	市场占有率法、进出口贸易数据量测法	显示性指标	简单、直观、易操作	无法解释原因
综合指数法	主观权数法 层次分析法 主成分分析法 聚类分析法	显示性与分析性相结合	可反映全面信息，可解释原因	可操作性差、可信度低、需要大量统计数据
影响因素剖析法	波特的钻石体系和价值链分析法	分析性	从价值增值角度说明本质情况，从优势、劣势、机遇、挑战四方面展开分析	难以定量分析，可操作性较差，难以说明具体影响程度
标杆法	数据包络分析方法、经营竞争力比率法	显示性与分析性相结合	能够找出竞争力高低的主要原因，有利于找出提高区域产业竞争力的有效途径	可操作性稍差

资料来源：千庆兰《中国地区制造业竞争力新论》，科学出版社，2006。笔者根据相关资料进行整理。

五　经济地理区位分析法

区域产业的发展很难脱离周边环境，因此区域主导产业的选择与发展会考虑区域经济的集聚与互补因素。经济地理区位分析法将研究对象纳入周边的发展环境中，有利于帮助地区经济与产业发展融入区域经济协作中，有利于分析地区经济的地理、交通、区域支撑条件等区位条件，以动态和发展的眼光判断产业发展的竞争优劣势、地位与未来发展方向。

经济地理区位分析的基本框架一般包括地理区位分析、交通可达性分析和区域支撑条件分析三部分内容（见表 10-8）。

表 10-8　经济地理区位分析一般框架

方法名称	方法类别	主要内容	
经济地理区位分析	地理区位分析	绝对位置分析	相对位置分析
		绝对位置分析	相对位置现状
			门户可能性分析
			区际相对位置分析
	交通可达性分析	域外通达性分析	
		域内交通连通分析	
		与中心城市区位分析	
	区域支持支撑分析	水土资源条件分析	
		环境容量条件分析	
		经济基础条件分析	

资料来源：陆玉麒、董平《经济地理区位分析的思路与方法》，《地理科学进展》，2009 年第 2 期。笔者根据相关资料整理。

（一）地理区位分析

地理区位分析，主要包括绝对地理位置分析和相对地理位置分析。绝对地理位置是以整个地球为参考系，以经纬度为度量标准，主要功用可揭示气候、地貌、地质等自然要素，表征交通影响、经济开发、政治影响等人文功能。相对位置分析，一般是对地理事物的时空关系作定性描述，其价值主要在于揭示其天然的比较优势特点。相对位置分析重点是进行区际大尺度的空间关联分析，核心是挖掘可能的"门户"属性是重中之重。成为门户，就意味着在某种程度上或某个层次上由后院成为前哨，成为区域物流集聚中心，也表明经济地理区位条件的根本改变。在区域中，不是每个地区（城市）都能成为区域中心（或城市群中的中心城市），但是成为区域（城市群）中某一个类型的"门户"则是有可能的。"门户"分析需要关注两方面内容：一是门户的类型，如港口、火车站、汽车站、高速公路道口、机场等。二是门户的等级。比如，即使同是港口，深水远洋大港（20×10^4 吨级以上）、近海近洋大港（1×10^4 吨级以上）以及不同级别的河港在靠泊级别、水运功能上差之甚远，对区域产业影响也相差万里。

（二）交通可达性分析

交通可达性分析是区位条件的定量表达，是反映区域空间结构与交通网络关系的重要指标。近年来随着地理信息系统（GIS）技术的广泛运用，无论是在广度还是在深度上，交通可达性分析都取得了长足进展。其要义是在对不同类型运输方式进行动态分析的基础上，揭示区位条件的变化过程与未来态势。交通可达性分析主要包括域外通达性分析、域内交通连通分析和中心城市区位分析。域外通达性分析主要是从密度和等级等方面对区域通往外部的主要交通通道（公路、高速公路、铁路、航空和水运）进行评价分析。域内交通连通分析主要是从密度和等级方面对区域内部主要交通通道（公路、高速公路、铁路、航空和水运）进行评价分析。中心城市区位分析主要是从城市规模和距离等方面对邻近中心城市的区位关系进行评价分析。

（三）区域支撑条件分析

区域支撑条件分析主要是基于自然资源、环境容量、经济基础等视角，从支撑性或限制性角度分析区位优势得以充分发挥的可能性。区域支撑条件分析，又叫区域综合承载力分析，主要包括自然资源、环境容量和经济承载力分析。区域综合承载力是指在一定时期和一定区域范围内，在维持区域环境系统结构不发生质的改变，区域环境功能不朝恶性方向转变的条件下，区域环境系统所能承受的人类各种社会经济活动的能力，它可看作是区域环境系统结构与区域社会经济活动的适宜程度的一种表示。区域综合承载力由一系列相互制约又相互对应的发展变量和制约变量构成。①自然资源变量主要包括水资源、土地资源、矿产资源、生物资源的种类、数量和开发量；②环境资源变量主要包括水、气、土壤的自净能力；③社会条件变量主要包括工业产值、能源、人口、交通、通信等。计算区域综合承载力可采用专家咨询法针对五个要素，如大气、水质、生物、水资源、土地资源分别选取发展变量和制约变量组成发展变量集和制约变量集，然后将发展变量集的单要素与相对应的制约变量集中的单要素相比较，得到单要素环境承载力，再将各要素加权平均，即得到区域综合承载力值。

第二节 产业发展预测分析方法

产业发展预测是对产业未来发展前景的测定，是决策的基础。产业预测方法较多，对于同一个产业预测问题往往可以采用多种预测方法，相互印证，以尽可能地提高预测精度。在规划预测方法中，经济基础模型、投入产出法和线性规划模型是比较基础的产业预测方法，它为产业预测提供了最基础的方法论。在规划实践中，具体的产业发展预测分析方法主要包括定性与定量分析两大类，包含市场调查、专家预测、自回归移动平均法、计量模型等方法。

一 基础预测模型

（一）经济基础模型

经济基础模型是分析区域经济增长与产业结构变化最简单、最概括的经济模型。其基本内容是：任何区域的经济活动都可根据产品销售市场分为基础部门和非基础部门。基础部门的产品或劳务主要是面向区外市场的，也称输出部门。非基础部门是面向区内市场的生产与服务活动，也称服务部门。基础产业影响并决定着区域的总体发展，而非基础产业只是总体发展的条件和结果。两者存在着一种稳定的关系。

经济基础模型是根据经济基础理论建立的一种简单的区域经济与预测模型。其依据是基础部门能带动区域经济的全盘发展，这两者之间存在着一种线性关系。用数学模型表示为：

$$Y = kX$$

其中，$k = \dfrac{1}{1-c}$。

式中，Y 为区域经济总值，X 为基础部门增加值，k 为经济乘数，c 为区域本地产品的消费倾向。

经济基础模型的优点是结构简单，所需数据少，建模所需时间短、费用省，分析和理解起来比较容易。但在实际应用过程中也存在着某些不易解决的概念问题和技术问题。例如，如何区别基础部门和非基础部门，如何度量本地产品的消费倾向的变化，如何选择适当的衡量当地经济发展水平的标准等。

区域经济基础模型是区域经济与产业发展关系的经典简单预测模型。该预测模型仅包括两个核心变量，却深刻揭示了基础部门产业与区域经济发展的关系。在规划实践中，在测算产业对区域增长贡献领域中这一方法被广泛应用。

（二）投入产出法

1. 投入产出的概念

投入产出分析法由美国经济学家瓦西里·列昂惕夫于 20 世纪 30 年代研究

并创立。投入产出分析是研究经济体系(国民经济、地区经济、部门经济、企业经济)中各个部分间投入与产出的相互依存关系的数量分析方法。

投入产出分析立足有关经济活动相互依存性的理念,用代数联立方程体系来描述这种相互依存的关系。投入产出分析从宏观经济角度出发,把国民经济划分成若干不同但又相互联系的产品群或产品部门,通过编制投入产出表及其数学模型来模拟社会生产过程和国民经济结构,并以此综合分析各部门间的生产技术联系,进行经济分析与预测,是进行经济综合分析和规划的有效工具。

2. 投入产出法的基本内容

投入产出法的基本内容:一是根据投入产出表中反映的经济内容或平衡关系,利用线性代数方法建立方程组。投入产出表,又称部门联系平衡表,是反映一定时期各部门间相互联系和平衡比例关系的一种平衡表(见表10 - 9)。投入产出表中第Ⅰ象限反映部门间的生产技术联系,是表的基本部分;第Ⅱ象限反映各部门产品的最终使用;第Ⅲ象限反映国民收入的初次分配。二是根据投入产出表计算出一系列投入产出系数。具体内容如表10 - 9所示。

表10 - 9 投入产出表一般样式

投入\产出		中间产品			最终产品			总产品
		部门1	部门2	… 部门n	出口	投资	消费	
中间投入	部门1 部门2 ⋮ 部门n	Ⅰ			Ⅱ			
初始投入	折旧 劳酬 纯收入	Ⅲ						
总投入								

资料来源:唐晓华等《现代产业经济导论》,经济管理出版社,2011,第178页。

假设,x_{ij}为各产业部门所需原材料投入额,x_i为 j 产业部门国内生产额，a_{ij} 为投入系数（也称直接消耗系数），指 j 产业部门单位总产出所直接消耗的来自 i 产业部门的投入额。A 为投入系数矩阵，r_{ij} 为列昂惕夫系数，也称完全消耗系数；R 为逆系数矩阵，是投入系数的逆矩阵，又称为列昂惕夫逆矩阵。B_i 为产业感应系数，含义是其他产业对该产业的平均感应度与各产业感应程度的平均值。F_i 为产业影响系数，含义是指某一部门增加一个单位最终使用时，对国民经济各部门所产生的生产需求波及程度。

投入产出模型一般为：$\sum_{j=1}^{n} a_{ij}X_j + Y_i = X_i, i = 1, 2, \cdots, n$

转换为行列表达式为：$X = [I - A]^{-1} Y$

式中，X 为总产值列向量；I 为单位矩阵；A 为直接消耗系数矩阵；Y 为最终产品列向量。

常用的投入产出模型表达式为：

$$a_{ij} = \frac{x_{ij}}{X_j}, r_{ij} \begin{bmatrix} 1-a_{11} & -a_{12} & \cdots & -a_{1n} \\ -a_{21} & 1-a_{22} & \cdots & -a_{2n} \\ \vdots & \vdots & \ddots & \vdots \\ -a_{n1} & -a_{n2} & \cdots & 1-a_{nn} \end{bmatrix}$$

行列式表示为：$R = [I - A]^{-1}$

以上只是一般的产出模型表达方式，根据研究需要，它会演化出许多投入产出模型。

产业感应系数表达式为：$B_i = \dfrac{\sum_{j=1}^{n} r_{ij}/n}{\sum_{i=1}^{n}\sum_{j=1}^{n} r_{ij}/n}$

产业影响系数表达式为：$F_i = \dfrac{\sum_{i=1}^{n} r_{ij}/n}{\sum_{j=1}^{n}\sum_{i=1}^{n} r_{ij}/n}$

3. 投入产出法的特点

投入产出法的特点是：在考察部门间错综复杂的投入产出关系时，能够发现任何局部的最初变化对经济体系各个部分的影响。目前，投入产出分析已经广泛应用于经济研究领域，在以下几方面其作用尤为巨大：①为编制产业规划，特别是为编制中长期规划提供依据；②分析产业经济结构，进行经济预测；③研究经济政策对经济生活的影响；④研究某些专门的社会问题，如污染、人口、就业以及收入分配等。

在产业研究与规划分析过程中还会经常将投入产出分析法与线性规划模型

法结合在一起使用。一般而言，在研究产业结构优化和产业发展问题上，往往是在产业调查和评价的基础上采用运筹学上优化数学模型建立产业结构的优化模型。然后，通过对优化模型的求解寻求产业结构调整优化的最佳决策。但是该方法在研究过程却容易忽视产业结构各个部门或产业之间的相互联系。为了弥补该方法存在的不足，可以将构建产业结构优化模型和产业各个部门的投入产出分析结合起来。因此，在产业结构优化分析时会经常结合使用投入产出分析与线性规划模型。

（三）线性规划模型

线性规划模型是指一种特殊形式的数学规划模型，即目标函数和约束条件是待求变量的线性函数、线性等式或线性不等式的数学规划模型。线性规划主要可解决两类问题：资源在空间上的最优分配和最优利用问题。线性规划模型由两部分构成，即目标函数与约束条件。一般线性规划模型可表示为：

目标函数：$\max(\min) z = \sum_{j=1}^{n} c_j x_j$

约束条件：$\sum_{j=1}^{n} A_{ij} x_j \leqslant (=, \geqslant) B_i (i=1,2,\cdots,m)$

$$x_j > 0 (j=1,2,\cdots,n)$$

以上两式中的目标函数和约束条件共同组成了一个模型。其含义为：有 n 种经济活动，它们共同利用 m 种有限的资源 $B_i(i=1,2,\cdots,m)$；每单位 j 活动需占用或消费 i 资源的量为 A_{ij}；每单位 j 活动的产出（或成本）为 c_j；x_j 表示经济活动水平，模型的求解变量为 X_j。

线性规划模型体现了效益原则，广泛应用于产业发展、效益与布局分析中。如，可用于研究资源最优利用与分配、工农业最优布局、交通运输最优布局、资源开发利用的最佳规模等问题的分析中。该模型有着较多的优点，如模型具体形式有较大的灵活性，形式简单、易于理解、有通用的解法等。其局限性是不能研究非线性问题、多目标问题和动态问题等。

二 具体产业预测方法

规划实践中，产业发展预测方法主要包括定性分析与定量分析两大类。定性的预测方法可以分为正式主观预测法和技术预测法。正式主观预测法包括决策树法、专家预测法和市场调查法；技术预测法主要包括规范预测法。定量预测方法主要包括时间序列预测和因果预测两大类方法。时间序列预测主要包括概估法、趋势外推法、平滑法、滤波法、自回归移动平均法。因果预测主要包括单回归和复回归法、经济计量模型法和灰色预测法。

(一) 定性预测方法

1. 决策树法

决策树法，是指当每个决策或事件（即自然状态）都可能引出两个或多个事件而导致不同的结果时，把这种决策分支画成图形很像一棵树的树干，用决策点代表决策问题，用方案分枝代表可供选择的方案，用概率分枝代表方案可能出现的各种结果，经过对各种方案在各种结果条件下损益值的计算比较，进行决策的预测方法。

决策树的构成有四个要素：决策结点、方案枝、状态结点、概率枝（见图10－2）。决策树一般由方块结点、圆形结点、方案枝、概率枝等组成，方块结点称为决策结点，由结点引出若干条细枝，每条细枝代表一个方案，称为方案枝；圆形结点称为状态结点，由状态结点引出若干条细枝，表示不同的自然状态，称为概率枝。每条概率枝代表一种自然状态。在每条细枝上标明客观状态的内容和其出现概率。在概率枝的最末梢标明该方案在该自然状态下所达到的结果（收益值或损失值）。这样树形图由左向右，由简到繁展开，组成一个树状网络图。

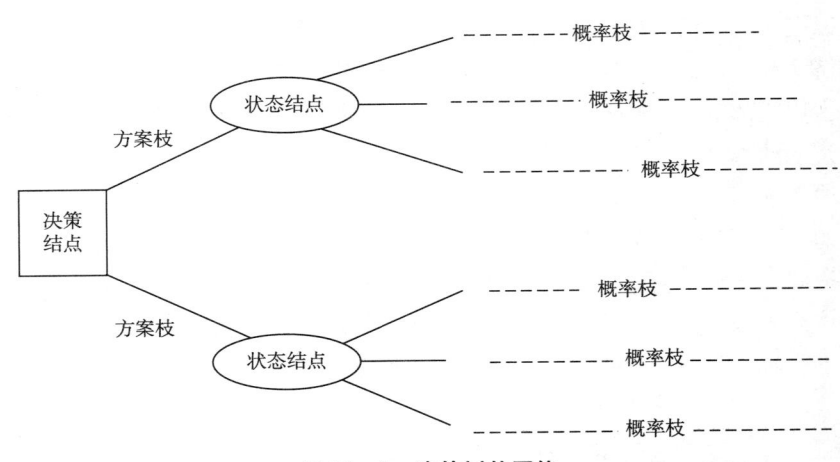

图10－2　决策树状网络

决策树法的决策程序如下：一是绘制树状图，根据已知条件排列出各个方案和每一方案的各种自然状态。二是将各状态概率及损益值标于概率枝上。三是计算各个方案期望值并将其标于该方案对应的状态结点上。四是比较各个方案的期望值，并标于方案枝上，将期望值小的（即劣等方案）剪掉，所剩的最后方案为最佳方案。

决策树法是产业规划中项目决策、产业方案选择所常用的分析方法。它具有下列优点：一是决策树全面考虑了所有可行决策方案和各种自然状态，并提出相应期望值。二是能直观显示整个决策问题在时间和决策顺序上不同阶段的决策过程。三是在复杂多阶段决策时，该方法阶段明晰，层次清楚，便于按图索骥查找原因，有利于决策。决策树法也有缺点和局限，如使用范围有限，无法适用于一些不能用数量表示的决策；对各种方案的出现概率的确定有时主观性较大，可能导致决策失误等。

2. 专家预测法

专家预测法也称德尔菲法，是一种采用通信方式分别将所需解决的问题单独发送到专家手中，征询意见，然后回收汇总全部专家的意见，并整理出综合意见。随后将该综合意见和预测问题再分别反馈给专家，再次征询意见，各专家依据综合意见修改自己原有的意见，然后再汇总。这样多次反复，逐步取得比较一致的预测结果的决策方法。

专家预测方法的一般步骤如下。

（1）组成专家小组。按照规划所需要的知识范围，确定专家。专家人数一般不超过 20 人。

（2）向专家提出所要预测的问题及有关要求，并附背景材料，同时请专家提出进一步决策所需补充材料。

（3）各个专家根据占有的资料提出自己的预测意见，并说明自己是怎样利用这些材料并提出预测值的。

（4）将各位专家第一次判断意见汇总，列成图表，进行对比，再分发给各位专家，让专家比较自己同他人的不同意见，修改自己的意见和判断。

（5）将所有专家的修改意见收集起来，汇总，再次分发给各位专家，以便做第二次修改。逐轮收集意见并为专家反馈信息是德尔菲法的主要环节。收集意见和信息反馈一般要经过三四轮。在向专家进行反馈的时候，只给出各种意见，但不说明发表意见专家的姓名。这一过程重复进行，直到每一个专家不再改变自己的意见为止。

（6）对专家意见进行综合处理，得出最后结论。

专家预测法的实质是利用众多专家的学识，通过信息沟通和反馈，使预测意见趋于一致，最终逼近实际值的一种预测方法。这种方法在中期产业规划与决策分析中具有独特优势，得到众多规划者的认可和广泛应用。

3. 市场调查法

市场调查法是一种进行市场调查分析确定某一行业或某一产品市场需求和销售状况的预测方法。市场调查法广泛应用于产业（产品）需求和销售状况的预测分析。

市场调查法的优点为它能直接获得潜在顾客的第一手消费情报，故对于如何区分市场与定位产品具有极大的帮助。其致命的缺点是成本较高与专业性较强。

市场调查法一般可以分为三大类。

一是观察法。观察法分为直接观察和实际痕迹测量两种方法。直接观察法是指调查者在调查现场有目的、有计划、有系统地对调查对象的行为、言辞、表情进行观察记录，以取得第一手资料，它最大的特点是在自然条件下进行，所得材料真实生动，但也会因为所观察对象的特殊性而使观察结果流于片面；实际痕迹测量是通过某一事件留下的实际痕迹来观察调查，一般用于对商品的流量、产业广告的效果等调查。

二是询问法。询问法是将所要调查的事项以当面、书面或电话的方式向被调查者提出询问，以获得所需要的资料，它是市场调查中最常见的一种方法，可分为面谈调查，电话调查，邮寄调查，留置询问表调查四种，它们有各自的优缺点，面谈调查能直接听取对方意见，富有灵活性，但成本较高，结果容易受调查人员技术水平的影响。邮寄调查速度快，成本低，但回收率低。电话调查速度快，成本最低，但只限于在有电话的用户中调查，整体性不高。留置询问表可以弥补以上缺点，由调查人员当面交给被调查人员问卷，说明方法，由其自行填写，再由调查人员定期收回。

三是实验法。实验法通常用来调查某种因素对市场销售量的影响，这种方法是在一定条件下进行小规模实验，然后对实验结果作出分析，研究是否值得推广。它的应用范围很广，凡是某一商品在改变品种、品质、包装、设计、价格、广告、陈列方法等因素时都可以应用这种方法，调查用户的反应。

4. 规范预测法

规范预测法是根据所估计的产业发展未来的目标、需要、要求和目的等入手追溯达到上述目标，而需要如何发展规划的预测。规范预测法具有很强的"规范"色彩，是在科学确定产业发展目标前提下的规划任务分解与预测活动。

规范预测法处理的问题主要是面向目标的预测，倾向于考虑组织的目标、使命，最重要的是未来期望的成就。规范化预测提出了"我们应该做什么"的问题，作为决策的重要组成部分和分配资源的一个因素，规范化预测常常与政府、大型国企等大型组织相联系。

规范化预测由两个重要的部分组成。第一，科学制定有确定时限的目标和详细的目标的陈述。规范化预测的目标一般是通过探索性预测方法确定按计划所做努力要达到的目标，这些目标必须是务实的并且考虑了当前和以后的环境、资源、经济以及技术等因素。第二，如何达到目标的详细分析。详细的分析是很重要的，这涉及实现目标的具体步骤或策略以及如何在一个具体的时间内使它们更接近目标。

在区域产业规划中，规范化预测是常用预测方法，规范化预测常常与探索性预测结合使用。主要采用探索性预测科学确定产业发展的目标，再利用规范化预测制定实现发展目标的步骤和策略。

（二）定量预测方法

定量预测方法就是通过对历史和现有数据或信息收集、分析、加工和处理以后，用现代数学方法进行预测的方法。本书在简介主要定量预测方法的基础上，重点介绍自回归移动平均法、回归预测法、计量模型法和灰色关联法。

1. 时间序列预测法

时间序列是指观察或记录到的一组按时间顺序排列的数据。实际数据的时间数列，展示了研究对象在一定时期内的发展变化过程。因此，可以从中分析寻找出其变化特征、趋势和发展规律的预测信息。该方法的基本步骤是，分析时间序列的变化特征；选择适当的模型形式和模型参数以建立模型；利用模型进行预测；最后对模型预测值进行评价和修正，得出预测结果。时间序列预测法由于主要依赖于惯性原理，所以一般多用于短期预测。时间序列预测法的缺点在于对预测对象的转折点的鉴别能力较差。

（1）概估法。

概估法是一种采用简单预测值进行预测的简要方法。其中，预测值采用最近时期的实际值加减5%予以确定。该方法对某些短期预测来说既简便又实用。

（2）趋势外推法。

趋势外推法是根据时间序列数据特征，预估序列曲线形式（指数曲线、S型曲线或其他类型的曲线），根据趋势进行外推确定预测值的一种方法。该方法对于短期和中期预测，一般来说比较准确，但对于长期预测可能出现较大的偏差。

（3）平滑法。

平滑法是通过平滑、平均过去的实际值呈线性或指数状态，来确定其预测值的一种预测方法。这种方法通常用于短期预测，尤其当变量的历史观察值既存在某种基本模式，又存在随机波动时，特别适用。

（4）滤波法。

滤波法其预测值表现为对过去实际值的最佳加权线性组合。它是在平滑法基础上改进而来的，尤其适用于历史数据基本模式比较复杂的情况。

（5）季节变动预测法。

季节变动预测法是对包含季节波动的时间序列进行预测的方法。季节变动预测法的基本步骤是：第一，收集历年（通常至少有三年）各月或各季的统计资料（观察值）。第二，求出各年同月或同季观察值的平均数（用 A 表示）。第三，求出历年间所有月份或季度的平均值（用 B 表示）。第四，计算各月或各季度的季节指数，即 $S = A/B$。第五，根据未来年度的全年趋势预测值，求出各月或各季度的平均趋势预测值，然后乘以相应季节指数，即得出未来年度内各月和各季度包含季节变动的预测值。

（6）自回归移动平均法。

自回归移动平均法，又称鲍克斯 – 金肯斯预测法。这种方法的预测值表现为过去实际值和（或）误差的线性组合。这是目前产业和企业预测中比较有效而又经济的一种定量预测方法。

自回归移动平均模型的基本思路是：将预测对象随时间推移而形成的数据序列视为一个随机序列，用一定的数学模型近似描述这个序列。这个模型一旦被识别后就可以从时间序列的过去值及现在值来预测未来值。

基本程序是：第一，根据时间序列的散点图、自相关函数和偏自相关函数图以 ADF 单位根检验其方差、趋势及其季节性变化规律，对序列的平稳性进行识别。第二，对非平稳序列进行平稳化处理。如果数据序列是非平稳的，并存在一定的增长或下降趋势，则需要对数据进行差分处理，如果数据存在异方差，则需对数据进行技术处理，直到处理后的数据的自相关函数值和偏相关函数值无显著地异于零。第三，根据时间序列模型的识别规则，建立相应模型。若平稳序列的偏相关函数是截尾的，而自相关函数是拖尾的，可断定序列适合自回归模型；若平稳序列的偏相关函数是拖尾的，自相关函数是截尾的，则可断定序列适合移动平均模型；若平稳序列的偏相关函数和自相关函数均是拖尾的，则序列适合自动回归移动平均模型。第四，进行参数估计，检验是否具有统计意义。第五，进行假设检验，诊断残差序列是否为白噪声。第六，利用已通过检验的模型进行预测分析。

2. 因果预测法

因果预测法主要包括回归预测法、经济计量模型法。

（1）回归预测法。

回归预测法是指根据预测的相关性原则，找出影响预测目标的各因素，并用数学方法找出这些因素与预测目标之间的函数关系的近似表达，再利用样本数据对其模型估计参数及对模型进行误差检验，一旦模型确定，就可利用模型并根据因素的变化值进行预测。回归分析预测法有多种类型。依据相关关系中自变量的个数不同分类，可分为一元回归分析预测法和多元回归分析预测法。在一元回归分析预测法中，自变量只有一个，而在多元回归分析预测法中，自变量有两个以上。依据自变量和因变量之间的相关关系不同，可分为线性回归预测和非线性回归预测。

回归预测法的主要步骤是：第一，根据预测目标，确定自变量和因变量。明确预测的具体目标，也就确定了因变量。第二，建立回归预测模型。依据自变量和因变量的历史统计资料进行计算，在此基础上建立回归分析方程，即回归分析预测模型。第三，进行相关分析。回归分析是对具有因果关系的影响因素（自变量）和预测对象（因变量）所进行的数理统计分析处理。只有当自变量与因变量确实存在某种关系时，建立的回归方程才有意义。因此，作为自变量的因素与作为因变量的预测对象是否有关，相关程度如何，以及判断这种相关程度的把握性多大，就成为进行回归分析必须解决的问题。进行相关分析，一般要求出相关关系，以相关系数的大小来判断自变量和因变量相关的程度。第四，检验回归预测模型，计算预测误差。回归预测模型是否可用于实际预测，取决于对回归预测模型的检验和对预测误差的计算。回归方程只有通过各种检验，且预测误差较小，才能将回归方程作为预测模型进行预测。第五，计算并确定预测值。利用回归预测模型计算预测值，并对预测值进行综合分析，确定最后的预测值。

（2）经济计量模型法。

经济计量模型法是将相互联系的各种经济变量表现为一组联立方程式，来描述整个经济的运行机制，利用历史数据对联立方程式的参数值进行估计，根据制订的模型预测经济变量的未来数值。经济计量模型也是产业发展的常用方法工具。

经济计量模型预测的一般程序是：第一，对经济变化进行系统分析，并建立符合经济机制的理论模型；第二，搜集并整理经济变量相关统计资料；第三，利用计量学方法对模型的参数进行估计；第四，对模型参数的估计值进行检验，判别这些估计值是否满足要求，是否可靠；如不合标准，则须对模型重新进行估计；第五，预测外生变量，确定滞后变量；第六，应用模型进行预测，并对预测进行评价。

经济计量模型法兴起初期，因为预测比较精确，很受经济界的赞赏。20世纪70年代中期以来，其预测成绩下降；一些著名模型做的预测也多次失误，于是经济界对模型预测普遍产生怀疑。但是，经济界多数学者认为经济计量模型预测具有一系列优点：一是模型能够揭示多个变量间的相互联系，可以提供比较有效的预测结构；二是构造模型根据数理统计和经济计量学原理，这样能够测定预测的可靠程度；三是能够重复做有关的预测，可以用来评价各项经济政策。另外，经济计量模型预测也存在一些缺点：一是模型只是把错综复杂的经济现实简化、抽象化，它不可能真实地揭示经济机制运行情况；二是模型的结构是根据历史统计数据估计得出的，而经济变量间的相互联系在不断变化，用固定的模型结构预测未来，得不到十分精确的结果；三是估计模型结构所依据的数据和估计方法尚不完善。

（3）灰色预测法。

①灰色预测的概念

灰色预测法是对灰色系统所做的一种预测方法。灰色系统是介于白色和黑箱系统之间的一种过渡系统，特点是部分信息已知，部分信息未知。灰色预测通过鉴别系统因素之间发展趋势的相异程度，即进行关联分析，并对原始数据进行生成处理来寻找系统变动的规律，生成有较强规律性的数据序列，然后建立相应的微分方程模型，从而预测事物未来发展趋势。其用等时距观测到的反应预测对象特征的一系列数量值构造灰色预测模型，预测未来某一时刻的特征量，或达到某一特征量的时间。

②灰色预测的分类。

灰色预测主要分为四类：1）灰色时间序列预测。用观察到的反映预测对象特征的时间序列来构造灰色预测模型，并预测未来某一时刻的特征量。2）畸变预测。通过灰色模型预测异常值出现的时刻或预测异常值何时在特定时区内出现。3）系统预测。通过对系统行为特征指标建立一组相互关联的灰色预测模型，预测系统中众多变量间的相互协调关系及变化。4）拓扑预测。将原始数据作曲线，在曲线上按定值寻找该定值发生的所有时点，并以该定值为框架构成时点数列，然后建立模型，预测该定值所发生的时点。

③关联性预测的一般步骤。

灰色关联度预测的一般步骤包括以下五个环节。

第一，搜集并整理原始数据，对其进行无量纲化处理，主要方法包括初值法和均值法。

第二，求关联系数。

设 $\hat{X}^{(0)}(k) = \{\hat{X}^{(0)}(1), \hat{X}^{(0)}(2), \cdots, \hat{X}^{(0)}(n)\}$，$X^{(0)}(k) = \{X^{(0)}(1), X^{(0)}(2), \cdots, X^{(0)}(n)\}$，则关联系数为：

$$\eta(k) = \frac{\min\min|\hat{X}^{(0)}(k) - X^{(0)}(k)| + \rho\max\max|\hat{X}^{(0)}(k) - X^{(0)}(k)|}{|\hat{X}^{(0)}(k) - X^{(0)}(k)| + \rho\max\max|\hat{X}^{(0)}(k) - X^{(0)}(k)|}$$

上式中：$|\hat{X}^{(0)}(k) - X^{(0)}(k)|$ 为第 k 个点 $X^{(0)}$ 与 $\hat{X}^{(0)}$ 的绝对误差；

$\min\min|\hat{X}^{(0)}(k) - X^{(0)}(k)|$ 为两级最小差；

max. max $|\hat{X}^{(0)}(k) - X^{(0)}(k)|$ 为两级最大差；

ρ 称为分辨率，$0 < \rho < 1$，一般取 $\rho = 0.5$。

第三，求关联度。

$$r = \frac{1}{n}\sum_{k=1}^{n}\eta(k) \text{ 称为 } X^{(0)}(k) \text{ 与 } \hat{X}^{(0)}(k) \text{ 的关联度。}$$

第四，建立灰色关联预测模型。可根据实际选择建立 GM（1，1）模型。

首先，设时间序列 $X^{(0)}$ 有 n 个观察值，$X^{(0)} = \{X^{(0)}(1), X^{(0)}(2), \cdots, X^{(0)}(n)\}$，通过累加生成新序列 $X^{(1)} = \{X^{(1)}(1), X^{(1)}(2), \cdots, X^{(1)}(n)\}$，则 GM（1，1）模型相应的微分方程为：

$$\frac{dX^{(1)}}{dt} + \alpha X^{(1)} = \mu$$

其中：α 称为发展灰数；μ 称为内生控制灰数。

其次，设 $\hat{\alpha}$ 为待估参数向量，$\hat{\alpha} = \begin{pmatrix} \alpha \\ \mu \end{pmatrix}$，可利用最小二乘法求解。解得：

$$\hat{\alpha} = (B^TB)^{-1}B^TY_n$$

求解微分方程，即可得预测模型：

$$\hat{X}^{(1)}(k+1) = \left[X^{(0)}(1) - \frac{\mu}{\alpha}\right]e^{-ak} + \frac{\mu}{\alpha}, k = 0,1,2,\cdots,n$$

最后，对其进行模型检验，灰色预测检验一般有残差检验、关联度检验和后验差检验。

在预测实践研究中，张林海、曾从盛（2006）运用 GM（1，1）模型和灰色关联方法，基于 1998~2004 年福建省水产业相关统计数据，对 2005~2010 年的水产业发展进行预测，在此基础上运用灰色方法对影响水产业生产的各因素进行关联分析。肖瑜、刘永军（2013）基于 2001~2010 年中药产业相关数据，建立灰色 GM（1，1）预测模型，对未来五年内我国中药产业发展状况进行预测，进而应用灰色关联度法分析我国中药产业发展的影响因素，并提出相应的对策及建议。

上述各类产业预测方法具有不同特点，其预测数据条件和适用范围各不相同，预测精度、花费时间和成本也相差甚远（见表 10-11）。在规划实践中具体采用何种方法，要根据不同的数据条件、研究目的和要求进行科学选择。另外，在产业规划实践中，往往同时采用多种预测方法进行相互印证，或采用复合、组合模型进行预测，以提高精度。

表 10–11 常用产业预测方法主要特点

预测方法			适用范围	预测精度			数据条件	预测成本	预测时间
				1年内	1~3年	3年以上			
定性预测方法	正式主观预测法	决策树法	产业风险分析决策	优	良好	中等	搜集相关数据并根据经验判断	中等	2个月左右
		专家预测法	产业技术预测、新产品开发	中等至良好	中等至良好	中等至良好	以调查方式搜集数据	中等	2个月以上
		市场调查法	市场需求、销售预测	优	良好	中等至良好	大量搜集市场数据，发放调查表	中等偏高	2个月以上
	技术预测法	规范预测法	考虑组织目标、使命的预测方法	优	良好	中等至良好	搜集相关数据	中等	2个月以上
定量预测方法	时间序列预测法	概估法		优	良好	差	一定的历史数据	较低	几天之内
		趋势外推法	各种预测对象的趋势分析	良好	良好	良好	最好5年以上的数据	低	几天之内
		平滑法	有历史统计数据的定量预测	中等至良好	差至良好	极差	一定的历史数据	低	1星期左右
		滤波法	较复杂的历史统计数据的定量预测	中等至良好	良好	差	一定的历史数据	低	1星期左右
		自回归移动平均法	有历史统计数据的定量预测	良好	中等	差	一定的历史数据	低	1星期左右

续表

预测方法			适用范围	预测精度			数据条件	预测成本	预测时间
				1年内	1~3年	3年以上			
定量预测方法	因果关系预测模型	回归预测法	可以找到相关因素的定量预测	良好至好	良好至优	差	数年历史统计数据或调查数据	不高	1个月左右
		经济计量模型法	相互联系的各种变量之间的关系预测	良好至优	至优	差	数年历史统计数据	高	1个月左右
		灰色预测方法	对含有不确定因素的系统进行预测	优	良好	良好	数年历史统计数据	高	1个月左右

第三节 产业结构分析方法

区域产业结构研究的主要目的是分析区域产业结构专业化程度与差异化水平，科学选择区域主导产业，明确产业发展重点，优化产业结构方向。常用的数量分析方法主要有区域产业结构的专业化分析、区域产业结构的差异化分析、份额—偏离法分析和区域主导产业的选择。

一 区域产业结构专业化分析

区域产业结构专业化是指地区生产相对集中于某一个或几个产业的状况。产业结构专业化可以从产值、产量、劳动力数量、固定资产额和产品输出量等几个方面考察。主要衡量指标有：区位商（前文已有介绍，此处不再赘述）、人均产量系数和产值系数、地区产业区际输出指标。

1. 人均产量系数和产值系数

人均产量系数是某区域某产品的人均产量与全国某产品的人均产量的比值。人均产值系数是某区域某产品的人均产值与全国某产品的人均产值比值，其数学公式分别为：

$$人均产量系数 = \frac{区域内某产品的人均产量}{全国某产品的人均产量}$$

$$人均产值系数 = \frac{区域内某产品的人均产值}{全国某产品的人均产值}$$

一般说来，地区专业化程度越高，劳动生产率相对越高，人均产量系数和产值系数也就越高，该指标可以和区位商配合使用。

2. 地区产业区际输出指标

地区产业区际输出指标反映了在区域产业分工中，本区域的分工协作程度。主要指标有：区域商品率和区际商品率。区域商品率是指某区域某产品的输出量与某区域某产品的生产总量的比值。区域商品率越高说明满足区外需要的份额越高，区域的专业化水平越高。其计算式为：

$$区域商品率 = \frac{区域内某产品的输出量}{区域内某产品的生产总量}$$

区际商品率是某区域某产品的输出量与全国某产品输出总量的比值。区际商品率越高，说明该地区该产业的输出在全国的地位越重要，该产业的地区专业化程度越高。

其计算式为：

$$区际商品率 = \frac{区域内某产品的输出量}{全国各区域某产品的输出总量}$$

二 区域产业结构的差异化分析

区域间产业结构之间是存在差异的，差异化越大，表明地域分工水平越高，产业结构专业化水平也越高。常用的指标为区域产业结构相关系数和联合国推荐使用的产业结构相似系数。

1. 区域产业结构相关系数

区域产业结构相关系数数学表达式为：

$$r_{ij} = \frac{\sum_{k=1}^{n}(X_{ik} - \bar{X}_i)(X_{jk} - \bar{X}_j)}{\sqrt{\sum_{k=1}^{n}(X_{ik} - \bar{X}_i)^2 \sum_{i=1}^{n}(X_{jk} - \bar{X}_j)^2}} \quad (-1 \leq r_{ij} \leq 1)$$

式中：r_{ij} 为 i 地区和 j 地区的相关系数；

X_{ik}、X_{jk} 分别为 k 部门在地区 i 和地区 j 产业结构中所占的比重；

$\bar{X}_i$、$\bar{X}_j$ 分别为地区 i 和地区 j 各个部门在其产业结构中比重的平均值。

当 $r_{ij} = -1$ 时，表明地区 i 和地区 j 产业结构截然相反；当 $r_{ij} = 1$ 时，表明

地区 i 和地区 j 产业结构完全相同；r_{ij} 越接近于 1，两地区产业结构的相似程度越高。

2. 联合国工业发展组织推荐使用的产业结构相似系数

联合国工业发展组织推荐使用的产业结构相似系数为：

$$S_{ij} = \frac{\sum_{k=1}^{n} X_{ik} X_{jk}}{\sqrt{\sum_{i=1}^{n} X_{ik}^2 \sum_{i=1}^{n} X_{jk}^2}}$$

式中：S_{ij} 为 i 地区和 j 地区产业结构的相似系数；
X_{ik}、X_{jk} 分别为 k 部门在地区 i 和地区 j 产业结构中所占的比重；
$0 \leqslant S_{ij} \leqslant 1$，$S_{ij}$ 系数值越大表明两地区产业结构越相似。

三 偏离—份额分析法

1. 基本概念

偏离—份额分析法是把区域经济的变化看作一个动态过程，以其所在区域或整个国家的经济发展为参照系，将区域自身经济总量在某一时期的变动分解为三个分量，即份额分量、结构偏离分量和竞争力偏离分量，以此说明区域经济发展和衰退的原因，评价区域经济结构优劣和自身竞争力的强弱，找出区域具有相对竞争优势的产业部门，进而确定区域未来经济发展的合理方向和产业结构调整的原则。

2. 数学模型

选取产业发展的参照系和产业分析的时间段 t，假设某区域 i 在经历了时间 $[0, t]$ 之后，其产业经济总量和结构均发生了变化。

设 b_i 为该区域 i 的工业产值，B 为大区域或全国（即参照体系）的工业总值，b_{ij} 为区域 i 工业部门 j 的产值，B_j 为大区域或全国的工业部门 j 的产值，下标 0、t 表示初始期和末期情况，$r_{ij} = \dfrac{b_{ij,t} - b_{ij,0}}{b_{ij,0}}$ 则表示区域 i 工业部门 j 在 $[0, t]$ 时段的变化率，大区域或全国工业部门 j 在 $[0, t]$ 时段的变化率为：

$$R_j = \frac{B_{j,t} - B_{ij,0}}{B_{j,0}} \quad (j = 1, 2, \cdots, n)$$

以大区域或全国的各工业部门所占份额将城市各工业部门规模标准化为：

$$b'_{ij} = b_{i,0} \times \frac{B_{j,0}}{B_0}$$

由此,在 $[0, t]$ 时段内区域 i 的工业部门 j 的增量 G_{ij} 为:

$$G_{ij} = N_{ij} + P_{ij} + D_{ij}$$
$$N_{ij} = b'_{ij} \times R_j$$
$$S_{ij} = P_{ij} + D_{ij}$$
$$P_{ij} = (b_{ij,0} - b'_{ij}) \times R_j$$
$$D_{ij} = b_{ij,0} \times (r_{ij} - R_{ij})$$
$$G_{ij} = b_{ij,t} - b_{ij,0}$$

式中,R_j 为工业部门变化率;S_{ij} 为偏离分量,N_{ij} 为份额分量(或全国平均增长效应),是指 j 部门的全国(或所在大区)总量按比例分配,区域 i 的 j 部门规模发生的变化,也就是区域标准化的产业部门如按全国或所在大区域的平均增长发展所产生的变化量;P_{ij} 为结构偏离分量(或产业结构效应),是指区域部门比重与全国(或所在大区)相应部门比重的差异引起的区域 i 的 j 部门增长相对于全国或所在大区标准所产生的偏差,它是排除了区域增长速度与全国或所在区域的平均速度差异,在假定两者等同的情况下,单独分析了产业部门结构对增长的影响和贡献,所以,此值越大,说明部门结构对经济总量增长的贡献越大;D_{ij} 被称为区域竞争力偏离分量(或区域份额效果),是指区域 i 的 j 部门增长速度与全国或所在大区相应部门增长速度的差别引起的偏差,反映区域 j 部门相对竞争能力,此值越大,则说明区域 j 部门竞争力对经济增长的作用越大。

3. 计算过程和结果分析

(1)明确时间范围以及参照的区域。偏离—份额分析法首先要确定 t 值,即确定在哪一个时间段上考虑区域产业经济的变化,一般 t 值取值为 5 年或 10 年。产业参照系的选择需要考察研究区域的产业规模及地位,以此确定选择哪一级区域作为背景和参照系来分析区域经济结构的变化。

(2)划分产业部门,建立偏离—份额分析表。根据所研究问题的性质和深度要求,考虑统计资料的可能性,按照某种分类体系,把区域经济划分为若干个(n 个)完备的部门,然后收集数据,建立偏离—份额分析表(见表 10 - 12)。分析表主要由三个部分组成,原始数据:$b_{ij,t}$、$b_{ij,0}$、$B_{j,t}$、$B_{j,0}$;中间结果:r_{ij}、R_j、b'_{ij}、$b_{ij,0} - b'_{ij}$、$r_{ij} - R_j$;最后数据:G_{ij}、N_{ij}、P_{ij}、D_{ij}、S_{ij},其中,$S_{ij} = P_{ij} + D_{ij}$。

表 10-12　偏离—份额产业结构分析

序号	产业类型	$b_{ij,0}$	$b_{ij,t}$	b'_{ij}	$b_{ij,0} - b'_{ij}$	r_{ij}	R_j	$r_{ij} - R_j$	G_{ij}	P_{ij}	N_{ij}	D_{ij}	S_{ij}
1													
2													
⋮													
n													

资料来源：张文忠等：《产业发展和规划的理论与实践》，科学出版社，2009，第 142 页。

（3）绘制偏离—份额分析图并分析。将产业部门进行比较分类，根据分析表计算数据，绘制偏离—份额分析图，可以使结论更加清晰直观，明确各产业部门属于何种产业类型。

偏离—份额分析图由两条倾斜度为 45°的等分线，把坐标系分为八个扇面，然后标出区域产业各部门所在的位置。根据所在扇面，将其划分为几种类型，判断区域总体结构及竞争力的强弱，确定哪些是具有竞争力的优势部门。同时，还可以用分析图对各区域进行比较，识别各区域结构的优劣与竞争力的高低。

图 10-3 中，以区域部门优势 S 为横坐标轴，以份额分量 N 为纵坐标轴，将平面划分为八个扇面，这些扇面反映了在总增量、部门增长优势方面不同的几种类型。N 表示研究区域产业在参照系内所具有的份额大小，坐标值越在上面，表示在参照系内的份额越大，在参照系内就可能具有一定行业地位；S 为增长分量，表示的是与参照系比较的增长速度，坐标值越在右边，表示的增长速度越强。一般看来，所占份额大增长优势明显的产业是未来区域可能重点发展的产业，一般落在第一、第二扇面，增长处于劣势的一般落在第四、第五扇面。

图 10-3　部门优势分析　　图 10-4　部门偏离分量分析

在图 10-4 中，以竞争偏离分量 D 为横坐标轴，以结构偏离分量 P 为纵坐标轴，建立坐标系，并将平面划分为八个扇面。在部门偏离分量分析图中，可以分析产业的竞争优势。P 为基础分量，表示的是在研究的时间范围内该产业在参照系内的产业基础，坐标值越在上边，表示该制造业在参照系内的产业基础越好；D 表示竞争分量，表示的是与参照系内比较产业所具有的竞争力优势大小，坐标值越向右，其产业所具有的竞争力越强。一般看来，基础好、竞争力强的产业是该区域未来的重点产业，一般落在第一、第二扇面，较差的产业落在第七、第八扇面。

三 主导产业的选择与分析

以赫希曼为代表的不均衡增长论者和罗斯托等学者提出，区域发展受制于资金、人才等资源限制，往往不能平衡地发展所有产业，而是集中有限资源发展一些重点产业，区域经济的增长必然依赖于一些"主导产业部门"。主导产业理念提出后，得到理论和实践界的高度认同，并衍生出如需求—收入弹性法、劳动生产率指数、产业效益指数、区位商、产业联动指数等众多筛选主导产业的理论工具和指标。但是，如何根据区域特点和研究对象选择合适的分析方法，则是正确选择主导产业的关键。

1. 比较优势指数

比较优势指数一般分为比较集中率系数（区位商）和比较市场占有率系数。

比较集中率系数（区位商）表达式为：

$$CC = \frac{C_{ik}/C_i}{C_k/C}$$

式中，C_{ik} 为 i 地区 k 产业的产值（或从业人员）；C_i 为 i 地区所有产业的产值（或从业人员）；C_k 为全国 k 产业的产值（或从业人员）；C 为全国所有产业总产值（或从业人员总数）。

比较市场占有率系数表达式为：

$$CX = \frac{X_{ik}/X_i}{X_k/X}$$

式中，X_{ik} 为 i 地区 k 产业的产品销售收入；X_i 为 i 地区所有产业的产品销售收入；X_k 为全国 k 产业的产品销售收入；X 为全国所有产业的产品销售收入。

根据主导产业的特点和功能，主导产业应同时具备区内比较优势和区际比较优势，应用比较优势指数能够顺利地区分各个产业的优势大小。比较优势指数用区位商表示，区位商是衡量区域专门化程度的基本指标，作为区域主导产业，区位商应该大于1，而且越大越好。

2. **需求—收入弹性系数**

产品的市场需求状况一般用需求—收入弹性系数表示。主导产业是未来高速发展的产业，因此，只有那些需求弹性高的产业才有可能作为主导产业优先发展。

需求收入弹性被用来表示消费者对某种商品需求量的变动对收入变动的反应程度。以 E_m 表示需求收入弹性系数，Q 代表需求量，ΔI 代表需求量的变动量，I 代表收入，ΔI 代表收入的变动量，则需求收入弹性系数的一般表达式为：

$$E_m = \frac{\dfrac{\Delta Q_i}{Q_i}}{\dfrac{\Delta I_I}{I_I}}$$

需求—收入弹性系数实质是使产业结构同经济发展和国民收入增加所引起的需求结构相适应。E_m 的大小，反映了某个产业产品的潜在市场份额的大小，E_m 越大，该产品潜在市场容量就越大，市场发展的机遇、效益越好，发展速度越快，在国民经济增长中所占的份额也越大。

3. **产业联动指数**

判断一个产业与其他产业技术经济联系的密切程度，通常用产业的影响力系数和感应度系数来表示。一般利用投入产出逆阵系数表示定量计算产业之间的关联度。在各产业总产品与最终产品的矩阵关系式中，设：

$$R = [I - A]^{-1}$$

式中，R 被称为投入系数矩阵（又称为列昂惕夫逆矩阵）。

设 v_{ij} 列昂惕夫逆矩阵 R 中第 i 行、第 j 列的元素，其经济学含义是 j 部门生产每单位最终产品时 i 部门的应有总产品量。产业关联包括产业感应度系数和产业影响力系数两个指标，它们都是投入产出表的重要系数，均是反映产业间经济技术联系的指标。

（1）产业感应度系数。

产业感应度系数含义是其他产业对该产业的平均感应程度与各产业感应程度平均值的比值，表达公式为：

$$B_i = \frac{\sum_{j=1}^{n} r_{ij}/n}{\sum_{i=1}^{n}\sum_{j=1}^{n} r_{ij}/n}$$

（2）产业影响力系数。

产业影响力系数是指某一部门增加一个单位最终产品时，对国民经济各部门所产生的生产需求波及程度，其计算公式为：

$$F_i = \frac{\sum_{i=1}^{n} r_{ij}/n}{\sum_{j=1}^{n} \sum_{i=1}^{n} r_{ij}/n}$$

某产业的上述两个系数 B_i 和 F_i 值越大，说明该产业在区域产业结构中的关联度越高，对区域经济发展和产业结构演变所起的作用也越大。根据这一基准，要求所选择的主导产业部门具有较强的带动性和推动性。例如，当影响力系数大于 1 时，表示第 j 部门的生产对其他部门产生的影响程度超过各部门影响力的平均水平，反之亦然。影响力系数越大，该部门发展对其他部门的拉动作用也越大。

从产业结构分析来看，一般来讲，制造业和深加工工业具有较大的影响力系数，其中电子产业、交通运输设备制造业和金属制品的影响力系数最大。基础产业、上游产业具有较高的感应度系数，化学工业和冶金工业具有最高的感应度系数，这说明其他产业的发展需要较多地消耗这些部门的产品。对于地区经济发展来说，影响力系数大的产业比较容易带动其他相关产业的发展。

4. 技术进步指数

技术进步是指技术所涵盖的各种形式知识的积累与改进。技术进步一般可用技术进步指数衡量，技术进步指数包括技术水平和技术进步率两种。

（1）产业技术水平指数。

产业技术水平指数表达式为：

$$A_i(t) = \frac{Y_i(t)}{[K_i^{\alpha_i}(t) L_i^{\beta_i}(t)]}$$

式中，$Y_i(t)$ 为 i 产业第 t 年的总产值；$K_i(t)$ 为 i 产业第 t 年拥有的资金总额；$L_i(t)$ 为 i 产业第 t 年平均职工人数；α_i 为 i 产业资金产值弹性；β_i 为 i 产业劳动力产值弹性。

（2）产业技术进步率。

技术进步率表达公式为：

$$\nu_i = \frac{\ln A_i(t_n) - \ln A_i(t_0)}{t_n - t_0}$$

式中，$A_i(t_n)$ 为 i 产业第 t_n 年的技术水平；$A_i(t_0)$ 为 i 产业第 t_0 年的技术

水平。

技术进步是区域经济增长的重要因素,是推动产业结构高级化和社会生产效率提高的主要动力。主导产业应该是拥有较高的技术水平、较快技术进步率、技术进步对产值增长速度贡献大的产业。因此通过对产业的技术水平和技术进步率进行测算,能够为主导产业的选择基准提供依据。

5. 就业弹性系数

劳动就业是发展中国家选择区域主导产业的重要考虑因素。劳动就业可以用就业弹性系数表示。产业的就业弹性系数是该产业从业人数增长率与产业增加值增长率的比值。其含义表示:产业增加值增长1个百分点所带动就业增长的百分点,系数越大,吸收劳动力的能力越强,反之则越弱。

以 E_n 表示产业就业弹性系数,L_i 代表 i 产业的就业量,G_i 代表 i 产业增加值,ΔI 代表收入的变动量,则产业就业弹性系数的一般表达式为:

$$E_n = \frac{\frac{\Delta L_i}{L_i}}{\frac{\Delta G_i}{G_i}}$$

就业弹性系数实质是使产业增长所引起的就业量。E_n 的大小,反映了某个产业带动区域就业程度的大小,E_n 越大,该产业的就业带动性就越强,对区域就业的贡献也就越大,对区域经济社会发展也具有重要意义。

6. 产业可持续发展指数

随着资源与环境问题的日益突出,主导产业选择过程中,越来越重视产业的可持续发展。区域可持续发展指数是对区域产业消耗资源与生态环境破坏程度的考量。诸多学者对环境可持续发展问题进行了研究,但是至今没有统一的结论。已有研究成果表明,产业和区域资源环境的可持续发展可以运用模糊关系合成原理,将层次分析法(AHP)和模糊综合评价法相结合,建立包括"产业单位GDP能耗比率""产业用电""产业'三废'处理达标及再利用""区域绿化覆盖及环境质量""区域政策环境及综合治理情况"等在内的产业可持续发展指数。

7. 其他主导产业测算方法

主导产业选择还有经济效益测算法、产业规模指数、产业发展速度指数等其他测算方法。另外,随着可持续发展理论和科学发展观的深入,除了考虑经济发展指标,主导产业的选择还需要考虑可持续发展、社会和环境保护的需求。

所以未来主导产业选择标准还需要考虑区域可持续性、社会发展指标、公众参与评价或环境保护指标等标准的选取。由于这些指标有些难以量化和测算，需要运用定性和定量分析结合的方法来确定主导产业。

第四节　产业空间布局分析方法

产业空间布局的主要研究目的是分析区域产业空间分布状况，了解产业空间结构是否合理以及如何合理布局，推动产业集群化、高效化发展。产业空间布局分析方法主要包括：产业空间集中和集聚的测度、产业集聚的辨识与规划、基于 GIS 的产业空间布局技术方法。

一　产业集中和集聚的测度

产业集中和集聚水平测度的研究方法主要分为两大类：一类是基于特定区域的产业集聚水平测度视角研究，如行业集中度、洛伦兹曲线和基尼系数、HHI 指数（赫希曼—赫芬达尔指数）、熵指数等；一类是基于距离的产业集聚水平测度，例如 K 函数和 L 函数等。

（一）特定区域产业集聚水平的测度

1. 空间集中度

空间集中度（CR_m）是指某产业中规模最大的前几个区域（通常为 4、5 或 8）的有关数值之和占整个行业的比重。

假设某一产业总共有 N 个企业，每个企业的就业（或是产量、产值、销售额、销售量等）占这个产业就业的比例为 z_1，z_2，…，z_N。假设划分为 M 个次级区域，x_1，x_2，…，x_M 代表每个区域的就业人数占总就业人数的比例。产业在区域 i 的就业人数占该产业总就业人数的比例表示为 s_i，那么该产业的空间集中度 CR_m 可以表示为：

$$CR_m = \sum_{i=1}^{m} s_i$$

在测算制造业各产业的空间集聚程度时，常采用 CR_4 指标，其数值越大，表明产业分布越集中。

空间集中度指标的最大优点是所需数据较少，计算简易，能够把产业的集中度指向具体的产业或具体地区。但是也存在不足处：一是行业集中度取决于企业总数和企业市场分布两个因素，但该指标仅考虑前几家企业的信息，未能综合反映这两个因素的变化;二是行业集中度指标存在着因选取主要企业数目不同而集中水平不同的问题。

2. 赫芬代尔指数和赫希曼—赫芬代尔指数

赫芬代尔指数也是产业经济学中衡量市场结构的一个重要指标,是产业内所有企业市场份额的平方和,其计算公式可以表示为:

$$H = \sum_{j=1}^{n} z_j^2$$

赫芬代尔指数测算的是产业的市场集中,但是它可以用于产业地理集中的量度。

赫芬代尔指数具有两个特点:第一,该指数的变动范围为 $[1/n, 1]$,此数值越大,表明企业规模分布的不均匀程度越高;当独家企业垄断时,该指数等于1;当所有企业规模相同时,该指数等于 $1/N$。第二,赫芬代尔指数给予了规模较大的企业较大的权重,对大企业的市场份额反映比较敏感,而对众多小企业的市场份额小幅度的变化反映很少。

赫芬代尔指数仅衡量了产业的绝对集中程度,为了衡量产业的相对集中程度,赫希曼改善了赫芬代尔系数,该系数被称为赫希曼—赫芬代尔系数,公式如下:

$$HHI = \sum_{j=1}^{m} (S_{ij} - X_j)^2$$

式中,S_{ij} 为产业 i 在区域 j 中的就业或产值比重;X_j 为区域 j 中的总就业或产值占全国的比重。如果某产业的就业或产值的空间分布与总体经济活动是一致的,那么 HHI 值为零。

3. 区位基尼系数

基尼系数是意大利经济学家科拉多·基尼在 Lorenz 曲线的基础上于1912年提出的,最初用于度量国家或区域之间收入不平等的相对程度。1986年,Kee-ble 等人将 Lorenz 曲线和基尼系数用于度量某行业地区间分布的集中程度,发展成区位基尼系数。

区位基尼系数有多种计算方法,首先画出洛伦兹曲线,然后推导出区位基尼系数的计算公式。两类对应变量值的累计百分比构成一个边长为 l 的正方形,一类是区域 i 的就业人数占总就业人数的比例 x_i,另一类是产业在区域 i 的就业人数占该产业总就业人数的比例 S_i。按照它们的比值 s_i/x_i 从小到大排序,以 z_i 为横轴,S_i 为纵轴,相应的两个累计百分比之间的关系构成如下的区位洛伦兹曲线图(见图10-5)。

在图 10-5 中，区位基尼系数定义为：$GN = \dfrac{S_A}{S_A + S_B}$

洛伦兹曲线一般表现为一条下凸的曲线，下凸的程度越小，区位基尼系数就越接近于 0；反之，下凸的程度越大，区位基尼系数越接近于 1，产业分布越不均衡。因此，产业的区位基尼系数越大，说明该产业的集聚程度越高。

采用下梯形面积法推导出基尼系数的计算公式为：

$$GN = \sum_{i=1}^{n-1}(Q_i M_{i+1} - Q_{i+1} M_i)$$

式中，Q_i 为某区域就业人数占全部区域总就业人数的累计百分比；M_i 为产业在某区域的就业人数占该产业总就业人数的累计百分比。

基尼系数的取值范围为 0~1，数值越大，表明一国或地区收入分配越不平均。国际上通常认为，基尼系数在 0.20 以下表示绝对平均，0.20~0.30 为比较平均，0.30~0.40 为比较合理，0.40~0.50 为差距过大，0.50 以上为高度不平均。与此相应，区位基尼系数的取值范围也为 0~1，区位基尼系数增加，意味着行业空间集中程度的增强。

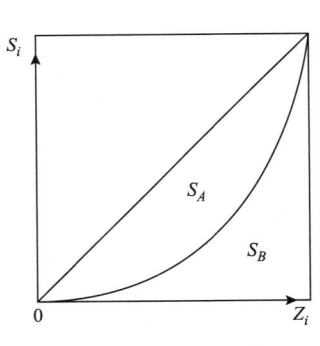

图 10-5　洛伦兹曲线

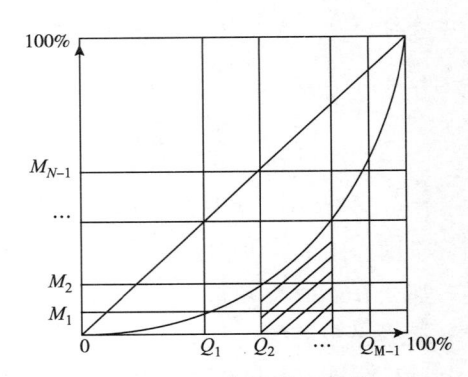

图 10-6　区位基尼系数

区位基尼系数将次级地理单元就业人数与整个区域就业人数之比作为一个变量纳入公式，实质是考虑了面积大小对产业集聚程度测算的影响。区位基尼系数将全部产业的地理分布作为比较基准，使得不同产业的计算结果具有可比性，因此得到了广泛应用。但是该方法并非源于区位选择的理论模型，也没有考虑企业规模的影响，而且没有区分随机集中和源于外部性或自然优势的集中，也就是说没有区分一个企业的内部规模经济引起的产业集中和独立的不同企业相互靠近的外部经济形成的产业集聚。Ellison 和 Glaeser、Maurel 和 Sedillot 分别提出的 EG 指数、MS 指数弥补了上述不足。

4. EG 指数

1997 年，Ellison 和 Glaeser 提出了新的集聚测度指数。这一指数综合考虑了产业组织的差异情况，综合运用空间基尼系数和 H 系数的结果，其假设前提是二人提出的企业区位选择模型，即如果企业间的区位选择是相互依赖的，企业将趋向具有特殊自然优势或能够从行业内其他企业获得溢出效应的地区集中。它不仅考虑了由区位基尼系数反映出的区域差异，也考虑了 H 系数反映的企业规模影响，具体公式为：

$$EG = \frac{GN - (1 - \sum_{i=1}^{n} X_i^2) H}{(1 - \sum_{i=1}^{n} X_i^2)(1 - H)}$$

X_i 表示 i 区域全部就业人数占经济体就业总人数的比重。H 和 GN 分别指前面提到的 H 指数和基尼指数。

EG 指数区具有两大特点：一是区分了随机集中和企业间由于共享外部性或自然优势的集中，比基尼系数的地理意义更明确。二是该指数可以方便地进行跨产业、跨国家，甚至跨时间的比较。在运用比较分析时，该指数不受产业大小、工厂地理分布区域大小或者是地理数据精确程度的影响。一个产业 EG 值较大，也就意味着额外的集中，亦即比随机过程导致的集中更显著。它衡量的是控制企业规模分布的地理集中，但是 EG 系数并不能表明这种额外集中是由于资源禀赋、集聚经济还是其他原因所致。

（二）基于距离的产业集聚水平测度

以前的产业集群的衡量方法大多以行政单元为基础，只能描述单一空间尺度上的产业集聚程度。这种基于行政单元计算的产业地理集中或集聚程度指数往往误导人们对产业空间模式的判断。为了克服传统衡量方法的问题，March，Puech，Duranton 和 Overman 分别引入了基于距离的产业集聚衡量方法。

1. K 函数和 L 函数

March 和 Puech 的衡量方法基于 R – iply 的 K 函数。K 函数基于以下假设：一是把区域内每个企业看成一个点，以 i 点为中心，半径 r 范围内点的个数 f 定义为该点的邻居：$N(i, r)$，所有点的平均邻居数为：$N(r)$。二是若企业间是独立的且分布在任何点的概率相等，此时，区域内企业的平均密度是一个常数 λ，r 半径范围内企业的个数为 $\lambda \pi \gamma^2$，这种情况称为完全空间随机分布（CSR），并将其作为比较的基准。三是企业间是相互影响的，其实际分布肯定会偏离 CSR 状态而趋于集中或分散，Ripley 用 K 函数来衡量这种偏离；将 K 函

数定义为 r 距离内所有点的平均邻居数与随机独立分布时的密度 K 的比值，计为 $K(r)$：

$$K(r) = \frac{N(r)}{\lambda} \int_0^r g(\rho) 2\pi\rho d\rho$$

式中：$g(\rho)$ 是径向分布函数，在方向不变的前提下，只与点之间的距离有关，计为 $g(r)$。由于 r 可以取任意值，因此 K 函数使得同时分析经济活动在不同空间尺度的集中情况成为可能。其局限是需要将每一次计算结果与 πr^2 进行比较。1977 年，Besag 加以修正，以零作为比较基准，发展成 L 函数，即：

$$L(r) = \sqrt{\frac{K(r)}{\pi}} - r$$

$L(r)$ 的含义是 r 范围内的点在区域平均密度 K 时，分布的范围与实际范围 r 的差值，例如，若 $L(10) = 5$，说明在 10km 范围内实际点的个数完全随机分布时与 15km 内的点个数是相等的。$L(r) > 0$，说明某行业的地理分布在 r 范围是集中的，$L(r) < 0$，则分散。计算不同半径范围的 $L(r)$ 值，便可以发现某行业在不同尺度地理区域内的分布特征。

K 函数和 L 函数在计算产业地理集中度中的应用弥补了传统方法的不足，其研究是开创性的，但也存在较多问题：一是实际研究区的地理特征是复杂的非均质地域，点在区域内是均匀、随机分布的假设不尽合理；二是 Ripley 将每个企业看成一个点，没有考虑企业规模对集中度的影响；三是研究区边界附近，容易将不属于研究区却在 r 范围之内的点也计算在内，要消除这种边界效应非常困难，使这种方法用于复杂空间运算几乎是不可能的；四是 K 函数和 L 函数将完全随机空间分布作为比较的基准，将密度 K 作为常数，这样处理得到的实际价值不大，因为这种集聚可以清楚地反映在地图上，较好的处理方法是将全部行业作为比较基准。

2. SP 指数

克鲁格曼（1991）、米德法特—纳维克（Midelfart - Knarvik, 2000）创建了 SP 指数。SP 指数是针对各行业的空间基尼系数、H 指数本身的缺陷而设计出来的。因为后两个指数是衡量行业的空间集中状况，但没有空间距离的变量。如果每一个行业的空间基尼系数、H 指数大小保持不变，但该行业的空间分布较远，则它的空间集中度肯定不如空间基尼系数、H 指数大小保持不变，但距离较接近的行业集中度低。而 SP 指数很好地克服了这一问题。其计算公式为：

$$SP_k = c \sum_i \sum_j v_i^k v_j^k \delta_{ij}$$

其中，v_i^k、v_j^k 为第 i、第 j 地区的第 k 产业产值占全国或全省（市）该行业生产总值的比例，δ_{ij} 是每两个地区 i、j 首府之间的直线距离。δ_{ii} 为地区 i 的区内距离，计算公式为：$1/3$（地区面积/π）$^{0.5}$。与区位基尼系数不同，SP 指数的值越小，意味着该行业在空间上的集中，而 SP 指数上升，表示该行业在空间上的扩散。

基于距离的多空间尺度方法有很多优点：第一，它不受地理空间尺度的限制，可以同时解释不同范围内经济活动的空间分布，不受行政单元的限制，因此可以更加精确地描述经济活动的空间结构。第二，基于距离的多空间尺度方法可以揭示某类经济活动在哪个范围内显著集中或分散。但是，给予距离的多空间尺度方法对数据的质量要求很高，不仅需要每一个企业的统计指标，还需要知道每个企业的空间分布数据并且一一表现在地图上。因此，基于距离的多空间尺度方法虽然精确，但其存在数据难以获得、处理难度大、工作量大、速度慢等实际应用的困难。

二　产业集群辨识

产业集群规划研究方法中极为重要的就是产业集群的辨识。诸多学者对产业集群进行了研究并总结其特征，产业集群辨识也是围绕这些特征而展开：第一，某类产业部门及相关机构在特定空间区域内集中或集聚。当然，产业集群也有其新兴、增长、稳定和衰退的生命周期。在不同的阶段，产业集群的分布和集聚态势也表现出由疏到密再到疏的动态发展过程。第二，产业集群形成合理的产业体系，竞争力强的外输型产业构成产业集群的重要组分，形成经济发展的核心驱动力。整个产业集群包括三部分：一是处于产业体系金字塔顶端的某一类或多类出口导向型产业。二是提供原料供应、生产服务等支撑性产业。三是包括技术、资本、基础设施等在内的经济基础。第三，集群内各类企业和结构以买卖双方纵向关联、资源共享，抑或是竞争与合作的关系紧密联结，高效互动。

关于产业集群辨识的方法很多，大致可以分为两大类：定性方法和定量方法。定性方法包括专家意见法、产业感知法和企业访谈法。定量分析方法多以投入产出表为主要数据，有多元统计聚类法、主成分分析法、克若曼斯科法、共识集群法等。然而，在实际运用中，纯粹的定量或定性的方法几乎不存在，往往是两者结合使用。

（一）专家咨询法

前文在专家预测咨询法中已经较为详细地介绍了专家咨询法。这里产业集群辨识的专家咨询法主要是指选择对当地产业现状、供应链、投资模式等情况比较了解的官员、学者、企业家等，通过访谈、讨论小组或者德尔菲法，收集所需关键信息，从而确定出地区产业集群的各个组成部分，进行产业集群辨识的方法。这一方法优点是简单易行，但是往往受限于专家的主观判断力。因此，该方法更适宜与其他定量辨识法结合使用。

(二) 产业感知法

产业感知法也是产业集群辨识的常用定性方法。产业感知法主要包括三大步骤：一是通过区位商这一替代方法确定区域财富主要创造的外向产业并将其排序。二是以投入产出表为基础，结合产业关联常识与实际，辨明产业关联方向，将区位商大于1的产业部门按照可能的关联进行归类，组合成产业集群的初始框架。三是通过与主要企业的领导者访谈等途径获得有用信息，对第二步中的归类结果作出必要修正。四是绘制产业集群内部关联图，以此体现出产业间的投入产出关联以及产业部门与研发中心等支撑机构的关联。

(三) 企业调研法

企业调研法是指通过对区域内的企业进行调研，以此获取它们对（区域）内外贸易情况、合作联盟模式、研发投入等信息，从而辨识出集群，进而进行后续的集群分析。企业调研法从微观角度能够精确、细致地分析产业集群内的关联关系。然而，由于调研所涉及企业间的贸易量和非正式交流往往属于商业机密，难以获得准确数据，而且调研本身所需的人力和资金较庞大。所以，这种方法很难大范围执行。

(四) 多元统计聚类法

多元统计聚类方法的基本思路是基于一系列指标和特征变量，将样本进行分组，使得组内样本趋同而组间样本趋异。多元统计聚类产业集群辨识法主要分四个步骤：一是对投入产出表进行运算，分别获得投入产出技术系数矩阵中的中间投入矩阵和中间产出矩阵，并由此生成最大关联矩阵。二是选择多元统计聚类的算法，通常有等级聚类、K聚类等。三是选择体现组间联系程度的方法，有最小距离法、最大距离法、欧氏距离法等。四是对最大关联矩阵层进行聚类运算。如果是K聚类的算法，则聚类结果即辨识结果；如果是等级聚类的算法，则需要进一步对生成的聚类树状图进行整理，决定出阈值，从而得出集群。

多元统计聚类法能够透视出产业集群内部产业间最重要的相互依存关系。

该方法也存在局限和不足。一是该方法将所有部门都纳入某个集群，这与集群内涵的以具有区域竞争力的出口性产业为主体、非全部门覆盖的理念相左。二是部门在集群间的归属具有排他性，这不符合区域经济发展的现实。以上缺陷都限制了此方法在实际集群战略研究中的运用。

（五）主成分分析法

西方学者很早就开始尝试利用主成分分析法进行产业集群辨识的研究。通过 Feser、Bergnmn 和贺灿飞等国内外学者的研究，主成分产业集群辨识法逐步完善。该方法主要包括五个步骤：一是通过对投入产出表的运算，获得中间投入矩阵和中间产出矩阵口。二是根据中间投入矩阵和中间产出矩阵口，通过计算相关系数，生成最大相似矩阵。三是对最大相似矩阵进行主成分分析运算，通常以特征值大于 1 为标准，提取主成分。原则上，提取的每个主成分要对应一个集群，但是，每个主成分对应的是涵盖所有部门的列向量，所以需要进一步处理。四是利用方差最大旋转法，使每个主成分内的因子载荷差异最大化。五是设定因子载荷门槛值，在每个主成分中，超过门槛值对应的产业归入该产业集群，从而最终获得辨识结果。

主成分产业集群辨识法在集群辨识中的运用相当普遍，虽然辨识结果大多数比较理想，但是从原理来看，它主要强调了互补性联系，而对垂直联系重视不够，而且不同主成分有主次之分。另外，此方法辨识出来的集群内部的各产业间联系紧密程度不强。

（六）共识集群法

Sergio 和 Daniel（2000）糅合了主成分分析和多元统计聚类两类辨识方法的优势，创建了被称为"共识集群法"的一种新的集群辨识手段。该方法主要包括三个步骤：一是在运算分析的矩阵选择上，不囿于最大相似矩阵和最大关联矩阵，而是将中间投入矩阵、中间产出矩阵等一并吸纳，从中获得不同层面的产业功能关联。二是对于所有纳入分析的矩阵，一方面利用主成分分析法运作，选择不同的因子载荷门槛值，获得一系列辨识结果；另一方面，利用多元统计聚类法分析，利用不同算法和阈值组合，得出一系列辨识结果。三是引入"产业对"概念，在某一辨识方法中，进入同一集群的两个部门即为一个"产业对"，然后利用先前所得的若干组辨识结果，构造体现产业对信息的共识相似矩阵，进而进行多元聚类分析，最终获得各个共识产业群。

为了能更清楚地说明此方法，设定有 X_1、X_2、X_3、X_4、X_5、X_6 六个产业部门，使用三种产业集群辨识方法进行分析（见表 10-13）。据此，则可构造出

表 10 – 13　不同方法的辨识结果

产业部门	X_1	X_2	X_3	X_4	X_5	X_6
辨识方法一	集群1	—	—	集群1	集群2	集群2
辨识方法二	集群1	集群1	集群2	集群2	集群3	集群3
辨识方法三	集群1	集群1	集群1	集群2	集群2	集群2

资料来源：楚波、金凤君《产业集群辨识方法综述》，《经济地理》2007 年第 5 期。

相应的用于共识集群分析的矩阵，见表 10 – 14。

表 10 – 14　构造的共识相似矩阵

产业部门	X_1	X_2	X_3	X_4	X_5	X_6
X_1	0	2/3	1/3	1/3	0	0
X_2	2/3	0	1/3	0	0	0
X_3	1/3	1/3	0	1/3	0	0
X_4	1/3	0	1/3	0	1/3	1/3
X_5	0	0	0	1/3	0	3/3
X_6	0	0	0	1/3	3/3	0

资料来源：楚波、金凤君《产业集群辨识方法综述》，《经济地理》2007 年第 5 期。

最后利用上面这个矩阵，进行多元聚类分析，并获得树状图，确定一定阈值，就可以获得最终的共识集群结果。此法将原来单独使用的各种集群辨识法整合起来，将它们所得结果都看成是对其他方法的补充。"产业对"的引入，能够使产业间各个层面功能紧密连接的特质凸显出来。

三　基于 GIS 的产业空间布局技术方法

城市产业布局规划的本质是产业与空间的对接整合，即产业发展规划与空间布局规划的协调统筹。一直以来，由于缺乏分产业门类的空间数据搜集平台，产业发展数据与空间数据的不对应性，成为产业发展规划与空间布局规划难以实现"两规合一"的主要原因之一；另外，由于影响企业选址的因素复杂多样，且不同产业对区位、规模、密度等空间要素的要求具有不同性，很难准确把握产业空间需求规模和需求结构，因此，产业布局规划的编制一直受到数据、技术方法的局限而未形成较为科学和完善的编制技术。孙电、李满春（2006），章建豪、王兴平（2008），李秀伟、路林、周彬学（2012）等探讨了产业布局规划中的技术难点，进一步提出了较为完善产业布局规划的编制技术和方法。

(一) 编制技术路线

基于 GIS 的产业布局规划编制技术路线主要步骤为：一是建立区域产业空间信息库。搜集区域产业空间信息和产业经济信息数据，建立区域产业空间信息库，实现产业与空间数据的有效对接，为分行业产业布局演变特征分析及分行业产业空间支撑能力评估奠定基础。一般而言，最精确的产业空间单位是企业，但囿于资料限制，我们往往采用街道与乡镇替代。产业经济信息包括企业投资、产值、销售额、税收、就业等信息，其中，核心数据是就业与产值。二是立足区域行业发展基础，把握产业发展趋势，预测未来产业发展的总体规模和产业结构，科学确定区域未来产业总供给和结构。三是进行产业发展空间规模和布局的识别。采用空间插值法和劳瑞模型定量法评价产业布局现状，以未来（规划期末）产业规模和结构为指导，科学预测未来产业布局与结构，动态演示产业空间演化过程，最后形成产业空间布局目标和方案（见图 10-7）。

(二) 分析方法

1. 空间插值法

空间插值常用于将离散点的测量数据转换为连续的数据曲面，以便与其他空间现象的分布模式进行比较，它包括确定性方法［如反距离加权平均插值法（IDW）、趋势面法、样条函数法等］与地质统计学方法［如克立格（Kriging）插值法］两大类。IDW 空间插值法是一种常用而简便的空间插值方法，可反映样本某一属性的空间布局特征，它以插值点与样本点间的距离为权重进行加权平均，离插值点越近的样本点赋予的权重越大。假设平面上分布一系列离散点，已知其坐标和值为 X_i，Y_i，Z_i（$i = 1, 2, \cdots, n$）通过距离加权值求 Z 点值，则 Z 值公式为：

$$Z = \frac{\left[\sum_{i=1}^{n} \frac{z_i}{d_i^2}\right]}{\left[\sum_{i=1}^{n} \frac{1}{d_i^2}\right]} \quad d_i^2 = (X - X_i)^2 + (Y - Y_i)^2$$

2. 劳瑞模型

劳瑞模型及其推导具有很强的运作性，它所需要的数据适中、参数不多，被广泛用于分析区域主要变化产生的影响，被看成一个基本的分析程序。劳瑞模型构建如下：首先，框架以每个研究区域的每个产业产值为自变量，以区域 GDP 最大化为目标函数；其次，以研究区域的每个产业产值为起点，以土地约

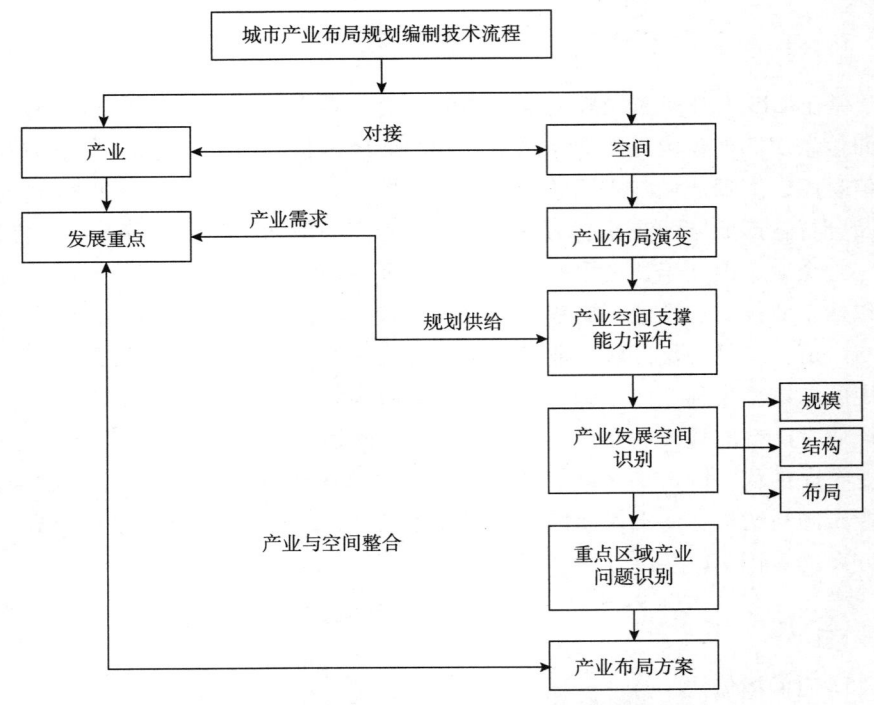

图 10-7 基于 GIS 的产业空间布局编制技术路线

资料来源：李秀伟、路林、周彬学《城市产业布局规划编制方法研究——以北京市为例》，《多元与包容——2012 中国城市规划年会论文集》（01. 城市化与区域规划研究），2012。

束、用水总量约束和各行业最终输出需求为终点，构建模型分析框架的约束条件体系；最后，在约束条件和情景的设定下完成模型最优化运算和求解。

本章以北京为例，采用全明振和摩尔设计的线性规划模型，评价和规划产业布局。

劳瑞模型目标是将整个区域的 GDP 最大化，公式表示为：

$$\max \quad GDP = z \times X, \quad X = (X_1, X_2, \cdots, X_n)$$

约束条件如下：

$$(I - TA)X - \beta R^c \leq F$$

$$W \leq \delta X$$

$$R = T^W W$$

$$R^c = T^s R$$

$$\gamma X^g \leq L^g$$

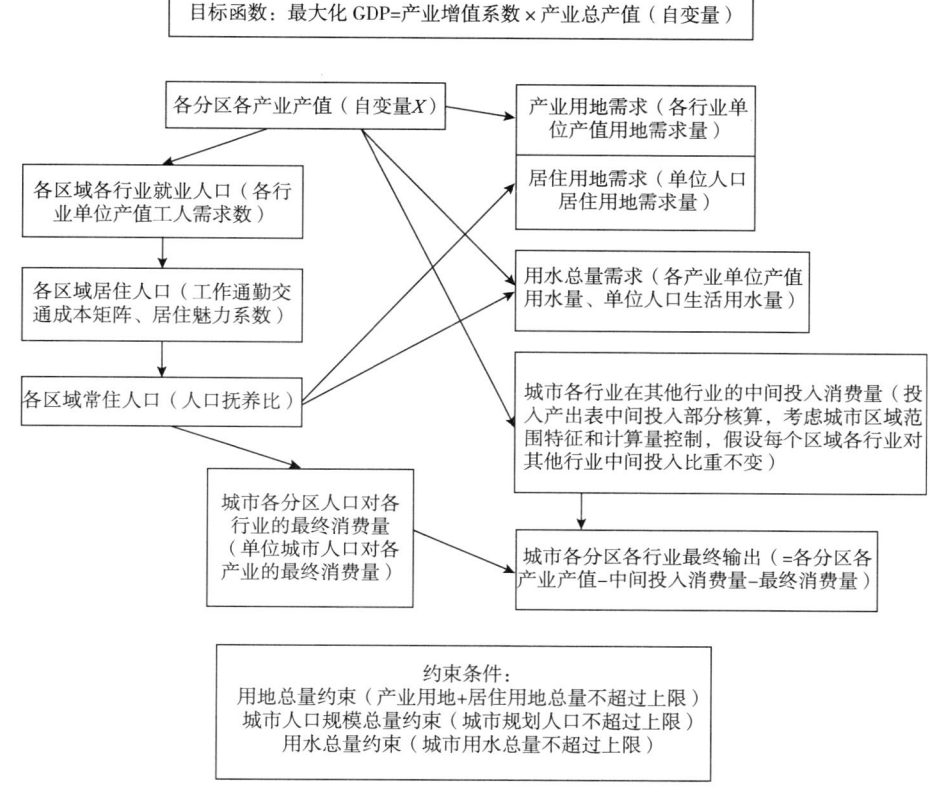

```
┌─────────────────────────────────────────────────┐
│ 目标函数：最大化 GDP=产业增值系数×产业总产值（自变量）│
└─────────────────────────────────────────────────┘
```

（劳瑞模型框架图，含各分区各产业产值、各区域各行业就业人口、各区域居住人口、各区域常住人口、城市各分区人口对各行业的最终消费量，以及产业用地需求、居住用地需求、用水总量需求、城市各行业在其他行业的中间投入消费量、城市各分区各行业最终输出等模块，并列出约束条件：用地总量约束、城市人口规模总量约束、用水总量约束）

图 10-8 劳瑞模型基本框架

资料来源：李秀伟、路林、周彬学《城市产业布局规划编制方法研究——以北京市为例》，《多元与包容——2012 中国城市规划年会论文集》（2001 年城市化与区域规划研究），2012。

$$\varphi X^s \leq L^s$$
$$\sigma R \leq L^R$$

上式中，T 为区域贸易系数；A 为区域技术系数；β 为一个工人消费系数向量；δ 为劳动需求系数向量；γ、φ、σ 为不同类型用地需求系数向量；X 为总产出向量，其中包括 n 个产业，分别为 X_1、X_2、…、X_n；F 为最终需求向量（扣除了当地消费）；W 为按就业地的各区工人数量；T^w、T^s 分别为工作和购物旅行；R^c 为按购物地的工人数。R 为按居住地的各区工人数；L 为土地需求；g 为加工业；s 为服务业。

通过以上模型可以评价区域产业现状，预测未来产业布局与结构，动态演示产业空间演化过程，最后形成产业空间布局目标和方案。

参考文献

张文忠等：《产业发展和规划的理论与实践》，科学出版社，2009。
黄幸婷、胡汉辉：《产业发展规划的范式研究》，《科学学与科学技术管理》2012 年第 9 期。
吴扬、王振波、徐建刚：《我国产业规划的研究进展与展望》，《现代城市研究》2008 年第 1 期。
朱小娟：《产业竞争力研究的理论、方法和应用》，首都经贸大学博士学位论文，2004。
王浩：《区域产业竞争力的理论与实证研究》，吉林大学博士学位论文，2008。
陆玉麒、董平：《经济地理区位分析的思路与方法》，《地理科学进展》2009 年第 2 期。
刘传明、曾菊新：《县域综合交通可达性测度及其与经济发展水平的关系——对湖北省 79 个县域的定量分析》，《地理研究》2011 年第 12 期。
孙明芳、王红扬：《产业规划的理论困境及其突破》，《河南科学》2006 年第 2 期。
《决策树法》，MBA 智库百科。
伍开松、张明泉：《西南石油学院学报》2000 年第 2 期。
梁慧稳、王慧敏：《经济预测方法系统研究》，《现代管理科学》2002 年第 6 期。
何新华、陈秀英：《经济预测方法简析及其应用》，《世界经济》1998 年第 5 期。
《德尔菲法》，MBA 智库百科。
《经济计量模型法》，MBA 智库百科。
李春刚：《灰色预测法在商业连锁企业的应用》，《经济师》2001 年第 12 期。
方甲：《产业结构问题研究》，中国人民大学出版社，1997。
孙慧、周好杰：《产业集聚水平测度方法综述》，《科技管理研究》2009 年第 5 期。
李秀伟、路林、周彬学：《城市产业布局规划编制方法研究——以北京市为例》，《多元与包容——2012 中国城市规划年会论文集》（2001 年城市化与区域规划研究），2012。

第四篇
区域产业发展规划实例分析

按照产业规划对象可以一个或多个产业为标准,区域产业发展规划可以分为总体产业规划和专项产业规划。两者在编制流程与程序、研究方法上没有本质不同,只是在研究对象上存在差异。区域总体产业规划是由若干个关联产业组成的复合产业规划,需要科学界定产业系统中产业之间的地位和关系,统筹考虑产业之间的关联布局,个性化产业配套设施和专项政策。专项产业规划是仅包含一个产业的规划,基本不涉及产业系统中不同产业之间的关联分析(涉及产业中行业与产品间的强关联分析),主要采用产业链的方法,对产业各个环节进行深度研究和规划,产业配套和产业政策相对单一。

第四篇为区域产业发展规划实例分析,主要以总体和专项两类区域产业规划为例,说明区域产业规划的分析方法和研究过程。第十一章是一个总体产业规划纲要,以概括、简练的语言,直接展示了西安民用航天产业基地产业发展规划(文本)的基本内容。第十二章是一个总体产业规划研究案例,主要从山西临猗县域发展战略、产业战略与产业规划三个层次,从产业规划研究的五个方面展示了区域总体产业规划的研究内容。第十三章是一个专项产业规划研究案例,从国内外枸杞产业发展状况、中宁枸杞产业发展典型案例、海西枸杞产业发展条件、海西枸杞外部环境分析、海西枸杞产业发展战略与海西枸杞产业发展策略六方面对海西州枸杞产业发展规划进行了深入研究和分析。第十四章也是一个专项产业发展规划案例,从世界黄金产业发展状况、黄金珠宝产业发展典型案例、潼关黄金立县依据、黄金立县外部环境分析、黄金立县发展战略与黄金立县发展策略六方面对潼关黄金立县发展规划进行分析和研究。

第十一章 西安民用航天产业基地"十二五"产业发展规划纲要

本章是区域总体产业规划纲要文本的一个典型案例。该案例展示了产业规划文本的基本框架与基本内容。整个规划包含：产业发展状况、总体要求、空间布局、发展重点、发展任务、保障支撑体系六大部分，系统展现了西安国家级民用航天产业基地"十二五"时期发展思路、目标、路径和政策。

第一节 发展状况

一 发展绩效

西安国家级民用航天产业基地（以下简称"基地"）成立以来，抢抓战略机遇，加大理念、体制、机制、管理、政策等多方面创新，基地逐步呈现发展速度加快、投资环境改善、特色产业明晰、综合实力增强的发展态势，基地"三年建立优势"的阶段性目标全面实现，概括和总结近年来发展成效，主要体现在以下方面。

1. 综合承载能力大幅度提升，辐射引领作用显著增强

三年来，基地呈现跨越式发展态势，主要经济指标年均增长35%以上。2009年，基地实现技工贸总收入130亿元，同比增长40%；工业生产总值达到100亿元，同比增长35%；大口径财政收入达到19.4亿元，一般预算收入3.53亿元，同比分别增长50%、71.8%。目前，基地规划面积实现有效拓展，由原来的23.04平方公里拓展到86.3平方公里，基地综合承载力大幅度提升，区域辐射引领作用逐步凸显，全国战略地位稳步提升。

2. 资源聚集效应明显，特色优势产业明晰

基地资源聚集效应明显。截至2009年，基地累计注册企业300余家，吸纳就业人口达到2万人，聚集了航天科技集团四院、六院、五院分院、九院（771所、7171厂）等20多家大中型国有企事业单位，基地已经成长为国内规模最大的民用航天产业基地，初步形成了以航天民用产业、太阳能光伏和大功率半导体照明产业、服务外包及创意产业错位发展的产业格局，产业集群程度较高，高位势差明显。

3. 军民融合发展势头良好，典型示范意义明显

基地自成立以来，一直致力于探索实践军民融合式发展道路，推进军民融合体制机制、理念及发展模式创新，着力构建军转民、民进军、军民融合保障支撑体系，军民融合产业实现了跨越发展。目前，基地已经成为国家军民融合新型工业化产业示范基地，正在成长为破解军民融合发展先行先试实验区。

4. 综合配套能力不断提升，生态示范区特质初步显现

三年来，基地累计完成固定资产投资67.02亿元，年均增长173%。已经建成雁塔南路、航天大道、神舟三路等17条道路，通车里程37公里，道路面积超过100万平方米，人均道路面积达到15平方米，人均公共绿地面积达到10平方米，城市燃气普及率达到98.6%，城市用水普及率100%，万元工业增加值能耗达到0.9吨标准煤，万元工业增加值水耗达到100立方米，大气与环境质量不断改善，人居环境着力优化，宜居宜业的生态产业基地特质初步显现。

5. 招商引资成果丰硕，品牌形象大幅度提升

基地营造了与国际惯例和标准相适应的政务环境、商务环境、人才环境、社会环境、政策环境，大幅度提升了发展的软实力，增强了产业的吸引力、影响力、集聚力和竞争力。丰富的创新资源，超强的综合承载力以及快速崛起的航天品牌优势吸纳了国内外大量的商业资本及产业转移。截至2009年，基地累计招商引资项目超过80个，其中外资项目15个，实际利用内资10.6亿元，利用外资突破3000万美元。

二 面临问题

1. 产业规模化、产业化水平较低，竞争力不强

目前基地航天民用产业规模偏小，产业链条较短。卫星应用、太阳能光伏和大功率半导体照明、新材料、生物医药及服务外包产业多处于培育发展期，产业化水平较低，市场竞争能力不强。

2. 园区二元性突出，协调发展面临挑战较大

目前，基地一期规划区内共有城中村17个，农村人口7908户，28619人，占地共计4.6平方公里。基地开发建设如火如荼，而农村区域仍然是相对落后的小农经济体制，城乡基础设施对接、公共服务均等化、文明融入等问题相对较突出。

3. 投资驱动依赖性较强，内生增长能力较弱

从基地发展增长态势分析看，三年来，投资拉动基地经济增长的贡献率达到80%以上，外贸、内需拉动能力有限，内生增长能力有限。

4. 环境资源约束以及产业同质化竞争，制约了基地超长发展

资源环境倒逼压力逐步加大，用地指标的限制，再加之，同区位开发区、产业园区同质化竞争，加剧了资金、技术、人才等要素的争夺，制约了基地超常发展。

尽管航天产业基地依然存在诸多发展问题，但是其成绩卓越而显著，为航天基地未来的快速发展奠定了良好基础。"十二五"时期，航天产业基地面临难得的发展机遇。国家层面，新一轮国家西部大开发战略实施，以及国家大力发展以卫星应用、新能源、新材料等战略性新兴产业；区域层面，关天经济区规划的实施以及西安国际化大都市建设为基地跨越升级创造了难得的战略机遇；基地层面，基地面临着统筹科技资源改革、加速军民融合、走特色新型工业化先行先试探索实践机遇。

第二节　总体要求

一　发展思路

深入实践科学发展观，按照建设西安国际化大都市总体要求，坚持"航天产业立区，战略产业兴区，数字航天繁区"的发展理念，加快统筹科技资源与军民融合步伐，加快经济发展方式转变，着力实施"43786"战略计划，努力打造战略性新兴产业聚集区、中国卫星应用之都、统筹城乡发展先导区，加快建设"特色鲜明，世界一流"的千亿元航天产业新城。

——"四大战略"。积极实施高端引领、创新驱动、融合协调、园区带动战略。

——"三大产业体系"。培育和发展以卫星应用为主的民用航天先导型产业、以新能源新光源为主的成长型产业，以服务外包、现代物流为主的保障型产业。

——"七大功能板块"。着力打造优势产业集中区、科技及孵化创业区、一体化物流承载区、生态居住区、高档时尚消费区、旅游景观区、城乡统筹先导区。

——"八大工程"。产业能级跃升工程、军民融合发展工程、平台优化升级工程、扩容强区工程、开放引领工程、可持续发展工程、幸福指数提升工程、体制机制创新工程。

——"六大保障体系"。基础设施支撑体系、投融资支撑体系、创新驱动支撑体系、人才保障支撑体系、政策保障支撑体系、规划实施保障体系。

二 发展目标

经济发展目标。扩大基地经济总量，提升综合承载力，到2015年，基地技工贸总收入超过1000亿元，财政收入超过8亿元，年均增速超过35%，工业总产值超过800亿元，增加值达到260亿元，外贸进出口总额超过5亿美元，建成区面积超过20平方公里，人口超过20万，城市化率达到60%，区域辐射带动力显著增强。

产业组团目标。依托龙头企业，大力实施标志性项目，提升专业化园区承载力，着力打造两大百亿、两大五十亿、三大十亿产业组团。到2015年，培育形成航天产业规模超过400亿元；新能源新光源产业规模超过220亿元；服务外包与创意产业规模超过80亿元；新材料产业规模超过60亿元；生物医药产业规模超过20亿元；物流产业规模超过10亿元；特色旅游产业规模超过10亿元。基地军民融合产业占比超过50%，培育形成以航天民用高技术产业为主的军民融合产业相互衔接、关联企业紧密对接的产业链。

企业发展目标。大力实施"3763100"企业培育工程，着力提升企业规模，到2015年，引进和培育形成百亿元企业集团3家，50亿企业集团7家，10亿元企业集团6家，包装推介3家优势企业上市融资，基地规模以上企业户数增加到100家以上。

创新能力目标。大力构建创新支撑平台，提升自主创新能力。到2015年，加速20项自主知识产权成果产业化，创建省级以上企业技术中心10个，培育和形成省级以上名牌产品17~28个，R&D（科技研发投入）占基地经济总量的4.5%以上，初步建成功能完善的产学研支撑体系，初步形成创新驱动支撑基地发展的动力体系。

资源环境目标。深入实施"四节约一环保"发展理念，建立和完善节能减排保障支撑体系，大力发展低碳经济。"十二五"期间，基地基础设施及公共设施投资规模累计超过200亿元，到2015年底，基地土地投入产出强度超过3500万元/公顷，万元工业增加值能耗在2010年基础上累计下降15%，万元GDP增加值水耗达到60立方米，城市污水集中处理率大于95%，城市污水再生利用率大于40%，初步建成资源节约、环境友好型航天产业新区。

幸福指数目标。加大改革发展成果民享、民用，不断提高城乡居民幸福指数。坚持以人为本，大力实施民生工程，增加城乡居民收入，美化优化人居环境和投资环境，完善社会保障体系，促进社会公共事业快速发展，不断提高居民幸福指数。

三　实施战略

1. 高端引领战略

坚持高端化战略取向，锁定更高目标的定位，瞄准新兴产业高端产品，加速融入高端产业体系，辐射引领区域超常发展。

2. 创新驱动战略

推进全方位创新，特别是推进体制机制创新、技术创新。重视创新观念的先导作用，大力营造鼓励创业、宽容失败的创新文化氛围；夯实体制机制创新的基础地位，进一步理顺管理体制，深化各项改革措施；突出技术创新的核心作用，积极推进原始创新、集成创新和引进消化吸收再创新，增强发展的"内生动力"；采取切实措施，引进培育技术、人才、资本等创新要素，着力提升自主创新能力，实现由资源要素驱动向创新要素驱动的战略转变。

3. 融合协调战略

优化基地功能布局，加强基础设施和公共设施建设，完善产业配套体系和现代服务体系，促进两化融合，军民融合，二三产业协调、互动发展，提高产业支撑和人口集聚能力。

4. 园区带动战略

依托现有特色优势产业基础，加大资源错位整合，着力培育和打造专业化产业承载区，辐射引领产业跨越发展。

第三节　空间布局

一　空间结构

着力打造"两区多园三辐射"轴带式空间发展形态，大力发展外围新城，合理引导基地空间拓展。

——两区。包括原有规划核心区和新的拓展区，总体面积为86.65平方公里（原有规划核心区23.04平方公里，新的拓展区63.61平方公里），具体方位如图 11-1 所示。主要产业发展方向：依托中国航天科技集团公司六院、兵器工业集团 206 所、航天五院西安分院及中电投太阳能电力有限公司等企事业单位，大力发展卫星应用、新能源新光源、新材料、生物医药及服务外包、物流、航天旅游等产业。

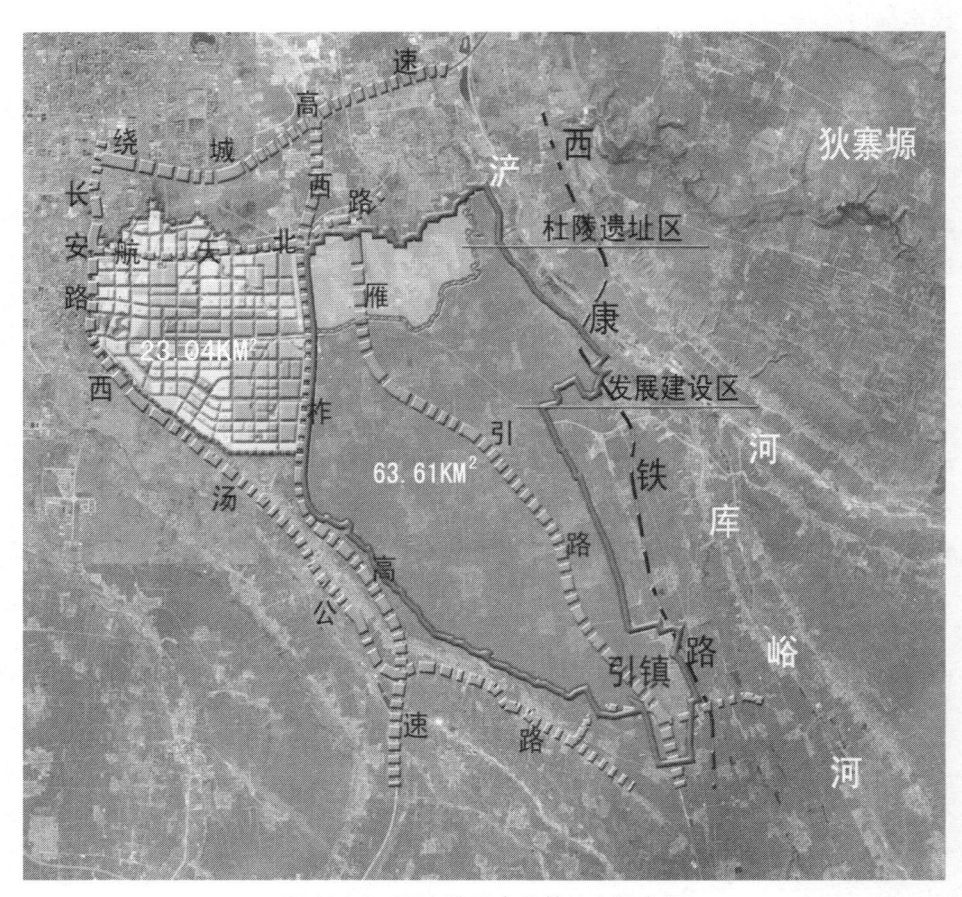

图 11-1　西安航天产业基地空间布局

——多园。依托优势龙头企业，着力打造"卫星应用产业园""太阳能光伏及大功率半导体产业园""现代物流产业园""服务外包及创意产业园"等专业化产业承载区。

——三辐射。着眼国家航天产业战略布局，大力推进周边区域航天资源错位整合，努力打造基地——西北、西南、中部的辐射区。产业发展方向为：依托西北、西南及中部区域航天科技研发、生产、发射及配套服务企事业单位，形成上下游产业链，带动中西部航天及其衍生产业长足发展。

二 功能布局

着力打造产业集中区、科技及孵化创业区、一体化物流承载区、生态居住区、高尚消费区、旅游景观区、城乡统筹先导区七大功能板块。

——产业集中区。依托航天四院、五院西安分院、六院、九院、中电投、西安隆基硅、航天炎兴、步长制药等龙头企业及重大产业化项目的实施，着力打造卫星应用、太阳能光伏及 LED 大功率半导体、新材料、生物医药、服务外包及创意产业集中区。

——科技孵化创业区。依托基地，统筹科技资源研发公共平台、孵化器基地、创业中心等重大项目建设，打造研发、培训、创业一体化的科技及孵化创业区。

——一体化物流承载区。依托引镇物流中心、联强国际西北区域 5C 科技总部暨现代化运筹中心、陕西烟草配送中心及通用机场重大物流项目建设，打造仓储、加工、多式联运一体化物流承载区。

——生态居住区。依托西安富力城、陕国投鸿业地产、西安航天基地开发公司等房产项目开发，进一步建立和完善医疗、教育、文化娱乐等公共配套设施，大力推广住宅外立面太阳能光伏电池板以及照明用 LED 节能灯，提升生态环境品位，构建宜居生态新区。

——高尚消费区。依托奥特莱斯西安航天基地高端综合性商业项目的实施，大力引进国际国内知名品牌旗舰店、专卖店、专业店，着力打造集顶级精品购物商业街、休闲度假酒店、主题公园一体化的西安国际化大都市人文消费区。

——旅游景观区。依托基地内历史遗存，规划建设航天科技博物馆、景观大道（东西向的航天大道）及沿线的雕塑系统、水面绿地系统，打造集航天高科技产品展示、文物旅游、生态休闲为一体的旅游景观区。

——城乡统筹先导区。大力实施和谐安置工程、新型社区建设工程、公共服务均等化工程，打造西安国际化大都市城乡一体化先导区。

第四节 发展重点

一 做大做强先导型产业

（一）发展思路

以国民经济发展重大装备需求为导向，以产业平台为依托，以产业链延伸为方向，以资本运作为主要手段，着力推进卫星应用、航天特种技术应用、航天电子信息等民用航天产业规模及竞争力双提升。

（二）发展目标

到2015年，航天产业实现产值400亿元，其中，卫星应用产业产值300亿元，航天特种技术应用产业产值80亿元，航天电子信息应用产业产值20亿元；积极培育大企业大集团，形成年销售收入过百亿元企业2家，过50亿元企业2家，形成优势品牌5~8个，初步建成国家航天高科技产品展示区、中国卫星应用之都。

（三）发展方向及重点

1. 卫星应用产业

以满足国民经济建设、社会发展和公共安全需求为出发点和落脚点，以政府部门和地方各级政府为引导，以体制与机制改革创新为动力，以企业为主体、科研院所和大学为技术支撑，产学研结合，深化基地与航天集团的紧密合作，重点突破卫星应用核心关键技术，着力打造卫星应用产业链和陕西省卫星综合应用示范工程，重点推进一批重大卫星应用产业项目建设，推动陕西卫星应用产业快速发展，抢占国内卫星应用产业制高点。

（1）卫星通信广播综合业务产业链。依托中国卫星通信集团公司、中国直播星公司、中国空间技术研究院西安分院等龙头单位，大力提升卫星通信有效载荷研制、应用终端研制和地面站系统建设的整体水平和能力，鼓励开发卫星通信增值业务，构建集卫星广播电视上行、卫星在轨监测服务和卫星通信运营服务三位一体的运营平台。打造完善的卫星通信广播综合业务产业链，发展规模经济，推动陕西省卫星通信广播产业更快更好地发展。

（2）卫星（应急）移动通信产业链。依托中国卫星通信集团公司、中国直播星公司、中国空间技术研究院西安分院、西安航天恒星空间技术应用有限公司等龙头单位，围绕国家应急救援和应急通信、重大项目通信保障、军事通信业务等政府、行业、国防应用领域的大量需求，大力提升移动通信站系统建设和应用终端研制的整体水平和能力，提高卫星移动通信运营服务水平，构建陕西卫星（应急）移动通信产业链，使之成为全国重要的卫星移动通信产业制造和运营服务基地。

（3）卫星导航位置服务产业链。依托西安测绘导航卫星应用产业基地和总参测绘研究所、中兴恒和公司、四维图新公司、西安航天恒星、陕西海通天线公司、西安华迅微电子有限公司等龙头单位，实施北斗卫星导航定位系统、地面用户机天线、高性能芯片组开发等重点项目建设。利用位置服务与物联网建设的紧密关系，在陕西范围内建立统一的数据处理中心，逐步建成卫星导航综合服务体系。

（4）北斗卫星空间基准授时产业链。依托卫星导航与时间频率技术研发产业化基地和中科院国家授时中心、中兴恒和公司、西安航天恒星、中科院西光所等龙头单位，研制高性能星上时钟和导航数据存储器等有效载荷设备与系统、地面监控和用户接受设备与系统。大力推进国家授时系统等基础性工程和社会公益设施的建设步伐，促进北斗导航授时在电力、电信、证券等国家重要行业领域和国防领域的推广应用，逐步建成自主知识产权的北斗导航授时应用系统。

（5）自主遥感信息获取、处理和运营服务产业链。依托总参测绘研究所、西安煤航公司、陕西省测绘局等优势单位，以国家高分辨率对地观测系统和测绘卫星系统建设为切入点，提高有效载荷研制水平和数据产品生产与服务能力，促进遥感数据在基础地理信息测绘、数字陕西地理空间框架建设、资源勘探、气象、海洋、水利、防灾减灾、生态环境监测、交通运行监测以及区域开发、城乡规划、重大工程项目等重要行业和领域中的推广应用。建设自主遥感信息获取、处理和运营服务产业链。

（6）卫星测控技术产业链。依托西安卫星测控中心、航天771所、电子39所、西北工业大学等单位，重点开发卫星遥控遥测关键技术，研制微波及光学卫星遥控遥测设备与系统、卫星遥测参数自动监视预警系统、卫星异常处置综合数据库、应急处理决策专家系统和多星管理自动化系统，开发"陆基测控网多任务管理中心"系统，创新遥控组织指挥模式。推进我国航天测控向智能化水平迈进，提高卫星管理和应急测控信息化水平，充分发挥西安卫星测控中心在国家卫星发射、运行测控的重要作用，带动陕西卫星测控技术产业链发展。

（7）卫星数字文化传播产业链。建立西安卫星数字文化传播发行中心，依托中国卫通集团，西影集团、西安测绘导航产业基地导航数字地图出版中心、陕西出版集团等优势单位，重点开发信息资源整合和信息共享实现关键技术，整合优秀报纸、期刊、网站、电台和出版物等海量高品质文化资源并进行数字化处理，利用卫星网络容量大、全国覆盖等优势，大力拓展以卫星为传输手段的数字文化传播业务、数字出版物发行业务，突破当前信息传播和共享中的地域障碍、成本障碍、语义障碍，跨越文化传播"数字鸿沟"，推动新型文化传媒业发展，振兴文化产业。

2. 航天特种技术应用产业

发挥航天六院在液体火箭发动机，航天四院在民用火箭及材料应用方面的绝对优势，围绕石油、石化、煤炭、电力、工程机械、环保、天然气及基础建设等领域，重点发展以装备国产化为目标的特种技术应用设备产品。

（1）航天运载动力。以固体小运载和大型固体助推器为重点，瞄准我国导弹武器装备动力技术发展的新方向，整合固冲发动机等新型动力技术力量，优化完善资源配置，加大固体运载动力技术领域的技术攻关、产品开发与市场竞争能力。

（2）空间飞行器有效载荷。按照产品化、系列化、产业化的发展方向，以空间天线与通信转发技术、卫星导航与信号处理技术、航天测控与星间链路技术、高速数传与时频系统技术、微波遥感与目标探测技术、微波集成与电子装联技术、系统集成与测试试验技术、环模试验与特种工艺技术等领域核心技术研发为动力，以体制创新和流程优化为突破，以信息化和统筹建设为基础，重点研发生产空间飞行器有效载荷及测控跟踪系统设备、船载双频测量设备、星载天线和地面站天线、仪表与照明分系统、多功能显示器和高频网络、数据传输系统等软硬件设备。

3. 航天电子信息应用产业

依托西安微电子技术研究所等龙头单位，研发宇航用集成电路设计制造规范，建立航天宇航级集成电路设计制造平台，发展集成电路封装，形成绿色封装产业，大力开发 MEMS、双向电源等相关技术产品。

专栏 11–1：先导型产业支撑项目

——卫星应用产业类：中国卫星通信集团公司卫星运营中心项目、卫星导航与时间频率技术研发及产业化基地项目、西安航天器控管部及宇航动力学国家重点实验室项目、西安测绘导航卫星应用产业基地项目、航天恒星科技股份有限公司项目、中国授时中心北斗二代导航项目、中加卫星通信产业园项目、中国空间技术研究院西安分院项目、应急移动卫星通信系统产业化项目。

——航天特种技术应用类：航天六院民品产业化基地项目、航天六院7103厂大运载火箭发动机项目、航天四院民用火箭项目、四〇一所新型低噪节能大中型轴流通风机及系统总装基地项目、航天科技集团普利门机电定向钻井测斜仪生产线项目。

——航天电子信息应用类：中国空间技术研究院西安分院电子产品研制保障能力建设项目、西安微电子技术研究所集成电路封装系统工程、中煤地质总局国家西部3S空间信息产业化基地项目、西安恒达微波技术产品研发生产项目。

二 大力发展成长型产业

(一) 新能源产业

1. 发展思路

依托西安隆基硅材料股份有限公司、中国电力投资集团公司、陕西神光新能源、西安阳光能源公司等重点企业，突出技术优势，推进产业链归核，提升产业价值链，重点发展高效率太阳能电池及组件、系统平衡部件、光伏应用系统，以及太阳能灯具、指示灯、相关生产设备等系列产品，做大做强电池组件、系统集成、电场运营等光伏中下游产业链，形成与西安高新区、西安经济技术开发区等产业园区错位发展的光伏产业格局。

2. 发展目标

太阳能光伏产业实现快速发展，产业发展与应用服务能力不断提升，产业链竞争优势不断增强，到2015年，太阳能光伏产业实现产值150亿元，增加值40亿元；企业竞争力不断增强，形成年销售收入过百亿企业1家，50亿大企业大集团2家，形成知名优势品牌2~3个；不断创新，寻求产业链突破，倾力打造在国内外具有较大影响的新型光伏电池生产基地。

3. 发展方向与重点

（1）光伏电池及组件生产。加强技术研究与创新，突破发展薄膜太阳能电池核心装备，密切跟踪纳米晶、染料敏化、有机电池研发趋势，关注支持新型光热发电系统的开发，力争在关键技术研发上取得重大突破。

（2）系统集成。按照"引进—消化—再创新"思路，开发适用的光伏系统优化设计技术；开发和研制太阳能光伏发电系统的平衡部件，如蓄电池、太阳能能源控制器、逆变器等专用光伏的部件。结合电力电子相关先进技术和光伏发电具体特点优化系统配置，积极发展光伏配套产业和系统集成产业。

（3）光伏应用。依托基地太阳能中下游产业优势，积极开发用户太阳能电源、家庭灯具电源以及交通、通信、石油、海洋、气象领域太阳能光伏产品。同时，加快技术研发，开拓太阳能光伏电站、太阳能建筑和光伏建筑一体化（BIPV）系列产品及其服务。

(二) 新光源产业

1. 发展思路

引进以美国应用材料及欧洲龙头企业的研发力量和资金，以紫光、蓝光

LED 核心芯片和大功率封装为重点，着力发展金属有机物化学气相沉积（MOCVD）关键设备，达到国际顶尖水平。以"孵小、引大"为抓手，着力形成从外延片到应用产品的完整产业链，打造龙头企业，将基地建成为创新型中小企业全面发展的西部最大的半导体照明产业集聚地。

2. 发展目标

新光源产业快速发展，产业内生增长力不断增强，产业链竞争优势不断提高。到 2015 年，新光源产业实现产值 70 亿元，增加值 20 亿元；形成年销售收入过 50 亿元企业 1 家，形成优势品牌 2～3 个，初步建成区域一流半导体照明产业聚集区。

3. 发展方向及重点

（1）衬底、外延及芯片。通过引进、技术联合开发等方式，通过发展图形衬底、衬底剥离、新型横向外延、光子晶体技术等多种途径，大幅度提高功率型 LED 芯片的发光效率，发展 GaN 基蓝、绿光外延片和四元系 InGaAlP 红、黄光外延片。

（2）应用产品。重点发展中、高端 LED 应用产品。优先发展室内照明灯具、城市道路照明灯具、户外装饰照明系统、汽车照明灯、太阳能 LED 应用产品等项目。

（3）配套及设备。招商引进 MOCVD/HVPE 等外延生长设备、LED 芯片加工关键工艺设备、LED 自动封装设备，包括各类 SMD、LED 和功率型白光 LED 专用封装设备，测试和筛选仪器设备；开发为 LED 配套的拥有自主知识产权的管壳、荧光粉、胶水、支架、专用二次光学器件、专用 IC 等产品。

（三）新材料产业

1. 发展思路

依托西安航天复合材料研究所、西安超码科技有限公司等重点企业，以市场为导向，以技术创新、机制创新为动力，以国际化、产业化、集团化为目标，坚持市场化运作，发挥科技优势、资源优势、产业优势，着力培育和发展航天新材料产业集群，完善新材料产业链，建设区域具有影响的航天新材料基地，提升新材料产业竞争力。

2. 发展目标

加大国家级新材料工程研究中心、企业技术中心、重点实验室建设，促进产学研联合。到 2015 年，新材料产业规模超过 60 亿元，培育形成年销售收入超过 50 亿元的大企业大集团 1 家，年销售收入过 10 亿元企业集团 2 家，形成省级著名品牌 3～5 个，带动相关配套企业聚集发展。

3. 发展方向及重点

依托西安航天复合材料研究所、陕西省高性能碳纤维制造及应用工程研究中心加大树脂基复合材料、碳基复合材料研发、生产与销售。

（四）生物医药

1. 发展思路

依托第四军医大学、步长集团等重点单位，联合西北大学、西北农林科技大学、西安交通大学等生物医药研究力量，大力引进国内外知名生物医药企业，突出航天医药特色，积极培育和发展生物环保、生物育种及生物服务产业，不断建立和完善生物医药创新支撑体系，全面提升基地生物医药产业的核心竞争力。

2. 发展目标

大力推进生物医药产业快速发展。到2015年，实现产值20亿元，形成年销售收入过10亿元龙头企业1家，形成优势品牌2~4个，初步建成集生物医药产业研发、生产、销售于一体化的产业园区。

3. 发展重点与方向

（1）生物环保产业。积极发展以生物技术进行水污染治理、有机垃圾治理等生物环保产业。

（2）生物育种。积极发挥基地民用航天产业与基地品牌优势，建设航天育种技术研究中心、航天育种实验室、航天育种产业化平台、航天育种观光示范园，打造集航天育种基础研究、实验、航天搭载育种、产业化开发与推广产业基地。

（3）生物服务产业。以医药研发服务业为重点的生物服务产业。

（五）其他成长型产业

抢抓战略性新兴产业发展机遇。依托资源和技术优势，积极构建以企业为主体、市场为导向、产学研相结合的技术创新体系，培育和发展新能源汽车产业、物联网产业、合同能源管理服务业，形成新的产业增长点。

专栏11-2：成长型产业支撑项目

——新能源产业类。西安隆基硅材料股份有限公司3000MW单晶硅片项目、中电投西安太阳能电力有限公司1000MW太阳能电池项目、陕西神光新能源100MW太阳能电池生产线项目、西安阳能源科技有限公司1000吨单晶硅棒及5000万片单晶硅片生产项目。

——新光源产业类。西安海睿国际 LED 蓝宝石单晶及基板生产线制造项目、西安神光新能源 LED 园区项目、西安鼎元神光大功率 LED 户外灯具产业化项目、西安华光慧能 MOCVD 设备研发生产项目。

——新材料产业类。西安向阳航天材料公司航天高性能双金属复合管材项目、碳复合材料产业化项目、陕西斯瑞公司高导高强铜基合金新材料研发制造项目。

——生物医药产业类。第四军医大学航天新校区项目、步长药用基因工程重组人血白蛋白研发及产业化项目、航天育种产业园建设项目。

——其他成长型产业类。新能源汽车及其配套项目、物联网等项目。

三 积极培育发展保障型产业

（一）服务外包及创意产业

1. 发展思路

依托西部电影集团、西安航天炎兴软件有限公司、陕西开泰投资有限公司等龙头企业，通过政府引导、政策支持、市场化运作模式，构建支撑环境和服务体系，积极培育和孵化 BPO、ITO 外包，软件开发与设计，动漫制作，网络游戏，影视制作，信息服务等以数字内容为重点的服务外包及创意产业。

2. 发展目标

到 2015 年，服务外包与创意产业实现产值 80 亿元，培育形成年销售收入过 50 亿元的龙头企业 1 家，过 10 亿元企业 1 家，形成优势品牌 3~5 个，初步建成国内知名的服务外包与创意产业基地。

3. 发展方向与重点

（1）BPO、ITO 以及数字内容产业。依托西安航天炎兴软件有限公司、亚森通信、三井物产等企业，大力发展具有鲜明特色航天数字服务外包产业。

（2）影视制作。依托西部电影集团等重点企业，与曲江影视集团联合，加快编剧培训、影视创作与西影数码影视制作，建设影视风险投融资基地与影视作品进出口基地，加快影视制作机构在基地的空间集聚，打造从策划、创作到拍摄、发行、演播的产业链条。

（3）动漫产业。依靠市场力量，推进投资主体多元化，积极吸引国外大公司、大财团投资，积极探索本土化的网络文化市场运营模式。集聚顶尖人才，扶持重点企业开发科技含量高、具有浓郁特色与航天文化特色、拥有自主知识产权的网络游戏产品。

（二）现代物流

1. 发展思路

依托引镇物流中心以及军民融合重大物流项目建设，整合物流资源，着力打造国内一流多式联用物流中心。

2. 发展目标

到 2015 年，物流产业实现产值 10 亿元，培育年销售收入过 10 亿元企业 1 家，初步建成西部电子产品配送物流中心及应急物流中心。

3. 发展重点与方向

（1）仓储物流。依托引镇仓储物流园区，以发展能源化工仓储业为主导，大宗商品流通、配送、仓储、国内贸易、综合服务（物流 CBD）、产业转移承接、城乡统筹建设等为辅助，将其打造成为西安乃至西北地区商贸物流中心之一。

（2）应急物流。依托便利的铁路、公路及卫星空间传输条件，建设应急物流基地，构建完善的应急物流体系。构建以应急物资保障目标为核心，系统组织和建设符合应急物流特点的物资采购、运输、储备、装卸、搬运、包装、流通加工、分拨、配送、回收以及信息处理等各项活动与基础设施为支撑的应急物资供应体系、应急物流运作体系和组织体系。

（3）电子产品物流。大力推进联强国际西北区域 5C 科技总部暨现代化运筹中心项目建设，加强电子物流整体规划，加快相关配套建设，积极引进国内外知名电子物流企业，加速电子物流企业集聚，提升航天基地在信息、通信、消费性电子与元组件四大产品的销售优势，打造西部电子产品物流中心。

（4）烟草物流。依托陕西省烟草公司西安市公司物流配送中心建设项目，打造西北烟草物流中心。加快陕西省烟草公司西安市公司物流配送中心项目建设进程，完善卷烟商品交易、仓储、分拣、配送等业务流程，形成年 45 万大箱的卷烟配送业务规模，建成西北地区规模最大、具有计算机网络管理功能的物流储备与配送中心。

（三）特色旅游

1. 发展思路

依托基地航天科普资源、汉唐明清历史遗存、秦岭生态旅游基础，深度开发各类资源，做深做细文化旅游产品，积极开发以航天科普展示、教育为主题的航天文化旅游项目和以汉唐明清文物资源、秦岭生态旅游资源为依托的文物考古、度假休闲旅游项目，着力打造集文物考古、科普展示、休闲娱乐为一体的中国航天文化旅游中心。

2. 发展目标

到 2015 年，特色旅游实现营业收入 20 亿元，培育形成年销售收入过 10 亿元企业 1 家，初步建成中国航天文化旅游中心。

3. 发展重点与方向

（1）航天科普游。充分发挥陕西省航天运载动力、航天发射、航天测控、卫星应用等航天产业链条比较齐全的优势，联合其他国内航天领军单位和部门，依托西安国家民用航天产业基地，成立陕西航天特色旅游服务中心（包含航天博览馆、体验馆、服务中心），打造集航天动力试车、航天发射、航天测控现场观瞻以及卫星应用业务展示（卫星影院）、太空之旅体验于一体的世界一流的航天特色旅游产业链，大力发展航天博览、休闲旅游等航天特色服务业，弘扬航天精神和爱国主义精神，使之成为陕西旅游产业的特色名片和国家航天爱国主义教育基地。

（2）文物考古游。以杜陵基地遗址保护区为依托，充分挖掘基地明清遗存、汉唐墓葬、石刻、碑刻以及近现代代表性建筑及史迹，打造汉唐明清文物考古旅游目的地。

（3）生态休闲游。以秦岭北麓生态旅游区和航天育种现代农业为依托，积极发展生态旅游、农业休闲观光游。

专栏 11-3：保障型产业支撑项目

——服务外包及创意产业类。中国西安奥特莱斯现代服务产业区项目、西安航天炎兴软件公司服务外包产业公共平台项目、西部电影集团西影航天影视动漫公司项目、陕西开泰投资有限公司动漫产业园项目、西安航天科技创新服务中心项目、西安亚森通讯三井物产服务外包项目。

——现代物流类。长安引镇中医药物流园项目、联强国际西北区域 5C 科技总部暨现代化运筹中心项目、航天产业基地应急物流中心、陕西省烟草公司物流配送中心项目、西安航天基地军民融合型综合物流园区项目、通用机场项目。

——航天旅游类。中国古代天体文化博物苑项目、航天体验馆、杜陵博物馆、航天科技农业休闲观光园。

第五节　发展任务

"十二五"期间，基地要着力实施以下八大工程，推进千亿元新区建设。

一 产业能级跃升工程

1. 提升优势产业集群的核心竞争力和创新能力

制定培育和发展先导型、成长型、保障型产业发展专项规划，实行差异化发展战略，整合地价补贴、配套资金、财政贴息等优惠政策，充分发挥产业引导基金的杠杆作用和扶助作用，进一步优化资源空间和产业配置，创新产业推进模式，大力推进"卫星应用+动漫"产业运营模式，着力提升核心产业集群的竞争力和创新能力。

2. 大力实施"两大两化"战略

实施"两大两化"战略（大企业引领、大项目支撑、园区化承载、集群化推进），通过抓龙头、抓项目、抓园区，着力提升优势产业综合实力。重点扶持航天六院、航天五院、中电投西安太阳能电力有限公司、西安隆基硅材料股份有限公司、航天九院7171厂、陕西神光新能源等龙头企业通过供应链整合、战略结盟、产权重组、上市融资等多元渠道做大做强；着力支持西安长远电子、陕西斯达实业、陕西天惠、西安恒达微波、西安祺创太阳能等中小"专精特新"企业通过"归核化"做强主业，通过配套大企业大集团壮大规模，培育形成大、中、小企业梯度发展的良好局面。瞄准重大项目、战略投资和关键技术，着力引进与卫星应用、新能源、新光源、生物医药、服务外包及文化创意产业上下产业链关联的名优企业集团。优化改善产业生态环境，延伸产业链条，降低生产成本，形成集聚优势。

3. 加强优势产业集群服务体系建设

建立基地及专业园区与各类能源供应商的经常性联系协调机制，确保企业能源供应。重视企业技术申报、政策信息发布等方面服务，严格控制各种检查评比，落实零收费政策，确保基地良好的生产经营环境。大力发展优势特色产业行业协会组织和合作交流平台，加快发展信息服务、现代物流、金融证券、中介服务等生产性服务业，形成促进产业集群发展的支撑服务体系，提升专业园区的承载功能。

二 融合发展工程

1. 推进军民融合式发展

积极实施"双百工程"，加快军民融合的基础能力和科技平台建设，在规划、土地及政策等方面支持军工单位、民用单位和大专院校建立或共建军民两用技术开发中心、工程实验室、重点实验室和中试基地，积极建立军民结合技术服务、技术市场、科技成果信息发布等转化服务体系。充分发挥国防科技科研基础设施、大型科学仪器设备、试验环境等科技资源的作用，采取有效的市场化运作方式，实现军工和地方科技资源共享。

2. 促进信息化与工业化融合发展

推进信息技术与不同行业融合，培育发展新兴产业。促进信息技术与商业服务融合，大力发展电子商务服务；促进信息技术与文化创意产业融合，加快动漫、游戏、数字媒体等新兴产业发展。推进生产装备的数字化与生产过程的智能化，大力应用综合集成制造、敏捷制造、柔性制造、精密制造、网络化制造等先进制造技术。以信息技术提高企业生产能力和物流效率，推进企业管理信息化，提高企业业务管理能力和参与国际市场的竞争力。促进信息技术与民用航天产业链各环节融合，在产品研发设计阶段，以 CAD/CAM/PDM（计算机辅助设计）提高产品创新能力；在制造阶段，以 CIMS（计算机集成制造系统）和智能控制提升制造能力；在供应链管理阶段，以 SCM（软件配置管理）提高效率；在销售阶段，以电子商务降低营销成本。通过信息技术在产业链各环节的应用，促进整个产业链上各环节有效配置资源，优化产业链结构、提升运行效率。推进信息技术在节能减排中的应用，推广应用绿色生产信息技术，提高能源管理水平和能源利用效率，减少污染物排放。以信息化促进优势产业集群创新能力的提升。

3. 促进产城融合发展

坚持产城融合、产城一体化发展理念，在规划建设过程中，要更多地把推进新型工业化和城乡一体化有机互动结合起来，既要聚集财气，实现产业的支撑，又要聚集人气，推进城乡一体化进程；合理规划布局生产性和生活性服务业，包括教育、科技、医疗、卫生、商业等，既要围绕专业化产业园区而服务，又要围绕城乡一体化人口的吸纳而服务，通过产业来吸纳就业，以就业来推进城乡一体化，以城乡一体化来推进新型工业化良性循环发展，从而实现产城一体化发展，加快打造西安国际化大都市副中心和城乡一体化先导区。

三 平台优化升级工程

1. 打造专业化产业承载区

按照"优化产业空间布局、推进发展方式转变和产业升级、统筹科技资源、加快工业化与信息化融合、提高产业集聚和辐射带动能力"的要求，以创建国家级新型工业化产业示范基地为抓手，着力细化专业园区产业定位，大力提高项目投资强度、技术含量、产出水平，创新园区功能品牌，把中（国）加（拿大）卫星产业园、太阳能光伏及大功率半导体产业园、现代物流产业园、服务外包及创意产业园等专业化产业承载区，创建为具有较高水平、较大影响力的创新型园区、生态园区和品牌园区。

2. 提升综合承载力

统筹基地供水、供电、供气、信息等基础设施建设，加强文化、教育、卫生、体育、就业、社会保障等公共服务设施建设，构建可靠安全的城市防洪保安、地质灾害防御、公共应急、社会治安等保障体系。加快航天大道、东长安街等主干道的绿化美化进度，大力推进航天运动公园、星河公园、第四军医大学航天医院、热电联产等重点项目及生活配套项目建设，进一步提升基地综合配套能力，拓展承载力。

3. 优化提升人居环境

以四城联创为契机，大力推进"蓝天"、"绿地"、"清水"、环境卫生综合治理、市容市貌综合整治专项工程，优化提升基地人居环境。实施蓝天工程，着力推进重点污染源工业废气治理设施运行率和达标率均达到100%，确保每年区域空气质量标准达到二级和好于二级的天数在300天以上。实施绿地工程，围绕"绿色亲水航天"的目标，加强基地绿化建设，提高绿化水平，形成覆盖城区的绿色网络和绿化体系。结合旧城改造，围绕主次干道、广场，按照绿化与美化相结合的原则，实施一批绿化精品工程，通过拆墙透绿、拆违建绿、拆旧增绿，增加绿化总量，到2015年，人均公共绿地15平方米；清水工程，全面实施区域综合整治，通过污染源治理、城市污水集中处理工程建设等综合措施，彻底预防解决水环境污染问题，确保环境安全。环境卫生综合治理工程，通过综合治理，辖区主次干道、大小巷路面全部达到二级标准，有效解决城中村环境卫生"脏"、交通"乱"的问题，使基地环境形象大为改观。

4. 提升综合管理水平

积极探索城市管理新机制，提升管理水平。推进管理物业化。将环卫保洁、园林绿化、市政维护、治安巡查等事务承包给具备资质的物业管理公司管理维护。推进管理数字化。利用城区监控网络资源，建设城管操作指挥平台，建立与之配套的协调联系机制和快速反应机制。推进管理市场化。巩固现有市场化成果，推动辖区环卫清扫承包和环境治理公司化运作，实现管理效益最大化。推进管理规范化。建立健全有效的管理机制和便于操作的管理制度，打造一支素质高、纪律严、执法公、服务优的城镇管理行政执法队伍，提高城市执法水平。推进管理精细化。以管理示范街的标准为基础，扩大精细化管理的深度和广度，重点针对管理过程实施标准控制，促进城管工作的职能由"管理型"向"服务型"转变。

四　扩容强区工程

按照以航天产业为支撑,以城乡和谐发展为主旨,优化空间布局,强化生态建设,辐射引领周边区域协调发展的思路,大力实施扩区升位战略,稳步拓展基地发展空间,增强基地可持续发展的承载力,大幅度提升基地综合竞争实力。

1. 大力推进拓展区现代产业体系的构建

坚持横向多元化和纵向延伸化发展相结合,做到新型工业和现代商贸产业、主导产业和配套服务产业、优势产业拉伸和同类产业聚集齐头并进的原则,深化细化专业化承载功能区,积极培育发展空间应用产业、应急物流装备产业、物联网产业、新能源汽车产业,快速形成西安国际化大都市经济发展新的增长极。

2. 高点谋划,努力构建拓展区一流综合配套水平

多渠道、多种方式筹措资金,加大拓展区基础设施的投资力度。建立和完善拓展区路、水、电、讯、热、气等基础设施配套能力,逐步实现集中供热和集中治污,提高承接世界500强和跨国公司大项目的能力。在科学合理确定拓展区发展目标的基础上,高起点、高标准划分各种不同类型的功能区,使规划具有超前性;按照科学发展、可持续发展的观点,合理确定环境容量,提高生态环境质量,适度提高建筑容积率,大力推广节能环保建筑如多层标准厂房,搞好绿化、美化规划,提高文化品位。同时,推行产业化、专业化配套服务,营造与国际接轨的环境平台。

五　开放引领工程

1. 营造一流开放环境

加大跨区、跨界重大基础设施的合作共建,整合公共设施资源,营造与国际惯例和标准相适应的政务环境、商务环境、人才环境、社会环境、政策环境和人居环境,大幅度提升基地发展软实力。充分依托陕西驻外办事处、省内外商会资源,广泛引入外部力量,形成政府、企业、中介机构紧密合作的招商工作新格局。

2. 进一步完善招商项目库

围绕三大产业板块七大功能分区,建立基地"十二五"重大项目库。瞄准跨国公司和大型国企、民营大公司，大力推进载体吸引投资、合作促进投资，强化产业链招商、以商招商，吸引更多的大项目、好项目投入基地，进一步完善基地经济体的相互配套、对接工作，促进企业增资扩产。

3. 完善招商政策体系

在梳理基地现有政策的基础上，结合特色产业发展特点和发展思路，分别完善针对各主导行业的专业化投资促进政策体系。进一步整合和强化招商力量，组织精英招商团队，专业兵团作战，完善招商队伍架构。

4. 强化招商绩效考核机制

优化招商资源配置，探索并尝试资源投入与招商成果挂钩的考核办法；细化招商工作目标体系，将新增项目相关的经济指标贡献纳入绩效考核体系；加强案例分析，深入总结项目引进的成功经验和竞争失利的教训。

六 可持续发展工程

1. 推行节约和集约利用土地

坚持实行最严格的土地保护制度，按照节约和集约利用土地的要求，优化调整基础设施建设用地定额指标，完善土地使用市场准入制度。大力推行多层厂房和标准厂房，鼓励工业用地合理增加容积率，保证提高工业项目单位投资强度，提高土地利用率。加快土地供应，保证发展用地，同时，开展批而未征、征而未供、供而未用、用而未尽、未批即用土地清理活动，到2015年，完成征收报批土地15000亩，实现土地投入产出强度达到3500万元/公顷。

2. 大力发展循环经济

鼓励企业实施资源循环式利用、循环式生产、产业循环式组合，全面推行清洁生产，从源头减少废弃物的产生，广泛推行清洁生产标准和措施，完善清洁生产的评价体系，推进清洁生产示范和审核，增强企业互动共生发展。抓好西安热电供热公司、西安隆基硅等重点企业的节能减排工作，大力实施西部慧谷集中供热工程、天然气管网工程、环境监测网络体系工程、污水处理与再生水利用工程、垃圾中转站、收集站及运输工程、绿色社区创建工程，切实提高基地生态环境质量及可持续发展能力。到2015年，基地万元工业增加值能耗在2010年基础上下降15%，工业固体废弃物综合利用率大于85%。

3. 严格项目环保审批

坚持"四节约一环保"建设理念，强化环境保护意识，严格执行工业项目环评制度，坚决控制资源消耗大、环境污染严重的落后产业项目进入基地。同时，对于续建项目、新开工项目、预开工项目、前期工作项目，要督促项目单位积极落实环评工作,强化环境保护规划监测。深入开展 ISO14001 环境管理体系认证工作,加快创建低碳产业示范区。

七 幸福指数提升工程

1. 努力提高居民生活水平

牢固树立以人为本理念,妥善处理基地开发建设和富民安民的关系,更加关注民生,更加致力于民富,建立健全居民收入与经济增长相适应的机制,努力提高辖区居民收入水平,人居环境水平。到 2015 年,城镇居民人均住宅建筑面积达到 30 平方米;农村人均住宅建筑面积达到 40 平方米以上,人均公共绿地达到 15 平方米。

2. 进一步完善公共教育体系

积极吸引国内外著名高校来基地兴办各种形式教育机构。大力发展职业技术教育,稳步提升各类培训机构办学质量,不断满足基地内企业对各类技术人才的需求。全面巩固和提高中小学基础教育,率先普及高中义务教育。到 2015 年,建成省级重点高中 1 所、省级实验小学 3 所、省示范幼儿园 4 所,小学、中学和大学的入学率分别达到 100%、99%、70%。

3. 大力推进平安基地建设

坚持打防结合、预防为主,加大技防设施投入,完善技防设施功能,有效提升治安防控的科技含量和整体水平,着力构筑全方位社会治安防控体系。实施"保障性安居工程"。到 2015 年,建成 130 万平方米保障性住房,着力解决辖区内蕉村、高望堆等 17 个城中村人口安置。加强安全生产管理,建立健全重大危险源监控体系,坚决杜绝重特大事故发生。

4. 深入开展精神文明建设

大力实施《公民道德建设实施纲要》,围绕提高城乡居民文明修养、公益意识、环保意识、法制意识,控制外来人口数量,提高务工人员素质,积极倡导文明言行,广泛开展群众性道德实践活动,不断提高全体市民的道德素质。

5. 大力培育"海纳百川、兼容并蓄"的开放文化

鼓励和支持各种创新活动,大力培育"海纳百川、兼容并蓄"的开放文化。

八 体制机制创新工程

1. 创新开发管理体制

加大管理方式创新,强化引导服务功能,逐步由管理型向服务型转变;继

续走管理职能和经营服务职能分离的路子，探索经营性开发公司按市场化运作的新型开发管理模式，逐步实现发展由政策资源驱动型向体制机制驱动型的转变。

2. 创建新型发展模式

探索建立以土地开发，房产租赁的招商发展模式转向以参与股权投资、创业投资等多种创新要素集聚的发展模式。积极推进 ISO9001 质量管理体系，提高管理的规范化、标准化及国际化水平。建立体制外投诉，体制内监察、自上而下的问责和自下而上的社会化评估制度。建立统一互联电子政务平台，推行网上办公，政务处理和政务公开。

3. 建立军民融合新机制

加大军民融合体制机制创新，探索建立健全促进军转民、民进军，军民融合发展的政策制度。

4. 创新社会管理体制

创新社会事业和市政公共事业领域管理体制机制，探索建立政府购买公共服务制度，构建政府、中介组织和企业共同参与，相互促进的公共服务体系。

第六节　支撑与保障

一　基础设施支撑体系

按照"高标准规划，高质量建设，高水平经营，高效能管理，高速度配套"的指导方针，坚持"规划先行、突出特色、建设精品、经营城市、生态标准"五大原则，加快构建基础设施支撑体系。"十二五"期间，基地基础设施投资总额超过 200 亿元，建成一个通达顺畅、高效快捷、配套完善的基础设施支撑体系。

大力实施城乡建设交通路网规划，构建快捷高效的道路交通网络体系。进一步完善以雁引路为主轴的"两环一轴"的交通骨架路网和"三纵三横"生活干道路网建设，加大城市地铁、轻轨通行通达对接工作，全面提升交通网络覆盖率。

加大基地景观、市政公用设施配套建设。进一步优化土地结构，提高绿化面积，完善生态绿化系统；着力搞好供水、排水、供热及污水处理等市政公用设施建设，推进地下管网布设与地下空间利用、推进水资源综合利用的统筹建设、统一管理、综合协调；设立市政公用设施建设专项资金，支持供排水管网、燃气管网、供热管网、应急防灾设施改造和建设及重点功能区水污染防治与垃圾处理。

拓展、调整与完善专业园区空间与功能的科学合理布局，充分运用科技管理手段，创新管理方式，加速管理信息化，大力发展电子政务，推动数字化、网络化技术在基地公共服务中的广泛应用。到2015年，企业网络普及率达到80%以上，家庭宽带接入率达到60%以上，每百户计算机拥有量达到50台以上，固定电话普及率达到80%以上，移动用户达到8万户左右。努力实现网络建设统筹规划，网络资源有效利用，有线网络集约建设，无线信号全面覆盖，带宽服务全覆盖。

二 投融资支撑体系

培育和完善创投体系，引进具有国际化运作水平和管理能力的创投专家队伍，制定和出台税收优惠政策，增加创业资金的供给。争取国家和省、市专项扶持资金，加大与银行等金融机构合作力度，积极挖掘传统能源民资与新能源产业对接的新思路，努力策划、包装符合国家产业政策和区域发展要求的重大航天技术民用推广项目。

构建覆盖债权融资、股权融资、改制上市等多个方面投融资体系。在债权融资方面，大力推动西安航天基地信用担保有限公司业务开展，搭建政府担保贷款融资平台，帮助企业获得银行贷款，并建立中小企业贷款周转金，降低企业融资成本；在股权融资方面，充分发挥基地已有的陕西航天红土创业投资基金、陕西德鑫资本投资基金作用，加快西安航天新能源产业基金等市场化运作的创业投资引导基金的建立，运用参股创业投资企业、跟进投资等方式加快培育战略性新兴产业，吸引更多社会资本；在改制上市方面，出台申请改制上市企业的优惠政策，鼓励优秀企业上市，筛选重点跟踪培养对象。

三 创新驱动支撑体系

加快实施《航天产业基地统筹科技资源实验区建设推进方案》，加大重点产业发展扶持力度，鼓励企业集成创新；激励各类高级人才来区创业，促进科技人才带领创新团队进行原始性创新；大力扶持科技型中小企业的技术创新活动，不断完善企业孵化器的软环境建设，重点建好国家高新技术创业孵化中心；促进科技成果转化，鼓励高科技成果产业化；鼓励自主创新中介服务建设，推进企业自主创新战略的制定与实施。

有效整合官—产—学、研—资—介等创新创业资源，着力构筑基地发展平台。一是构筑公共技术资源共享企业研发创新平台。根据卫星应用、新能源、新光源、服务外包及创意产业的发展需要，建设卫星技术应用中心、新能源新光源公用技术研发中心、数字媒体应用研究中心等公共技术平台，形成政府扶助、企业运作、开放运行的公共技术支撑体系。建设大型科学仪器和重要设施共享协作服务网络、科学数据库、技术标准数据库，形成科技信息网络体系，建设卡通创作共享资源库和动画卡通制作网上协作平台。支持重点骨干企业建立工程技术中心，培育3~5家省级工程技术研究中心进入国家级研究中心行列。二是构筑科技成果转化孵化平台。加强孵化体系建设，做实已有专业孵化器，创建留学人员创业园、博士创业园、大学生创业就业中心、数字媒体技术专业孵化器、专利转化服务中心、科研院所技术产业化平台、院士成果转化产业化平台。进一步发挥各类专业园区、产业化示范基地和孵化器的聚集效应、辐射带动和孵化功能，不断推进科技成果转化。三是完善中介服务平台建设。建立以信息咨询、科技经纪、投融资、技术产权交易、人才服务、科技评估等机构为主体的专业化、信息产业化科技中介服务体系。

四 人才保障支撑体系

大力实施人才强区战略。依托专业园区、大型骨干企业，建立院士专家工作室，引进一批两院院士和知名专家开展航天高端技术开发、培训和咨询等工作。制定基地博士后流动工作站实施办法，鼓励支持大型企业集团、工程中心建立博士后流动工作站，积极筹建企业博士后工作科研基金，对企业博士后科研项目给予一定的资金扶持。依托省内外知名高校、科研院所人才资源优势，创新工作思路，建立人才柔性流动机制，鼓励企业采用岗位聘用、项目聘用、任务聘用等灵活方式，引进高层次人才。

完善干部选拔任用机制，提高选人用人公信度，健全程序科学、责任明确的干部选拔任用制度；注重多岗位锻炼干部，加强和改进干部教育培训工作，增强培训实效；完善绩效考核管理办法，强化考核结果运用；加大选拔优秀年轻干部到基层关键岗位工作力度，以锤炼作风、增长才干；科学合理开发利用人力资源，完善人事管理制度，加大重要部门、关键岗位的干部交流力度；完善人才评价手段，大力开发应用现代人才测评技术，努力提高人才评价的科学水平；建立健全人才福利保障制度，使各类人才福利待遇随着经济的发展而不断提高。

五 政策保障支撑体系

争取中央及省、市对基地新兴产业、军民融合产业发展的支持；建立航天产业发展引导基金，通过专项引导基金，支持科技研发、技术进步、知识产权、标准战略等。

建立完善大企业大集团培育发展支撑政策体系；完善促进资源集聚集约、品牌创造、经济模式转型的相关政策制度。出台鼓励支持中小投资规模工业项目租用标准厂房办法。研究出台《基地优势产品支持目录》，加大对优势产业、新兴产品的支持。加强对基地产业统计工作，建立准确反映基地产业发展状况的统计指标体系和统计制度，全方位、科学统计产业、产品、技术创新发展数据，为打造一流产业园区提供重要依据。

六 规划实施保障体系

加大规划任务分解和落实。实行规划目标责任制，及时分解落实规划中具有可操作性的发展战略、任务和政策，针对规划任务，提出专项实施方案，明确部门分工，落实部门责任，加强相关考核。

加强对规划实施监督检查。基地规划主管部门要跟踪分析总体规划的执行情况，定期向管委会党政联席会报告。各相关部门负责专项规划、区域规划的跟踪分析，及时向社会发布，自觉接受规划执行情况的监督检查。建立和完善规划评估修订机制。建立规划中期评估制度，总体规划由航天基地经发局组织评估，重点专项规划、区域规划由规划编制部门组织评估，根据评估结果对规划进行调整修订。当经济运行环境发生重大变化或由于其他重要原因使经济运行偏离规划目标太大时，应及时提出调整方案，报请基地主管部门审议批准实施。

参考文献

吴刚、曹林、冉树青：《西安国家民用航天产业基地发展规划》，《"十二五"陕西产业发展研究》，陕西出版集团、陕西人民出版社，2012。

第十二章 山西临猗产业发展规划研究

伴随区域经济一体化和城市化发展趋势的加强，区域产业发展日益融入区域中心和城市群之中，区域产业发展研究与规划越来越难以绕开区域增长极和中心城市而孤立进行。本章是展现产业发展与规划全过程的总体产业研究文稿，主要包括五部分：临猗县产业发展条件分析、临猗产业发展环境分析、临猗县域发展战略分析、临猗产业发展战略分析研究、临猗产业发展策略研究。

第一节 产业发展条件分析

一 发展基础条件

（一）自然地理

临猗古称郇阳，1954年由临晋县和猗氏县合并而成，东西55公里，南北33公里，总面积1339.32平方公里，人口56万，辖9镇5乡2区，375个行政村。临猗县位于山西省西南部，运城盆地三角地带北沿，地处东经110°17′30.7″~110°54′38.9″，北纬34°58′52.9″~35°18′47.6″，西临黄河，东望太岳，北屏峨嵋岭，南面中条山，地势平坦。临猗地势自北向南倾斜，地貌明显分为黄土台垣和涑水平原两个单元，黄土台塬，占全县总面积的50.96%，涑水平原占全县总面积的46.5%。临猗县气候属暖温带大陆性气候，四季分明，春冬干旱，夏秋多雨。全县日照充足，温湿适宜，年平均气温13摄氏度，年平均降水量508.7毫米。

（二）资源状况

人口资源。2009年，全县总人口53.62万，约占全省人口的1.56%，占运城市总人口的10.79%，是全省的人口大县和全市的第一人口大县。人口普查表明，全县人口中具有大专及大专以上文化程度的为0.55万人，占总人口的

1.03%；接受高中（含中专）教育的 3.97 万人，占 7.4%；接受初中教育的 24.2 万人，占 45.13%。临猗县具有丰富劳动力，为全县产业发展提供了良好的劳动要素条件。

土地资源。临猗县总面积为 1339.3 平方公里，折合 204.6 万亩。其中，耕地 101.4 万亩，占总土地的 49.6%；园地为 49 万亩，占总土地的 24%；林地 3.3 万亩，占总土地 1.6%；未利用地 9 万亩，占总土地 4.4%；滩涂 4.7 万亩，占总土地 2.3%。临猗农业土地资源丰富，是全省著名的农业大县。

地热资源。临猗县境内矿产资源比较贫乏，只有可以用于普通建筑材料的砖瓦黏土、砂、花岗岩石料，但地热资源较为丰富。临猗地热资源以临猗化肥厂、里寺、三星台为轴心，呈东北沿南走向，面积 119 平方公里，热水资源总量可达 12.42 亿立方米，日开采可达 800 立方米，水化学类型以重碳酸钠型和氯化物硫酸钠型为主，水温在 42°C～62°C 之间，水中所含锂、氟、锶、溴、偏硼酸、偏硅胶等六种成分达到国家医疗矿泉水水质标准。丰富优质的地热资源为临猗地热资源产业化创造了条件。

水资源。地表水缺乏。黄河干流贯穿县域，由北至南流过，流域面积 353.84 平方公里，多年平均流量为 1951.2 立方米/秒，是临猗的主要客水资源。涑水河从县东北向西南流过，流域面积 985.44 平方公里，该河多年枯竭，已成为全县主要排污及泄洪道。地下水资源极为有限。全县地下水资源总量为 9945.1 万立方米，年允许开采量为 6108.6 万立方米，全县人均资源占有量为 175 立方米，是全省人均 456 立方米的 1/3，是全国人均 1750 立方米的 10%，全县年工农业用水总量近年来多达 1.5 亿立方米以上，其中 1000 多万立方米为农业灌溉黄河提水。水资源缺乏成为产业发展的一大制约因素。

旅游资源。（1）文物资源。临猗文物古迹众多，春秋猗顿古墓、战国车马坑、唐柏、宋代银棺、元代大堂等为国家和省级重点文物，特别是位于县城的双塔，建于隋唐，以"日月交影"而远近闻名，堪称我国科技史、建筑史上的奇迹。（2）黄河旅游资源。黄河两岸形成广阔的滩涂湿地，临猗与陕西合阳洽川湿地旅游区紧密相连，具有发展湿地旅游的巨大潜力。黄河东岸，岸壁长崖，土山陡立，与岸边苇林起伏，夕阳西下形成雄壮的黄河沿岸风景。农业旅游资源。临猗是全国苹果种植面积第一大县，是全国著名的水果大县、农业大县，具有发展观光农业的巨大潜力。

（三）经济发展状况

"十一五"时期，临猗经济平稳较快增长，综合实力显著增强。2010 年全县地区生产总值达到 73.9 亿元，是"十五"末的 1.95 倍，年均增长 14.25%，在运城地区排名前列;财政总收入达到 2.83 亿元,是"十五"末的 2.04 倍,年均增长达到 15.3%;全社会固定资产投资完成 39.9 亿元,是"十五"末的 4.46 倍,年均增长 34.9%;全社会消费品零售总额完成 27.07 亿元,是"十五"末的 2.86 倍,年均增长 23.4%;城镇居民人均可支配收入达到 13514 元,是"十五"末的 1.91 倍,年均增长 13.8%;农民人均纯收入达到 5680 元,是"十五"末的 1.55 倍,年均增长 9.2%;外贸进出口总额达到 7297 万美元(折合人民币约 4.97 亿元),是"十五"末的 1.32 倍,年均增长 5.8%(见图 12-1)。

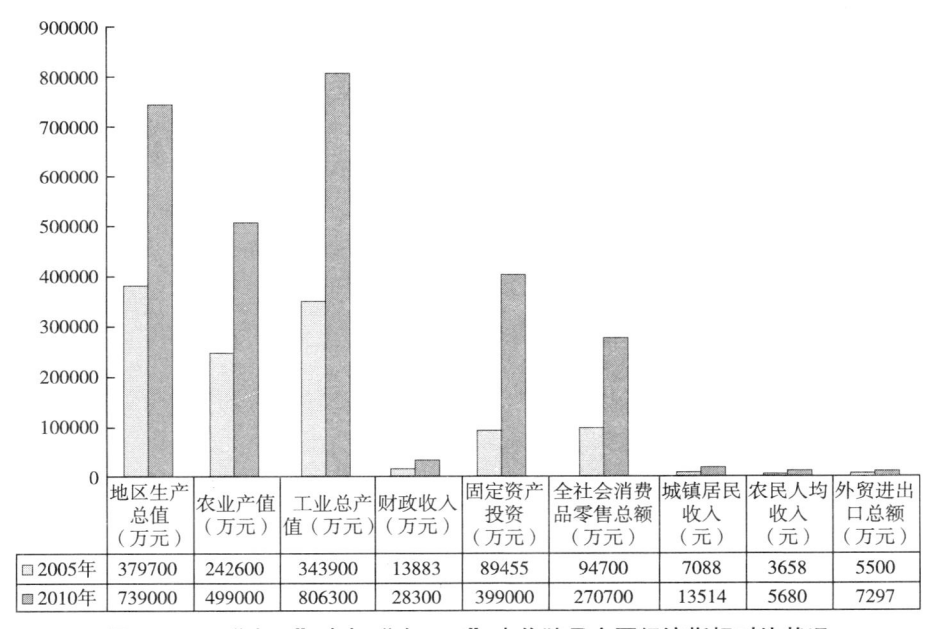

	地区生产总值（万元）	农业产值（万元）	工业总产值（万元）	财政收入（万元）	固定资产投资（万元）	全社会消费品零售总额（万元）	城镇居民收入（元）	农民人均收入（元）	外贸进出口总额（万元）
2005年	379700	242600	343900	13883	89455	94700	7088	3658	5500
2010年	739000	499000	806300	28300	399000	270700	13514	5680	7297

图 12-1　"十五"末与"十一五"末临猗县主要经济指标对比状况

二　产业发展基础

临猗县是一个传统农业大县,经过两轮产业结构调整,已经形成了小麦、棉花、林果三大生产基地,苹果、梨枣、江石榴三条经济林带,农副产品加工形成三个链条:以面粉、方便面、馍干为主的粮食加工链条,以轧花、脱绒、纺纱、织布、印染、针织、制衣为主的棉花加工链条,以果汁、果酱、果脆、果奶为主的果品加工链条。加工转化的崛起,有力地带动了包装业、运输业、餐饮业等有关产业的发展,新建千吨恒温库 92 座,贮藏能力达到 1.3 亿公斤,加上原有的 1 万个小窑小库,全县果品贮藏能力达到 3 亿公斤。

工业新型、多元、稳固的产业集群格局初步形成，化肥化工、机械制造、纺织印染、医药兽药、食品饮料五大支柱产业呈现集群化发展态势，产值占到规模以上工业产值的 90% 以上；园区工业快速增长，园区工业产值占到全县工业总产值的 75% 以上；自主创新能力增强，拥有国家级高新技术企业 1 家，省级高新技术企业 12 家，取得国际领先和国际先进水平技术 2 项、国内先进技术 5 项，8 个企业参与制定国家行业标准；品牌建设成绩显著，累计创建国家驰名商标 4 个、省著名商标 11 个；信息化建设步伐加快，青山、翔宇等十余家企业实现生产信息化控制与管理；全县工业应对金融危机的做法，得到了省委、省政府的肯定。

服务业、商贸业日益繁荣，现代物流快速发展，房地产开发方兴未艾，文化旅游迈出重要一步，服务业增加值占生产总值的比重达到 35.2%。县域经济多元支撑的局面正在形成，为跨越发展积蓄了雄厚的力量。

第二节　产业发展环境分析

总体看，临猗具有独特的产业发展优势和特色，未来面临巨大的发展机遇。

一　发展优势

临猗经济发展拥有三大优势。

（一）区位优势明显，交通便利

临猗地处中、西部结合部，承东启西，连南接北，位置十分优越。临猗紧邻运城市区，距运城市中心仅 20 余公里，区位优劣明显。临猗境内国道、省道纵横交错，四通八达，等级以上公路 1200 余公里。临猗黄河浮桥连接山西、陕西两省，直通西北地区。临猗距运城机场、火车站、高速路口仅有半小时车程，交通十分便利。

（二）农业资源丰富，农业比较发达

临猗气候温和，土壤肥沃，光照充足，灌溉便利，年平均降水量 508 毫米，日照 2271 小时，无霜期 210 天，农业生产条件得天独厚。临猗每年的商品粮和商品棉曾分别占全省总量的 1/7 和 1/8，素有"山西乌克兰"之称。临猗是全国著名的林果大县，苹果、梨枣、石榴等林果面积突破 100 万亩，年产量达 20 亿公斤。2004 年，迈入全国水果十强县行列。

（三）工业基础较好，发展潜力较大

临猗县经济总量较大，2007年在运城地区排名第三，是毗邻运城城区（夏县、芮城、平陆）经济最好的县。工业发展迅速。已基本形成了结构合理、富有潜力的化工、机械、针纺、医药、食品五大产业集群和2个初具规模、各具特色的化工、食品工业园区。精细化工、机械制造、脱水蔬菜、浓缩果汁已形成一定的规模和竞争优势，汽车和空调配件、渔药农药、变压器、纺纱织布具有良好的发展态势。化肥、荧光增白剂、农用三轮车、矿用机车、标志服装、浓缩果汁等10余种产品产量居国内同行业前列。

二　发展机遇

临猗经济发展面临四大发展机遇。

（一）推动城乡统筹发展给临猗带来的发展机遇

城镇化与城乡统筹发展将成为"十二五"时期区域经济发展又一新的主题。城镇化与城乡统筹将推动城镇建设，促进劳动力流动，刺激居民消费，为活跃县域经济注入新的活力。临猗县是农业大县，农民占总人口的74%，城镇化率落后运城市10个百分点，落后全省20个百分点，具有巨大的统筹发展空间和典型的地区示范意义。在中央、省推动城镇化与城乡统筹发展的背景下，必定为提高临猗城镇化水平，加强农村基础设施与公共服务，推动农村发展，统筹城乡协调共进提供政策支持与发展契机。

（二）运城加快构建黄河金三角区域中心城市带来新机遇

国家晋陕豫黄河金三角协调发展综合实验区建设已经纳入国务院中部崛起规划，运城市正在积极加快构建黄河金三角区域中心城市。运城作为黄河金三角区域中心城市将面临巨大发展空间与机遇。临猗地处大运城核心圈层，具有突出的区位与交通优势，必将承担大运城发展的诸多城市功能，面临较大的发展机遇。

（三）运（城）临（猗）夏（县）一体化给临猗县带来的发展机遇

在山西省"一核一圈三群"城镇体系中，运城是山西南部的区域。中心城市根据现有的经济基础和发展趋势，运城市必然要加速推进运城、临猗、夏县一体化进程，不断扩大城市规模，拉大城市骨架，打造具有超强区域辐射功能的大型城市。临猗地处运城"一主三副"的"弓"字形城镇结构体系中部，是连接运城市区与永济、河津的重要节点城镇,也是距运城市区距离最近、实力最强的县城,其特殊地位将给临猗城镇发展与城镇一体化带来巨大发展机遇。

(四) 运城要建成向东向西开放的桥头堡与大通道带来的发展机遇

运城市具有承东启西,连南通北的交通区位优势,山西提出要将运城市建成向东向西开放的桥头堡和大通道。临猗地处运城经济圈的核心地带,伴随大西高铁、河津运城高速、闻喜东镇至临猗孙吉高速公路的建成,临猗交通区位优势将进一步凸显,临猗将在承接东部产业转移,接受西安、洛阳、郑州大都市辐射,融入大运城经济区发展过程中,面临诸多发展机遇。

第三节 县域发展战略分析

一 临猗经济发展阶段及特征

根据钱纳里·赛尔奎因多国标准模式与库兹涅茨工业化阶段理论判断,临猗目前依然处于工业化初期阶段(见表12-1)。因此,未来一段时期内,工业化依然是临猗县域经济发展的主要任务,工业依然是促进县域经济发展的核心动力。可以预见,未来临猗工业将进入大发展时期,临猗经济发展模式与方式将会呈现以下特点:

一是产业结构呈现明显的"二、三、一"特征。工业产值比重继续大幅度提高,三次产业产值逐步提高,而第一产业产值比重逐步下降。工业的就业人数持续快速增加,第一产业人数逐步减少。

二是主导产业依然是工业,工业将是区域经济发展的主要动力。并且伴随主导产业的不断成长,产业内部结构也将发生剧烈变化。农业将阔步向现代化、生态化高效农业方向迈进;工业推进模式将向科技型、集约型、集群式、循环性转变;服务业比重逐步提高,结构不断调整,与生产密切相关的生产性服务业(商贸、物流、信息、金融、中介)和人民生活水平提高密切相关的服务业(文化、旅游、社区服务)将快速增长。

表12-1 2010年临猗县工业化发展阶段情况

单位:美元,%

	指 标	工业化前	工业化初期	工业化中期	工业化后期	后工业化时期
判断标准	人均GDP	763~1526	1526~3025	3025~6104	6104~11445	13100以上
	非农产业比重	50以下	50~70	70~87	87~98	下降

续表

指标	工业化前	工业化初期	工业化中期	工业化后期	后工业化时期
2010 年临猗工业化实际情况					
人均 GDP			1500		
非农业比重			62		
2010 年运城工业化实际情况					
人均 GDP			2096		
非农业比重			84.2		

注：根据《美国统计概要（2009）》公布的物价指数变动情况，2009 年，美元与 1970 年美元的换算因子为 5.45，由此，对应工业化不同阶段的标志值发生变化。

三是工业化推动城镇化，城镇化带动工业化。城镇化长期滞后的局面将因工业化进程加速而被打破，工业化城镇化将进入良性互动时期。工业化成为城镇化的发动机，城镇化成为工业化的加速器，两者有机统一于区域发展系统，并构成区域经济社会发展的两大巨轮。

二 临猗城镇化发展趋势与特征

临猗地处大运城经济区核心，伴随运城区域经济一体化和城市化进程的加速推进，临猗工业化和城镇化必将融入其洪流。从工业化和城镇化视角来看，临猗县域经济发展已经或即将发生三次大的转变，经历三个发展阶段。

第一阶段：小临猗——农业文明：集镇

临猗历史悠久，农业文明时代的临猗，由于地理环境好，土地肥沃，农业发达而著称于世，成就了昔日的繁荣与辉煌。但那时的临猗就城市能级来看，仍是一个集镇。

第二阶段：中临猗——工业文明：县城

纵观改革开放 30 多年来临猗的发展，是一个从农业大县逐步向工业县演进的过程。工业化进程逐步加快，工业化规模不断增大。1978 年，临猗县工业产值为 0.5 亿元，1988 年为 2.11 亿元，2000 年为 13.2 亿元，2010 年为 80.63 亿元，30 年间工业产值增长了 160 倍，工业化率提高至 31%。对县域经济增长发挥了主导推动作用。但是，在工业化进程中，城市发展却没有同步跟进，城市地位并没有太大提高。2010 年，临猗工业化率为 31%，而城镇化率只有 26%，县城城市规模小，第三产业滞后、人气不足。这一阶段的临猗，工业化与城市化分离，也没有在大运城区域关联中发展，实际上是一个相对封闭的城市，陷入了一种内向性的发展过程。

第三阶段：大临猗——城市文明：运城西部新城

运城市正在由一个中等城市框架向大型城市框架转变。1978 年，运城城镇化率不到 8%，2000 年提高到 21.8%，2010 年为 38.4%，远远落后于全国、全省的平均水平相差近 10 个百分点。"十二五"时期，运城提出未来打造百万人口大市的目标，提出建设黄河三角经济协作区中心城市的目标。这意味着未来运城城镇化发展潜力巨大，也将为毗邻运城中心城区的临猗发展带来难得机遇。2010 年，临猗县城区人口 16 万，预计 2020 年达到 20 万人。随着工业化进程的加速，城镇化的推进和区域经济一体化发展，运城市和临猗这两个空间临近的城市体将会进一步交融，形成联系紧密的城市体。可以预判，未来，临猗将会成为一个：具有中等城市的框架，拥有现代农业、新型工业、商贸物流、休闲娱乐（夏县以山水休闲娱乐为主，临猗将以农业娱乐休闲、黄河旅游休闲、地热娱乐休闲为主）的城市新城，临猗也将进入第三阶段，开创城市文明时代。

三　临猗发展的战略定位

临猗具有较好的经济基础与较大的工业发展潜力，是区位交通条件极好、距离运城最近的县级城市，其丰富廉价的农产品、土地、劳动力资源，具有吸纳运城经济要素西向转移的条件与魅力。随着运城城镇化与工业化的推进，运城临猗一体化将会加快推进。从临猗发展阶段特征与趋势看，未来 10 年，临猗县的发展战略定位为：运城西部新城，新型工业强县。

1. 运城西部新城

伴随经济、社会、文化交流日益深化，运城临（猗）一体化进程加速。未来大运城建设加速，必然"西扩北进"，逐步与规模扩大的临猗县城相接。因此，加速与运城发展对接，建立运城西部新城，是未来临猗发展战略的必然选择。西部新城建设应突出以下战略重点。

一是树立共融发展理念，实施共融发展战略。临猗要改变以往封闭自守、孤立发展的思维，增强改革、开放意识，充分与运城市区融合发展，主动跟从运城、学习运城、融入运城。

二是建设运城西部新城，实施新型城镇化战略。未来 10 年，城镇化将是经济社会发展的强劲动力。临猗要顺应城镇化发展趋势潮流，在大运城"一主三副"的"弓形"城镇体系结构中，推动发展临猗这一新的重要城镇节点，加速运（城）临（猗）一体化，拉大运城城市框架，扩大城市规模。同时，努力优化城市功能，将临猗建成功能突出、经济发达、环境优美的运城西部特色新城。

三是适应功能转变，发展新兴产业体系。相比之前，临猗的城镇功能、产业定位、区域作用将发生较大变化。临猗将承担大运城高新工业、商贸物流、居住休闲等城市功能，发挥运城西部周边区域的沟通、辐射作用。

2. 新型工业强县

临猗县依然处于工业化初期阶段，可以预见在未来较长的一段时期内，临猗县经济发展中心依然是推进工业化，工作重点依然是推动工业跨越式发展。因此，未来主导产业依然定位于工业。

历史与实践证明，传统的工业化模式产生种种诟病。因此，临猗必定会吸取国内外教训，改变先污染后治理的老路，推行新型工业化模式。受制于国家行政区调整制约，在短期内行政区划还难以进行相应调整，临猗在未来较长一段时间内，依然是"县"制区划。建设新型工业强县要突出以下战略重点：

一是推进信息化进程，实施"两化"战略。强调信息化与工业化融合，坚持以工业化推动信息化，以信息化带动工业化，实现"两化"的联动和谐发展。

二是注重科技与创新，实施创新驱动战略。创新是区域经济发展的动力。临猗已经依靠创新，走出了一条新型工业发展的路子。未来，临猗经济发展需要更加强调科技的引领和支撑作用，实施创新战略，以创新促进临猗经济转型实现跨越式发展。

三是完善园区建设，实施集群化推进战略。产业集群是现代产业发展的新型组织形式。临猗未来要实施集群推进策略，提升产业竞争力和区域经济增长推动力。重点是推进临猗工商园区体系建设，加强公共基础设施与配套设施建设，促进企业进园发展，打造产业高效发展平台。

四是关注环境与生态效益，推行低碳、高效、循环发展模式。实施产业生态化战略是临猗产业持续发展与县域经济持续增长的必然选择。临猗要增强生态文明意识，树立绿色、低碳发展理念，以节能减排为重点，健全激励和约束机制，加快构建资源节约、环境友好的生产生活方式和消费模式，增强可持续发展能力，努力打造天蓝水碧、环境优美、空气清新、适宜人居的生态临猗。

第四节 产业发展战略研究

一 产业发展存在的问题

（一）农业发展存在的问题

"十一五"时期，农业在产业化方面取得了较大成绩，农业结构趋于合理，区域布局进一步优化，农业区域格局基本形成，良种普及率大大提高，无公害技术得到进一步推广。但是，农业发展依然面临着诸多问题。

1. 农业结构依然不尽合理

临猗县农业产业结构调整与区域布局调整基本到位。但是，农业产品结构依然有一定的调整空间。水果早、中、晚熟品种结构与加工需求品种结构不尽匹配。

2. 劳动者素质与农业生产技术有待于进一步提高

农村劳动力以45岁以上人口为主，农民文化知识与技能水平普遍不高，农业机械总动力增速2005~2008年仅为1.3%。劳动者素质与农业技术水平成为制约高效农业发展的重要因素。

3. 生产以单户为主，经营规模偏小

受制于农村人口转移速度、土地流转、以土养老意识等因素，农业依然以单户经营为主，生产规模较小，土地碎片化严重。单家独户的生产模式使市场信息获取，新技术采用的风险与成本增加，进一步限制了农业规模化、产业化、现代化水平的提高。

4. 服务体系不完善，农业组织发育不健全

农产品营销偏弱，增值空间狭小；储存运输滞后于产业需求。2008年，全县恒温库储藏果品能力3亿公斤，仅占水果总量的8.82%。农业组织数量较快增长（2008年成立农民合作经济组织1000个，各类协会34个），但是组织功能不健全，为农业产前、产中、产后提供服务的作用没有充分发挥出来。

5. 后续加工有待加强

目前，虽然形成了粮食加工、果品加工、棉花加工三条产业链。但是，加工产品依然比较单一，产品特色不突出，产品附加值不高。粮食加工以面粉、方便面、馍干、玉米淀粉为主，规模不大，产品附加值不高；果品以浓缩汁中间原料为主，其他果类加工品比重很小。纺织产业企业规模与产品档次需要进一步提高。

（二）工业发展存在的问题分析

1. 工业总量偏小，增长速度偏低

2005年，临猗县工业总产值为34.39亿元，2010年，工业总产值为80.63亿元，年均增长率18.5%，低于全运城市均水平。2010年，临猗工业所占经济比重约为31%，低于运城十余个百分点。

2. 资源消耗较大，经济增长粗放

2006年临猗工业增加值率（增加值与产值的比例）为23.7%，2007年为

21.33%，2008 年为 20%，2009 年为 22.1%，而运城市工业增加值率为 31%，山西省为 38%。临猗低于运城 11 个百分点，低于山西省 18 个百分点。临猗增加值率偏低，意味着工业消耗比较大，成本较高，产业净增加值低，经济呈现粗放增长特征。

3. 多属常规制造业，技术含量偏低

临猗化肥化工、装备制造、纺织服装、食品饮料、医药农药五大支柱产业中，虽然出现了粉末冶金零配件、商用车厢、新型石油裂解催化剂、橡胶防老化剂、荧光增白剂等高技术含量、高附加值的深加工产品，但是，绝大多数工业品依然属于常规性制造行业，产品技术含量低，产品附加值不高。

4. 产业链短，产品品种单一

临猗工业产品品种单一，产业链短。化肥化工业主导产品以合成氨、氮肥等基础原料性产品为主，装备制造业以汽车零配件、粉末冶金制品为主，食品饮料业以浓缩果汁为主。可见，工业产业链短，品种单一，且以中间产品为主，尚未形成系列化产品，难以获得产品组合集成价值和市场竞争优势。

5. 产业价值链条短，需要纵向延伸

现代经济是分工经济，加工迂回程度越深，产业链条越长，产业实现加值越高。现代经济中，产业链价值主要集中分布在产业链两端（微笑曲线效应）。临猗县工业经济存在的较大问题是产业主要集中在价值链较低的中间制造环节，且主要分布在原料供应与低端加工制造环节（见表 12 – 2）。

表 12 – 2　临猗县支柱产业价值链评价

产业类型	产业价值链					
	研　发	现代采购	加工制造	运输流通	批发零售	售后服务
精细化工	3	2	3	1	1	1
化肥工业	2	2	3	4	2	3
装备制造	3	2	3	4	3	2
纺织服装	3	2	3	2	2	1
食品饮料	2	3	4	3	1	1
医药农药	3	1	2	1	2	1

注：1. 本表主要采用德尔菲法，经过 10 位经济专家及 5 位企业管理专家评价形成。
2. 采用 5 分评价制，5 表示很强，4 表示较强，3 表示一般，2 表示较弱，1 表示很弱。

6. 缺少大型企业集团，引领带动效应不强

2009 年，临猗规模以上企业 49 家，其中，产值 10 亿元以上的企业只有一家，产值 5 亿～10 亿元的企业没有，3 亿～4 亿元、4 亿～5 亿元的企业各一家，产值 2 亿～3 亿元的 4 家，产值 1 亿元以上的 6 家（见表 12-3）。以上能够进入运城第四方阵企业集团的仅有丰喜肥业一家。由于缺乏龙头企业引领带动，临猗产业发展难以形成"大企业带动，中小企业配套"关联发展的集群经济效应，产业难以实现跨越式发展。

表 12-3 临猗县企业规模状况

企业等级	企业数量	名称
产值 1 亿～2 亿元企业	6	山西绿海农药科技有限公司 山西永恒机械制造有限公司 山西瑞翔化工有限公司 山西临猗湖滨果汁有限公司 山西东睦华晟粉末冶金有限公司 临猗恒晟纺织有限公司
产值 2 亿～3 亿元企业	4	临猗县翔宇化工有限公司 山西青山化工有限公司 山西兵娟制衣有限公司 山西华恩机械制造有限公司
产值 3 亿～4 亿元企业	1	山西卓里集团有限公司
产值 4 亿～5 亿元企业	1	山西华晋纺织印染有限公司
产值 10 亿元以上企业	1	山西阳煤丰喜肥业集团临猗分公司

7. 企业布局分散，集群机制尚未形成

由于历史原因，临猗县企业分布比较分散。尽管 2008 年园区工业产值占全县产值的比重为 72.1%，但其中，仅丰喜肥业一家比重就占 34.2%。目前，临猗形成了企业较为集中的五大产业集聚区，但是，距离产业集群还有较大差距。主要表现是，行业龙头企业太小，太少；纵向横向配套企业较少，企业之间联系不紧密；黏结企业集聚的中介组织发育缓慢；产业集群机制尚未形成。

（三）第三产业发展存在的问题

临猗第三产业保持着良好的发展态势，但是，第三产业发展水平不高，发展过程中面临不少问题。

1. 第三产业整体水平不高，在全县经济中所占比重偏低

高度发达的现代服务业是经济结构现代化的重要标志，是经济结构发展到一定程度的必然趋势。临猗第三产业与其经济发展阶段相适应，第三产业发相对滞后，2009年临猗县第三产业增加值所占比重为36.2%，低于运城市39.5%的平均发展水平，也低于山西省38.9%的平均发展水平，更与实现基本现代化标准（50%）存在较大差距。

2. 第三产业发展层次不高

在第三产业结构中，临猗交通运输、邮电通信、批发和零售贸易、餐饮业传统行业增加值所占比重较高，而金融保险业、房地产、文化、旅游等新兴服务业比重转低。尽管传统第三产业升级改造工作有了较大进展，但进一步发展的优势依然不明显，如作为第三产业支柱行业的批发和零售贸易业，在发展连锁经营、特许经营、物流配送、代理制、电子商务等现代流通方式和运用计算机、网络技术等现代技术手段方面显得较为滞后。而旅游、现代物流、信息服务、社区服务等现代服务业发展落后，产业层次亟待提高。

3. 文化旅游产业正在起步，基础设施与配套严重不足

临猗拥有一定的文物、地热与黄河湿地资源，具有开发价值。但是，临猗的旅游产业尚处于起步阶段，当前开工建设的仅有吴王古渡黄河旅游景区部分项目。地热温泉资源与创意农业、旅游观光农业依然处于概念阶段。临猗旅游配套设施滞后，缺少高档的中型市场、宾馆与酒店，旅行社仅有一家，旅游服务难以满足游客需求。

4. 商贸物流业有待进一步提高

临猗商贸物流产业层次不高。主要表现是：专业市场偏小、档次偏低，市场现代化水平不高；缺乏辐射大区域的大型专业市场；商贸物流的传统理念不适合现代物流发展；多数企业商场物流以自营物流、供应商物流为主，商贸物流潜在需求有待开发；物流基础设施落后，尤其是仓储设施与物流信息设施非常滞后；运营的大多数物流企业规模小，竞争实力弱。

二 临猗产业发展功能定位与战略思路

在区域经济加速一体化背景下，临猗县定位于"运城西部新城、新型工业强县"。这意味着临猗县不仅将承担运城市区部分城市功能，还将承担部分产业功能。

（一）大运城区域战略下的临猗产业功能定位

1. 工业功能定位

《运城市"十二五"经济和社会发展规划》提出，"要加快推进新型工业化进程，推进运城由原材料工业大市向现代制造业强市转变，努力把运城建设

成为山西省乃至黄河中游地区的现代制造业基地"。当前，运城工业初步形成有色冶金、黑色冶金、焦炭、化工、电力五大传统产业和汽车与运输设备、铝和镁深加工、新型化工、农副产品加工四大产业集群。其中，新型化工、汽车与运输设备、农副产品加工主要布局在临猗。

临猗未走山西多数地区依赖资源增长的产业发展模式，而是独辟蹊径，依靠技术和创新走出了一条科技型、创新性发展道路。当前，临猗已经形成五大支柱产业，四大产业集群，出现青山化工、翔宇化工、华恩机械、东睦华晟、永恒机械等技术先进、行业领先的高成长性企业，形成了诸如粉末冶金零配件、新型石油裂解催化剂、橡胶防老化剂等高技术含量、高附加值，在全国行业中占据领先地位的名牌产品。

临猗在从原材料向现代制造业转变、推进新型工业化进程中走在了全市、全省前列，具有承担全市乃至全省新型工业化示范和现代制造业示范基地的基础和优势。临猗未来产业功能应定位为：山西省新型工业示范基地。

2. 农业功能定位

山西运城是山西农业大市，在全省农业中占举足轻重的地位。《运城市"十二五"经济和社会发展规划》提出，"要加快推进农业现代化进程，推进运城由传统农业大市向现代农业强市转变，努力把运城建设成为山西省乃至黄河中游地区的现代农业基地"。

临猗县是山西省农业大县，农业产业化与经营水平在全省遥遥领先。"十一五"时期，现代生态农业建设取得巨大成绩。临猗在示范园区推行"草—果—畜"生态经营模式，获得农业部命名的"无公害苹果生产示范基地县"称号，目前全县已经获得认证45万吨苹果为无公害农产品；"临晋江石榴"荣获山西省著名商标；注册了"万腾"果业品牌，完成了万亩苹果出口基地认证；鲜食果枣优质化率达到80%，优质农产品产值率提高到65%，先后获得"中国枣业十强县""全国苹果二十强"等多种殊誉。

临猗县已经成为山西农业现代化发展的"领头羊"，其在区域农业发展中的定位和作用应该为：山西现代高效生态农业示范基地。

3. 服务业功能定位

从区域发展格局看，运城市拥有黄河金三角区域的核心地位和山西向东向西开放的大通道和桥头堡的战略地位。从区位、交通优势和产业基础来看，运城市都有条件—有机会延伸发展半径，拓展发展空间，融入更大的发展格局和区域。

运城是山西旅游大市，在全省文化旅游中占据重要地位。《运城市"十二五"经济和社会发展规划》提出，"要推进三产规模化，推进运城由文物资源大市向文化旅游强市转变，努力把运城建设成为特色文化旅游基地、现代物流基地和现代化区域中心城市"。

伴随城镇化和区域一体化进程的推进，临猗将成为运城西部新城，这决定了服务于大运城和大黄河三角经济协作区的临猗县的服务业将出现迅猛式增长。从区域格局看，临猗县面临发展旅游业、现代物流业的强大动力和良好基础。

随着大运城的发展和居民消费结构的升级，休闲旅游成为居民需求激增的产业。临猗可依托其农业资源、黄河湿地资源和温泉资源，大力发展旅游业，打造运城新的休闲旅游板块。旅游产业定位为：运城新兴旅游基地，打造最具特色的黄河风情旅游，运城温泉度假旅游、运城农业旅游基地。

伴随着运城作为山西向东向西开放的大通道和桥头堡作用和功能的日益增强，运城物流产业将迎来黄金发展时期，也为临猗物流产业发展带来难得的历史机遇。临猗地处运城经济圈的核心地带，伴随着大西高铁、河津运城高速、闻喜东镇至临猗孙吉高速公路的建成，临猗县的交通区位优势将进一步凸显。这成为临猗县发展商贸物流的最大优势。因此，临猗要抓住这一机遇，着眼大运城物流全局，从大运城区域性物流和优势产业物流角度出发，发展临猗现代物流产业，将临猗建设为运城重要的区域性现代物流基地。

（二）临猗产业发展战略思路

从临猗发展阶段、产业基础以及在大运城经济区发展定位看，临猗县应实施"四轮"驱动的县域产业发展战略，即工业强县、流通活县、农业富县、旅游靓县。

工业强县——着力推动工业新型化，将工业发展引导到依靠科技、管理提高效益，实现集约增长的发展道路上，快速提高工业经济比重，增强工业竞争力，实现强县目标。

流通活县——着力率先发展流通产业，推动县域商贸流通产业快速成长，积极承担大运城流通功能，促进区域物流、信息流、技术流、人才流各种要素融通，不断提升临猗流通产业的层次与水平，实现流通兴县。

农业富县——着力提高农业现代化水平，推动生态、高效农业快速发展，不断增加农民收入，提高农民生活水平，实现富民目标。

旅游靓县——着力扶持旅游业发展，重点加强旅游基础设施建设与配套设施建设，加快景点规划与开发，促进旅游业尽快出新彩，上水平，实现旅游靓县。

三 临猗产业发展战略

（一）指导思想

以科学发展观为统领，坚持"新型工业强县，运城发展新城"区域战略定位，紧紧围绕转型跨越，再创辉煌这一主题，实施"工业强县、流通活县、农业富县、旅游靓县"四轮驱动战略，跨越发展第二产业，稳步提高第一产业，突破发展第三产业，努力将临猗建成山西现代农业示范基地、新型工业化示范基地和运城新兴旅游基地，为建设和谐文明、充满活力、生态优美、民富县强的新临猗提供强劲动力和坚实支撑。

（二）发展原则

1. 跨越转型原则

以"新型工业强县，运城发展新城"为战略定位，坚持发展为第一要务，抢抓机遇，发挥优势，稳步提高第一产业，跨越发展第二产业，突破发展第三产业，加快追赶与超越步伐，促进发展方式转型与区域跨越发展。

2. 发挥优势原则

发挥临猗交通区位优势，积极融入大运城都市圈，主动承接运城部分城市职能与产业职能，大力发展农业观光旅游、现代流通业与高新技术产业。挖掘临猗粮棉、果蔬农业资源、黄河湿地、地热、文物遗产等旅游资源，积极发展绿色食品加工、纺织产业与旅游产业，努力将临猗建成特色经济明显、产业优势突出的文化大县、工业强县、旅游名县。

3. 城乡统筹原则

围绕统筹城乡发展重点城镇建设，从发展规划、产业布局、基础设施、公共服务、管理体制等方面推进统筹工作。加快人口向城镇和新型社区集中，工业向园区集中，土地向适度规模经营集中。加大农村基础设施投入与扶贫开发，逐步缩小临猗城乡、区域发展差距，提升城乡发展面貌，实现包容性增长。

4. 和谐发展原则

坚持"以人为本"发展理念，把改善民生作为经济发展的出发点和落脚点，更加注重民生与社会和谐；更加关注弱势群体，促进社会公平正义。积极扩大就业，完善社会保障，增加居民收入，提高人民群众生活水平。

（三）发展目标

遵循产业发展思路和基本原则，围绕构建"山西现代农业示范基地、新型工业化示范基地和运城新兴旅游基地"的发展定位，综合考虑未来发展趋势和条件，"十二五"时期，全县产业发展的主要目标如下。

产业经济持续增长。"十二五"末，临猗县产业增加值实现翻一番，年均增长15%以上，达到150亿元；实现税收年均增长16%，达到6亿元；全社会固定资产投资年均增长20%，达到92亿元。

产业结构不断优化。三次产业比例进一步优化，由"十一五"末34∶31∶35的调整为"十二五"末的28∶37∶35。第一产业增加值达到42亿元，年均增长7%；第二产业增加值达到56亿元，年均增长26%，其中，规模以上工业增加值达到39亿元，年均增长34%；第三产业增加值达到52亿元，年均增长15%。新兴产业比重大幅度提高，所占比重达到25%。

产业集中进一步提高。建立健全社会化服务体系，增强中小企业及民营经济活力，大力提升产业集中度，培育形成50亿元级大企业1家、20亿元级大企业5家、10亿元级大企业6家；建设产值百亿元工业园区1个，30亿元高科技工业园1个。

技术创新水平不断提高。逐步构建以企业为主体，以市场为导向，产学研相结合的创新体系。到2015年，大中型企业研发费用占本县生产总值的比重达到1%，每十万人发明专利申请数达到6件，高新技术增加值占本县生产总值的比重达到12%。

产业融合纵深推进。到2015年，全县重点骨干企业信息化应用率达到80%以上，培育10户信息化示范企业；物联网技术应用加快，三网融合加速推进；大力推进工业反哺农业，以标准化为基础发展精准农业、高效农业，提升农业产业化水平；促进先进制造业与物联网、现代物流、工业设计、服务外包业融合发展，创建一批省级制造与服务业融合发展示范企业。

产业健康持续发展。大力推进循环经济，加大节能减排重点行业、企业全产业链过程监测，推进清洁生产。力争到2015年，单位地区生产总值能耗累计下降15%，单位地区生产总值二氧化碳排放强度降低17%，单位工业增加值用水量降低10%，工业固体废弃物综合利用率达到70%以上。

（四）空间布局

立足临猗自然条件和产业基础，充分发挥比较优势，以城镇路网体系为基础，明确功能区，着力建设工业聚集区、生态发展区、文化旅游区、开放开发先行区、城乡统筹发展区，努力打造和谐文明、充满活力、生态优美、民富县强的新临猗。

工业聚集区。结合临猗工业发展现状，打造"两廊两园三基地"的工业布局。"两廊"，就是沿209国道、238临风省道，形成两大工业走廊。"两园"，就是整合原丰喜工业园和高新工业园，形成新的万亩丰喜工业园，筹谋建设楚侯高科技工业园。"三基地"，在临晋、孙吉、闫家庄分别建设三大绿色食品加工基地。

生态发展区。根据本县地域分布规律和不同地区独特的地理环境、社会环境，着力打造"三区三带"生态发展区。"三区"是大嶷山、小嶷山与孤峰山生态涵养区，"三带"是黄河东岸黄土台塬坡地水土保持带、峨嵋南部黄土台塬水土保持带、涑水河流域生态涵养带。

文化旅游区。充分利用黄河湿地、地热资源、文物资源与农业资源，着力打造"三线、两山、两塔、一带、一祖、一衙"精品旅游景区。三线，即以三赵线、临风线、董夹线为主的果园、石榴、枣园观光旅游线；两山，即以大、小嶷山为主的自然生态景观园；两塔，即以隋唐双塔为主的历史文化公园；一带，即以吴王古渡为主的黄河风情旅游带；一祖，即以猗顿为主的商祖文化园；一衙，即以临晋县衙为主的元代文化景区。

开放开发先行区。顺应运（城）临（猗）夏（县）一体化发展机遇，加大与运城经济的全面对接，积极承接运城"退二进三"工业转移。结合城镇化，建设楚侯高科技工业园和楚侯物流园，加大对楚侯的开发建设力度，将楚侯建设成运临结合部的新兴工贸型乡镇，使其成为连接运城与临猗经济发展的纽带，成为带动临猗实现开放开发的先行区。

城乡统筹发展区。立足农业大县实际，推进临猗城乡统筹发展，建设和谐临猗。主动接受运城发展辐射，以"一主（县城）一副（临晋镇）三节点（孙吉镇、三管镇、楚侯乡）"为核心，以辐射带动域面为范围，建设城乡统筹发展区，以推进"六个统筹"为主要内容，促进城乡统筹发展。

第五节 产业发展策略研究

一 临猗产业发展策略思路

为了实现临猗转型跨越发展目标，落实临猗县整体产业战略，临猗县应实施正确的产业发展策略：跨越发展第二产业，突破发展第三产业，稳步提高第一产业。

——跨越发展第二产业。以市场为导向，以科技为支撑，按照"板块发展、园区承载、龙头引领、链式突破、集群推进"的思路，提高化肥工业、现代纺织、绿色食品产业，做大做强汽车及运输设备产业、精细化工产业、现代制药产业，培育扶持节能环保产业、包装产业与新材料产业，推进工业与信息"两化"融合，推动工业跨越发展。

——稳步提高第一产业。围绕农民增收这一中心，以现代高效生态农业为目标，以建设现代农业示范园区与发展农村专业合作社为抓手，大力发展科技农业、生态农业、设施农业，培育发展休闲农业、创意农业，着力提高农业设施化、科技化、信息化、服务化、品牌化水平，推动临猗传统农业向现代农业转变。

——突破发展第三产业。以融入运城城市群为契机，重点发展生产性服务业，大力推进生产性服务业，扶持发展旅游产业，推进临猗第三产业突破发展。

二　临猗产业发展策略方向

（一）工业发展策略

工业新型化，就是科技含量高、经济效益好、资源消耗低、环境污染少、人力资源优势得到充分发挥的工业化。对临猗而言，建设新型工业强县，就是要强调高科技的引领支撑，强调信息化的改造提升，强调龙头引领与集群推进，强调现代化管理水平的不断提高，强调循环、低碳、高效的发展模式。因此，工业发展策略方向是：

——壮大五大传统产业集群，培育两大潜力产业，推进集群发展。着力提升化肥工业、纺织制衣、食品饮料产业水平；做大做强精细化工、装备制造、医药农药产业；培育扶持节能环保、包装与新材料两大新兴产业。

——重点抓好"丰喜工业园"整合和"楚侯工业园"建设开发。在此基础上进一步规范提升临晋、孙吉、闫家庄三大食品加工基地，发展沿209国道和临风线省道两大工业走廊，形成"两廊两园三基地"的功能完善、布局合理的工业发展格局。

——培育龙头，通过扶持、引导、联合、重组等方式，培育一批技术先进、管理规范的行业龙头企业。

——延长产业链，通过企业的自主研发创新，加强与高校科研机构的技术合作，促进上下游产业的联合，提高产业的集中度和产品的紧密度。同时，积极引导企业上市，力争"十二五"末，使临猗符合条件的企业能够全部上市。

（二）农业发展策略

农业现代化是指用现代工业、现代科学技术和现代经济管理方法武装农业，使传统农业逐步向现代农业发展。"十二五"要推进临猗农业现代化，就要靠加快推进农业示范基地建设，大力发展设施农业、特色农业、有机农业、品牌农业和农产品加工业、流通业，促进农业专业化布局、标准化生产、规模化发展、集约化经营、品牌化销售，不断提高农业产业化水平和综合效益。方向是：

——建设优质农业发展基地。实施果业提质增效、粮棉单产提高、设施鲜枣蔬菜建设、标准化养殖四大工程，建设优质水果出口基地、设施鲜枣生产基地、优质粮棉生产基地、绿色蔬菜基地、标准化养殖五大基地。

——完善农业服务体系建设。通过监管和引导，完善农业生产资料配送体系、农业技术推广体系、农产品质量检验检测体系、农产品认证体系、农产品销售市场体系，构建从田间到餐桌的无缝隙监管和服务体系。

——扶持壮大龙头企业，做强果蔬加工、棉花加工、粮食加工、畜产品加工等四条农产品加工产业链条，推进农业产业化进程。

（三）服务业发展策略

"十二五"期间，运（城）临（猗）夏（县）一体化进程将加速，临猗将进一步融入大运城都市圈的核心圈层。这为临猗发展旅游、商贸、物流等现代服务业带来巨大机遇。未来临猗服务业发展方向是：

——围绕农业生产需求，发展县城配送中心、乡镇连锁站、农村便利店，形成布局合理、服务规范、组织化程度较高的生产资料服务体系；围绕工业生产需要，发展为企业提供融资、担保、劳务服务的中介组织；同时大力发展农村银行。

——将临猗建设成运城重要的物流运输节点，培育东出西进的物流市场，加强物流园区、物流企业、公共物流信息平台、物流基础设施建设。

——突破发展旅游业。依托本地旅游资源，挖掘文化内涵，构建"两点（县城和临晋）一带（黄河风情旅游带）三线（三赵果园观光旅游线、临风石榴观光旅游线与董夹枣园观光旅游线）"的旅游格局。

三 产业发展策略重点

(一) 强推工业，加速工业新型化

按照"园区承载、龙头引领、链式突破、集群发展"的思路，依靠集聚的优势，扩充的方式，倾全县的力量，强推工业，实现工业再次崛起。

1. 加快工业集聚区建设

建设工业走廊。发挥交通优势，在209国道、238临风省道沿线，以据点式开发模式布置需要独立选址的重点大型项目，以点连线，推动形成临猗两大工业走廊，使其成为带动全县工业发展的主动脉。

整合丰喜工业园区。根据"企业循环生产、产业循环组合"的原则，整合原丰喜工业园和高新工业园，组建新的万亩"丰喜工业园"。努力将其打造成为以发展精细化工、现代纺织、汽车零部件及运输设备制造、现代医药四大产业集群为主导，功能齐全、环境优美、体制先进、管理科学、运转规范的现代化工业园区。2015年，丰喜工业园区入驻企业达到100家，就业人员超过5万人，产值实现100亿元，利税达到10亿元。

谋划楚侯高科技工业园。顺应运城临猗经济一体化发展趋势，对接盐湖区工业发展，新建楚侯高科技工业园。以发展高技术、新兴产业为定位，以建设"飞地"经济，构筑运（城）临（猗）夏（县）经济一体化开放发展新格局为目的，坚持城市化理念，高起点、高标准规划，努力把楚侯高科技工业园区打造成为一个功能齐全、管理规范、产业多元、产品先进、带动性强、辐射性广的现代化工业园区。到2015年，楚侯高科技工业园区吸引入驻企业50家，产值突破30亿元，将其打造成为带动临猗经济发展的第二大产业高地。

建设三大基地。依托临猗丰富的农产品与畜牧资源，在临晋、孙吉、闫家庄，通过整合资源，聚集企业，合理分工，促进原料基地化、产品系列化、加工多元化、销售网络化，建设三大食品加工基地。到2015年，三大食品加工基地吸引农业加工企业300家，产值达到28亿元，辐射带动周边农户5万家。

2. 培育企业集团

加强扶持与引导，鼓励企业资产重组，培育行业龙头企业，发挥大项目带动作用，着力培育一批技术先进、管理规范、产权明晰，以股权为纽带，跨地域、跨行业的大企业、大集团，使之成为促进临猗产业发展的中坚力量，成为促进产业优化升级的主导力量。"十二五"末，培育形成"15620"四大企业方阵。第一方阵，主要将丰喜集团打造在产值为50亿元以上的大企业集团。

第二方阵，华晋纺织、青山化工、华恩机械、翔宇化工、卓里集团等5家企业产值分别达到20亿元以上。第三方阵，恒晟纺织、兵娟制衣、临猗变压器公司、澳迩药业、豪钢、瑞翔化工等6家企业产值要分别达到10亿元以上。第四方阵，强力机械、恒兴果汁、一洲印染、永恒机械、东睦华晟、金宇粉末、中惠包装、湖滨果汁、卫氏鱼康、天石建材、丰通建材、新星泵业、雪云棉机、丰喜包装、香汇馍干、万方制衣、汉枫缓释肥等20家企业产值要分别达到1亿元以上。

3. 优化提高传统产业

"十二五"时期，通过狠抓技术改造、自主创新、节能降耗等手段，推动产品升级换代，提高产品附加值，实现传统产业优化升级。

化肥工业。依托阳煤丰喜临猗分公司，提高化肥工业技术装备与生产工艺，淘汰落后产能，加快节能减排，加大自主创新力度，实现合成氨、甲醇产品规模稳步发展。适应周边绿色农业发展需求，积极发展复混肥、有机无机肥和特种配方肥等复合肥料以及精制有机肥、叶面肥、矿物肥、缓释肥等新型肥料。到2015年，规模以上化肥工业产值达到30亿元，年均增长20%。合成氨产量达到80万吨，尿素产量达到110万吨，甲醇达到40万吨，新型肥料达到20万吨。

纺织印染。依托华晋纺织印染、兵娟制衣、恒晟纺织等重点企业，加快技术改造步伐，增强自主创新能力，提升产品档次，发展色纱、纳米布、高档服装面料等高附加值纺织产品；积极联合国内外知名企业，发展服装代工，学习先进经验，逐步培育自有品牌，打造区域著名纺织服装品牌。大力拓展国内外市场，发展适销对路中端纺织服装品。到"十二五"末，规模以上纺织印染产业总产值达到30亿元，年均递增26.9%。其中，主要工业品纺纱达到2万吨，色纱1.2万吨，印染坯布1.5亿米，服装产量1000万套（件）。

绿色食品。发挥本地农业资源优势，依托山西恒兴果汁、临猗湖滨果汁、临猗香汇食品等企业，重点发展苹果浓缩果汁。积极引进外来知名企业，开发苹果醋、苹果酒、果蔬混合饮料、果醋饮料、果胶及馍干、挂面等系列产品，促进食品加工多元化发展。到2015年，规模以上绿色食品加工产业产值达到21亿元，年均增长45.5%。苹果浓缩汁产量达到7万吨，脱水果蔬8000吨，馍干1万吨。

4. 做大做强科技型产业

"十二五"时期，通过纳税优惠、企业上市推进、名牌名品推广、市场开拓鼓励、科技专利转化扶持、引资增资等奖励措施，鼓励企业通过联合经营、资产重组、并购转让、盘活存量、技术革新等方式，扩大规模，争创全国同行业之先。

汽车零部件及运输设备产业。大力发展粉末冶金零部件优势产品，推动产品集成化，成套化，增加产品附加值，努力将临猗建成全国重要的粉末冶金制造基地；依托卓里集团公司、华恩机械公司、豪钢等重点企业，发展各类汽车配件及铁路机车配件，促进整机成套产品开发，增强集成效应优势；依托永恒机械，积极发展装煤机、轮胎式立爪防爆柴油机设备等现代矿用装载运输设备，着力打造国内重要的矿用装载运输设备生产基地；巩固农用车、抽渣车、垃圾车等专用汽车产品优势，加强后续服务，增加产业附加值。力争到"十二五"末，临猗县汽车零部件及运输设备产业总产值达到 45 亿元，年均递增 30%。主要产品汽车配件产量达到 20 万吨，粉末冶金制品达到 2 万吨，矿用运输车、小型拖拉机、垃圾车等各类专用车辆达到 3.5 万台。

精细化工。依托阳煤丰喜、青山化工、瑞翔化工等重点企业，加强与高校科研机构的技术合作，主动采用国内外新技术和科研成果，积极发展新型石油裂解催化剂、橡胶防老化剂、荧光增白剂等高技术含量、高附加值的深加工产品。到 2015 年，规模以上精细化工产业实现产值 30 亿元，年均增长 35%。精细化工业产品总量达到 20 万吨，其中，己二酸 7 万吨，聚甲醛 8 万吨，新型油裂解催化剂 1000 吨，橡胶防老化剂 4 万吨以上，增白剂 2.5 万吨。

现代制药。加大科技投入，增强自主创新能力，努力培育新产品，积极开拓国内外市场，提高产品市场占有率，形成以醚菊酯、丙溴磷等为主的低毒绿色农药，以固体/液体消毒杀菌剂、内服抗菌制剂、微生态制剂等为主的绿色水产用药，以降血糖、高端化工原料、非 PVC 软包装大容量注射剂等为主的医药及材料，努力将临猗建成国内知名绿色无害水产药生产基地及山西重要的低毒绿色农药生产基地。到 2015 年，规模以上现代制药产业产值达到 10 亿元，年均增长 10.9%。农药生产达到 1.2 万吨，医药产量达到 2 亿支（袋），植物提取物 200 吨。

5. 培育扶持新兴产业

"十二五"时期，要加强对包装印刷、节能环保、新材料三大产业的引导、扶持和培育，使其成为临猗经济未来新的增长点。

包装印刷。向西安经济技术开发区西部印刷包装基地及周边包装产业基地学习，与运城制版集团等大型企业合作，依托鹏远彩印、丰喜包装、中惠塑料等重点企业，推动包装印刷产业快速发展。鼓励包装印刷向中高档、可降解、环保、多样、多色化方向发展，向易运输、易仓储的普及型方向发展，大力发展纸基包装产品、金属包装产品、塑料软包装、防伪包装印刷。到 2015 年，规模以上产业实现产值 5 亿元，年均增速 17%。主要生产塑料包装制品 1.3 万吨，其中，编织袋1.4亿个，果袋农膜4000万套。

节能环保产业。依托瑞达输变电设备、临猗变压器、新星泵业等重点企业，围绕山西煤炭资源做文章，按照山西煤炭产业提出的"煤炭开发、安全生产、高效转化、清洁输出、低碳消费"要求，发展节能输变电设备、储能设备、新型煤炭节能机电设备。至2015年，力争规模以上工业企业实现产值8亿元，年均增长35%。主要工业产品变压器900万千伏安、多功能潜水泵7600台。

新材料产业。依托天石建材、丰通建材、山西华鑫等重点企业，发展新型水泥、玻璃钢制品、水泥基复合防水材料等新型建材，鼓励开发木塑复合型材、环保纤维板材、新型墙体材料等新型产品。同时，扩大招商引资，积极发展新光源（LED）材料及其灯具、指示灯等系列产品。力争到2015年，规模以上产业实现产值5亿元，年均递增30%。主要工业产品水泥达到60万吨以上，新型墙体材料100万立方米，高中密度纤维板30万立方米。

6. 推进工业与信息两化融合

以信息资源整合共享为突破口，推动信息化与工业化深度融合，不断推进新型工业化进程。大力推进企业研发、生产装备与过程信息化、企业管理信息化、产品流通信息化。以化肥工业、精细化工、汽车零部件及运输设备、现代纺织等行业为重点，做好两化融合典型示范工作。推进面向县内外的产业链协作、贸易和区域经济协作的电子商务发展，提升企业间、地区间的产业链协作能力。"十二五"末，全县重点骨干企业信息化应用率达到80%以上，培育10户信息化示范企业。

（二）做精农业，推进农业现代化

以做精农业为着力点，通过建基地、抓技术、强管理、优服务、创品牌、拓市场，大力发展科技农业、特色农业和观光农业，不断提高临猗农业现代化水平。到2015年，农业总产值达到70亿元，年均增长7%。

1. 加快建设现代农业示范基地

根据《山西运城现代化农业示范区建设规划实施方案》要求，加大科技创新力度，通过生产技术标准化、经营管理科学化、加工质量优化、生产服务市场化，实施果业提质增效、粮棉单产提高、设施蔬菜创建、标准化规模养殖四大工程，建设优质水果出口、设施枣生产、优质粮棉生产、绿色蔬菜生产、标准化养殖五大基地。通过基地建设提高农业的标准化、组织化、规模化程度，辐射带动全县由传统粗放型农业向集约高效型现代农业转变。

建设优质水果出口基地。以生产技术规范化、生产管理机械化、加工质量标准化、服务合作化为内容，在北辛、三管、卓里一带规划建设优质水果出口基地。大力实施果业提质增效工程，通过推行果树间伐、生草、树型改造、节水、无公害防治等技术实现果业提质增效。在"十二五"末，通过基地建设，使全县水果平均亩产达到2000公斤以上，优质果率提高到60%。

建设鲜枣生产基地。在庙上、临晋、嵋阳一带规划建设鲜枣生产基地。通过设施大棚建设、新品种选育、密植丰产技术、生物技术、快繁技术、有机肥料、无公害农药的配方使用等新技术的应用以及良种繁育基地、品种试验展示园、采穗圃和储藏保鲜配套设施建设，提高设施枣生产效益。"十二五"末，全县设施枣达到5万亩，平均每亩收入达到3万元以上，成为继苹果之后增加农民收入的又一支柱产业。

建设优质粮棉生产基地。在猗氏、楚侯、牛杜、嵋阳及孙吉的黄河滩一带规划建设50万亩优质粮棉生产基地。实施粮食单产提高工程，积极推广优种、秸秆还田、测土配肥、节水灌溉、病虫草综合防治以及化学除草等综合技术，推动产量大幅提高，实现良田亩产粮食1000公斤、产值2000元以上。实施棉花高产创建工程，通过选用优良品种、水肥综合运用、病虫害综合防治、培肥地力、化学调控等措施，提高棉花生产管理水平，使棉花亩产达到100公斤以上。

建设绿色蔬菜生产基地。以生产设施建设、装备建设、配套设施建设为主要内容，在猗氏、楚侯、临晋一带规划建设10万亩设施蔬菜基地。通过引进名、优、特蔬菜新品种，加强科学技术普及和应用，推广病虫害综合防治、配方施肥、节水灌溉、牛奶（豆浆）喷施、植物声频助长等现代农业高新技术，实行标准化、规范化种植经营管理，全面提高蔬菜质量和效益，带动和提高全县蔬菜产业的现代化种植水平。

建设标准化养殖基地。在远离中心镇、自然环境好的村规划建设20个标准化规模养殖基地。大力实施标准养殖工程，通过技术标准化、管理科学化、经营信息化、产品绿色化，示范推广标准化、规范化、无公害的高效规模养殖模式。到2015年，加大标准化规模养殖小区建设力度，建成猪牛羊综合养殖区、蛋鸡养殖区、肉鸡养殖区、果园养猪示范区、养兔示范区等规模养殖区，并以四区为示范，带动全县养殖标准化、科学化。

2. 完善农业服务体系

农业服务体系是农业产业化经营的重要组成部分，也是促进现代农业发展的内在要求。通过构建农技推广与生产资料配送、农产品质量检验检测与认证、农产品销售市场"三大"体系，推动完善农业服务体系建设。

完善农业技术推广体系和生产资料配送体系。创新农业科技体系，引进、培育高水平农业科技人员队伍，加大新型农民培训，提高农民技术素质，促进各项农业新技术推广普及和转化；鼓励各类大型农业生产资料生产企业在农村建设连锁店和配送中心，减少流通环节，降低农业投资成本。到2015年，优良品种推广覆盖率、农业先进技术推广普及率、生产资料统一配送均达到全覆盖。

建设农产品质量检验检测与认证体系。通过加快农产品标准化生产能力、农业投入品监管能力、农产品质量安全例行监测能力、农产品质量安全追溯能力和农产品质量安全技术监管能力建设，完善和建立农业标准体系、农产品质量检验检测体系、农产品认证体系，全面提升农产品质量安全管理能力和水平。

培育农产品销售市场体系。推进临猗县鲜枣批发市场、辣椒批发市场、粮油批发市场、果蔬批发市场等专业市场建设，完善各类农产品贸易流通市场功能，发展农产品超市经营，推进形成以专业批发市场为重点，以农产品贸易市场和超市为基础的农产品市场体系。积极引导临猗农副产品在县城及周边城市社区连锁店、超市直销。同时，大力实施品牌战略，做好"果都临猗·香飘神州"宣传，挺进高端市场，提高果品的商品率、价格率、出口率。"十二五"末，临猗县集贸市场交易量年增长10%，连锁经营在流通中的比例达到25%，农产品在超市、便利店等新型零售业中的销售额占全部农产品零售总额的1/3以上，临猗县省级农业品牌要达到10个，国家级要达到2个，苹果出口量达到5000万公斤，使临猗的苹果走出国门，远销世界。

3. 积极推进农业产业化

加大政策支持和资金扶持力度，积极发展农民专业合作社。支持农民专业合作社自办农产品加工企业，鼓励农民以资金、技术、土地使用作价等形式入股参与农民专业合作社。鼓励和引导农民发展各类专业合作经济组织，提高农业的组织化程度。大力推广"龙头企业+合作经济组织+基地+农户"的产业化经营模式，积极延伸农产品加工产业链条。做强以恒兴、湖滨、特美为主的果蔬加工产业链，做大以恒晟纺织、华晋印染、兵娟制衣为主的棉花加工产业链，推进以香汇馍干、好日子方便面为主的粮食加工产业链，培育以猗氏、孙吉、临晋等为主的畜产品加工产业链。到2015年，农产品加工转化率提高到60%以上，70%的农户进入农业产业化链条，龙头组织与农户之间有合同关系的超过70%。

（三）激活流通，加快服务业发展

以融入运城城市群为契机，把服务业发展作为产业结构升级突破口，不断提高服务业增加值。"十二五"末，服务业实现增加值52亿元，年均增长15%。

1. 重点发展生产性服务业

积极发展现代物流、金融保险、信息服务与中介服务等生产性服务业，促进服务业再上新台阶。

优先发展现代物流业。抓住运（城）临（猗）夏（县）一体化进程机遇，科学规划、将临猗建设成为运城重要的物流运输节点。尽快制定出指导全县现代物流业发展的指导政策与专项规划，促进全县物流业健康快速发展。依托临猗及周边优势产业，与楚侯乡城镇化建设相结合，以运城综合型商贸物流园区为发展定位，建设5000亩楚侯物流园区，加大对仓储业、配送中心、物流中心、批发中心以及集装箱中转站、散装货物等物流设施的投入，引进先进的物流管理技术，实现运输组织现代化、技术装备现代化、运营管理现代化，努力将其建成为集物流、仓储、产品（纺织、果品、包装）、流通加工、商贸配送一体化的现代化物流园区。充分发挥园区对区域纺织品、果品、农副加工产品、汽车零部件等物资商品的流转融通作用及其沟通运临经济的桥梁纽带作用。积极培育物流市场，鼓励临猗工商企业分离外包物流业务，积极引导制造业与物流业联动发展，培育大型物流企业18家，重点建设丰喜、顺之达、中联等8家物流服务企业。

加快发展金融保险业。鼓励成立临猗地方商业银行，引进外地股份制银行，探索组建村镇银行和小额贷款公司，积极培育竞争性地方金融市场。完善农村信用社改革，不断增强对临猗企业和农村的金融支持。活跃民间资本，进一步规范和促进民间借贷行为。加快保险业发展，加强内部控制管理，防范经营风险，培育保险中介市场，全面提高保险业服务水平。规范发展各类非银行金融机构，积极吸引知名商业银行和保险机构设立分支机构或开展业务，增强融通外资的能力。

培育发展信息服务业。积极推进数字政府、数字企业、电子商务、数字教育、数字医疗、数字金融等重点领域信息化建设，建设以数字化为根本特征的政务、经济、社会管理、服务信息体系。加强信息网络基础设施建设，进一步完善临猗县政府公众信息网络系统，完善电子政务工程建设，推进互联网、广播电视、电信等"三网融合"。到2015年，力争临猗全面实现三网融合，普及应用融合业务，电子商务交易占全部商务交易资金的比重达到70%。

壮大发展中介服务业。"十二五"时期，临猗要初步形成种类齐全、分布广泛、运作规范、功能完善的中介服务体系框架。重点发展为生产企业提供融资、担保、产权交易、技术交易、劳务和人才中介、经纪、货运代理等中介服务，为企业理顺流通环节、降低交易成本、提高管理水平提供完善服务。同时，引导和支持，积极发展农村经济合作社、中介组织、代办、代理、经纪人等中介服务，推进农村流通服务业健康发展。

2. 大力发展生活性服务业

充分发挥生活型服务业在扩大消费、提供就业和构建和谐社会中的作用，大力发展以现代商贸与家庭服务为重点的生活性服务业。

繁荣现代商贸业。筹划建设临猗县建材装潢材料市场、钢材专业市场、旧货交易市场、婚嫁用品城，不断完善临猗专业化市场体系。借鉴大型连锁超市经营模式，引进一批国内品牌连锁企业，提升各大专业市场档次。加快对城区零售商业结构、设施和功能的调整，完善百大购物、金汇商业中心、郇阳商厦等一批新型现代零售业态体系，发展电子商务、物流配送等新型业态和新的服务方式，逐步提升传统商贸业发展水平。借鉴大都市文化休闲的消费模式，通过挖掘临猗眉户、锣鼓杂戏等民间文化，形成特色餐饮、休闲茶馆、主题性酒吧、KTV、古玩收藏、书法绘画等为主要业态，集休闲、娱乐、美食、文化的休闲经济。加大扶持力度，鼓励现有商贸企业做大做强，加快培育一批主业突出、具有较大规模和较强实力的商贸服务企业。"十二五"末，培育3~4家规模较大、年贸易额在10亿元以上的大型商贸企业。

培育家庭服务业。因地制宜发展家庭用品配送、家庭教育等，满足家庭的特殊需求。大力推进社区便民、便利连锁网络建设，增强商业网点服务功能，方便居民日常生活。重点发展家政服务、社区服务、养老服务和病患陪护，满足家庭的基本需求。多渠道、多方式整合社区资源，兴办家政服务项目，创立服务品牌，形成规范有序的家政服务市场。建立健全以疾病预防、医疗康复、健康教育和计划生育技术服务为主要内容的社区医疗卫生服务网络。加快建设家庭服务业公益性服务平台。加强市场监管，规范家庭服务业市场秩序，推进家庭服务业健康快速发展。

3. 大力发展旅游业

按照"大旅游、大市场、大产业"的思路，坚持"总体规划、分步实施、突出重点、体现特色、面向市场、合理开发"的原则，加大旅游基础设施投资力度，加强旅馆、酒店、停车场、旅游服务站等配套建设，着力建设"三线、两山、两塔、一带、一祖、一衙"的旅游景区，打造运城美丽"后花园"，推动临猗特色旅游业突破发展。

建设魅力旅游新城。加快县城北部峨嵋公园、双塔公园建设以及南部涑水河湿地保护开发进度，形成"北有峨嵋公园、中有郇阳广场、南有涑水河湿地"的生态休闲旅游格局。围绕猗顿陵，挖掘商业根祖文化，承继晋商文化，积极打造晋商文化新亮点。依托县城及郊区地热资源发展温泉休闲娱乐业，通过建设大规模、高档次、高端化，集洗浴、疗养、休闲、演艺、娱乐为一体的休闲娱乐区，打造运城温泉洗浴休闲娱乐中心。建设五星级酒店、现代餐饮中心、大型生态停车场以及大中型会议、会展场地，拓展娱乐区功能，发展会展经济、商务经济，打造运城商务会展中心。推动眉户、锣鼓杂戏的产业化经营，促进面塑、刺绣、剪纸特色文化旅游纪念产品的开发，促进文化与旅游产业融合发展，不断扩大临猗文化旅游影响力。

建设旅游特色镇。依托临晋县衙，建设元代文化旅游景区，展示古代建筑艺术风格，挖掘古代廉政文化，建设廉政文化教育基地。结合临晋镇重点镇建设，新农村建设和旅游观光农业开发，将临晋镇建设成集文物旅游、廉政文化、新村旅游、农业休闲旅游文化为一体的旅游特色镇。

建设黄河风情旅游带。提升吴王水乡黄河度假村品位，引进赛马、打靶、斗鸡斗犬等娱乐项目，打造集休闲、娱乐、餐饮、住宿于一体的精品黄河休闲娱乐度假村。立足黄河民俗文化主题，突出黄河文化展示、晋南民俗、黄河风情体验功能，打造具有河东文化特色的黄河风情园。以黄河人家、欢乐农庄为主题，推出晋、陕系列农家特色菜，打造特色餐饮黄河农庄。依托吴王古渡、新黄河大桥、黄河漂流、电灌站水利工程观赏等项目，打造山西特色黄河景观带。

创建生态农业旅游线路。依托临猗丰富的农林资源，着力建设三赵路果园观光旅游线、临风路石榴观光旅游线与董夹路枣园观光旅游线，通过策划农业采摘体验旅游园、创意农业园、QQ农场、巍山生态林业休闲、峨嵋岭陡坡绿色放养生态旅游等项目，大力发展生态农业旅游。

参考文献

曹林、谢金鹏、韩莹：《临猗县经济和社会"十二五"发展规划》，2011。
曹林：《临猗县发展战略研究》，2010。
临猗县经济发展与改革局相关资料。

第十三章　青海海西枸杞产业发展规划研究

本章主要在国内外枸杞产业发展现状与趋势研究的基础上，对海西州枸杞产业研发、种植、加工、仓储运输、销售、文化创意各个环节进行深度研究和规划，并提出规划实施的保障措施。本章主要包括国内外枸杞产业发展研究、中宁枸杞产业发展典型案例、海西枸杞产业发展条件评价、海西枸杞产业发展环境分析、海西枸杞产业发展战略分析、海西枸杞产业发展策略研究。

第一节　国内外枸杞产业发展研究

一　世界枸杞产业发展现状、特征与趋势

（一）世界枸杞产业发展概况

1. 枸杞产业化种植概况

枸杞野生种质资源分布极为广泛，在亚洲、欧洲、南美洲、北美洲、大洋洲均有分布。但枸杞产业化规模种植主要集中在亚洲的中国、日本和韩国。中国枸杞种植面积及产量约占世界90%，主要集中于宁夏、新疆、青海、内蒙古、甘肃及河北等省（自治区）。日本枸杞种植面积较小，但其种植与育种水平较高，先后培育出数个枸杞优良品种。韩国也少量种植枸杞，据不完全统计，目前，枸杞种植面积约278公顷，主要集聚分布于韩国东南地区忠南道一带。日本、韩国因种植面积较小，对世界枸杞市场影响力较小。

2. 世界枸杞加工产品消费概况

伴随着人们对健康的日益关注和对枸杞保健医疗机理认识的深化，市场逐步开发出多样化的枸杞产品。目前，世界枸杞精深加工产品主要有枸杞汁、枸杞酒、枸杞食品和枸杞药品及其他。世界枸杞消费国别结构、消费产品结构和主要消费国枸杞产品消费结构特征如下。

从枸杞加工品消费国别来看（见图13-1），2011年，世界枸杞产品消费总量为39.09万吨。中国消费枸杞产品20.06万吨，占世界总消费量的50%以上。其中，中国大陆消费枸杞产品13.13万吨，占世界总消费量的33%，中国香港和澳门分别消费3.94万吨和3万吨，占世界消费量的10%和8%；韩国消费枸杞产品6.88万吨，占世界总消费量的18%；日本消费枸杞产品6.57万吨，占世界总消费量的17%；欧美等其他国家消费量仅为5.58万吨，占消费量的14%。但是，近年来，中东、欧美等消费市场的份额逐步增大，正在成为新兴的市场增长力量。

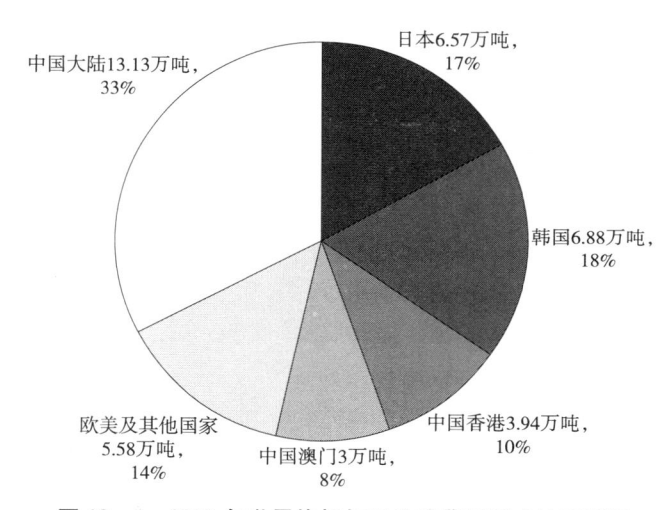

图13-1　2011年世界枸杞加工品消费国别或地区情况
数据来源：中企调研（本章下文数据如未作特殊说明，均来源于中企调研）。

从世界枸杞产品消费结构看（见图13-2），2011年，世界枸杞产品消费总量为39.09万吨，其中枸杞食品消费量15.43万吨，占世界总消费量的40%；枸杞酒消费量9.77万吨，占世界总消费量的25%；枸杞汁消费量7.85万吨，占世界总消费量的20%。枸杞药品消费量为4.41万吨，占世界总消费量的11%。保健品等其他产品消费量仅为1.63万吨，所占比重较小，仅为4%。可见，目前，枸杞消费主要仍以干果、中药原料和传统食品消费为主，而枸杞汁、枸杞酒等新型消费品呈现快速增长态势，枸杞油、枸杞胶囊、枸杞化妆品等高附加值产品所占份额极小，亟待开发。

从主要国家消费市场结构看，2011年，中国枸杞产品消费量为13.13万吨，其中枸杞食品消费量排第一，消费量为5.2万吨，占枸杞产品总消费量的40%；其次是枸杞酒，消费量为3.84万吨，占枸杞产品总消费量的29%；枸杞汁和枸杞药品紧随其后，消费量分别为2.62万吨和1.16万吨（见图

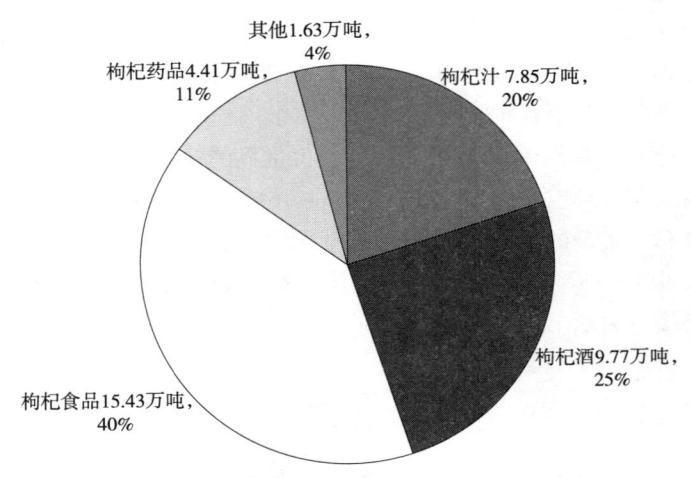

图 13-2　2011 年世界枸杞产品消费结构

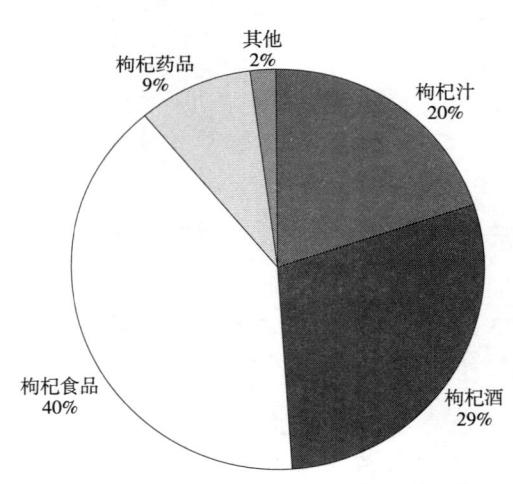

图 13-3　2011 年中国枸杞产品消费结构

13-3)。2011 年韩国枸杞产品消费总量为 6.88 万吨，枸杞食品、枸杞酒、枸杞汁和枸杞药品消费量分别为：3.2 万吨、1.55 万吨、1.15 万吨和 0.65 万吨，分别占总消费量的 46%、23%、17%、9%（见图 13-4）。2011 年，日本枸杞产品消费总量为 6.57 万吨，其中枸杞食品消费量为 3.05 万吨，占日本消费总量的 46%；枸杞酒和枸杞汁消费量分别为 1.3 万吨、1.02 万吨，分别占总消费量的 20% 和 16%（见图 13-5）。从世界枸杞产品消费来看，世界主要消费国为中国、韩国和日本；在消费的枸杞产品中，枸杞食品占主体，其次是枸杞酒和枸杞汁。

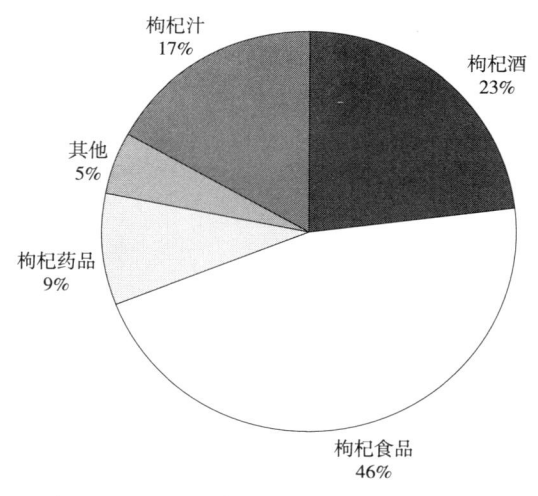

图 13-4　2011 年韩国枸杞产品消费结构

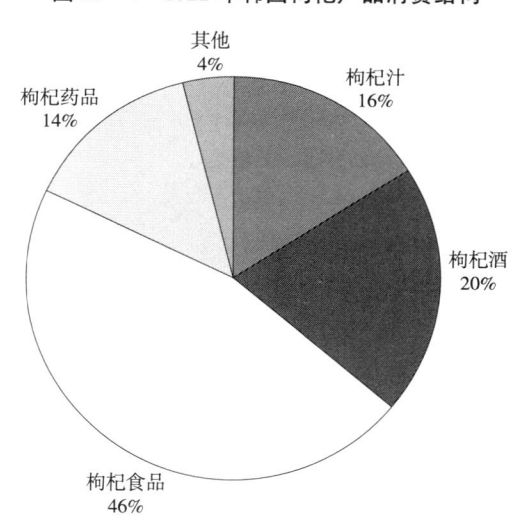

图 13-5　2011 年日本枸杞产品消费结构

3. 世界枸杞产品生产供给概况

枸杞是中国传统药食两用植物，历史上广泛传播至韩国、日本及东南亚地区，长久以来主要用于传统中药材及食品辅料。进入现代社会以来，枸杞的药理及保健价值进一步被认识和发现，逐步成为 21 世纪少有的同时具有食品、药品、健康三大功能的产品，被人们视为长寿、养身的珍品。自 1980 年以来，遍及全球的回归大自然潮流兴起，枸杞以其优异的滋补作用和保健价值，受到海内外消费者的青睐。2008~2011 年，全球枸杞精深加工行业快速增长，2011 年，实现销售收入 6.07 亿美元，三年年均增长 27%（见图 13-6）。适应市场需求的多元化，枸杞食品、枸杞饮料、枸杞医药保健品等新型产品纷纷问世，枸杞产品日益多样化。目前，世界枸杞产品除用于直接饮食外，还用于仿生食品、枸杞饮品、医药、保健品等相关行业（见图13-7）。

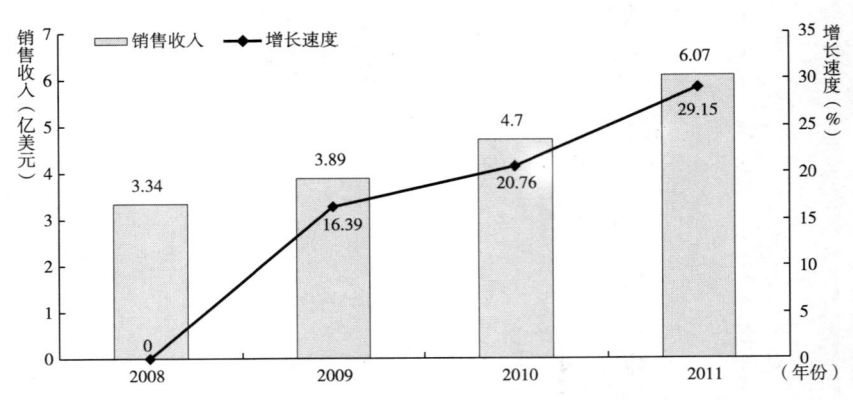

图13-6　2008~2011年全球枸杞行业市场规模增长速度

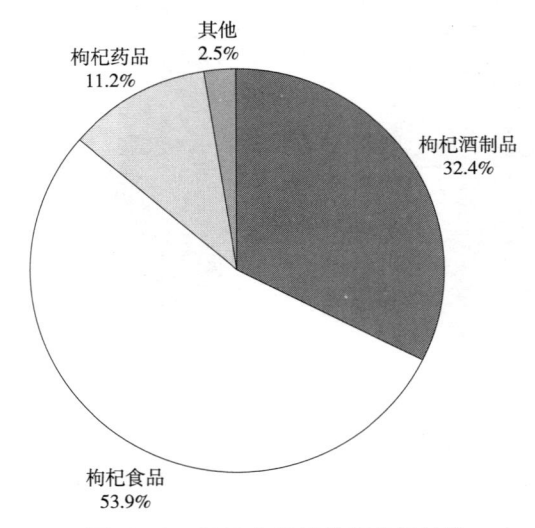

图13-7　2011年世界枸杞市场结构

（二）世界枸杞产业发展前景与趋势

1. 世界枸杞产业发展前景

枸杞是特色产业、新兴产业和朝阳产业，未来具有广阔的市场发展前景。2011年陕西省林业规划调查院的一项调查结果显示，2010年中国枸杞林面积为110多万亩，国内干果年总产量为10万~15万吨。而2010年国内外枸杞市场的需求量约为20万吨,仅干果市场就有5万吨缺口。随着企业对枸杞酒、枸杞油、枸杞粉等各种枸杞产品的开发,市场需求量还会进一步扩大。预计到2020年,枸杞市场的年需求量将超过30万吨。因而枸杞干鲜果品及加工品的市场发展空间很大。

综观全球枸杞市场产品结构,当前常规食品、药用品、保健品仍是枸杞市场增长的主要动力,但从长期发展来看,功能食品等消费类产品将具有很强的增长空间,该领域很可能成为枸杞市场最重要的应用市场之一。

从枸杞产业发展的布局来看,亚洲的中国、日本和韩国仍是枸杞产业的主力军。尤其是中国仍然是枸杞产业的引领者,种植面积和产量占世界总量的90%以上,占领着世界主要市场。中国的宁夏、新疆、河北、内蒙古和青海仍然是枸杞及其加工产品的主要生产地。

2. 世界枸杞产业发展趋势

综观世界果品及医药行业发展状况,结合枸杞行业发展历史及演变,可以预见世界枸杞产业将呈现以下发展趋势。

一是安全性。随着人们健康保健意识的增强,对食品安全的重视达到前所未有的程度。世界各发达国家均出台了严苛的食品安全法律法规。近年来,"毒馒头""毒豆芽""毒奶粉""假鸡蛋"恶性食品安全事件层出不断,我国食品安全已经成为公众关注的焦点,国家也先后出台了系列食品医药安全标准和细则。目前市场上的"无公害农产品""绿色食品""有机食品"等,均是由不同部门针对食品安全设置的不同认定标准,它们在种植、收获、加工生产、贮藏及运输过程中都采用了无污染的工艺技术,实行了从土地到餐桌的全程质量控制。从枸杞消费市场来看,不论是枸杞干果还是枸杞加工品都属于食品或保健品的范畴,对安全消费的要求是最基本的要求。因此,安全性是枸杞产业健康发展的保障。

二是功能性。枸杞是我国传统的具有补益功能的名贵中药材。现代医学研究表明,枸杞子(叶)具有很多生理功效:增强免疫功能;降低血脂、抗脂肪肝、降胆固醇;抗肿瘤,有防止和阻隔癌细胞突变的功效;抗衰老,抑制氧化脂质(LPO)生成,并使血中 GSH – Px 和红细胞 SOD 的活力增加;抗应激、抗突变;对造血功能有促进作用,提高白细胞素;具有雌性激素作用;能提高正常健康人的淋巴细胞转化率,提高吞噬细胞能力,清除自由基,可显著而持久地降低血糖;可提高溶菌酶的活力。而中国著名的药学著作《本草纲目》中也有记载,枸杞子味苦、寒无毒,主治五内邪气、热中消渴,久服能坚筋骨、耐寒暑、内热头痛、强阴、利大小肠。书中记载用枸杞子治病健身的药方有33条之多,其中用于保健强身的就有9条。随着人们对身体健康和生活质量的重视,公众为了实现营养改善和营养均衡,有从单一服用营养补充剂过渡到食用营养强化食品(特别是强化的主食品)的趋势。因而,功能性是枸杞产业未来发展的趋势。

三是创新性。当今,人类生产力高度发达,生产物质水平较高,世界多数产品处于供过于求状态。在此条件下,产品的差异性就成为占领市场的重要因素。在未来枸杞种植面积不断扩大,产品不断丰富,市场竞争日益激烈的条件下,枸杞产品多样性、差异化要求变得更为强烈。因此,创新性是未来枸杞行业发展的趋势之一,也是枸杞企业在行业取胜的法宝之一。如果企业能主动研发新品种和枸杞精深加工新产品,迎合时尚发展潮流,顺应市场需求,将会有效提升企业的市场竞争力,获得比较可观的效益。因此,创新性是枸杞产业壮大发展的动力。

四是文化性。现代商品的价值主要有两个来源:一个是产品固有的自然价值,另一个是文化注入产品的文化价值。随着文化创意时代的到来,人们对产品本身蕴含的文化品质与其传达的精神理念更为关注,以品牌价值为代表的产品文化价值所占比重越来越大。枸杞种植历史悠久,传统生长地域都具有深厚的地方文化积淀。枸杞产业蕴涵着丰富而厚重的历史文化、地域文化、饮食文化、医药文化。充分挖掘枸杞文化,将文化与枸杞产业融合,能够产生巨大的产业融合效应和文化价值扩大效应,能够使本地枸杞产生独特性与不可复制性。因此,文化性是未来枸杞产业发展的突出特点。

二 我国枸杞产业发展现状、特征与趋势

(一)枸杞产业发展现状

枸杞在中国几乎所有省份均有野生或栽培,但是因为枸杞对土地碱性及气候的适应性要求,我国枸杞种植主要分布在黄河沿线的宁夏、甘肃、内蒙古、新疆、青海、河北、山东一带。枸杞既是优良的食药两用经济作物,又是生态效益良好的生态树种。近年来,随着"三北"防护林、退耕还林实施力度加大和枸杞市场需求的强劲拉动,我国枸杞产业步入快速发展的轨道,产业发展主要呈现以下特点:

一是枸杞产业实现迅猛增长。2000年以后,尤其是2007年以来,全国枸杞种植面积急剧扩大。2007年,全国枸杞主产区种植面积约45万亩,至2011年,全国枸杞种植面积超过150万亩,四年时间里增长了2倍多。2007~2011年,全

国枸杞产量由9.78万吨增加到19.05万吨,产量增长了近1倍,年均增速18%(见图13-8)。2011年,全国枸杞工业产品行业总产值68.7亿元,近三年工业产值呈现逐年高速递增态势,年均工业产值增长率为15%(如图13-9)。

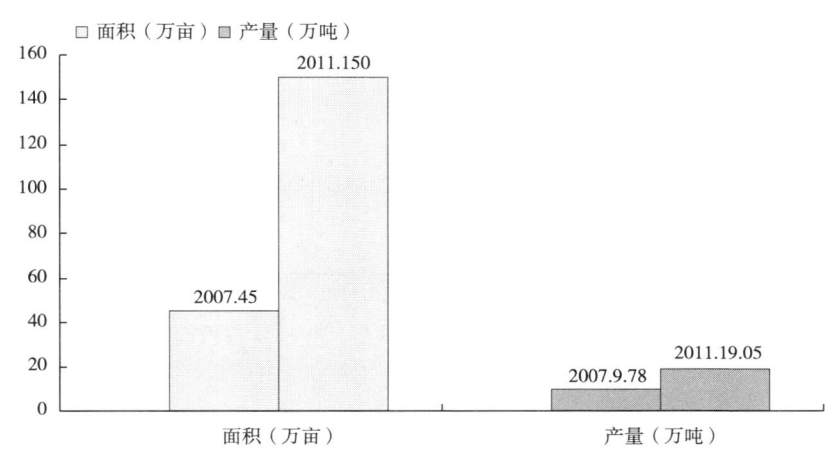

图13-8　2007年、2011年全国枸杞种植面积与产量

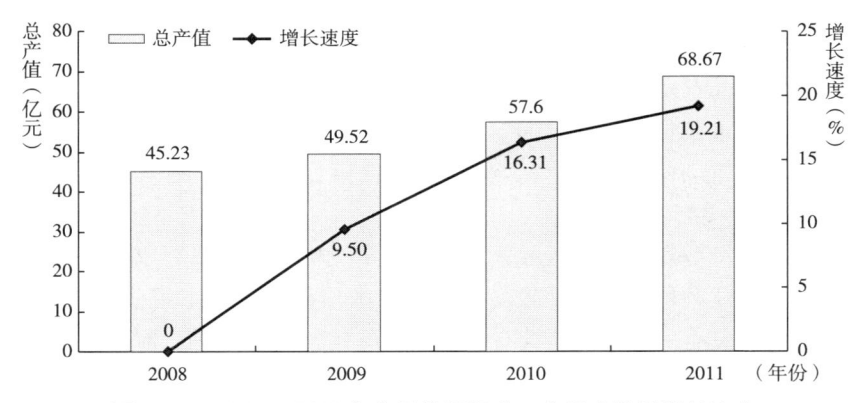

图13-9　2008~2011年全国枸杞行业工业总产值及增长速度

二是枸杞种植布局出现较大调整。2000年之前,我国枸杞种植主要集中在以中宁为中心的宁夏。2007年,宁夏枸杞种植面积和产量分别为23.5万亩和5.72万吨,占全国的比重分别为52%和58.4%(见表13-1)。2007年以后,内蒙古、甘肃、青海、新疆等地枸杞种植面积和产量急剧扩大,宁夏"一统天下"的产业局面逐步有所改变。2011年,宁夏枸杞种植面积和产量分别为77万亩和8.31万吨,占全国比重分别降为50%和43.6%。2011年,新疆枸杞种植面积和产量分别为25万亩和1.93万吨,所占比重分别为20%和10.1%;甘肃枸杞种植面积和产量分别为20万亩和2.16万吨,所占比重分别为13%和

11.4%;内蒙古枸杞种植面积和产量分别为 25 万亩和 1.9 万吨,所占比重分别为 16.7%和 10%。

表 13-1 我国枸杞主产区枸杞产量增长状况

单位:吨

年份	总量	河北	内蒙古	四川	甘肃	青海	宁夏	新疆	陕西	吉林
2007	97838	9842	17677	1081	2015	—	57149	8092	550	30
2008	106901	1413	14955	154	11645	—	60215	15275	1	10
2009	128227	12613	14759	1786	12935	4476	59495	20097	76	161
2010	149374	11986	16159	1828	14499	3480	77638	22302	54	460
2011	190498	12513	19068	2202	21642	16300	83053	19319	9558	5245

注:《中国林业统计年鉴》统计数据与各省管理部门提供数据略有差异。如青海省相关部门提供数据显示,2007~2011 年青海枸杞产量数据分别为 402 吨、1500 吨、3214 吨、6667 吨、18160 吨。

资料来源:《中国林业统计年鉴(2007~2011)》。

三是枸杞精深加工水平逐步提升。在市场需求带动下,枸杞加工水平不断提高。枸杞加工企业数量不断增多,企业规模不断增大,出现了诸如宁夏红枸杞产业集团、宁夏枸杞企业集团、宁夏早康等一批产值过亿元龙头企业。枸杞精深加工产品日益多元化,涵盖枸杞干果、枸杞糖果、枸杞汁、枸杞酒等大宗产品以及枸杞多糖提取、枸杞子油、枸杞色素等科技含量高、附加值较大的精深加工产品。2011 年,全国枸杞食品所占比重为 40%,枸杞酒比重 29%,枸杞汁比重为 20%,枸杞药品比重为 9%,其他枸杞产品比重为 2%(见图 13-3)。

四是枸杞产业发展水平区域分化明显。宁夏枸杞产业发展水平最高,枸杞规范化、标准化种植整体水平较高;全国多数枸杞精深加工企业聚集在宁夏,枸杞精深加工具有一定规模;拥有国内最大的枸杞交易市场。河北是主要栽培苦果枸杞,拥有较为庞大的经销队伍,但是没有较大规模的枸杞繁育基地和加工企业。内蒙古、青海、甘肃均为新兴枸杞产业基地,枸杞种植规模增长较快,但是种植规范化水平、精深加工、市场网络及区域品牌建设等方面均有待提高(见表 13-2)。

表 13-2 我国枸杞主产区主要特点

种植区域	主要特点
宁夏	种植历史悠久,枸杞产业服务、检测、市场体系健全;枸杞基地种植整体水平高,示范田单产突破 7500kg/hm^2。农民枸杞种植技术、苗木繁育技术基本掌握;建有现代化枸杞交易市场,深加工具有一定规模

续表

种植区域	主要特点
河北	主要种植苦果枸杞;拥有全国70%的枸杞经销商(河北巨鹿县);没有较大规模的枸杞繁育基地和加工企业
青海	新兴枸杞产业基地,自然环境没有污染,以建立绿色、有机基地为主,其纯净、品质得到市场初步认可;销售主要靠中宁枸杞市场;拥有几家较大的加工企业,均以初加工为主
内蒙古	新兴的枸杞基地,但大多是退耕还林发展而来,管理比较粗放,产量低;销售主要通过中宁枸杞市场;尚无较大规模化的枸杞加工企业
甘肃	新兴枸杞产业基地,枸杞种植水平不高;尚未形成独立的销售渠道和市场;没有规模化的枸杞加工企业

资料来源:叶凯等:《精河县枸杞产业竞争能力分析及发展途径》,《安徽农业科学》2012年第40期。笔者根据此材料,结合调研进行整理。

五是枸杞产品出口平稳增长。我国枸杞出口产品主要为枸杞干果、枸杞汁和枸杞酒,出口国主要为日本、韩国、新加坡等亚洲国家。近年来,英、美、法、西班牙等欧美国家出口需求逐步增加。受到国际市场需求的增加,我国枸杞产品出口额稳步快速增长。2009年、2010年,枸杞出口总额分别增长27%和32.2%。但受制于世界经济危机影响和国际贸易摩擦加大,2011年我国枸杞产品出口额增速呈现暂时性下滑,基本与2009年持平(见表13-3)。

表13-3 2009~2011年全国枸杞产品出口状况

种类	年份 项目	2009	2010	2011
枸杞干果	出口数量(吨)	5839	6191	4421
	出口金额(万美元)	2932	4073	3734
	出口数量增长率(%)	63.1	6	-28.6
	出口金额增长率(%)	57.5	38.9	-8.3
枸杞汁	出口数量(千升)	111254	144295	138871
	出口金额(万美元)	6528	7954	8884
	出口数量增长率(%)	-16.3	29.7	-3.8
	出口金额增长率(%)	-17.5	21.9	11.7

续表

种类	年份 项目	2009	2010	2011
枸杞酒	出口数量（千升）	20121	19177	18197
	出口金额（万美元）	7131	9913	3733
	出口数量增长率（%）	-24.6	-4.7	-5.1
	出口金额增长率（%）	-45.4	39	-62.3
总计	出口金额（万美元）	16591	21940	16351
	出口金额增长率（%）	27.0	32.2	-25.5

资料来源：笔者根据中企调研数据整理。

（二）枸杞产业未来发展环境与影响预判

1. 枸杞产业生命发展周期判断

我国枸杞已经形成了完整的产业链，产业总体生命周期正处于成长期到成熟期的过渡阶段（见图13-10）。因此，未来枸杞产业将保持稳定快速发展。从枸杞产业链看，我国枸杞种植产业环节刚迈入成熟阶段，正进入提质增效的关键时期。枸杞饮料、酒制品和罐头等枸杞食品加工技术研究水平较高，创新能力较强，处于快速增长阶段。枸杞保健品、枸杞功能食品分别处于初创期与成长期，技术水平有待进一步提高，市场潜力巨大，未来发展空间广阔。

2. 发展利好因素

第一，国内外市场前景广阔。我国城乡居民的消费方式逐步由生存型向发

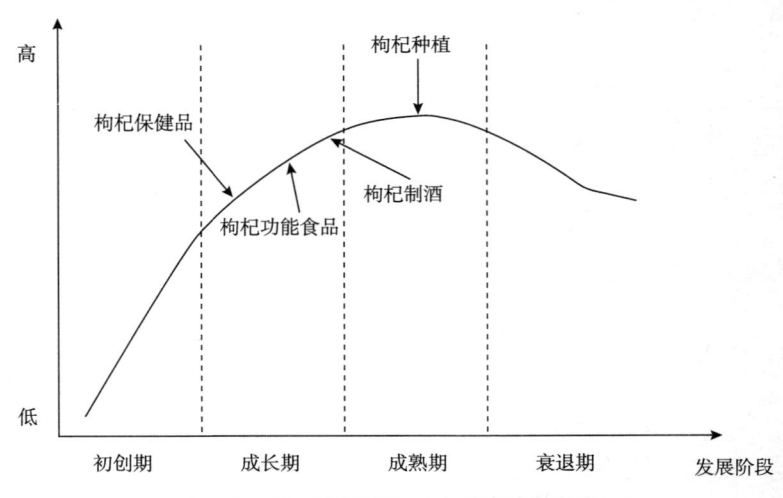

图13-10 枸杞产业生命周期发展阶段

展型和享受型转变，城乡居民消费结构中的食品消费的比重不断下降，医疗保健消费的比重不断上升，医药保健品市场需求将会越来越大。而随着枸杞产品的营养与保健功能逐渐得到国内外消费者的认可，以枸杞为原材料的医药保健品市场需求量也将逐年增加，发展枸杞产业具有更为广阔的市场前景。在出口贸易领域，消费市场与消费群体已经突破传统"中华文化"圈，作为一种健康食品已经得到欧美消费者广泛青睐。欧美新兴市场消费需求不断增加，国际出口总体呈现逐年递增趋势。

第二，高端市场需求增长强劲。枸杞是药食同源的保健食品，以枸杞为原料的精深加工品是近年来高端食品与保健品消费市场的新宠。枸杞下游企业广泛分布在食品加工业、制药业、餐饮等多个领域，下游企业需求可以直接影响枸杞整个市场需求。近年来，经济危机对以枸杞为原料的下游精深加工企业影响不大，行业发展稳健，行业发展前景依然良好。

第三，面临良好的政策机遇。围绕全国特色农业现代化道路的要求，农业部先后制定了《特色农产品区域布局规划》《优势农产品区域布局规划》《现代农业发展"十二五"规划》。规划指出：依照"因地制宜、突出优势、强化基础、壮大产业"的总体思路，以宁蒙河套地区、新疆精河为重点，引导枸杞种植向最适宜区集中，加快培育优势特色产区，将优势区域建成为发展现代特色农业的先行区和促进农民持续增收的示范区。未来几年，国家将继续加大生态文明建设和退耕还林政策支持力度，各地也将继续将枸杞作为经济生态复合型产业，大力扶持和推动。良好的政策将为枸杞产业未来发展带来发展机遇。

（三）枸杞产业未来发展预测及趋势分析

我国枸杞正处于产业生命周期的成长向成熟过渡时期，也面临枸杞产业发展的良好外部环境。可以预判，未来枸杞产业将继续稳定快速增长。以2007～2011年产业增速为参考，进行预测：

2012～2015年，枸杞产业销售收入将保持20%左右，至2015年，产业销售额将达到135亿元以上，枸杞产量将超过35万吨（见图13-11）；枸杞出口额将快速增长，年均增速达到30%以上，至2015年，出口额将超过5亿美元；我国产品需求结构将不断优化，至2015年，枸杞健康食品占比将为47%，枸杞饮料占比将为30.9%，枸杞保健品占比将为14%，枸杞美容化妆品占比将为5.9%（见图13-12）。

依据产业发展规律，未来我国枸杞产业将呈现以下特点和发展趋势。

第一，产业供需矛盾进一步加剧，产业竞争将更为激烈。未来几年，枸杞种植面积和产量将大幅增长，枸杞干果等传统市场需求增速缓慢，枸杞功能性

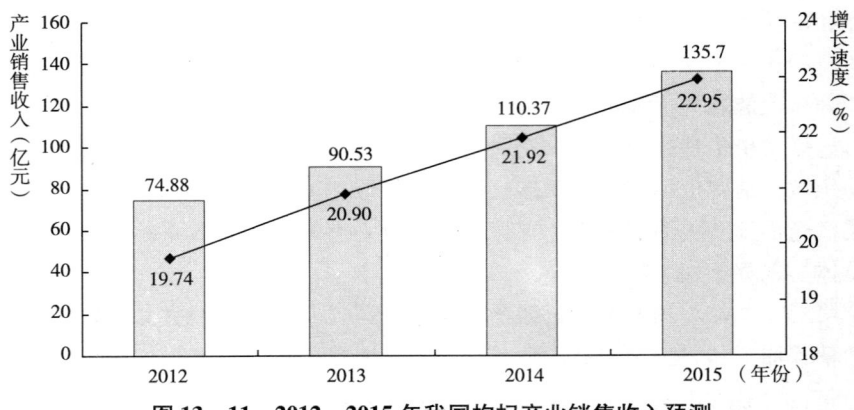

图 13-11　2012~2015 年我国枸杞产业销售收入预测

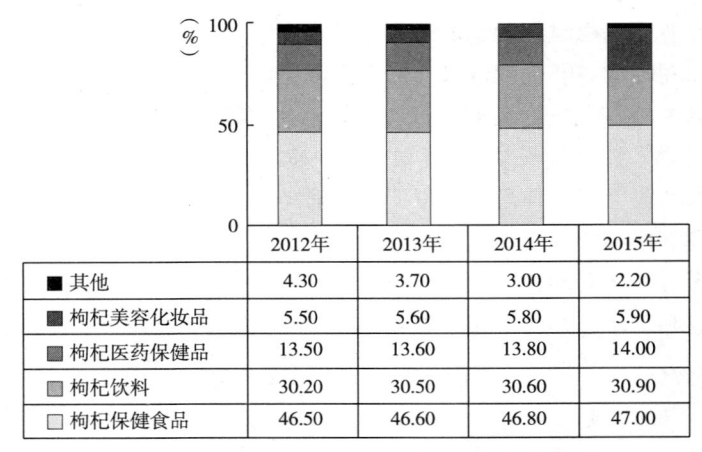

	2012年	2013年	2014年	2015年
■ 其他	4.30	3.70	3.00	2.20
■ 枸杞美容化妆品	5.50	5.60	5.80	5.90
■ 枸杞医药保健品	13.50	13.60	13.80	14.00
■ 枸杞饮料	30.20	30.50	30.60	30.90
□ 枸杞保健食品	46.50	46.60	46.80	47.00

图 13-12　2012~2015 我国枸杞市场结构预测

食品和保健品等新兴市场正处于培育发展期，短期内市场需求增长难以消化急速膨胀的枸杞供给。因此，未来枸杞干果等原料或初加工品价格将会回落，传统产品领域的竞争将会更加激烈。这也进一步加速枸杞产业转型升级的步伐，促使枸杞产业"纵向延伸"与"横向扩展"。

第二，创新成为产业发展的新动力。在枸杞产业发展初期供不应求条件下，劳动力和土地成为产业发展的关键要素。随着产业供求关系转换，需求日益多元化、高端化、个性化，客观要求产业加快创新，加快实现产业转型升级。未来创新驱动将成为枸杞产业发展新动力。未来创新重点：一是技术创新。主要包括枸杞病毒防害、机械采摘、保鲜运输、加工提取、高效加工控制系统、自动分级系统等。二是产品创新。根据市场需求，发展黑枸杞等珍稀品种，开发推广鲜食枸杞、叶用枸杞等功能性枸杞，推出独特风味的时尚枸杞食品，开发新型功能的医药保健品。三是包装运输创新。改变包装仅为单纯的保护和保存功能，更加注意枸杞包装的美观与环保。改变传统运输对枸杞果品质量的不利影响，更加注意冷链物流在枸杞产品运输中的应用。四是营销创新。改变"重生产、轻流通"的传统观念，更加注重市场创新，通过推广形象专卖店，注重网络营销等方式，突出区域品牌与个性设计，树立区域品牌形象。

第三，绿色化和生态化将成为产业发展新趋势。随着人民生活水平的提高和消费观念的转变以及环境污染和资源破坏问题的日益严峻，有利于人们健康的无污染、安全、优质营养的绿色食品已成为时尚，越来越受到人们的青睐，开发绿色食品已具备了深厚的市场消费基础。枸杞是健康绿色医药食品的典型代表，绿色化发展将成为枸杞产业未来发展趋势。相应地，实施产业生态化发展战略成为区域枸杞产业持续发展的必然选择。发展循环经济，构建枸杞产业循环发展模式，也成为实施枸杞生态化发展战略的有效实现途径。

第四，产业融合发展将成为未来枸杞产业新的增长点。产业融合是在经济全球化、高新技术迅速发展的大背景下，产业提高生产率和竞争力的一种新的发展模式和产业组织形式。枸杞产业与文化、旅游等产业融合，具有创新性优化效应、竞争性结构效应、竞争性能力效应、消费性能力效应和区域性品牌效应。因此，枸杞产业融合发展成为区域枸杞产业发展的新趋势，也将成为区域提升本地枸杞产业发展水平，加强产业关联带动作用，实现综合经济效益的战略选择。未来枸杞产业融合发展重点：一是信息技术与枸杞产业加速融合，枸杞产业信息化程度不断提高。"智慧农业"理念进一步强化，物联网、自动控制、遥感、生物技术将大量应用于枸杞种植、运输、加工、交易与检测等各个环节，枸杞产业"智慧化"步伐逐步加快。二是枸杞产业与第二、第三产业加速融合。枸杞产业将加速与农业、旅游产业融合，形成枸杞休闲农业、枸杞旅游、枸杞文化、枸杞餐饮等新兴产业。

第五，产业链将在全国范围内实现分化与重组，区域产业链分工进一步优化。竞争激烈的市场，将进一步推动枸杞各主产区之间的激烈竞争，加速资源在区域间的流动与优化重组。未来的区域产业链分工将形成以下特征：一是宁夏将凭借其产业先行优势，依托良好的产业基础，市场中心地位、技术优势、品牌优势成为全国枸杞产业种植基地、加工基地和市场中心。二是青海具有自然生态优势，具备发展原生态有机枸杞的天然优势。未来，青海将独树一帜，形成全国生态有机枸杞的优良产地和优质枸杞出口基地。三是甘肃、内蒙古与新疆枸杞种植面积不断扩大，将成为具有各自区域特色的新兴枸杞产业种植基地和加工基地。

第二节　中宁枸杞产业发展典型案例

"世界枸杞在中国，中国枸杞在宁夏，宁夏枸杞数中宁"。中宁是世界著名枸杞产地。中宁县政府在枸杞产业化发展过程中发挥了重要作用，也积累了丰富的产业管理经验，为海西州发展枸杞产业提供了有益的经验借鉴。

一　中宁枸杞产业发展主要经验及做法

中宁种植枸杞历史悠久，是我国枸杞产业发展的中心。目前，全县枸杞种植面积稳定在20万亩，占全国枸杞种植面积的13.3%，2012年全县干果总产量达到4.8万吨，占全国枸杞产量的24%。中宁枸杞加工业已经达到规模，聚集了全国80%以上的枸杞加工企业，形成了系列化、多元化枸杞产品。中宁拥有全国最大的现代化枸杞交易市场，已经成为全国枸杞交易的中心，"中宁枸杞"品牌深入人心，已经成为行业标志和象征。

中宁在枸杞产业发展过程中主要经验是：着眼长远规划，狠抓基础建设，强化品牌保护，突出内涵挖掘，塑造"中华杞乡"形象。主要做法如下：

1. 加快产业规划，明晰产业发展脉络

坚持把科学制定发展规划作为提振枸杞产业健康跨越发展的前提，着眼产业长远发展，加快枸杞产业顶层设计，积极与农业部规划设计研究院合作，精心编制《中宁枸杞中长期战略规划》，力促枸杞种植加工销售、基地市场品牌、鲜食保健药用、宣传文化科技等各个层面、环节工作的持续健康发展。

2. 狠抓基地建设，夯实产业发展基础

坚持把出口枸杞基地建设作为提振枸杞产业的重要举措，采取政府引导、政策扶持、科技支撑、企业参与等措施，促进枸杞产业基地建设。2012年全县新植出口枸杞2.2万亩，更新1万亩；全县无公害枸杞认定面积达15万亩，创建全国绿色食品枸杞原料生产基地10.41万亩，创建全国出口枸杞质量安全示范区4万亩。按照出口枸杞规范化栽培技术规程、道地中药材种植操作规范，对已建成的5个出口枸杞基地进行了苗木补植、道路硬化、渠道砌护、水利设施配套和绿化美化等改造提升工作。启动建设了国家级枸杞良种苗木繁育中心，在鸣沙镇牛角滩、中宁林场及红梧山联片建设国家级枸杞良种苗木繁育基地1000亩，力争将该中心打造成为枸杞新品种展示中心、新技术示范中心、新成果推广中心、现代农业标准化示范基地和观光休闲农业基地。

3. 强化科技支撑，提升产业发展水平

坚持把科技支撑作为提振枸杞产业的有力抓手，进一步加大科技创新力度，积极引进、实验、示范、推广枸杞病虫害统防统治、测土配方施肥、机械制干、机械拣选和绿色有机枸杞标准化生产等新技术，有力提高了科技贡献率。积极筹建中宁枸杞研究院，与北京普众理想生物技术研究中心签订了合作框架协议，计划2012年底完成筹建工作。与宁夏大学签订了宁夏大学枸杞职业技术学院合作共建协议，计划每年招收200名高职学生。建设宁夏出入境检验检疫局中卫办事处和枸杞质量国家重点检测实验室，提升出口枸杞质量检验检测水平。

4. 突出龙头带动，提升产业附加值

坚持把提高加工转化能力作为提振枸杞产业的关键环节，立足市场需求，从政策环境、项目建设、资金投入、人才支持等方面采取有效措施，积极研发以"宁夏红"枸杞酒为主的枸杞保健酒、枸杞浓缩蜂蜜、枸杞八宝茶、枸杞芽茶、枸杞软糖、枸杞罐头等科技含量高、市场竞争力强、利润回报相对较高的新产品，枸杞深加工能力明显增强。2012年，全县共扶持发展枸杞深加工企业24家，企业固定资产总值达6.8亿元；研发出枸杞果酒、枸杞籽油、枸杞花蜜等六大类30余种精深产品，培育出"宁夏红""早康""杞芽"等34个自主知名品牌，年深加工枸杞产品2.6万余吨，实现销售收入近10亿元，枸杞加工转化率达15%。

5. 搞活流通，增强产业发展动力

坚持把建立现代市场体系、发展多元化营销作为提升中宁枸杞市场竞争力和品牌影响力的重要途径，充分发挥中宁通南达北、承东启西的区位优势和"中宁枸杞"的品牌优势，切实发挥中宁枸杞商城作用，年枸杞交易量达4.5万吨，交易额达12亿元；中宁国际枸杞交易中心被农业部命名为定点农产品批发市场，建成后可实现年交易枸杞干果5万吨以上，中宁作为全国枸杞"集散地"、价格"晴雨表"、市场"风向标"的地位更加稳固。进一步健全完善以专业市场为依托、营销大户为龙头、小户为补充、外销网点及专卖店建设为重点的枸杞营销体系；在全国形成了以上海为主的东南区，以广州为主的华南区，以成都为主辐射重庆、长沙、武汉的长江沿线销售区、以兰州为主辐射西北各省区的西北区和以北京为主辐射东北、华北的华北区的五大销售市场，在全国140多个大中城市建立了稳固的中宁枸杞销售网点和"中宁枸杞专卖店"220家；中宁枸杞已成功打入中石化3万多家易捷便利店；枸杞产品还远销五大洲及美国、韩国及中国香港、澳门、台湾等30多个国家和地区。

6. 推进商标战略，放大产业品牌效应

坚持把品牌保护作为提振枸杞产业的重要手段，修订完善了《"中宁枸杞"中国驰名商标管理暂行办法》《"中宁枸杞"中国驰名商标包装物统一印制、销售管理办法》，进一步规范商标管理工作。深入组织开展枸杞采摘期间枸杞晾晒制干、病虫害防治、劳务用工、食品卫生、道路交通等安全生产综合治理活动，及时消除各种安全隐患，确保枸杞采摘季节生产安全，提高了中宁枸杞品质，促进了枸杞品牌保护工作健康发展。建立完善"中宁枸杞"中国驰名商标异地维权打击联合机制，坚持不懈地开展商标维权、枸杞市场清理整顿"百日行动"等活动，严厉打击硫黄熏蒸枸杞及销售假冒中宁枸杞等不法行为，全力抓好中宁枸杞包装物、标识的使用管理等工作，维护中宁枸杞产销市场经营秩序，有力维护了"中宁枸杞"品牌声誉。

7. 深入宣传推广，挖掘产业文化内涵

深入挖掘枸杞历史文化、医药文化、饮食文化、酒文化等方面的资源优势，创作"红枸杞"系列文学艺术作品，用文化提升内涵，以文化塑造杞乡形象。开通了中国枸杞网、"中华杞乡红动中国"新浪微博和"中宁枸杞"动态信息发布平台，及时宣传中宁枸杞产业发展的新动态和新资讯，大力宣传、推介中宁枸杞品牌优势和产品功能。培育了以枸杞博物馆、枸杞观光园为代表的杞乡风情，打造杞乡特色休闲旅游精品线路，并积极融入自治区精品旅游线路，推进景区交通、住宿、娱乐等基础设施建设，提升旅游接待能力和档次。加快电视剧《枸杞红了》拍摄的前期各项准备工作，进一步宣传和弘扬中宁枸杞文化，促进枸杞产业健康持续发展，努力把中宁打造成为全国枸杞文化中心。

二 中宁枸杞产业发展思路

未来，中宁枸杞产业的发展思路是：紧紧围绕将中宁打造成全国枸杞苗木繁育中心、科技研发中心、质量检测中心、人才培养中心、市场交易中心和文化中心的发展定位，切实促进产品增值、产业增效、农民增收，推动枸杞产业科学发展、创新发展、跨越发展，切实巩固中宁枸杞产业全国领军地位。

1. 打造国家级枸杞良种苗木繁育中心

加快各项工作进度，积极引进推广0901、ZM1等枸杞新品系种植面积，保障高标准苗木有效供给。完善《中宁县枸杞苗木生产管理办法》和《中宁县枸杞苗木质量管理细则》，加强苗木生产与管理。同时，按照出口食品农产品规范化栽培技术规程，高标准建设舟塔、清水河等有机枸杞示范基地建设，适

度扩张规模，提升基地建设水平。鼓励扶持企业连片建设高档次枸杞基地，妥善解决连片枸杞基地林带树木过密、个别农户插花种植，影响基地建设等实际问题，把中宁建设成为全国出口枸杞质量安全示范区，打造全国名副其实的枸杞精品基地和高产示范基地。

2. 打造全国枸杞科技研发中心

加快中宁枸杞研究院建设步伐，着力解决枸杞生产技术、病虫害防治、GAP 认证等方面实际问题。大力实施龙头带动战略，支持引导早康、宁夏红、红枸杞等企业采取合资合作、产品研发等方式，提高综合生产能力，延伸拓宽枸杞深加工链条，逐步向营养保健品、药品及化妆品等高端消费领域扩展。加快中国枸杞加工城建设进度，加大科技扶持引导，促进加工转化，提升整体实力，力促万盛、华宝、永寿堂公司等企业早日投产达效，力争将万盛、华宝等公司打造成为国家级农业产业化重点龙头企业。力争全县枸杞加工转化率达到30%以上。

3. 打造全国枸杞质量检测中心

加快修订中宁枸杞质量标准，进一步健全枸杞质量检测体系，严格市场准入、产品标识和产品质量追溯管理制度，积极申报中宁枸杞原产地保护标识。进一步加强枸杞质量检验检测，重点加大对全县枸杞化学投入品市场的清理整顿力度，示范和推广枸杞农残（二氧化硫）速测设备，切实提高枸杞干果的质量检测水平。依托宁夏出入境检验检疫局中卫办事处建设，建成枸杞质量国家级重点检测实验室，加强对出口枸杞质量的检验检测，全力提升枸杞出口竞争力。健全完善"中宁枸杞"中国驰名商标管理异地维权打假联合执法机制，清理整顿中宁枸杞专卖店和主销市场，严厉打击制售硫黄熏蒸枸杞和假冒中宁枸杞销售的不法行为，切实维护"中宁枸杞"品牌形象。

4. 打造全国枸杞人才培养中心

突出科技培训的重要地位，进一步加大枸杞生产尤其是出口枸杞基地生产技术培训力度，分层次、分梯度、分步骤科学培训，切实提升生产管理者的技术水平，提高出口枸杞生产基地综合生产能力和经济效益。进一步加大与大专院校的合作领域，加快建设宁夏大学中宁枸杞学院，充分发挥中国枸杞专项技能鉴定中心职能作用，通过技能培训和鉴定工作，在技术含量较高的生产环节实现持证上岗，为全国各地培养枸杞专业技术人才，着力构建人才支撑体系，打造全国枸杞人才培养中心。

5. 打造国际枸杞交易市场中心

尽快启用中宁国际枸杞交易中心，加快二、三期项目规划建设进度，整合县内市场资源，逐步健全完善产地市场、冷链储运、物流配送、农超对接等六大市场，切实加强枸杞市场监管，完善价格和交易量采集报告制度，及时掌握和通报价格及供求信息，牢牢掌握全国枸杞定价权和话语权，全力打造国际枸杞交易中心。同时，不断完善中宁枸杞产业集团母公司、子公司及松散型企业的机构设置，建立现代企业管理制度与法人治理结构，明确经营发展目标，扩大经营服务范围，使集团依法健康运营。

6. 打造全国枸杞文化推介中心

继续深度挖掘中宁枸杞历史、医药、饮食、保健等多种文化元素，采取形象代言、主流媒体宣传、节会展销推介等形式，大力开展中宁枸杞品牌宣传和产品推介，进一步提升中宁枸杞知名度和影响力，打响"中华杞乡"品牌。深入挖掘枸杞文化精髓和品牌、情感、文化和精神内涵，大力发展"中华杞乡"影视、文艺创作、文化体验等相关产业，积极组织创作、打造一批具有地方特色的影视、文学、书画、音乐、摄影等精品力作，把文艺精品搬上舞台、投向银幕、推向市场，着力打造全国枸杞文化推介中心。

第三节 海西枸杞产业发展条件评价

一 产业发展自然及要素条件

（一）自然条件

海西州地处青藏高原北部，青海省西部，面积30万平方公里，平均海拔3000米以上。海西全境处于西风带控制，由于受太阳辐射、大气环流及地理环境等因素的综合影响，形成较独特的高寒干燥的盆地气候。太阳辐射强，年日照时数均在3000小时以上，农作物生育期内平均日照可达8.5小时/日，易于植物光合作用和糖分积累。干旱少雨，气压低，含氧量低，枸杞等植物的病虫害相对较少。海西土地面积约占全省土地面积的47%，居青海全省第一位，且土壤类型多样，适应性广泛，为发展多样化种植业奠定了基础。

（二）生态条件

青海是当今公认的世界四大超洁净地区之一，海西则是三江源"中华水塔"重要的生态屏障。因此，海西生态地位独特且重要，海西工业污染少，水源、土壤没有污染，其保存天然的自然生态体系为当地发展生态农牧业提供了得天独厚的优势条件。

(三) 劳动力资源

海西州地区常住人口约 49 万人，其中，15～64 岁的劳动力人数比重为 78.68%，人口结构年轻，抚养负担较轻，劳动力资源潜力较大。而相对青海全境，海西州人均受教育水平较高，文盲率较低，6 岁及以上人口中未上学率仅 7.04%（青海全境为 13.51%），大专及以上比重超过 12.20%（青海全境为 9.35%）；15 岁及以上人口中文盲发生率为 7.15%，远低于青海全境的 12.94%。年轻的人口结构，较低人口抚养负担，较高的人口受教育水平，较低文盲发生率，和谐的民族关系，为海西州经济持续发展提供较为优良的劳动力资源。

二 产业发展历程及现状

(一) 产业发展历程

海西州枸杞产业起步较晚，从 20 世纪 60 年代发展以来，大约经历了三个阶段。

海西枸杞始于 1960 年前后，据《都兰县志》记载：1971～1972 年，诺木洪林业管理站种植枸杞树 3 公顷，共 5000 株，品种为宁夏中宁枸杞，其粒大、味甘、肉多，有很高的药用价值。据考 20 世纪 70 年代，毛泽东主席会见东南亚大使时赠送的礼品即是青海枸杞。综合而论，海西枸杞发展大体可以分为三个阶段。

第一阶段（20 世纪 60 年代～2000 年）是枸杞产业缓慢发展时期。2001 年以前，海西枸杞处于缓慢低水平发展阶段。2001 年以前，海西枸杞种植仅限于国有农场人工造林，栽培面积少，管理粗放，品种原始，产量少，效益低。以诺木洪农场为例，1985～1990 年，年均枸杞产量仅 2000 公斤，直到 1994 年才开始引进新的枸杞品种。

第二阶段（2001～2007 年）是海西枸杞初步产业化发展阶段。受国家退耕还林政策刺激，枸杞产业逐渐得到重视，龙头产业化企业开始引进宁杞号品种以及新的栽培管理技术，开启规模化、集约化种植。到 2007 年底，全州人工种植枸杞面积达 1.43 万亩，产量约 2000 吨，且枸杞品质上乘，合计产值 3600 余万元。

第三阶段（2008 年至今）是枸杞产业快速发展阶段。2008 年以来，海西州把枸杞产业的发展列为加大农业结构调整、加快农牧民增收、推动防沙治沙及生态农业建设的重点工程之一，在德令哈、格尔木、都兰、乌兰等地大规模种植枸杞。2009年，青海省经委发布《关于促进枸杞加工产业发展意见的通知》，明确提出按照扶持绿色产业、发展绿色经济的要求，以市场为导向，优化枸杞加工产业布局，建设规模化种植、标准化生产、规范化管理的枸杞种植基地；以培育枸杞加工龙头企业为依托，推进新技术的应用和科技进步，提升枸杞加工产业的综合实力；2011年初，青海诺木洪农场枸杞产业园建设总体规划通过专家论证评审，6月省农牧厅批复同意《青海诺木洪枸杞产业园区建设总体规划》，并定为省级特色产业示范园区。海西枸杞从此进入快速现代化发展阶段，种植面积、产能、产值以及精深加工能力迅速扩大。截至2012年底，全州枸杞种植面积已经达到29.01万亩，枸杞干果产量2.64万吨，枸杞标准化、绿色化、有机化种植取得了巨大成效（见图13-13、图13-14、图13-15）。海西州先后出台《关于绿色食品枸杞生产中严禁使用化学农药及食品添加剂的意见》，制定《柴达木绿色有机枸杞生产质量标准》《柴达木绿色有机枸杞生产技术操作规程》《柴达木枸杞标准》等一系列标准体系，全面开展枸杞质量安全生产工作。2012年，海西州6万亩枸杞达到标准化生产，枸杞绿色食品认证面积达到6.2万亩，有机枸杞食品认证面积达到4.47万亩。全州拥有枸杞种植加工企业19家，已经部分实现枸杞果的前期加工。

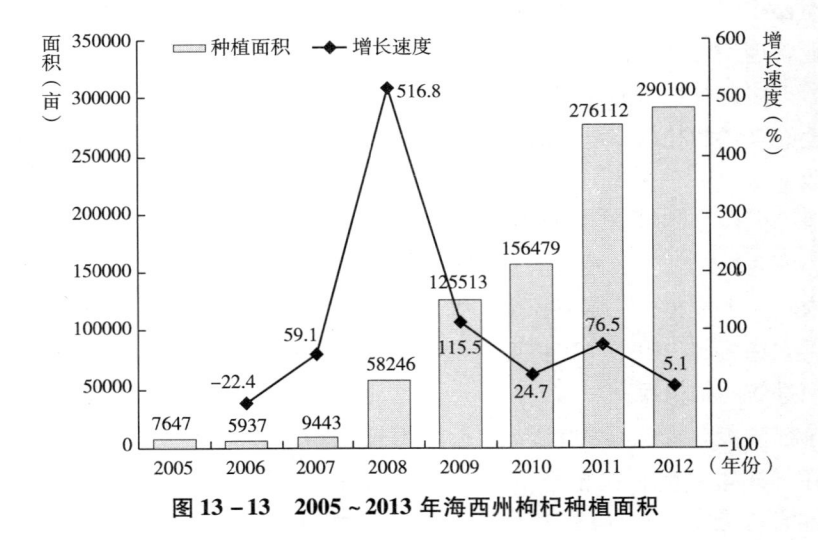

图13-13　2005～2013年海西州枸杞种植面积

（二）产业发展特点

近年来，海西州枸杞产业发展迅速，产业链逐步延伸，各产业环节取得巨大成绩，呈现以下主要特点。

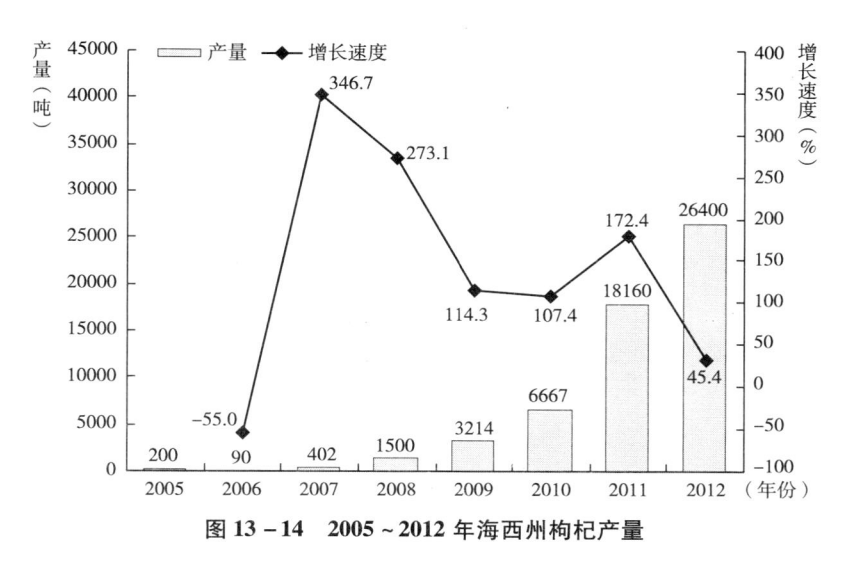

图 13-14　2005~2012 年海西州枸杞产量

图 13-15　2005~2012 年海西州枸杞产值

1. 种植规模急速扩大，规范化水平不断提高

海西人工改良栽培枸杞起步较晚，但人工种植枸杞起点较高，从一开始就是以国有农场（如诺木洪农场与德令哈农场）为主体的人工造林。自 2001 年随着国家退耕还林政策的实施，枸杞产业逐渐得到重视，以诺木洪农场和柴达木高科技药业为代表的州内农业产业化龙头企业开始引进宁杞号品种和栽培管理技术，并相继开启规模化种植。尽管海西州枸杞不论种植面积，还是产量都比宁夏小，但其产品质量却属上乘，在国内外市场赢得不少消费者的青睐。随着枸杞产业化进程的加速，海西得天独厚的资源环境优势渐次显现，后发优势

显著。2012年底，全州80%枸杞达到了无公害产品标准，90%柴达木枸杞达到特级以上，全州已认证枸杞绿色食品2个，认证面积6万余亩，认证有机产品2个，认证面积近4.47万亩。柴达木枸杞地理标志也已登记公示，区域品牌建设取得了重大成绩。

2. 加工转化快速起步，产业链进一步延伸

近五年来，伴随着海西州枸杞种植规模的快速扩大，海西州枸杞加工企业也从无至有，加工规模迅速扩大。2012年，全州有枸杞加工企业10家，加工种植企业5家，加工企业5家，具有一定的加工能力。目前海西枸杞加工尚处在初级阶段，形成规模加工能力的企业都为枸杞果的前期加工，精深加工少，产品科技含量不高，附加值低。枸杞籽油、枸杞多糖、枸杞原汁、枸杞籽油软胶丸、枸杞黄酮类的提取等枸杞精深加工还处于起步阶段，部分产品还处于空白，加工转化增值潜力巨大。

3. 市场渠道日益拓展，品牌影响逐步显现

得益于独特的自然与生态条件，海西枸杞品质优良，逐步受消费者的青睐。目前，海西枸杞已经初步形成了多元化、多层次的市场。在州内形成了以诺木洪为中心的一级批发销售市场，在德令哈、格尔木形成了零散的批发零售市场；在宁夏中宁枸杞销售市场形成了独立的青海枸杞市场，产品畅销全国各地；通过经销商，海西枸杞已经远销至中国港澳台、东南亚等国家和地区，逐步开启了欧美日韩等新兴市场。在品牌建设方面，诺木洪农场生产的"柴达木牌"和"诺木洪牌"枸杞干果曾荣获多项全国优质产品荣誉称号。在市场建设方面，2012年，海西州投资1000万元建设的诺木洪枸杞交易市场投入运营。

（三）产业存在的问题

近年来，海西采取种苗补贴、集中连片种植、配套推广滴灌等方式在柴达木盆地规模化种植枸杞，逐步使这一产业走上了集约化、效益型的发展之路。但是仍然存在以下问题和不足。

1. 资源成本较高削弱产业竞争力

近年来，作为传统的劳动力密集型的枸杞产业在海西地区得到快速发展，发展过程中除受制于资金、技术约束外，劳动力资源的短板也越发显著。每年枸杞采摘季节，当地劳动力严重短缺，不得不从甘肃、宁夏一带招引枸杞采摘工人。劳动力资源不足已经成为发展枸杞产业的关键制约因素。劳动力工资成本的上升，也进一步削弱了海西枸杞市场价格优势。此外，属于高寒、干旱的海西地区耕地资源相对有限，对未来产业发展空间形成强力约束。在工业化、城市化背景下，更是加剧了用地矛盾。

2. 市场短板成为产业发展瓶颈

海西州具有自然纯净的枸杞种植环境和良好的产品质量。但是因为海西州枸杞产业销售环节薄弱，市场营销手段和渠道单一，没有形成完善的市场体系、通畅的销售渠道、明晰的品牌形象和定位，影响枸杞产业竞争力的提升。

3. 技术落后制约产业转型发展

技术是产业转型升级的根本动力。海西州在枸杞育种、育苗、配套技术、加工工艺、设备、新产品、新技术的研发明显存在着研究机构少、基础薄弱、研究深度、广度不足等问题。全州从事枸杞研究的专业研究机构仅为海西州枸杞研究站一家。全州农牧部门从事种植业的技术人员105人，专业不对口的73人，能从事枸杞专业技术工作的仅4人，占全州从事种植业技术人员的3.8%。缺乏专门的研发团队，过低的研发水平，对枸杞科学育种、新品种开发、规范化种植、科学采摘存储、加工工艺等产业环节形成重大技术制约，影响枸杞产业的健康发展。

4. 尚未形成市场品牌效应

尽管海西枸杞以品质赢得了消费者的青睐，但直至目前市场上尚未出现海西州枸杞产品的明晰形象和品牌定位，远未出现"说枸杞即宁夏""宁夏枸杞甲天下"等品牌形象与认知。因此，海西枸杞品牌知名度、市场美誉度还有很大的提升空间。事实上，从品牌营销的角度看，要形成强势的品牌竞争力，除了产品本身的品质之外，急需挖掘品牌内涵，扩大品牌宣传，塑造品牌形象。海西枸杞知名度低，品牌效应微弱已经成为枸杞产业健康发展的瓶颈。

5. 战略思路滞后影响产业发展路径

思路决定出路，道路决定命运。海西枸杞产业发展正处于"前有狼，后有虎"的战略挑战关键时期。宁夏枸杞市场优势地位已经形成，正面临全国枸杞产业整合和占据产业链高端的战略任务，给海西州枸杞带来了极大的发展压力。新疆、甘肃枸杞产业快速增长，是枸杞市场新兴发展力量，发展后劲十足，对海西州枸杞产业形成巨大挑战。海西枸杞应该如何定位，应该走什么样的路子，已经到了影响海西枸杞产业战略发展的关键时刻。直到目前，海西枸杞产业发展的战略思路尚不十分明朗。过去几年重点在扩大种植规模，走数量道路，这种路子在市场供给急剧扩大的条件下，难以为继。因此，迫切需要海西州政府着眼全局，立足全国，面向国际市场，对海西州整体枸杞产业发展的战略定位、发展目标、空间布局和产业链发展战略进行全面的研究，以推动海西枸杞产业快速转型、跨越发展。

第四节 海西枸杞产业发展环境分析

一 优势分析

海西州枸杞产业发展拥有四大优势。

1. 独特的自然条件

柴达木盆地位于青藏高原,具有独特的气候条件,为枸杞种植带来特定优势。海西州属高原大陆性气候,日照丰富,昼夜温差大,可达12℃~15℃(高于宁夏的8℃~10℃),冬寒夏凉,干旱少雨,空气干燥,地表水、地下水资源较为丰富,自然条件有利于枸杞生长及有机物质、有效成分的形成和积累;耕地土质为灰漠钙土,多砂壤,pH值7.4~7.7,含氮0.076%~0.124%,磷0.089%~0.142%,钾1.6%~2.1%,有机质2.71%~5.26%,是枸杞种植的最优生产区之一,具备发展绿色、有机枸杞的优势条件;海西州寒凉、干燥的气候使枸杞病虫危害较少,远低于国内其他枸杞产区;海西州土地资源丰富,平整、集中连片,初步形成以都兰县、格尔木市、德令哈市和乌兰县为中心的四大种植区域,适合规模化生产和标准化布局,有利于推行"公司+基地+农户"的生产经营模式和实施大行距、机械化操作的栽培模式和统防统治的病虫害防治模式。

2. 纯净的生态环境

海西州地处"四大超净区"之一的青藏高原柴达木盆地,具有纯净圣洁的生态环境。"三江源"国家级自然保护区,自然植被完整无破坏,拥有国内最大、面积最集中的天然野生枸杞群落。柴达木盆地已经成为国家级循环经济发展示范区,推行循环经济模式,工业污染源得到有效控制,为发展绿色、有机枸杞创造了有利环境。同时,海西州枸杞集中种植区均远离城镇、工矿区,水源、土壤无污染,无农药和重金属残留,为生产绿色有机枸杞提供了无可比拟的天然条件。

3. 超群的果品品质

柴达木盆地丰富而独特的光、热、水、土资源,造就了柴达木枸杞丰富的种质资源、多样的品种和优良的品质。柴达木枸杞种源类型丰富,除了传统的红果枸杞外,还具有黄果枸杞和黑果枸杞。柴达木枸杞具有优良的品质,粒大、肉厚、籽少、色鲜,其商用品质、有效成分、营养价值多项指标高于国内其他产地。中国科学院西北高原生物研究所的检测数据显示,青海枸杞总糖、多糖、β-胡萝卜素、甜菜碱、总黄酮等功效性成分极高,其中,海西州枸杞多糖、β-胡萝卜素、甜菜碱、总黄酮的含量在全国枸杞主产区中均居于前2位（见表13-4）；青海枸杞水分含量高于其他产区，灰分和蛋白质与其他地区相差不大（见表13-5）；青海枸杞氨基酸含量在枸杞主产区中最高，为8.84%（见表13-6）；青海枸杞微量元素丰富，尤其是Mn的含量居枸杞主产区之首（见表13-7）。

表13-4　全国枸杞主要产区功效性成分对比

产　　地	多糖含量		β-胡萝卜素含量		甜菜碱含量		总黄酮含量	
	比重（%）	排序	mg/kg	排序	比重（%）	排序	mg/g	排序
新疆精河	3.61	4	8.18	3	0.54	6	2.87	6
内蒙古乌拉特	3.67	3	18.03	1	0.77	5	3.31	5
宁夏固原	3.51	5	7.59	4	0.84	3	4.41	1
宁夏中宁	4.39	2	3.04	6	0.76	4	3.84	3
甘肃靖远	3.19	6	5.47	5	0.98	1	3.68	4
青海柴达木	4.58	1	9.26	2	0.92	2	4.3	2

表13-5　全国枸杞主要产区枸杞水分、灰分、蛋白质含量

单位：%

产　　地	水　分	灰　分	蛋白质	除水分后的蛋白质含量
新疆精河	5.89	5.54	9.46	10.05
内蒙古乌拉特	6.08	4.49	10.55	11.23
宁夏固原	4.58	4.76	11.22	11.76
宁夏中宁	5.09	4.92	10.72	11.29
甘肃靖远	4.83	4.87	11.04	11.60
青海柴达木	6.64	4.15	11.18	11.98

表13-6　全国枸杞主要产地枸杞17种氨基酸含量测定结果

单位：%

含　　量	新疆精河	内蒙古乌拉特	宁夏固原	宁夏中宁	甘肃靖远	青海柴达木
必需氨基酸						
THR（苏氨酸）	1.14	0.51	0.54	1.05	0.53	1.62
VAL（缬氨酸）	0.23	0.23	0.20	0.16	0.29	0.12
LEU（亮氨酸）	0.79	1.19	1.04	0.54	0.75	1.10
ILE（异亮氨酸）	0.21	0.40	0.16	0.36	0.20	0.26

续表

含　　量	新疆精河	内蒙古乌拉特	宁夏固原	宁夏中宁	甘肃靖远	青海柴达木
PHE（苯丙氨酸）	1.11	1.13	0.98	1.26	1.39	1.01
LYS（赖氨酸）	0.07	0.03	0.04	0.01	0.02	0.02
MET（蛋氨酸）	0.25	0.29	0.05	0.14	0.04	0.36
非必需氨基酸						
ASP 天冬酰氨	1.12	1.30	1.58	1.18	1.72	1.12
SER（丝氨酸）	0.74	0.71	1.03	0.55	0.91	0.84
GLU（谷氨酸）	0.65	0.75	0.64	0.67	0.56	1.09
GLY（甘氨酸）	0.24	0.14	0.03	0.10	0.03	0.12
HIS（组氨酸）	0.49	0.35	0.12	0.09	0.19	0.17
ARG（精氨酸）	0.33	0.26	0.15	0.16	0.04	0.28
ALA（丙氨酸）	0.50	0.46	0.23	0.36	0.23	0.23
PRO（脯氨酸）	0.23	0.24	0.26	0.25	0.25	0.23
CYS（半胱氨酸）	0.07	0.08	0.30	0.06	0.42	0.06
TYR（酪氨酸）	0.28	0.44	0.75	0.23	0.81	0.20
T	8.46	8.51	8.08	7.16	8.37	8.84
E	3.81	3.77	3.00	3.51	3.22	4.48
E/T	45.05	44.36	37.12	49.06	38.42	50.75

注：T 为氨基酸总量，E 为必需氨基酸总量，E/T 为必需氨基酸占总氨基酸百分比。

表 13-7　全国枸杞主要产地枸杞微量元素的含量测定结果

单位：mg/kg

产　地	Cu	Zn	Fe	Mn	Ca	Mg	Na	K
新疆精河	9.92	13.37	88.32	5.11	828.95	729.60	272.0	14307
内蒙古乌拉特	9.55	13.70	205.74	5.62	779.78	787.32	206.8	11980
宁夏固原	7.24	12.63	113.01	6.13	777.10	803.73	251.9	12751
宁夏中宁	11.17	14.20	114.25	4.57	989.25	749.42	178.0	16211
甘肃靖远	7.82	12.46	134.85	5.48	882.90	779.50	175.3	12740
青海柴达木	8.36	13.26	126.01	8.05	1018.9	633.10	129.2	14565

另外，柴达木有机枸杞迈出重要步伐，为柴达木枸杞走出国门，开拓国际市场奠定了坚实的基础。2010年，柴达木盆地有2万亩枸杞种植基地获得国际有机认证，四种枸杞产品和鲜果获得农业部中国绿色有机食品认证中心认证。

4. 绚烂的历史文化

柴达木北依祁连、南靠昆仑，有八百里瀚海之称，是神仙福地、道教圣境、盐湖之王，是神秘多彩的"聚宝盆"。位于本区西南的昆仑山是昆仑神话的摇篮。巍巍昆仑，横空出世，被世人誉为万山之祖，亚洲的脊柱。西王母瑶池、昆仑神泉传说是西王母举行蟠桃盛会之所、酿制琼浆玉液的泉水。格尔木、德令哈、香日德、希赛、察苏五大绿洲镶嵌在盆地四周，宛若五颗碧绿的翡翠。还有历史悠久的吐谷浑文明、吐蕃文化，激情燃烧的当代"柴达木精神"。这些浑厚的、极具地域特色绚烂的文化资源，是海西州枸杞文化产业的源泉。

二 劣势分析

海西州枸杞产业发展面临三大劣势。

1. 经济规模不具优势

海西枸杞产业规模经济效应不足，在种植面积和产量方面与其他省区均有较大差距。2011 年，青海省枸杞种植面积 27.6 万亩，约占全国面积的 20%，是宁夏枸杞种植面积的 30%，新疆的 80%。由于地理与气候原因，青海枸杞采摘期较宁夏、甘肃等产区迟滞 1~2 个月，采摘期少于 2 次以上，其亩均产量偏低。2010 年，青海省枸杞干果产量在全国的比重仅为 2.4%（见表 13-8），为宁夏的 4.5%。同期，青海省枸杞出口量仅有 0.1 吨，而新疆枸杞和宁夏枸杞的出口量分别达到了 22.15 吨和 1624 吨。

表 13-8 2010 年全国枸杞主要产区产量及所占比重

单位：吨,%

产区省份	产 量	所占比重
内 蒙 古	16159	11.1
河 北	11986	8.2
甘 肃	14499	9.9
宁 夏	77638	53.2
新 疆	22302	15.3
青 海	3480	2.4
总 计	146064	100.0

2. 市场影响力比较弱

目前，区域内仅有少数生产企业有能力在保鲜、储藏、去除农药残留和产品开发等方面进行研发投入,大部分企业仅仅进行鲜果和干果的销售,产品深加工程度低、产业链较短、产品附加值低。同时,尚未形成比较完善的枸杞交易市场和市场营销体系,销售渠道比较单一,缺乏产品定价权,大部分枸杞还需贴牌宁夏枸杞,通过中宁枸杞批发市场进入流通环节,海西品牌建设滞后,品牌效应微弱,直接影响产品的市场占有率与影响力。

3. 产业公共服务体系不健全

随着枸杞种植规模的迅速扩张,枸杞产业公共服务体系不健全的问题日益显现,成为制约了枸杞产业发展的关键因素。主要表现是,海西州缺乏市场平台和市场公共服务体系;园区基础条件落后,缺乏有效的产业发展平台;产业劳动力市场发育不完善,劳动力流通不畅;融资与科技服务体系不健全,企业融资难,企业技术发展落后。

三 机遇分析

海西州枸杞产业发展将迎来三大机遇。

1. 国内外市场前景广阔

我国城乡居民的消费方式逐步由生存型向发展型和享受型转变,城乡居民消费结构中的食品消费比重下降,医疗保健消费的比重逐步上升,以枸杞为原材料的医药保健品市场需求也将逐年增加。这意味着青海省发展枸杞产业具有广阔的国内市场前景。在国际市场,枸杞消费已突破传统"中华文化"圈,逐步成为欧美消费者的新宠。欧美新兴市场的开启,扩大了国际市场需求空间,为海西发展绿色有机枸杞带来了新机遇。

2. 高端市场需求增长强劲

枸杞是药食同源的保健食品,以枸杞为原料的精深加工品是近年来高端食品与保健品消费市场的新贵。下游企业广泛分布在食品加工业、制药业、饮食业等多个领域,下游企业需求可以直接影响枸杞整个市场需求。近年来经济危机并未影响到以枸杞为原料的下游企业,行业发展稳健,行业发展前景依然良好。而柴达木枸杞因其优良的品质,必然会成为未来下游企业开发高端消费品而竞相争夺的精品原料。

3. 面临良好的政策机遇

围绕中国特色农业现代化道路的要求,农业部先后制定了《特色农产品区域布局规划》和《优势农产品区域布局规划》,规划指出各地应发展特色农业,引导特色农产品向最适宜区集中,依照"因地制宜、突出优势、强化基础、壮大产业"的总体思路,明确特色产品、加快培育优势产区,推动农产品空间集聚和产业升级整合，促进农业区域专业分工，深化农业结构性战略调整，将优势区域建成为发展现代农业的先行区和促进农民持续增收示范区。青海省确定了"东沙西杞"现代特色农业战略布局，制定了《青海省枸杞产业发展规划》，海西州制定了《海西州枸杞产业发展规划》，明确提出未来枸杞产业发展的目标、重要任务和保障措施。随着各级政府对发展区域优势农业的重视，必将为区域内枸杞产业进一步发展壮大带来新的发展机遇。

四 挑战分析

1. 市场竞争日趋激烈

随着全国枸杞产业的快速发展，国内枸杞市场格局必然发生深刻变化。当前不同省（区）之间的枸杞产品均是比较接近的替代品，彼此之间具有较强的竞争性。青海枸杞既面临发达产地宁夏利用其品牌与市场优势对其整合的威胁，又面临新疆、甘肃后起枸杞产地的追赶压力。尤其是宁夏枸杞，对柴达木枸杞品牌建设形成巨大压力。西北新疆、甘肃、内蒙古等地政府受到国家生态政策的鼓励和产业效益的吸引，纷纷将枸杞作为当地的特色优势产业，必将促使枸杞产量猛增，加剧市场竞争。随着欧债危机的持续影响，医药保健品的国际市场需求短期将呈萎缩态势，这在一定程度上增加了青海枸杞产品出口的难度，也加剧了青海枸杞产品与其他省（区）在国际市场上的竞争。

2. 生态环境压力日益加大

海西州以煤炭、石油、天然气、盐湖资源开采、冶炼、加工为主的工业快速发展，致使资源破坏和生态环境污染几率增大，也给绿色农业、有机农业发展所依赖的生态环境带来较大威胁。

第五节 海西枸杞产业发展战略分析

一 区域枸杞产业战略研究

采用 SWOT 分析框架，将海西枸杞产业发展的优势、劣势、机遇和挑战进行匹配，形成优势—机会战略（SO 战略）、劣势—机会战略（WO 战略）、优势—挑战战略（ST 战略）和劣势—挑战战略（WT 战略）（见表 13-9）。

表 13-9 海西州枸杞产业战略选择

内部因素 外部因素	内部优势（Strength） S1：独特的自然条件 S2：纯净的生态环境 S3：超群的果品品质 S4：绚烂的历史文化	内部劣势（Weakness） W1：经济规模不具优势 W2：市场影响力较弱 W3：公共服务体系不健全
外部机遇（Opportunity）	SO 战略	WO 战略
O1：国内外市场前景广阔 O2：高端市场需求增长强劲 O3：面临良好的政策机遇	借助政府的政策支持和资金支持，以日益扩大的市场需求为导向，发挥优势	紧抓市场发展与政策支持发展机遇，扩大生产规模，健全服务支持体系，培育品牌，弥补不足
外部挑战（Threat）	ST 战略	WT 战略
T1：市场竞争日趋激烈 T2：生态环境压力日益增大	发挥自然、生态、品质优势，挖掘文化内涵，定位高端化、精品化，坚持有机发展，突出产品特性，走差别化道路，化解威胁	借鉴经验，发挥后发优势，减少劣势，规避威胁

优势—机遇战略（SO 战略）

又称之为"增长性战略"，即海西州枸杞产业发展应该借助政府的政策支持和资金支持，发挥自身发展枸杞产业的区位优势和土地资源优势，坚持绿色发展道路，开发医药保健产品，满足市场需求。

劣势—机遇战略（WO 战略）

又称之为"扭转型战略"。海西州枸杞产业发展应该以广阔市场前景为着眼点，争取政府产业政策的支持，健全科技创新服务体系和金融服务体系，努力扩大生产规模，增强市场影响力。

优势—挑战战略（ST 战略）

又称之为"差异化经营战略"。海西州枸杞产业发展应该始终依托区位优势和土地资源优势，突出绿色生态品质，实施差异化经营战略，化解产业发展的威胁因素。

劣势—挑战战略（WT 战略）

又称之为"防御型战略"。海西州枸杞产业发展应充分借鉴其他省（区）特别是宁夏经验，发挥后发优势，科学规划，增强枸杞产业发展的后劲，努力减少劣势，应对挑战。

通过内外整合、综合分析海西州枸杞产业的发展环境，得出以下优势、劣势、机遇与挑战等关键性的战略影响因素。采用德尔菲专家咨询法，经过几轮咨询判断，可以发现：海西枸杞产业发展的内部优势要素较为明显，远大于劣势；未来面临较好的发展机遇，但面临更加严峻的外部挑战。基于此，可以判断：上述四种策略中优势—挑战战略所面临的条件，比较符合海西州未来一段时期面临的形势。因此，未来海西州枸杞产业发展应采取 ST 战略，即"差异化发展战略"。

ST 发展战略重点：

一是科技强杞战略。科技是产业发展的基本动力。枸杞科技是海西州枸杞实现种植品种多样化、差异化，种植规范化、标准化，加工品多样化、高附加值化的保障。海西州要实施"科技兴杞"战略，通过成立青藏高原枸杞研究机构，确立行业重大科技项目，整合省内外研发力量，强化枸杞科研与创新，创新体制机制，强化技术推广及应用，发挥科技对枸杞产业转型升级的推动作用。

二是质量立杞战略。质量是产业发展的基本要求。青藏高原独特的自然地理条件决定了海西枸杞具有成长为生态高端枸杞的基因与潜在优势。发挥青藏高原生态优势，打造高原生态高端枸杞是海西州实现枸杞特色化、差异化的必然选择。海西州要实施质量立杞战略，实施总量控制，发展鲜食枸杞与黑枸杞稀缺品种，优化产品结构；建设现代枸杞标准种植示范园，健全高原枸杞绿色、有机种植和质量标准管理体系，提高产品质量；探索有效的产业组织形式和循环产业发展模式，示范带动青海枸杞种植标准化、规范化、规模化发展。

三是品牌兴杞战略。品牌是产业价值链的高端环节。海西枸杞区域品牌尚未形成，面临宁夏枸杞品牌整合的巨大压力。实现市场与品牌突围，做响海西枸杞品牌，已成为海西枸杞产业差异化发展的重中之重。海西州要实施品牌兴杞战略，及早制定海西品牌战略，挖掘枸杞产品的品牌潜质，多渠道、多形式营销，打造"柴达木枸杞""原生态、高端、尊贵"品牌形象，提高国内外高端枸杞市场份额。

四是文化名杞战略。文化是产业的灵魂与精神表现。枸杞本身蕴含着丰富的历史文化，海西拥有绚烂多姿、独具地域特色的文化。枸杞文化与海西文化存有内在天然的交集，合二为一将可打造出独具特色的海西枸杞文化。这是实现枸杞产品差异化的重要实现途径。海西州要实施文化名杞战略，通过深掘青藏高原生态文化、民族文化、民俗文化，将其融入枸杞产业，与本地餐饮、文化、旅游紧密结合，形成独具特色的枸杞餐饮、枸杞文化旅游、枸杞创意产业，将海西州打造成特色鲜明的世界原生态枸杞文化创意中心。

二 战略思路

海西州枸杞产业发展的总体思路概括为"围绕一条主线、突出四大核心，抓住三大重点，实现一个目标"，即在科学发展观指导下，抓住国家实施西部大开发、青海提出"生态立省"与"东棘西杞"林业发展的战略契机，充分发挥高原自然生态优势，以促进枸杞产业转型升级、跨越发展为主线；推动科技强杞，增强产业转型动力；促进质量立杞，打造生态高端枸杞；推进品牌兴杞，提升市场影响力；促动文化名杞，丰富产业文化内涵；强化精深加工，纵深延伸产业链条；强化市场流通，拓展产业价值空间；强化招商引资，借力共推产业发展。通过努力，促进海西州枸杞产业集中、企业集群、经营集约，推动产业持续、跨越发展，将海西打造成为效益良好、市场高端、享誉国际的青藏高原世界生态枸杞产业基地。

三 战略定位

海西州枸杞发展必须紧紧围绕"青藏高原世界生态枸杞产业基地"的发展目标，突出四大核心，把握三个重点，打造在全国枸杞行业具有巨大影响力、在青海具有强大集聚带动功能的生态高端枸杞产业发展基地。总的考虑是：根据海西州枸杞产业独有的生态自然条件、超群的果品品质和在全国枸杞行业发展中所处的地位，实施高端突围，竞合共进战略，寻求差异化发展道路，与宁夏、河北、新疆、内蒙古、甘肃等枸杞主产区谋求错位发展。总之，海西州枸杞产业要力求突出定位高端、道路差异、方式创新，谋求科学战略定位。

——世界生态枸杞种植基地。顺应世界枸杞生态化、有机化发展趋势，充分发挥青藏高原"世界屋脊""生态环保""纯净天然"的地域优势和自然优势，以生态高端枸杞为细化目标市场，按照"原生枸杞，超群品质"的发展要求，实施总量控制，通过产业创新，扩大柴杞品种，发展鲜食枸杞、培育黑果枸杞，尝试功能性枸杞，优化产品结构；建设良好农业规范·（Good Agriculture Practices，GAP）基地，参照欧盟、日本等发达国家有机农产品标准，建立更为严苛的生态有机枸杞种植和质量标准体系；建设枸杞标准种植示范园，探索有效的产业组织形式，示范带动全州、全省枸杞种植标准化、规范化、规模化发展，逐步将海西建成世界生态枸杞种植基地。

——世界枸杞高端知名品牌。品牌是产品品质的象征和标志。面对宁夏"一杞独大"的市场格局，海西要科学定位，细分高端市场，充分发挥海西枸杞地域优势、生态优势和文化优势，突出"天然纯净""尊贵高端""保健养生"等品质内涵，加强品牌管理，建立从地头到餐桌的全产业链质量监控保障体系，充分利用现代媒体传播手段，多渠道、多方式、多层面广泛宣传，树立"雪域高原柴达木，天然枸杞养生果"的枸杞品牌形象，全力打造世界枸杞高端知名品牌。

——世界原生态枸杞文化创意中心。适应世界枸杞产业文化化的发展趋势，树立"泛枸杞产业"发展理念，立足海西本地，深入挖掘青藏高原生态文化、民族文化、民俗文化，找准对接点，与本地餐饮、旅游、文化紧密结合，弘扬高原枸杞特色餐饮文化，形成枸杞系列养生保健产品；开发枸杞文化旅游产业，形成海西枸杞精品旅游线路；发展枸杞文化创意产业，提升文化价值空间。促进形成枸杞餐饮文化、枸杞文化旅游、枸杞创意产业为主的枸杞文化产业体系，通过努力将海西州打造成世界原生态枸杞文化创意中心。

四　战略目标

在建设"青藏高原世界生态枸杞产业基地"战略定位指引下，围绕"一条主线"，通过突出"四大核心"，把握"三个重点"，逐步实现"三年出形象，五年大变样，八年扬品牌，十年名天下（世界）"的战略阶段目标。通过努力，2015年，枸杞产业产值实现65亿元，2020年，产值实现125亿元。

具体目标：

——产业经济总量持续增长。到2015年，枸杞产业实现年销售收入达到65亿元，年均增速达25%以上；2020年，枸杞产业实现年销售收入达到125亿元，2016~2020年年均增速保持在15%以上，成为青海省特色优势产业之一。

——规范种植水平不断提高。到2015年，枸杞种植面积稳定在30万亩，形成鲜食枸杞、黑果枸杞、功能性枸杞结构合理的产品体系，建立5000亩种苗繁育基地，完成10万亩枸杞有机食品基地认证工作，完善无公害、绿色标准体系，初步建立有机枸杞规范化标准体系。2020年，建立国家有机枸杞生产与质量标准体系，枸杞有机化种植普及程度达到60%。

——组织结构逐步趋于合理。2015年，枸杞加工企业实力将明显增强，率先在全国枸杞行业引进或培育上市企业1家，年销售收入亿元以上的龙头种植、加工企业2~4户，特色及配套中小企业10~15家，其中，有机肥、低毒高效农药企业2家，包装、仓储、物流企业3家，文化、旅游、餐饮企业3家，投融资、教育培训、信息咨询、法律服务等公共服务企业2~5家。至2020

年，形成世界行业内龙头企业 1~2 家，销售收入 5 亿元龙头企业 2~3 家，基本形成以龙头企业为主导，以中小企业为补充的现代产业组织体系。

——精深加工能力持续增强。不断提高枸杞产业加工水平，开发深加工产品品种。到 2015 年，枸杞加工产值将达到 28 亿元。枸杞深加工率达到 70% 以上，形成以养生食品、时尚休闲食品为主的产品体系。至 2020 年，枸杞深加工率达到 85% 以上，枸杞加工产值达到 65 亿元，枸杞保健医药与化妆品形成新的产品种类，行业销售额达到 5 亿元。

——科技创新水平明显提高。枸杞技术水平得到进一步应用和提升，关键技术应用达到国内先进水平，初步建成枸杞产业科技创新体系，至 2015 年，科技贡献率将达到 30% 以上。至 2020 年，形成枸杞产业科技创新体系，建成高原枸杞科技创新中心，科技贡献率达到 60% 以上。

——文化附加价值不断提高。不断促进文化与枸杞产业融合，逐步形成枸杞餐饮、枸杞文化旅游、枸杞文化创意三大产业。至 2015 年，枸杞文化产业销售额达到 10 亿元，2020 年，达到 20 亿元，使枸杞成为海西州新的城市名片。

——枸杞品牌效应逐步显现。加大枸杞品牌建设力度，至 2015 年，"柴达木枸杞"区域品牌知名度大幅提高，培育中国驰名商标或中国名牌产品 1~2 个，青海省著名商标或名牌产品 3 个。至 2020 年，建成国际枸杞著名品牌 1~2 个，全国枸杞行业排名前十品牌 2~3 个。

五　空间布局

（一）布局原则

1. 集约利用原则

产业空间布局要遵循集约化利用原则，综合考虑各地区资源禀赋及其发展空间。在有条件的地区增加土地、资金、技术和劳动力等要素投入，重视土地本身的资产属性，将其纳入整个已有的资源保护体系。在国家相关法律法规允许的范围内，最大程度实现产业用地结构合理化、最优化，使产业用地投入产出比和土地利用率最佳。同时，要结合产业特点，考虑资金、技术及劳动力等要素的供求状况，确保产业可持续发展，并实现各要素投入产出比最佳。

2. 产业集群原则

产业集群的核心是在一定空间范围内产业的高集中度，这有利于降低企业的制度成本（包括生产成本、交换成本），提高规模经济效益和范围经济效益，提高产业和企业的市场竞争力。因此，在布局产业时应在产业发展现状基础上引导产业项目向特定空间聚集，形成产业的区域化布局和专业化生产，发挥产业的集群效应；围绕优势企业和龙头产品，延伸产业链，增强产业配套能力，不断壮大产业实力，整合各种资源，形成稳定、持续的竞争优势集合体。

3. 可持续发展原则

进行产业布局必须注意节约资源和保护环境，防止资源过度开发和对环境的过度破坏。产业布局符合国家产业政策和上位规划对产业发展的总体定位和战略指导，既满足当前产业发展的需求，又为未来产业发展留有足够的空间。在尊重市场选择的前提下，正确处理产业发展与人口、资源、环境之间的关系，保证生态环境不被破坏，坚持经济效益、社会效益和生态效益相统一，以循环经济的发展理念，引导产业实现资源节约型与生态友好型布局。

（二）空间布局

1. 种植业布局

在海西州枸杞产业化发展战略思想指导下，结合海西州原有枸杞产业发展基础，以枸杞种植适宜区都兰县、格尔木市、德令哈市和乌兰县四个区域为中心，向附近宜林荒地、宜林盐碱地逐步延伸扩大，建设海西枸杞四大优势产区：以都兰为中心的都兰枸杞产区，以格尔木市为中心的格尔木枸杞产区，以德令哈市为中心的德令哈产区，以乌兰县为中心的乌兰产区（见图13-16）。

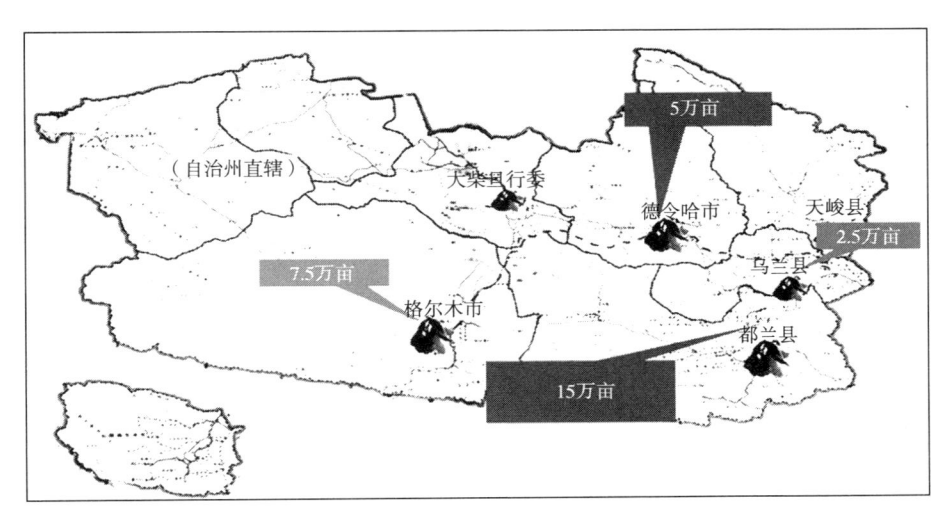

图 13-16　2015 年海西州枸杞种植布局

——都兰枸杞产区。以海西诺木洪优质枸杞种植示范基地为引领，在宗加镇、察苏镇、香日德镇和巴隆乡周边地区适度扩大枸杞种植规模，到 2015 年全县枸杞种植面积应扩大到 15 万亩。其中，诺木洪农场到 2015 年建成 10 万亩高标准枸杞产业示范园区，统一种植、统一管理，以先进的模式有序带动诺木洪及都兰枸杞产业发展。加强对产区内集中分布的 8.3 万亩野生黑果枸杞资源的保护及适度开发利用。

——格尔木枸杞产区。以大格勒乡、郭勒木德镇和河西农场为中心，逐步扩大规模，集中连片种植，到 2015 年枸杞种植面积为 7.5 万亩。

——德令哈枸杞产区。以怀头他拉、柯鲁柯镇和尕海镇为中心，以种植企业为引领，逐步扩大规模，集中连片种植，实现规模效益。到 2015 年枸杞种植面积 5 万亩。

——乌兰枸杞产区。以柯柯镇、茶卡镇和希里沟镇为中心，在现有枸杞产业发展基础的地区引入企业或种植大户，集中连片种植，扩大枸杞种植规模，到 2015 年枸杞种植面积 2.5 万亩。

2. 枸杞加工产业布局

在综合考虑海西州枸杞产业发展现状基础上，在枸杞种植、加工销售基础比较好的都兰县诺木洪地区、格尔木市和德令哈市的德令哈生物产业园区、诺木洪枸杞产业园区和格尔木现代农业示范园区布局枸杞加工企业。

——德令哈市绿色生物产业园区。园区发挥区位、科技、人才优势，主要布局枸杞养生食品、枸杞医药保健品和化妆品三大产业链，生产枸杞干粉、枸杞黄酮、枸杞酒、枸杞特色茶等系列产品。努力将德令哈市绿色生物产业园区建设成海西州枸杞加工产业中心。到 2015 年，园区应引入枸杞果酒生产企业 1~2 家，年生产能力达到 5000 吨；引入枸杞粉生产企业 1 家，年生产能力达 2000 吨；枸杞有效成分提取及加工企业 2~3 家，年生产枸杞黄酮 30 吨、枸杞多糖 30 吨、枸杞色素 10 吨、枸杞 β - 胡萝卜素 3 吨、枸杞籽油软胶囊 4000 万粒。

——诺木洪枸杞产业园区。发挥海西最大的枸杞产地优势，重点布局枸杞制干，枸杞浓缩汁、枸杞果酱等枸杞初加工产品，适度发展枸杞医药食品等精深加工产品链。努力将诺木洪产业园区打造成海西州重要的枸杞制干、枸杞食品饮料加工生产基地。到 2015 年，园区应引入枸杞浓缩汁生产企业 2~3 家，年生产能力达 5000 吨；枸杞制干企业 3~5 家，年制干果达 4 万吨；引入枸杞果酱生产企业 1~2 家，年生产能力达 1 万吨。

——格尔木现代农业加工示范园。发挥格尔木区位、交通与经济优势，重点布局枸杞休闲食品、枸杞医药保健品两大产业链，积极构建以枸杞精深产品加工为主导，特色突出、功能齐全、环境优美、体制先进、管理科学、运转规范的现代化农业加工示范园区。到 2015 年，园区应引入枸杞休闲食品、枸杞医药保健品生产企业 2~3 家。枸杞养生保健食品初步形成系列化产品体系，枸杞粉 2000 吨、枸杞浓缩果汁 5000 吨、枸杞芽茶 20 吨、枸杞豆奶粉 2000 吨、枸杞糖果、饼干等即食品 2000 吨。

3. 商贸物流业布局

适应海西枸杞高端市场定位，立足海西州枸杞产业发展基础，综合考虑区位、交通、物流与服务配套条件，构筑以格尔木高原有机枸杞交易物流中心为主，以都兰枸杞仓储物流基地、德令哈枸杞仓储物流基地为副的"一主两副"的交易物流分布格局，逐步建成公路、铁路、航空联运，形成衔接有序、相互配套、运转高效的立体综合交通运输网络。

——高原生态枸杞交易物流中心。在格尔木建设辐射青藏高原的高原有机枸杞交易物流中心，仓储库容达到 5 万吨，年销售枸杞干果 5 万吨，销售额达到 40 亿元。努力将其打造成为青藏高原生态有机枸杞制干、仓储、集散、物流、交易与信息中心。

——都兰枸杞仓储物流基地。在枸杞种植核心区都兰县诺木洪建设枸杞仓储市场交易基地，仓储库容达到枸杞干果 4 万吨，将其建设成为都兰枸杞主产区较大规模的区域性枸杞制干、仓储、物流基地。

——德令哈枸杞仓储物流基地。在枸杞种植主产区德令哈建设仓储库容为 1 万吨的枸杞制干、仓储、物流设施，承担德令哈周边区域枸杞仓储、物流功能。

第六节　海西枸杞产业发展策略研究

一　推动科技强杞，增强产业转型动力

实施"科技兴杞"战略，以青藏高原枸杞研究中心为载体，以科技项目为纽带，整合研发力量，创新体制机制，推广技术普及应用，实现科技与产业统筹发展。

1. 建设高原枸杞研发中心，打造研发与转化平台

以海西州农牧局农科所为基础，吸引政府、企业、高校、科研机构联合投资，以股份制模式建立高原枸杞研发中心。以市场为导向，以项目为纽带，实行技术有偿服务，广泛联系青海省农林科学院、宁夏林科院、中国科学院西北

高原生物研究所、宁夏国家级枸杞工程技术研究中心、青海大学、宁夏大学等国内外枸杞研究机构和行业龙头企业，联合开展行业重大课题、关键技术攻关，推动枸杞技术研发和应用。通过开展枸杞种质资源、育苗、栽培、病虫害防治及生物技术、枸杞产业化技术研究，努力将其建设成以高原枸杞为研究对象，集枸杞育种栽培、贮藏保鲜、精深加工、科技咨询、教育培训于一体的科技创新与成果转化基地，充分发挥其枸杞产业技术发展和产业竞争力提升的重大职能和作用。

2. 确定重点技术研究领域，联合实施科技攻关

从枸杞产业实际需求出发，及时收集和整理在枸杞产业化过程中遇到的各类技术问题，科学制定枸杞科研中长期规划和年度科研工作计划，确定技术研究领域，采取自主研发与引进相结合的方式，按层次、分重点，稳步有序推进技术研究工作（见表 13 - 10）。一方面，积极向上争取，组织企业申报国家、省、市各类科技、创新攻关项目，最大限度地争取国家、省的资金支持。另一方面，依托枸杞产业研发中心通过招标方式，整合国内枸杞产业研发力量，加强产、学、研合作，通过市场运作，促进一批产业需求、企业急需、科研亟待转化的重大项目的产生和运行。

表 13 - 10　海西州枸杞技术重点研究领域及主要内容

技术研究领域	主要研究内容	研究时序、重要性及方式
枸杞种质资源保护	枸杞种质资源保护	近期，关键，自主研发
枸杞品种选育	柴达木枸杞新品种选育	近期，重要，自主研发
	黑果枸杞品种选育与栽培	近期，关键，自主研发
	鲜食枸杞品种选育与栽培	近期，关键，自主研发
	专用型枸杞品种选育	中期，重要，自主研发
	土壤有机质提高技术	近期，关键，自主研发
种植技术	高原有机枸杞标准化种植技术	近期，重要，示范推广
	高原绿色枸杞标准化种植技术	近期，重要，示范推广
	高原枸杞丰产栽培技术	中期，重要，自主研发
	高原枸杞节水栽培技术	近期，重要，自主研发
	上杞下养种植模式	近期，重要，自主研发
	林杞间作模式	近期，重要，自主研发
	高原枸杞温室栽培技术	中期，重要，相结合
	枸杞循环种植模式及技术	近期，重要，自主研发

续表

技术研究领域	主要研究内容	研究时序、重要性及方式
管护技术	枸杞病虫草鸟兽害防治技术	近期，一般，自主研发
	枸杞专用营养肥	近期，一般，自主研发
	枸杞修剪技术	近期，重要，自主研发
	枸杞有机肥施用技术	近期，一般，自主研发
	枸杞田间规范化管理技术	近期，一般，自主研发
	枸杞专用生物农药	近期，重要，相结合
	枸杞灌溉技术	近期，重要，相结合
	枸杞旱作技术	近期，一般，自主研发
	枸杞"智慧农业"综合技术与开发	中期，关键、相结合
采收与贮藏技术	鲜食枸杞采摘技术	近期，重要，自主研发
	有机枸杞采摘技术	近期，重要，自主研发
	绿色枸杞采摘技术	近期，关键，自主研发
	枸杞专用采摘机械	近期，重要，相结合
	有机枸杞晾晒技术	近期，重要，自主研发
	绿色枸杞晾晒技术	近期，重要，自主研发
	枸杞网格式晾晒技术	近期，重要，示范推广
	枸杞鲜果脱水促干加工助剂	近期，一般，引进
	枸杞太阳能烘干技术	近期，重要，引进
	多区段热风循环枸杞干燥机	远期，一般，引进
	鲜食枸杞保鲜方法	近期，关键，引进
	枸杞气调保鲜技术	近期，重要，引进
	枸杞冷链物流技术	近期，重要，引进
	枸杞鲜果箱式气调保鲜方法	近期，重要，引进
	枸杞冷冻制干技术	近期，重要，示范推广
	枸杞质量检测技术	近期，重要，示范推广
枸杞深加工技术	枸杞医药保健机理研究	中期，重要，相结合
	枸杞黄酮提取制备技术	远期，重要，相结合
	枸杞干粉制备技术	远期，重要，相结合
	枸杞多糖提取制备技术	远期，重要，相结合
	枸杞籽油提取制备技术	远期，重要，相结合
	枸杞色素提取制备技术	远期，重要，相结合

续表

技术研究领域	主要研究内容	研究时序、重要性及方式
枸杞深加工技术	枸杞发酵酒制备技术	中期，重要，相结合
	枸杞浓缩汁制备技术	近期，重要，相结合
	枸杞保健茶制备技术	近期，重要，相结合
	黑果枸杞原花青素产品及其制备方法	远期，重要，相结合
	抗氧化黑果枸杞提取物制备方法	远期，重要，相结合
	干鲜枸杞益生菌饮料及其制备方法	中期，重要，相结合
	人参枸杞酒的制作方法	远期，重要，相结合
	枸杞补肾酒的酿造方法	远期，重要，相结合
	枸杞综合加工利用技术与工艺	远期，重要，相结合

*：按照时序划分为：近期、中期与远期；按照重要性分为：一般技术、重点技术、关键技术；按照研发方式分为：示范推广（已有技术）、自主研发、引进、自主与引进相结合。

3. 建立枸杞产业标准体系，提升产业发展层次

加快建设海西州枸杞产业标准化体系，推动枸杞产业规范化发展。一是按照国家无公害、绿色枸杞食品标准，积极开展无公害与绿色认证。大力开展中国枸杞良好农业（GAP）认证、欧盟有机认证和出口果园注册，提高海西州枸杞产业核心竞争力。二是对目前已经颁布实施的《柴达木绿色有机枸杞生产质量标准》《柴达木绿色有机枸杞生产技术操作规程》和《柴达木枸杞标准》等进行修改完善，参照欧盟、日本等国际农产品有机标准体系，结合海西州实际，建立枸杞从品种培育与选择、土水肥管理、病虫害防治、田间管理到农产品采收的地方有机枸杞果品生产标准与管理规范体系，并逐步创建国家有机枸杞生产与管理行业标准体系。二是抓紧筹建海西枸杞检测检验中心，按照国家与地方相关标准及要求，加强枸杞产地环境检测、产品安全检测和产品质量检测，把住枸杞产品市场准入关，对枸杞产品生产全过程的农药残留、有害重金属、土壤、水肥等进行监控，对产品质量及分级进行认定，逐步建立和完善地方、国家枸杞行业检测及质量认定与分级标准。

二　促进质量立杞，打造生态高端枸杞

按照"原生枸杞，超群品质"的发展要求，实施总量控制，优化结构与布局，建设枸杞标准种植示范园，健全高原枸杞种植和质量标准管理体系，探索有效的产业组织形式和循环产业模式，示范带动周边枸杞种植标准化、规范化、规模化发展，引领全省枸杞产品增质提效。

1. 优化枸杞产品结构，寻求差异发展道路

按照"原生枸杞，超群品质"的发展要求，细分市场，高端定位，大力发展天然无污染高端枸杞。实施总量适度控制，到2015年海西州枸杞面积控制在30万亩左右。继续扩大绿色枸杞种植规模，稳步发展有机高端枸杞，至2015年使其种植面积所占比重分别达到35%。至2020年，有机枸杞种植面积所占比重达到60%以上。以市场需求为导向，积极调整枸杞产品结构，重点推广普及"柴杞"系列优质品种，提高高原枸杞品质；坚持走差异化道路，积极发展鲜食枸杞，加快培育黑色枸杞，探索发展功能性枸杞，并尽快推动产业化，抢占市场先机，确立"高原鲜食枸杞，滋阴补阳之王""雪域黑美枸杞，紫艳水果女皇"的市场形象。至2015年，黑枸杞人工种植面积达到1万亩，鲜食枸杞种植面积达到4万亩，专用景观、榨汁、提取等功能性枸杞达到4万亩。通过努力，逐步形成多层次、多元化的枸杞产品结构体系。

2. 调整产业布局，优化四大种植区域

按照海西自然条件和枸杞种植分布现状以枸杞种植适宜区都兰县、格尔木市、德令哈市和乌兰县四个区域为中心，向附近宜林荒地、宜林盐碱地逐步延伸扩大，建设海西枸杞四大优势产区：以都兰为中心、面积15万亩的都兰枸杞产区，以格尔木市为中心、枸杞种植面积7.5万亩的格尔木枸杞产区，以德令哈市为中心、枸杞种植面积5万亩的德令哈产区，以乌兰县为中心、枸杞种植面积2.5万亩的乌兰产区。

3. 建设现代标准种植园，增强示范带动作用

按照良好农业（GAP）规范，通过完善道路、机井、灌溉等基础设施，推广起垄栽植、改土施肥、覆盖地膜、增温保墒、抗旱造林、无公害、有机栽培等技术，在格尔木、都兰、乌兰和德令哈四大产区建设15万亩柴达木枸杞规模化GAP生产基地，提高枸杞产业化种植水平。按照"打造精品、以点带面、辐射拓展"的发展思路，建设枸杞标准种植园、新品种示范园、有机枸杞示范基地，推广规范化种植。一是在四大产区分别建设3000亩枸杞标准种植园，通过引进高新农业技术、实施标准化种植和现代经营管理，示范带动周边地区枸杞连片、规模化发展。二是选择品质性能优良、市场效益较好、发展潜力较大的"柴杞"、黑果枸杞及功能性枸杞新品种，各建3000亩枸杞新品种示范园。通过科学化种植、规范化管理和产业化经营，集中展示新品种性能、个性化栽培技术、病虫害防治、水肥科学使用等内容，为农户提供优质、高产、高效新榜样，推动枸杞新品种的种植和推广。三是建设三个万亩有机枸杞示范园。以国内、国际高端市场需求为导向，符合欧、美、日、韩市场准入条件，建设连片万亩现代有机枸杞示范园。通过公司化运营与标准化管理，采用测土配方施肥、高效、优质、高产栽培、病虫害综合防治等先进技术，配套形成适合高原土壤、气候特点的有机枸杞的优质高效种植技术和经营开发体系。

4. 创新产业化组织形式，推动农业产业化经营

借鉴国内外经验，结合海西实际，创新产业化组织形式。一是鼓励枸杞种植、加工生产、销售等专业组织合作社，发挥各类行业专业组织在枸杞生产资料供给、技术推广、品牌打造、产品营销等方面的积极作用。二是积极引进龙头企业，依托龙头企业，构建产业利益共享，充分发挥农民、合作社、公司各方的主动性和专业特长的联合经营模式和产业组织形式。根据发展阶段，总结经验，探索形成"企业+基地""企业+专业合作社+农户""科研组织+基地+农户"等具有当地适应性的现代化经营组织形式，通过示范作用，带动海西枸杞种植标准化、规模化发展。

5. 构建循环经济模式，建设高效枸杞产业体系

树立生态理念，以枸杞循环产业示范区建设为重点，积极构建生态枸杞循环发展模式。一是遵循"减量化、再利用化、资源化"原则，构建以"科技创新、枸杞产业、多链条、高原、绿色、有机"为核心，将枸杞种植与牧业养殖、加工转换等紧密结合，集"种植业、养殖业、加工业、服务业、再生能源、水循环利用"为一体的枸杞循环产业模式。二是以无公害、绿色、有机枸杞为中心，进行产业结构优化，推广节水、水循环、有机肥制用等循环利用技术，推行农业"上果下养"种植模式和杞草间作模式，建立枸杞种植循环模式。三是以综合加工利用技术为核心，对枸杞枝、叶、果、根等进行综合开发利用，按照"产品关联""投入产出"关系，构建多条循环枸杞产品链，创建枸杞加工循环利用模式。

三　推进品牌兴杞，提升市场影响力

海西始终要在枸杞品牌建设方面下大功夫，尽快制定品牌发展战略，努力提高产品品质，充分挖掘枸杞产品的品牌潜质，多渠道、多形式营销，树立"柴达木枸杞""原生态、高端、尊贵"品牌形象，打造国内一流、国际知名高端枸杞品牌。

1. 品牌定位

当前，枸杞品牌市场呈现宁夏"一杞独大"的发展格局。2012年在全国排名较前的枸杞企业品牌，几乎全部被宁夏枸杞垄断。其中，"中宁枸杞"独占鳌头。青海枸杞具有高原生态的自然优势，但海西枸杞并未获得广泛的市场认可，与当前中国枸杞产业代言者"宁夏枸杞"的影响力相去甚远。因为特色鲜明的自然环境和天然优势的生态条件，青海枸杞具有超群的果品品质，具有成为高端枸杞的产品基础。因此，面对具有先发优势的宁夏枸杞品牌竞争压力，海西应综合采取"抢先占位"和"关联强势"策略，尽早尽快、依据优势、发挥特色、打造自身区域品牌。

依据自身优势及市场细分定位，海西枸杞品牌定位应该强调：①处于"世界屋脊"青藏高原所具有的独特自然环境条件（气候、土壤、水分、日照、矿物质等），这是青藏高原以外任何地区所不具有的优势；②突出高原文化、生态文化、昆仑文化与枸杞文化的融合特性，赋予产品区域文化、民族文化特性，增强高原枸杞文化的独一性和不可复制性；③突出与宁夏、新疆、内蒙古、甘肃和河北枸杞的差异性；④避开高原枸杞少季采摘的产量劣势，锁定高端，不求量多，以质取胜；⑤将青藏高原独特的自然、生态、文化优势以某一符号集中代表和体现，给人以直观印象。如柴达木盆地素有"高原聚宝盆"之称，既具有青藏高原标志性地理特征，又具有极高的认知度。同时，其盐化土质契合枸杞土壤生长要求。

基于此，海西州枸杞品牌定位为：世界原生态有机枸杞，国际高端枸杞的典范。

海西州区域性枸杞品牌具体名称为：柴达木枸杞。

2. 品牌内涵

打造与培育"柴达木枸杞"品牌，重点发掘品牌内涵，丰富品牌内容。柴达木枸杞品牌建设中应重点夯实其基本支撑点：

"天然、纯净（原生态）"——为青藏高原独特自然生态环境孕育造化，中国唯一，世界稀有。

"尊贵、高端"——超群的品质，有限的数量，限于高端的细分市场定位，尽显与众不同，尊显高贵气质。

"保健、养生"——枸杞卓越的保健性能，融汇高原文化、生态文化、昆仑文化孕育神秘魅力的枸杞养生文化，令其独领保健风骚。

通过柴达木枸杞品牌支撑点与差异化点的培育和发掘，最终凸显"雪域高原柴达木，天然枸杞养生果"的独特区域品牌形象。

专栏 13 - 1 海西枸杞品牌建设

——品牌名称：柴达木枸杞，简称"柴杞"；

——品牌支撑点："天然、纯净""尊贵、高端""保健、养生"；

——品牌差异化点："天然、纯净"及"尊贵、高端"；

——品牌形象："雪域高原柴达木，天然枸杞养生果"；

——总体品牌形象宣传用语：

①瑶母驻昆仑，百般觅柴杞；

②万山之祖，养生柴杞；

③天上人间柴达木，五行三界枸杞王；

④柴杞圣果，高原品质，圣洁吉祥，尊贵体验；

⑤海西枸杞王，阿慕皆格勒；

⑥朝圣山昆仑，品高原奇果。

——突出保健、养生、美容的品牌宣传用语：

①高原枸杞红，养颜新动力；

②独特品质，护航健康；

③三色枸杞，为多彩生活加油；

④五彩枸杞，品质养生；

⑤尊贵养生，始于柴杞；

⑥高原鲜食枸杞，滋阴补阳之王；

⑦雪域黑枸杞，绝色浆果皇。

3. 品牌管理

质量是品牌的基石，没有过硬的产品质量，品牌就成了无源之水，无本之木。因此，海西枸杞品牌管理工作核心是枸杞质量，要不遗余力地提高枸杞质量。首先要建立产品质量标准，从标准化规模发展、建立枸杞产业示范园、加大科技支撑力度等方面大力发展枸杞产业，实施好枸杞种植的 GAP 认证、有机认证、绿色认证工作，打造柴达木高原枸杞质量标准及评估体系，把海西枸杞打造成世界名牌产品。政府主管部门在优化海西枸杞区域分布的基础上，做好专用农资质量监控，产品质量追溯工作，杜绝产品农药残留超标。其次进行品类创新，在宁夏枸杞独霸天下的市场格局中，海西要通过品类创新打造产品质量和品牌，重新分割市场。品类创新上除了做好新产品开发外，更重要的是要做好产品系列化，营销针对化，积极开发养颜美容、养生益寿、滋阴壮阳、滋补益智枸杞系列产品。

4. 品牌传播

农产品品牌化过程中，对产品进行形象包装、品牌宣传和推广非常重要。其中，包装设计是体现品牌形象、档次的重要载体。柴达木枸杞包装设计在体现其"天然""纯净""高原""健康""养生""尊贵""高端"等特征时，必须避免传统农产品包装设计上的"质朴"与"老土"困窘。

品牌传播和推广，不仅要着眼于质量，更要充分挖掘海西枸杞的文化内涵。

要大做海西枸杞文化历史内涵文章，通过"概念—故事—文化"三个阶段，为柴达木枸杞注入更多的感性消费元素，激发消费者购买欲望。综合运用各种传播工具或手段进行立体式品牌传播推广，既要用电视广告、平面广告等比较直接的方式，又要用终端媒体化、公关借势、品牌植入、网络推广等比较委婉的方式，大力进行品牌推广，快速占据消费者心智。

渠道选择是品牌接触点的重要部分。柴达木枸杞应定位在"高端"与"尊贵"档次的产品，所选渠道和终端应与之匹配。在东部省份城市、机场设立高端形象连锁推广店、专柜，在中央电视台投放广告（可与旅游推广广告相结合起来），积极参加食品类、保健品类、奢侈品类国际会展进行国际形象推广。

四 推动文化名杞，丰富产业文化内涵

树立"泛枸杞产业"理念，立足海西本地，挖掘青藏高原生态文化、民族文化、民俗文化，将其融入枸杞产业，与本地餐饮、文化、旅游紧密结合，形成独具特色的枸杞餐饮、枸杞文化旅游、枸杞创意产业，通过努力将海西州打造成世界原生态枸杞文化创意中心。其战略任务为以下几方面。

1. 挖掘弘扬枸杞特色餐饮文化

以食药同源的枸杞为原料，结合海西地域特色餐饮，开发以养生保健、延年益寿、美容驻颜、强体益智为主题的枸杞家常菜、枸杞食疗保健菜及男性、女性、老年食疗保健菜等系列枸杞餐品、饮品、休闲食品、时尚食品。在产品宣传与推广上要突出一个系列一个功能主题，一个产品一个新颖故事的原则，最终形成独具特色的海西枸杞餐饮文化体系。

2. 发展枸杞文化创意产业

一是以枸杞文化为主题，建设枸杞主题公园和枸杞博物苑。建设枸杞主题公园，挖掘和营造枸杞文化底蕴和文化氛围。发展枸杞博物苑项目，集中展现海西枸杞的历史、传说、养生文化及种植、栽培、生产加工过程。二是以枸杞为创作题材，深度挖掘区域历史文化资源，拍摄反映海西区域文化历史和枸杞文化的纪录片、影视剧，借用"姚家大院"旅游模式，宣传海西枸杞。三是突出"中国枸杞之乡"城市形象设计，建设"枸杞之乡"地标性建筑物，以"枸杞大道""枸杞路""枸杞街"等凸显枸杞文化的名称命名新建道路、建筑、广场，栽培枸杞风景树种，布设枸杞道路文化景观，营造枸杞城市文化氛围。四是举行枸杞主题文化活动。与"中国养生文化会"、正在筹建的"中国枸杞产业协会"等机构联合举办中国枸杞文化节与旅游节、中国枸杞文化研讨会，扩大举办西部枸杞摄影大赛、枸杞采摘技术大赛、枸杞美食节等活动，挖

掘、继承和弘扬枸杞文化。

3. 大力发展枸杞主题旅游产业

结合海西独具特色的人文资源与自然资源，大力发展枸杞海西文化旅游产业，一是着力开发海西枸杞古老野生群落资源，打造以"金猴守杞""西王母杖"为亮点的枸杞旅游景点。二是培育枸杞文化旅游卖点，大力宣传"海拔最高的连片枸杞种植基地"吉尼斯纪录，申报乌龙沟世界最古老枸杞吉尼斯纪录。三是结合昆仑圣山筹建世界枸杞祈福基地。结合海西枸杞特色旅游景区，建设海西最美摄影基地。四是打造海西枸杞特色旅游线路：枸杞古老群落沟谷（金猴守杞）——枸杞休闲观光农业园——枸杞博物苑——枸杞加工工业旅游，融入海西旅游规划，并积极申报国家AAAA级旅游景点。五是加大营销力度，扩大枸杞文化旅游宣传。综合运用现代传媒与营销手段，在中央电视台密集植入广告，与地方各大电视台联合策划反映海西历史人文及枸杞文化的影视节目和专题片，邀请国内外知名影视公司及导演到海西拍摄取景，组建"中国海西枸杞文化创意网"，多渠道、多层次、多方式宣传推介枸杞文化旅游。

五 强化精深加工，延伸产业链条

积极引进国内外农业龙头企业，加大本地企业整合力度，培育形成以龙头企业为主导，以中小企业为补充的产业组织体系。定位高端市场，在巩固扩大绿色、有机枸杞干果优势的基础上，加快开发枸杞养生食品，积极发展枸杞保健医药品，探索发展枸杞化妆品。建设枸杞精深加工基地，促进产业集群化发展，努力将海西建成全国重要的枸杞生产加工基地。

1. 培育壮大龙头企业，扶持特色中小企业

以资本和品牌为纽带，通过兼并、联合、重组等形式，加速推进海西州本地形成3~5家知名品牌和自主知识产权、核心能力较强的枸杞企业集团。抓住市场时机，率先在全国枸杞行业培育一家上市企业，以扩大在整个行业的影响力和整合力。发挥海西州枸杞资源和特色农产品优势，实施产业链招商战略，引进国内外知名大型企业2~3家，加强研发，创新产品，打造品牌，创建行业旗舰龙头，引领特色农产品加工产业向纵深发展。完善中小企业服务体系，提高与大企业配套能力，促进中小企业按照特色农产品产业链分工向"专、精、特、新"方向发展。

2. 延伸产业链，发展高附加值产品

遵循产业价值链演进规律，定位枸杞高端市场，与青藏高原旅游相结合，对枸杞果、柄、叶、根、籽进行综合加工利用，生产枸杞红色素、多糖、超细

枸杞柄粉、枸杞叶茶、枸杞油、膳食纤维等系列产品，大力推进枸杞精深加工（见表13-10）。按照市场需求重点发展四大类系列产品。一是结合高原传统特色餐饮文化，大力开发枸杞家常菜、枸杞食疗保健菜，弘扬高原枸杞养生文化。二是顺应"现代、时尚、方便"餐饮潮流，着力发展以特色高端枸杞酒、枸杞饮料和枸杞休闲食品为代表的现代枸杞时尚休闲食品。三是加快枸杞功能性成分研究，积极培育以各类提取物为原料的医药保健产品。重点提取枸杞子多糖、枸杞色素、枸杞β-胡萝卜素、枸杞玉米黄素以及相关系列医药保健产品。四是与旅游相结合，联合生物医药企业共同研发，探索开发系列美容化妆品。

3. 建设精深加工基地，促进产业集群化发展

按照"龙头引领、项目支撑、园区承载、集群发展"思路，根据"企业循环生产、产业循环组合"原则，完成诺木洪枸杞产业园区、格尔木现代农业加工示范园区和德令哈生物产业园区建设工作。通过加速园区基础设施建设，增强园区承载能力，通过强化集群"软"件，制定财税、土地、投资等优惠政策，以优质服务和完善的产业配套，吸引企业入驻，促进产业迅速集聚。至2015年，力争8～10家企业入驻，实现加工产值15亿元。通过努力将三大园区打造成以枸杞精深产品加工为主导，特色突出、功能齐全、环境优美、体制先进、管理科学、运转规范的现代化工业园区，成为全国闻名的枸杞产品深加工中心。

六 强化市场流通，拓展产业价值空间

专业仓储物流是枸杞质量的重要保证，畅通的市场渠道是枸杞产业价值实现的核心环节。海西要实施市场流通战略，发展现代枸杞专业物流，建设枸杞市场网络。

1. 促进枸杞专业物流发展，打造高原生态枸杞物流交易中心

适应未来海西枸杞高端市场定位，立足海西州枸杞产业发展基础，综合考虑区位、交通、物流与服务配套条件，构筑"一主两副"的仓储物流分布格局。在海西格尔木建设辐射青藏高原的有机枸杞交易物流中心，仓储库容达到5万吨，年销售枸杞干果5万吨，努力将其打造成为青藏高原生态有机枸杞制干、仓储、集散、物流、交易与信息中心；在枸杞种植核心区都兰县诺木洪建设枸杞仓储市场交易基地，仓储库容为枸杞干果4万吨，将其建设成为都兰枸杞主产区较大规模的区域性枸杞制干、仓储、物流基地；在枸杞种植主产区德令哈建设仓储库容为1万吨的枸杞制干、仓储、物流设施，承担德令哈周边区域枸杞仓储、物流功能。

加大对农产品冷链物流理念的普及，在海西重点扶持一批组织管理规范化和带动能力强的龙头企业、专业合作社，推动大型企业和枸杞种植协会在产地和销地建设预冷库。针对区内有机、绿色枸杞种植优势，通过引进或自行培育形成 2~3 家经济实力雄厚、经营理念和管理方式先进、核心竞争力强的第三方大型冷链物流企业。

2. 利用枸杞产业发展优势，构建枸杞冷链物流网络

依托格尔木机场、青藏铁路和青藏、青新、敦格和 109 国道等公路运输网络以及格尔木市高原生态有机枸杞物流中心、都兰与德令哈枸杞物流基地等物流枢纽，充分利用枸杞产业集聚优势，以冷藏集装箱运输为重点，发展多种交通工具联运，建设以第三方冷链物流龙头企业为中心，以格尔木市、诺木洪地区和德令哈市物流企业为节点的枸杞冷链物流体系；建设以格尔木市枸杞交易市场实物和电子交易为核心，以其他枸杞大型商贸流通综合市场为节点的枸杞交易系统。

3. 构筑枸杞冷链物流安全体系，强化冷链全过程管理

完善仪器设备和检测手段，研发推广农药残留快速检测技术，充实检测力量，提高检测能力。重点研究、制定和推广一批枸杞冷链物流操作规范和技术标准，建立以 GAP（良好种植规范）、GMP（良好操作规范）、HACCP（危害分析和临界点控制）、SSOP（卫生标准操作程序）为基础的枸杞标准化示范园，实施州内枸杞产业的全生命周期和全过程品质控制管理体系，积极推行枸杞质量安全认证和市场准入制度。

建立健全枸杞质量安全执法检测机构和自律检测机构，在州内农产品生产基地、冷藏中心、加工生产线、物流交易中心、批发市场、农贸市场和连锁超市也要建立速测点，要建立定期随机抽查检测制度，保证果品安全状况信息的客观准确。同时，加强各相关企业温度监控和追溯体系建设，实现果品在生产流通各环节的品质可控性和安全性。

4. 立足海西枸杞销售条件，积极开拓国内外市场

依托海西州格尔木市高原生态枸杞交易中心、诺木洪与德令哈枸杞仓储物流基地和区内大型龙头企业以及知名品牌运营商，联合专业协会，有组织、有计划地开拓市场，整合市场渠道，建立层次合理、分工有序的国内外区域市场销售网络。积极筹备成立枸杞出口促进机构，通过对出口商进行许可证管理，设定质量、分级和包装的标准，促进枸杞的出口。要以日、韩为核心，以东南亚各国高端市场为重点，以欧、美新兴市场为未来增长目标市场，积极开拓国外有机枸杞高端市场。鼓励组建枸杞进出口企业集团，鼓励大型农业龙头企业"走出去"，通过跨国合作、联营等形式开拓国际市场。在国内以上海为基地，开拓华东地区市场；以广州为基地，开拓华南市场，包括香港、澳门、台湾等地区；以北京为基地，开拓华北和东北市场；以成都为基地，开拓西南市场。依托现有的枸杞销售渠道和"柴达木枸杞"品牌在国外市场的影响力，至2015年，海西州出口有机枸杞比重将达到海西州枸杞年总产量的20%以上，建成覆盖亚太和世界其他主要枸杞消费地区的柴达木有机枸杞交易物流营销网络。

七 强化招商引资，借力共推发展

发挥政府主导职能，优化服务、营造良好的招商引资环境，打造枸杞产业发展平台，制定产业链招商战略，整合资源、提升招商项目整体优势，创新招商激励机制与方式，多路并举、创新招商引资机制，瞄准重点企业与龙头企业实施重点突破，争取到2015年招商种植龙头企业5家，精深加工企业5家。

1. 筑巢引凤、优化配套服务，营造良好招商引资环境

一是强化舆论宣传。在海西农业信息网及报刊、广播、电视等新闻媒体上开辟专栏，宣传招商引资相关政策和成功典型。二是优化服务环境。着重对招商引资项目优惠政策落实情况进行督查和跟踪服务。三是实行政策优先优惠。海西各级农业部门把本地出台的农业招商优惠政策汇编成册，让投资者全面了解投资环境。对招商引资突出的企业在龙头企业认定和项目安排等方面优先考虑，对本地工商企业新成立的枸杞加工企业和招商引资引进的枸杞加工企业固定投资额达2000万元以上的，可以直接列入市级龙头企业，符合条件的优先申报省级龙头企业。对招商项目引资成效显著的县市区，在农业项目安排和有关专项资金分配上给予政策倾斜和支持。

2. 完善配套措施，搭建招商平台，突出企业和园区的招商主体地位

充分利用国内外重大专业会展及经贸投资洽谈活动等平台，集中展示和推介海西的枸杞产业和投资环境。对重要特色农业经贸节会和投资洽谈活动，招商部门要负责组织参加招商，相关职能部门和各县区要整合力量，集中宣传展示海西投资环境和重点产业，提高节会招商的成效。要高度重视海西主办的大型节会活动在招商引资中的作用，充分利用与外地建立的各类友好合作平台，创新招商活动方式，深化政府、企业等多层面合作招商。

以市场为导向，鼓励企业整合资源、发挥优势，谋划、论证好的招商项目，外引内联，引进各类投资，促进企业不断发展壮大。要鼓励"以企引企、以商引商"，鼓励本地企业与外地企业合资合作，通过股权置换、并购、合资合作等方式，引进国际知名品牌和先进技术、经营理念和管理经验；鼓励外来投资者动员各种关系的客商或上下游产品关联企业共同来投资。各类枸杞种植基地和加工园区要充分发挥园区作为招商载体的作用，以招商引资促进园区发展。

3. 实施产业链招商战略，突出重点，设计个性，定向招商

在细分枸杞全产业链的基础上，分析海西枸杞产业各产业链环节发展水平与市场竞争力状况，制定细致的产业链招商方案，锁定潜在目标企业进行重点投资需求意向分析，重点招商，其中对世界、国内知名农业企业适时建立战略投资者信息档案库，确定专人定期联络。同时要加快制定吸引战略投资者的产业发展规划，积极吸引大公司、大集团到海西设立生产基地、研发中心、采购中心和地区总部。每年根据海西枸杞产业发展及各产业链发展水平，编制和包装一批招商项目，做到有项目可招，积极参加国家及省农业展览会，经贸洽谈会等活动，捕捉商机。

4. 创新招商机制

把握新一轮产业转移的新动向，适应经济发展和资本流动的新特点，在坚持"走出去、请进来"基本方法的同时，努力实现"三个转变"，即招商推介内容从单纯宣传优惠政策向推介优势资源、投资环境和投资商机、投资前景转变；招商模式从传统的、全面开花式的、组团式的招商向产业招商、主题招商、园区招商、项目招商、以商招商、上门招商、驻点招商、委托招商、小分队招商、网络招商转变；招商方法从企业或政府各自为政向以企业为主、政府推动的政企联动转变。

实现以政府为主向以企业为主转变。加大奖励力度，搞活机制。整合政府部门招商资源，发挥政府招商部门的作用。要按照市场化、专业化运作思路，创新灵活市场化招商机制。聘请一批熟悉行业发展，对外联系广泛，有较强推广介绍能力的招商人员开展专业化、定向化招商。要加强与招商中介机构、省内外各商会的联系，在重点地区有针对性地聘请专业中介组织实施中介招商和委托（代理）招商，针对重大项目，开展小分队招商。

5. 建议招商引资方向

根据海西枸杞产业发展重点方向，以及产业链发展重点，海西枸杞产业招商引资的方向为：科研技术、种植生产、精深加工、品牌与市场策划。其中科研技术类招商是为了实施科技强杞战略，为枸杞产业转型提供动力；种植生产类招商是为了实施生态兴杞战略，为枸杞规范化种植生产提供载体；精深加工类招商是为了实施产业链延伸战略，为枸杞产品持续增值提供保障；品牌与市场策划类招商是为了实现品牌战略，为枸杞产业价值空间拓展提供动力。表13-11提供了一个按照枸杞产业链环节分类的招商引资企业推荐名录表及推荐重要性指数。

表 13-11 海西枸杞行业招商推荐目标企业名录（节选部分）

序号	企业名录	所在省市	主营业务	招商方向	推荐指数
一 科研技术					
1	青海省农林科学院	青海西宁	围绕青藏高原生物育种、生物技术、园艺、植物保护、土壤肥料、林业、野生植物资源等领域展开研究	枸杞测土配方、环境评估和枸杞育种	★★★★
2	中国科学院西北高原生物研究所	青海西宁	针对青藏高原日趋恶化的生态环境和区域经济持续发展面临的重要问题，开展生态环境保护与建设、生物资源持续高效利用研究	枸杞生物资源联合开发与新品种选育	★★★★
3	青海大学农牧学院	青海西宁	依托青藏高原独特的生态环境和资源，积极开展科学研究，在高寒草地畜牧业可持续发展及生态保护、高原花卉栽培及育种、食用菌栽培、土壤与肥料等方面形成了自己独有的学科优势和稳定的研究方法	联合培养枸杞育种、种植、加工、现代营销与行业管理等中高级行业人才	★★★
4	宁夏农林科学院	宁夏银川	按照"良好农业种植规范GAP标准"建立万亩枸杞示范园区（其中有机枸杞基地40公顷），是"宁杞1号""宁杞2号""三倍体无籽枸杞""宁杞菜1号"等新品种的发源地，其中，"宁杞1号"枸杞荣获"中国新科技成果、专利技术专利产品博览会"金奖，已在全区推广3万公顷、全国推广6.4万公顷，是我国当前主栽的枸杞当家品种。宁夏农林科学院枸杞研究所也因此成为国家科技部授牌"中药现代化科技产业基地"、自治区人民政府认定的"优质枸杞种植加工基地"，自治区农业产业化龙头企业	高原枸杞种质资源保护与开发、新品种选育、枸杞工程技术研发	★★★★★
5	西北农林科技大学	陕西杨凌	中国农、林、水学科最为完备的高等农业院校。现设与枸杞相关专业为植物病理学、土壤学、农业水土工程、果树学、农业经济管理、作物遗传育种、农业昆虫与害虫防治、旱区作物高效用水国家工程实验室等	枸杞育种、种植、加工	★★★★

续表

序号	企业名录	所在省市	主营业务	招商方向	推荐指数
6	陕西轻工设计研究院	陕西西安	主要从事农业新产品开发、建设可行性研究、施工设计、产品质检等一条龙服务。先后承担了许多大中型酒厂、保健品厂、中药厂、食品饮料厂等可行性报告编制、技术改造、建厂设计、产品开发、提高产品质量等项目研究	枸杞深加工、枸杞制干技术及设备	★★★
二　枸杞种植、加工					
1	中粮集团有限公司	北京	中粮持续名列美国《财富》杂志全球企业500强，居中国食品工业百强之首。中粮已经形成诸多品牌产品与服务组合：福临门食用油、长城葡萄酒、金帝巧克力、屯河番茄制品、家佳康肉制品、香雪面粉、五谷道场方便面、悦活果汁、蒙牛乳制品、大悦城Shopping Mall、亚龙湾度假区、雪莲羊绒、中茶茶叶、金融保险等。农林特产品涉及面粉、大米、葡萄酒、果汁、茶叶、蜂蜜等。目前，尚未涉足枸杞行业	投资枸杞精深加工、枸杞食品、枸杞果汁、有机蜂蜜	★★★★
2	中国联想控股	北京	经过29年的发展，联想控股从单一IT领域到多元化，到大型综合企业，历经三个跨越式成长阶段。2011年，联想控股综合营业额1831亿元，总资产1505亿元，员工总数约45000人。目前联想控股采用母子公司组织结构，业务布局包括核心资产运营、资产管理、"联想之星"孵化器投资三大板块。其中，核心资产运营是联想控股实现中期战略目标的支柱业务，包括IT、房地产、消费与现代服务、化工新材料、现代农业五大行业。佳沃有限公司、华夏联成（优质猕猴桃）、青岛沃林蓝莓果业农业板块的三大公司	投资高端有机种植、枸杞贸易、加工与销售	★★★★★
3	宁夏香山酒业（集团）有限公司	宁夏中卫	保健营养型枸杞低度发酵酒、枸杞干红、枸杞爽口酒、枸杞精胶囊、抗癌药物	枸杞酒业	★★★

续表

序号	企业名录	所在省市	主营业务	招商方向	推荐指数
4	宁夏百瑞源枸杞产业发展公司	宁夏银川	枸杞种植、加工、进出口贸易、枸杞文化旅游综合业务	有机枸杞种植、加工与文化旅游开发	★★★★
5	上海中药制药技术有限公司	上海	枸杞复合片	枸杞保健医药	★★★
6	上海绿谷制药有限公司	上海	枸杞胶囊	枸杞保健医药	★★★
7	上海汇慈实业集团	上海	枸杞干果、枸杞饮料、枸杞浊汁、枸杞清汁	枸杞加工	★★★
8	陕西方舟制药有限公司	陕西西安	枸杞干果、枸杞鲜汁、枸杞饮料、枸杞冻干粉、膨化枸杞、枸杞多糖胶囊	枸杞食品	★★★★
9	荣成百合生物技术有限公司	山东威海	枸杞软胶囊	枸杞保健医药	★★★
10	承德露美达饮料有限公司	河北承德	薏米枸杞八宝粥、木糖醇燕麦枸杞八宝粥	枸杞食品	★★★
11	福建惠泽生物科技有限公司	福建漳州	枸杞提取物——枸杞多糖	枸杞多糖	★★
12	北京西夏红宝生物科技有限公司	北京	枸杞鲜果汁	枸杞果汁	★★
13	陕西恒兴果汁饮料有限公司	陕西西安	苹果、猕猴桃、桃等浓缩汁加工	枸杞加工	★★★★
14	晨光生物科技集团股份有限公司	河北邯郸	晨光生物科技集团股份有限公司（证券代码300138）是一家集农产品精深加工、天然植物提取为一体的出口创汇型企业，拥有15家子（分）公司，主要研制和生产天然色素、天然香辛料提取物和精油、天然营养及药用提取物、油脂和蛋白等四大系列80多种产品，其中天然色素产销量居全国之首，辣椒红色素产销量世界第一，辣椒精占国内产量的85%以上，叶黄素、甜菜红等品种均在国际上占有重要地位	枸杞提取物	★★★★

续表

序号	企业名录	所在省市	主营业务	招商方向	推荐指数
15	西安众天食品有限责任公司	陕西西安	西安众天食品有限责任公司是一家专业生产、经营出口蜂产品外向型企业。公司把按照出口标准开发生产的优质高端蜂产品提供给国内消费者。现已推出蜂蜜、蜂王浆、蜂胶、蜂花粉四大系列90余种。公司已有意向投资青海海西州有机枸杞蜂蜜	枸杞蜂蜜	★★★★
三　市场品牌					
1	蓝哥智洋营销咨询有限公司	江苏无锡	蓝哥智洋国际行销顾问机构是由著名品牌营销专家、中国实战营销的杰出代表、中国十大杰出营销人、养生品牌策划第一人于斐先生于2004年创立的专业实战型策划咨询机构。于斐是低成本营销理论与实践的倡导者，公司入选人民日报社《市场报》等8家权威媒体和机构认定的"中国管理咨询行业最具影响力十大品牌"，是中国香港特别行政区政府批准登记注册成立的国际性专业行销顾问集团公司	品牌形象设计、市场策划	★★★★
2	叶茂中营销策划机构	北京	叶茂中营销策划机构董事长叶茂中先生是著名广告人、资深营销策划人和品牌管理专家，曾服务过大红鹰、白沙、金六福酒、柒牌男装、北极绒内衣、海王金樽、雅客、珍奥核酸、蚁力神、长城润滑油、真功夫快餐等，在策划界素有"鬼才"之称，擅长企业整体营销策划和广告策划，惯于从没有"市"的地方"造市"，从没有"路"的地方"拓路"。曾被评为中国企业十大策划家、中国营销十大风云人物、中国广告十大风云人物、中国十大广告公司经理人，入选《中国创意50人》	品牌形象设计、市场策划	★★★★★

续表

序号	企业名录	所在省市	主营业务	招商方向	推荐指数
3	北京零点研究集团	北京	零点研究咨询集团是在我国经济市场化进程中产生并不断成长的著名专业研究咨询机构。是目前国内最大的提供专业的策略性研究咨询服务的集团公司之一，也是首批获得国家统计局颁发的涉外调查许可证的咨询公司之一，组建并参与了四个全球性研究咨询网络，也是欧洲民意与市场研究协会在中国的代表机构。零点依照国际惯例，透过持续的研发投入、与国际服务机构的合作和有力度的人力资源组合，成为兼容国际视野和本土经验的调研咨询的知名服务品牌。零点在全球超过45个国家拥有业务协作伙伴	品牌形象设计、市场策划	★★★★★

注：推荐指数主要是由规划专家根据本地产业链需求强度、目标企业业务扩展意愿强度、企业行业优势度、企业综合实力等多方面指标，通过多次咨询综合评分而得。

八　海西枸杞产业化发展保障措施

为确保海西枸杞产业发展战略顺利实施，需重点理顺、贯彻、实施以下保障措施。

（一）组织建设

组织建设是枸杞产业现代化健康持续快速发展的首要保障。海西在实践中已初步形成了企业主导、市场引导、政府督导的"三导"组织建设模式。当前阶段，海西更应重视和发挥行业协会在现代市场组织有序建设中的核心作用，即形成企业主导、市场引导、协会领导、政府督导的"四导"组织建设模式。

1. 合理发挥政府产业培育与促进职能

为充分发挥市场在资源配置中的决定性作用，促进海西枸杞产业健康持续快速发展，海西各级地方政府必须正确认识政府职责，积极转变政府职能，科学合理定位政府在促进枸杞产业发展中提供有效的公共服务职能与适时的宏观管理的地位与作用，有效发挥其产业发展的督导作用。政府要在枸杞种质资源、育种、新产品开发，枸杞栽培与运输的公共基础设施建设，枸杞质量检测与市场监管，汇集、协调政府政策及市场信息方面必须有所作为。

2. 发挥行业协会自主管理作用

建立海西枸杞行业协会。一是建立枸杞种植合作社协会。通过种植合作社，一方面，联系规模不一、分散经营的会员农户，及时提供科技信息、市场信息、行业信息、农资信息，确保会员农户能够安心地、专业化地、高标准化地从事枸杞种植与采摘；另一方面，代表分散化的会员农户与企业或企业协会进行谈判交易，或直接参与国际国内市场交易。二是建立枸杞企业协会。一方面，合理估算与预测国内外枸杞及其精深加工品市场需求状况；另一方面协调管理企业主体的市场参与行为，预防区域内企业自相残杀式的恶性竞争。

3. 培植产业化龙头企业

海西枸杞产业成熟的重要标志必然是形成一批规模大、综合实力强、内部治理科学的龙头企业。因此，政府要出台优惠产业政策与企业支持政策，加快龙头企业培植，以有序有效的市场竞争环境，激发枸杞企业持续创新的动力，形成特色枸杞产业集群，实现枸杞产业比较优势向竞争优势的转化。

"四导"组织建设模式中四个组织主体的市场建设地位都十分重要，不能厚此薄彼。其中农户、龙头企业、行业协会这三个主体又可根据市场发展的实际需要，组合成形式灵活多样的现代农业经营组织，如"龙头企业＋农户""龙头企业＋基地＋农户""龙头企业＋合作社＋农户""龙头企业＋基地＋合作社＋农户""企业协会＋龙头企业＋合作社＋农户"等。

（二）财税政策

1. 乘政策东风，争取国家财税支持

海西要借助自己独特的区位、民族、产业优势，抢滩国家各项财税支持政策。积极争取将海西枸杞产业具体纳入"柴达木循环经济试验区"及"三江源国家生态保护综合试验区"的重点建设发展产业目录，获得国家、省市的财政资金支持。抓住国家在设施农业及农产品开发方面大力扶持的政策机遇，围绕枸杞产业发展中的种质资源开发、标准化种植、研发中心建设、有机肥料生产、龙头企业带动等，积极争取国家及省市财政资金支持。积极申报国家部委及省市相关部门的产业化扶持项目，以获得政策资金的扶持或税收减免政策优惠。

2. 建立专项资金及其他配套优惠政策

与青海省相关部门协商，探索适合海西枸杞产业发展所需的税收倾斜和财政支持政策。建立枸杞产业发展基金，以政府资金为基础，通过市场化运作吸引社会资金，重点投资枸杞育种、枸杞精深加工、枸杞文化创意产业、养生保健与文化旅游等不同领域。对区内文化企业开发新技术、新产品、新工艺发生的研究开发费用，允许企业按当年实际发生额的150%抵扣当年应纳税所得额，实际发生的技术开发费用当年抵扣不足的部分，可按税法规定在五年内结转抵扣。

（三）投融资政策

1. 拓宽投融资渠道

发挥政府投入的导向作用，逐年增加财政支出中科技经费比重，重点向枸杞等优势产业倾斜。积极向上争取项目和争取投入，并落实好配套资金。坚持"多轮驱动"，向上多争取、向外多引进、向内多挖潜。财政应加大支农专项资金扶持力度，金融部门要适时推出专门针对枸杞产业特点的涉农信贷新产品，简化放贷手续，拓展、灵活抵押物，降低贷款利息，加大信贷力度。枸杞采摘、收购的季节到田间地头放贷，现场办公，为从事枸杞等农副产品种植、收购、加工、贩运的个体及企业提供信贷支持。

建立多元化投融资机制，制定完善的投融资政策。一是发挥柴达木"高原、绿色、健康"品牌的市场号召力、影响力，积极吸引国内外大中型仓储物流企业及农产品企业、文化创意企业，进驻本区域从事产业开发活动；二是借势资本市场运作，吸引国内外资本及银行财团，参与柴达木现代农业、文化旅游配套产业的开发建设；三是鼓励吸引民间资本、社会资本有序参与本区域产业开发与配套服务建设。

2. 鼓励风险投资与农业保险介入

枸杞产业研发周期长，面临较大的市场风险和自然风险。因此，要逐步建立完善的产业风险投资机制。一是建立和完善科技风险投资和融资担保体系，形成促进产业科技创新和成果转化的资本运作机制。二是积极探索信托计划、融资租赁以及产业项目未来收益证券化等融资方式。三是积极争取政府对农业保险的补贴，引导杞农以政府补贴、杞农自筹的方式参加农业保险，减少自然灾害带来的损失。

3. 优化专项资金结构

海西应尽快制定出台海西枸杞产业发展专项资金管理办法，向社会发布优化支持目录，合理引导企业行为与产业发展方向。海西枸杞产业扶持专项资金设计可初步设计如下：

枸杞产业发展专项扶持资金，由州财政按照每年1000万元的标准，专项资助枸杞经营企业和生产实体的创业发展。

农村专业合作社专项扶持资金（含枸杞），由州财政按照每年100万元的标准，专项资助农村经济合作组织的建立和运营。

枸杞科技人才创业专项扶持资金，由区财政自筹，按照每年50万元的标准，专项支持枸杞农业科技人员进入海西发展。

名特优品牌创立与保护奖励资金，由州财政拨付，每注册一个农产品商标奖励3000元；每获得一个市级名牌奖励2万元；每获得一个省级名牌奖励5万元；每获得一个国家名牌奖励10万元。

（四）土地政策

1. 健全土地流转机制

健全土地流转机制，稳定枸杞产业发展基础。在土地征用上，根据产业发展实际和枸杞产业化经营的要求，按照"明确所有权，稳定承包权，搞活使用权，搞活经营权"原则，合理利用土地资源，土地征用和流转过程中给枸杞龙头企业及枸杞产业园区以最大的优惠政策。

紧抓新型城镇化战略，按照有关规定依法征用农民土地，并借鉴周边地区土地流转的成功经验，向海西州政府申请建立与农村土地流转相配套的土地利用基金；以现代特色农业、文化产业、旅游产业、配套服务设施为依托，争取用地指标的同时，盘活现有存量土地，提高土地集约利用程度；申请加强财政支持，每年安排一定的专项资金，对于土地流转业绩较好的村庄、中介服务组织及带动效应明显的规模经营主体，给予一定的激励性资金扶持。

2. 土地检测与保护政策

土壤质量直接关切枸杞产品质量，关乎海西枸杞地域优势的发挥。海西必须大力保护耕地质量，健全土壤检测制度，将土壤质量检测与测土配方施肥有机结合。同时，考虑柴达木干旱少雨，必须推广节水技术，推行节水型枸杞产业模式。

（五）人才保障

1. 构建现代枸杞产业人才体系

通过奖励、减税、补贴等优惠政策，加快引进各类枸杞产业人才，构建合理的产业人才体系。一是自主培养与引进相结合，建立育种、技术推广、产品开发等各类专业人才队伍。二是引进熟悉现代企业运营和国际农产品营销规划的高级管理与营销人才队伍。三是结合友好城市与政策对口帮扶活动，引进发达地区高级农业管理人才。

2. 做好枸杞采摘务工人员引进

枸杞采摘是劳动力密集型产业环节，每到枸杞收获季节，海西地区都因当地劳动力季节性短缺而推延采摘，影响枸杞品质。海西要主动加强与省内外劳务用工地区的对接协调，在枸杞主产区申请劳务输入项目，完善食宿基础设施，增强对外来务工人员的吸引力。根据各地枸杞采摘用工量，做好枸杞采摘工的合理调配，使劳务用工向规模化、组织化方向转变，确保枸杞采摘工作高效有序进行。

参考文献

曹林、李红、宁泽逵、杨慧清：《海西州枸杞产业化发展战略研究》，2013。

海西州农牧局提供的海西州枸杞相关材料。

中宁县枸杞产业管理办公室：《中宁枸杞产业发展情况通报》，2012。

中宁县枸杞产业管理办公室：《2012 年工作总结及 2013 年工作要点》，2012。

第十四章　潼关黄金立县发展战略规划研究

本章主要对国内外黄金产业发展现状、趋势及我国黄金珠宝产业发达地区的黄金珠宝产业经营管理经验进行研究，结合潼关县产业发展条件和外部环境，提出"黄金立县"的战略决策，并对潼关黄金资源开采、冶炼、加工、销售、文化创意等环节进行深度研究和规划，提出潼关黄金立县的战略与措施。本章主要包括六部分内容：一是国内外黄金产业发展研究；二是区域黄金产业发展典型案例分析；三是潼关黄金立县的条件评价；四是潼关黄金立县的环境分析；五是潼关黄金立县发展战略研究；六是潼关黄金立县发展策略分析。

第一节　国内外黄金产业发展研究

一　世界黄金产业发展状况及趋势

（一）世界黄金矿产资源与生产状况

经过历代勘探与开发，全球黄金资源主要分布于南非、俄罗斯、中国、澳大利亚、印度尼西亚等十几个国家（见表14-1）。尽管南非储量继续减少，但其依然是全球储量最大国。近年来，俄罗斯、澳大利亚、中国加大勘探力度，资源储量快速增长。尤其是俄罗斯，未来资源开发潜力巨大。

表14-1　全球黄金矿产资源国度分布状况

单位：吨，%

序号	国家	储量基础	储量	储量可靠系数
1	南非	31000	6000	19.4
2	俄罗斯	7000	5000	71.4
3	中国	(6237) 4100	(1909.7) 1900	(30.2) 46.3

续表

序号	国家	储量基础	储量	储量可靠系数
4	澳大利亚	6000	5800	96.7
5	印度尼西亚	6000	3000	50.5
6	美国	5500	3000	54.5
7	加拿大	4200	1000	23.8
8	智利	3400	2000	58.8
9	墨西哥	3400	1400	41.2
10	加纳	2700	1600	59.3

注：本表为美国地质调查局数据，其中括号内数据来源于我国国土资源部。储量可靠系数＝储量/储量基础。

资料来源：《2010 中国行业年度报告之黄金》，中国经济新闻网。本章以下数据未作特殊说明均来源于此报告。

近10年来，世界黄金产量（矿产金和再生金）平稳增长，年均增速3.1%，2012年，世界黄金产量（矿产金和再生金）达到4473吨（见图14-1）。供给结构中，再生金成为黄金产量快速增长的主导力量。再生金年均增长9.5%，2012年达到1625吨，占黄金产量的比重达到36.3%，比2002年增加了近12个百分点。矿产金量受资源约束，产量增幅不大，年均增长1%，2012年达到2848吨。

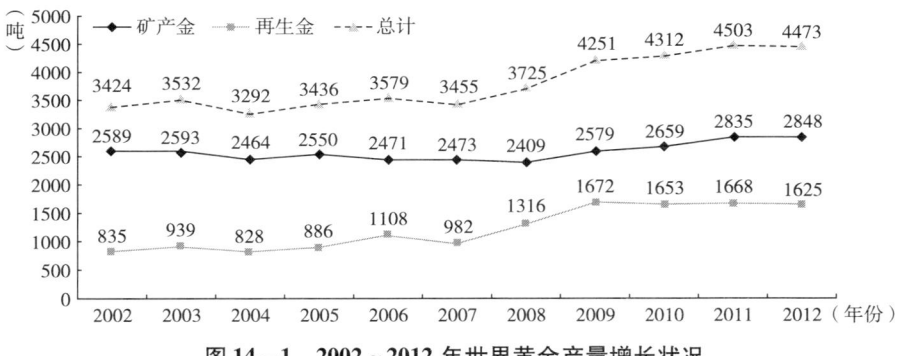

图14-1 2002~2012年世界黄金产量增长状况

在世界黄金生产国别结构中，世界黄金产金大国前十位分别为中国、澳大利亚、南非、美国、俄罗斯、秘鲁、印度尼西亚、加拿大、加纳、乌兹别克斯坦。其中，2012年，中国黄金产量达到403吨，连续6年位居世界第一。

（二）世界黄金市场需求状况

世界黄金需求保持了强劲增长势头，黄金市场总体呈现供不应求或供求基本平衡的局面。在黄金市场需求结构中，首饰加工用金占比 50% 以上，近 10 年来需求呈现递减趋势，2011 年首饰用金为 2215 吨，比 2002 年减少了 452 吨，减少比重 20%；电子、牙医、装饰、官方金币等用金需求不断增长，2011 年，其用金需求量比 2002 年增长了 40% 以上；投资需求呈现迅猛增长态势，据巴克莱银行统计，2009 年，全球黄金推断净投资需求为 1429 吨，2002 年仅为 146 吨（见表 14 - 2）。

表 14 - 2　2002~2009 年世界黄金需求增减及需求结构变化

单位：吨

年　份	2002	2003	2004	2005	2006	2007	2008	2009
加工业需求	3147	2993	3136	3282	2919	3089	2889	2417
首饰需求	2667	2481	2610	2707	2280	2417	2193	1759
其他需求	480	512	553	575	639	672	696	658
生产商对冲减持量	412	279	442	86	373	444	352	254
推断净投资需求	146	699	/	480	388	169	330	1429
总需求	3969	4149	3851	4111	390	3938	3957	4287

数据来源：巴克莱银行。

在世界黄金需求国别结构中，中国和印度是首饰用金最多的国家，占世界首饰用金的 1/3。2009 年，中国黄金首饰用金为 352.3 吨，比 2002 年增长了 76.7%，中国成为世界黄金消费增长的重要国家（见表 14 - 3）。

表 14 - 3　2002~2009 年全球黄金首饰需求量排序前十位的国别

单位：吨

年　份	2002	2003	2004	2005	2006	2007	2008	2009
印　度	459.3	441.7	517.2	584.8	514.2	551.7	501.6	442.4
中　国	199.6	201	224.1	241.4	244.7	302.2	326.7	352.3
美　国	385.6	354.5	350.5	349	306.1	257.9	188.1	150.3
土耳其	96.7	163.6	185.7	194.9	165.3	188.1	153.2	75.2
沙　特	139.3	128.2	136.2	146.2	104.3	117.9	106.9	77.8
阿联酋	87.9	81.7	89.3	96.4	92.4	99.8	100.0	67.6
俄罗斯	42.7	49.6	55.6	64.3	70.1	85.7	92.4	62.2
埃　及	82	66.1	73	75.3	60	67.8	74.3	56.7
印　尼	92.9	82	83.9	78	57.7	55.2	55.9	41.0
意大利	86.4	82	77.2	71	64.8	59.1	52.4	41.0

(三) 世界黄金价格

黄金价格是影响黄金工业发展的重要因素。自 2000 年以来，国际金价呈现持续上涨态势，年均价格从 2000 年 270 美元/盎司攀升到 2011 年的 1800 美元/盎司。2012 年以来，黄金价格略有回落。尤其是 2013 年，黄金价格大幅下挫（见图 14-2）。

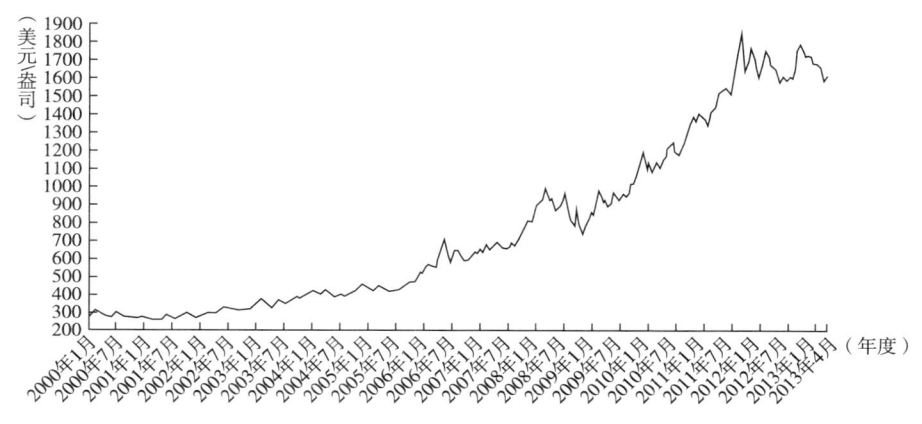

图 14-2　2000~2013 年半年期世界黄金价格

(四) 世界黄金产业发展趋势

综观世界黄金发展环境，世界黄金需求依然强劲，尽管当前黄金价格回落，但未来世界黄金价格将稳步回升，世界黄金产业将依然保持稳定发展趋势。从规划角度，未来世界黄金产业将呈现如下特征：

一是受世界黄金矿产资源量的制约和勘查开发进展的影响，世界黄金生产将增长缓慢。在黄金产量结构中，再生金所占比重将继续提高，成为黄金产量增长的强劲动力。

二是黄金生产的重心将由非洲转向亚太地区，包括中国、澳大利亚、美国和俄罗斯。未来，俄罗斯、澳大利亚产量上升空间和潜力较大。尤其是俄罗斯，黄金资源仅次于南非，居世界第二位。俄罗斯有可能成为世界上最大的黄金生产国家。

三是国外产金矿业重组步伐加快。随着经济全球化进程加快，矿业投资开发和矿产品贸易也逐步全球化。全球黄金开采业的兼并重组步伐随之进一步加快，产量、产能及储量也向大企业集中。

四是世界主要黄金企业采用集团化发展模式。该模式强调以矿业为主、横向扩张、多样化经营的发展模式和跨区域、参股、合资、收购多样化产业联合模式。

二 我国黄金产业发展状况及趋势

经过多年发展，我国黄金行业形成了地质勘查、矿山开采、选矿、冶炼、加工和科研等比较完整的产业体系。近10年来，我国黄金产量稳步增长，年均增速8%。2012年，黄金总产量达到403.1吨，已连续六年居世界第一（见图14-3）。供给结构中，黄金矿山产金302吨，有色副产金59吨。我国也是黄金加工第一大国，加工产量占全球60%左右。

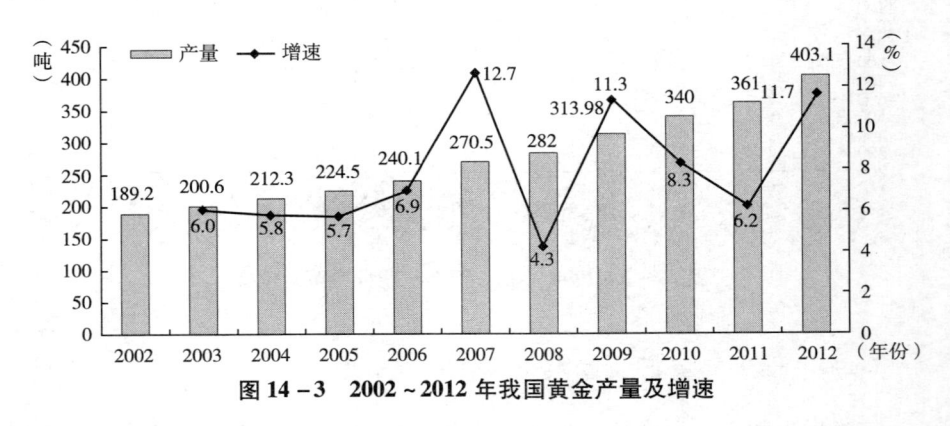

图14-3 2002~2012年我国黄金产量及增速

近10年来，我国黄金需求快速增长，年均增速为8.9%（见图14-4）。2012年，我国黄金需求为761吨，仅次于印度（900吨），居世界第二位。2011年我国黄金需求结构中，首饰业需求占78.4%，工业需求占2.9%，投资需求约占18.7%（见图14-5）。未来几年，我国黄金供不应求的基本格局还将继续保持。

我国黄金产业将呈现以下趋势和特点。

一是黄金产量持续增长。"十二五"期间，国内黄金产量年预计平均增长率保持3%~5%，到2015年，黄金产量将达到450吨。在需求结构中，黄金首饰需求与工业需求将呈现"双增"态势。

二是黄金矿山资源短缺成为产业发展的瓶颈，黄金勘查将成为黄金产业备受关注的领域。中深部探矿成为勘探领域未来发展重点。

三是黄金产业组织将进一步优化，企业兼并重组进一步加速，大型企业集团数量增加，市场占有份额进一步提高。预计，到2015年，十大黄金集团公

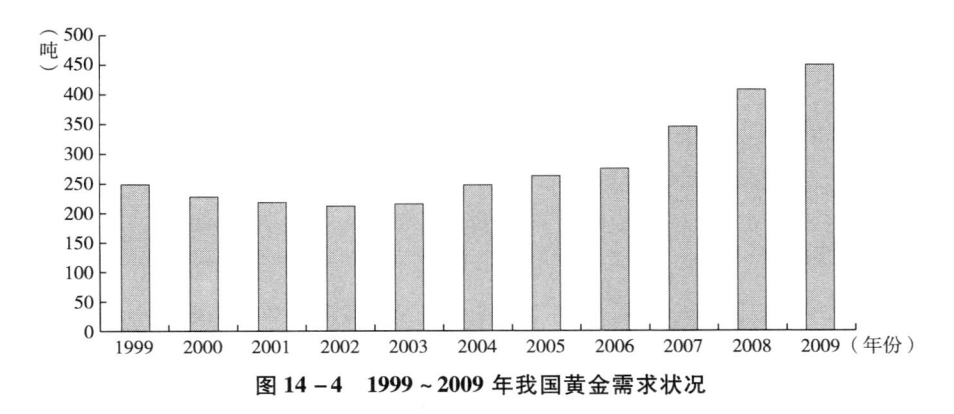

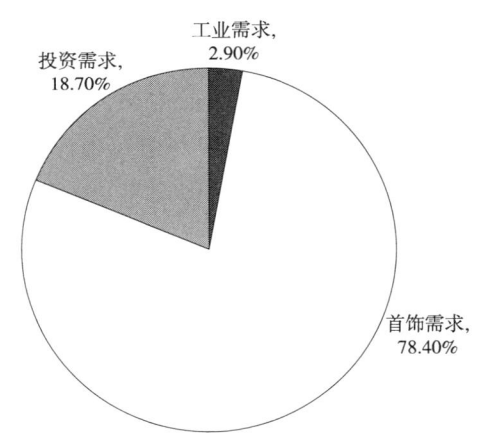

图 14-4　1999~2009 年我国黄金需求状况

图 14-5　2011 年我国黄金需求结构

司产量达到 260 吨，比 2010 年增加 100 吨，大中型黄金企业的黄金产量占全国的 70% 以上。

四是绿色矿产建设和循环经济发展将成为未来国内黄金产业发展的主导模式。预计"十二五"末，尾矿综合利用率达到 20%，矿区绿化覆盖率达到 80%，矿山损毁土地得到全面复垦利用，矿山地质环境治理恢复保证金缴存率达到 100%，黄金生产增长和生态环境保护治理同步，实现黄金工业可持续发展。

第二节　区域黄金产业发展典型案例分析

一　中国金都"黄金立市"的发展经验

招远市有"中国金都"之称，黄金年产量约占全国的 1/7，是中国最大的黄金产地，共有黄金勘探、黄金矿山、冶炼精炼加工、黄金化工、金银制品加工、黄金机械制造等企业140家。2011年，黄金产业实现工业产值280亿元，占工业总产值的38.1%。黄金产业已成为招远市经济发展的支柱产业，成为拉动招远经济发展的主导力量。

招远市实施"黄金立市"战略，立足黄金产业优势，按照"对内促整合、对外扩资源、横向拓领域、纵向拉链条"的思路，全面构筑起以"黄金矿业、非金矿业、黄金交易及深加工业、新兴产业"四大板块为核心的发展格局，成功地走出了一条黄金产业可持续发展之路，一条"黄金立市""黄金强市"的成功之路。其基本经验为以下几点。

一是促进内部资源整合，实现有序开发利用。为实现资源合理开发，提升黄金产业竞争力，招远不断加大矿业秩序整合力度，着力推进有限资源向骨干企业集中。对于资源利用水平达不到设计要求，特别是存在安全隐患的矿山坚决予以整合，通过优化整合促进了对境内资源进行统一规划和开发。此外，招远还积极推动黄金企业上市，推进资本运作。招金矿业在香港主板成功上市，一次性募集资金超过25亿港币，为资本扩张奠定了基础。招金集团连续八年入选"中国企业500强"和"中国500最具价值品牌"，品牌价值高达96.58亿元。目前，招远的招金励福、国大股份等黄金企业也在积极运作上市。

二是拓宽发展领域，实现资源可持续利用。近几年招远按照"保存量，境内挖潜；扩增量，境外决胜"的原则，以招金集团为主体，立足埠外，借助技术和管理优势推进区域合作。到2010年底，招金矿业已经在新疆、甘肃、河北、海南等地发展起黄金企业20多家，埠外黄金矿山企业保有黄金储量180多吨；2010年埠外黄金产量达到7.7万两。与此同时，招远还推进由纯黄金向多金属转型。2010年投资3亿元的新疆鑫慧铜业一期工程顺利投产，年新增主营业务收入3.6亿元；新疆铜辉矿业也实现了快速发展，利润突破1亿元。招金有色矿业有限公司先后收购了新疆和静县鑫鑫矿业铜矿、鑫鹏矿业铜矿等5个项目，新增加铜资源量19.6万吨。

三是拉长产业链条，不断延伸完善金色产业。自2007年起，招远市已成功举办了四届黄金节。每年都吸引韩国、日本、美国等10多个国家和地区的200余家国际知名品牌企业、700余家专业采购团与会。借助这一平台，目前招远已在黄金精炼、黄金交易、工业用金、黄金机械等方面形成了完整的产业链。现已形成年冶炼加工金银产品200吨，精炼黄金100吨、白银600吨的规模；黄金、白银交易量分别达到114.18吨和1330吨，约占上交所总成交量的3.84%和3.61%；多元素回收在金、银的基础上，已经拓展到铜、铅、锌、硫、砷、铁等有价元素；金银饰品加工销售经营企业达53家，并培育出"招金""卢金匠"等中国驰名品牌；工业用金已能规模生产金盐、金丝、银盐、银板、钯盐、铑水等产品，其中招金励福年销售金盐 26 吨，鲁鑫贵金属年生产金丝 12 吨，产品市场占有率均达到 60%，稳居国内同行业首位；全市规模以上矿山机械加工企业 35 家，产品涵盖破碎、磨浮、氰化等多个品种，涉及整个矿山生产流程，占全国 10% 以上市场份额。

四是加快推进黄金产业转型，多元发展成果逐步显现。招远市按照"地上一半、地下一半"原则，加快推进黄金产业向接续产业和替代产业转变。近年来，各黄金企业成功培育发展了汽车零部件、机械制造、旅游、新材料等一批以产业集聚、科技领先、生态环保为重点的替代产业。招金集团相继实施东北大学黄金学院教学基地、黄金技术中心、招金矿业培训中心等项目建设，并控股招远膜天集团，成功参股金宝电子；中矿集团先后投资近 20 亿元建设中国黄金实景博览苑、架旗山游乐园、淘金小镇、社会福利中心、中矿产业园等 10 大转型项目，初步走出了一条以金为主、多元发展之路。"十一五"期间，招远市共实施非金转型项目 53 个，完成投资 58.7 亿元，有 26 个项目建成投产，新增主营业务收入 15 亿元。

二 中国银都永兴金银产业发展状况与经验

永兴以从"三废"中提炼贵金属而闻名，形成了"无矿开采"的永兴循环经济模式。尤其是银产量稳居全国产银县之首，被业界誉为"中国银都"，被中央电视台等多家媒体誉为"没有银矿的银都"。除此之外，永兴还先后获得"全国循环经济试点单位""国家稀贵金属再生利用高新技术产业化基地""国家城市矿产基地""全国危险固体废物及集中处置基地"等殊荣。目前，永兴基本形成了包括资源回收、提炼、加工、仓储运输、交易一体化的全产业链。2012 年，永兴拥有金银规模企业 129 家，从业人员 4 万多人，生产白银 2180 吨，约占全国银产量的 17.3%，世界银产量的 2.4%；铋产量 5500 吨，约占全国的 91.6%，占世界的 74.3%；碲产量 280 吨，产量居全国第一，约占世界的 30%；年产黄金 7.4 吨、铂族金属 5.6 吨、铟 65 吨、硒 250 吨、其他有色金属 17 万吨。2012 年，金银产业税收 3.32 亿元，实现总产值 418 亿元，工业增加值 126 亿元，占全县 GDP 比重为 60%，成为全县的第一支柱产业。

永兴发展金银产业的主要基本经验与做法如下。

第一，以节能降耗、清洁生产为重点，推进循环企业进入园区发展。永兴引导鼓励企业进行技术创新，通过改造提升传统工艺，从根本上促进节能降耗。政府加强环保建设，坚决取缔非法小冶金和园区外企业，强制完成全县产业总体规划、园区规划、企业规划三大层面环评。科学编制《永兴金银稀贵金属产业总体规划》《永兴循环经济工业园"城市矿产"基地建设实施方案》。形成拥有规划建设回收冶炼区、精深加工区和服务平台三大功能区的园区体系，推动企业入园发展，构建稀贵金属循环工业体系。

第二，以规模化、集约化为方向，推进金银产业整合。永兴县制定明确目标责任，对129家粗冶炼加工企业采取"关、停、并、转"方式，整合至30家，提高企业规模和产业集中度。同时，积极搭建有效的产业平台，将工业布局由原来的"一园七区"调整为"一区四园"，注重增量调整，存量整合并重，促进企业集中发展。

第三，以科技化、链条化为动力，促进金银结构升级。永兴重视技术创新对产业转型升级的推动作用。永兴大力实施技术创新战略，通过建立永兴创新技术平台，促进企业、科研机构、高校联合，以市场为导向，推动产业技术创新。永兴坚持走"绿色环保、精深加工"之路，以回收提炼产业链为核心，逐步纵向延伸，横向扩展，形成了包括资源回收、提炼、加工、仓储运输、交易一体化的全产业链，初步实现了金银产业的转型与升级。

第四，以有效引导、政策扶持为手段，为金银营造良好的发展环境。永兴充分发挥金银产业在全国的绝对优势，利用"无矿开采"的永兴循环经济模式，积极向国家、省市申请"全国循环经济试点单位""国家稀贵金属再生利用高新技术产业化基地""国家城市矿产基地""全国危险固体废物及集中处置基地"各类示范区和发展基地，争取了系列含金量很高的优惠政策。并借助这些平台，获得国家和省各类资金支持。其中，仅"城市矿产"示范基地就将获得国家发改委10亿余元的项目资金支持。

三 深圳金银珠宝产业发展状况与经验

深圳的黄金珠宝产业起步于20世纪80年代初，深圳利用经济特区享有的优惠政策，抓住香港珠宝业向内地转移和国家金饰品管理制度改革在深圳试点进行的机遇，在中国率先引进和发展现代珠宝产业。30年来，深圳市珠宝产业快速发展并逐步壮大。目前，深圳市已经成为全国珠宝首饰加工企业集中地，是全国金银珠宝产业最大的生产、制造和交易中心，黄金珠宝国内市场占有率达70%以上，已经形成了包括设计、生产、加工、展示、检测、批发、销售和辅助材料、设计包装、精品加工、珠宝器材、加工设备等相关配套齐全、完善的全产业链。

深圳市金银珠宝产业发展主要依靠市场推动，深圳发展金银珠宝产业的主要基本经验与做法如下。

第一，尊重市场规律，以市场力量为主导推动产业发展。深圳毗邻世界三大珠宝交易中心之一的香港。20世纪80年代，深圳抓住香港黄金珠宝巨大的消费需求，积极承接香港黄金珠宝产业转移，从"来料加工""来样加工"初级加工开始，进行分散、零星加工生产。20世纪90年代，伴随着市场的进一步扩大，深圳以其优惠政策逐步吸引了全国黄金珠宝企业相关产业集聚，逐步推动黄金珠宝产业的专业化分工，初步形成了涵盖包括生产、加工、销售在内的全产业链。进入21世纪，随着黄金珠宝需求的多元化、个性化、高端化发展，推动深圳占领行业设计、品牌与市场核心价值链环节，形成了全国黄金珠宝设计中心、交易中心和品牌集聚地，推动深圳黄金珠宝产业快速升级。因此，尊重市场规律，以企业为主体，以市场力量为主导，推动产业发展，是深圳市金银珠宝产业发展的基本经验。

第二，合理发挥政府职能，创新制度，优化产业发展环境。深圳市是国内最早的经济特区之一，在全国率先启动经济体制改革，创立了灵活的经济管理制度，形成了全国性的"政策洼地"和"发展高地"，为承接香港黄金珠宝产业转移，吸引全国资本投入黄金珠宝产业提供了制度条件。深圳政府在推进本地黄金珠宝产业方面的主要做法是：出台《深圳市关于支持发展产业集聚基地的若干意见》《深圳市黄金珠宝产业集聚基地入驻企业标准》《罗湖区产业转型升级专项资金扶持黄金珠宝产业实施细则》等规划，指导产业科学发展；规划建设深圳市水贝黄金珠宝首饰专业市场、金丽国际珠宝交易中心、深圳万山珠宝园等专业加工、批发、零售市场，打造优质产业发展平台；在省、市、区层面出台包括税收、融资、土地系列在内的系列优惠政策，鼓励产业发展。

第三，加强行业协会（商会）建设，充分发挥行业协会服务协调作用。目前，深圳市拥有各类协会5000余家，其中拥有190多家大型协会，这些协会在深圳市各行业发展中发挥着重要作用。深圳市黄金珠宝首饰行业协会在深圳金银珠宝行业发展方面的作用主要为：一是服务政府，服务企业，加强桥梁和纽带作用。协助政府做好政策宣传服务工作，及时准确将情况向政府和主管部门反映沟通、建言献策。加强行业诚信建设，规范行业自律行为，维护公平竞争的市场规则。二是加强珠宝产业创意设计与文化建设，创办年度国际珠宝首饰设计大赛与深圳珠宝节。三是举办深圳国际珠宝展览会，建设深圳市珠宝首饰研究开发推广中心、公共技术、公共培训、鉴定检测与公共信息服务平台，强化企业服务。四是创办《深圳珠宝网》和《深圳珠宝杂志》，积极开展与国内外政府、协会及行业间的联系与沟通，促进交流合作。

招远、永兴、深圳等地在金银珠宝产业发展过程中探索形成了不同的发展模式，积累了丰富的经验，对潼关黄金产业发展具有重要启示和借鉴意义。

第一，以需求为导向，以市场培育为突破口，推动潼关黄金产业突破发展。深圳市与永兴县金银珠宝产业均根植于市场肥沃的土壤中，焕发出极强的内生增长力。黄金矿产资源属稀缺性资源，并不缺乏市场，但其黄金加工与饰品行业属竞争性行业，面临市场供求问题。因此，潼关县应立足实际，着眼全国黄金珠宝市场格局，考虑周边西安、渭南、运城、三门峡、灵宝等珠宝市场状况，规划建设定位科学、合理的区域性黄金珠宝首饰市场，以此带动潼关黄金精深加工、文化旅游与相关配套产业发展。

第二，加强黄金矿产资源整合，培育矿产资源龙头企业。深圳和永兴都经历了重组整合、培育龙头企业，优化产业组织，实现产业规模化、规范化、集群化的发展过程。潼关县也要积极推进本地矿产资源企业的整合工作，培育2~3家龙头企业，并加速企业规范化、科学化管理。同时，依托龙头企业，加强中西部探矿与国内外矿产资源的收购整合工作，强化黄金矿产资源保障。

第三，借鉴永兴"无矿开采"循环经济模式，积极发展稀贵金属回收产业。近10年来，世界矿产金产量年均增速1%，而再生金年均增速达到9%，伴随黄金矿产资源的减少，再生金将逐步成为未来黄金产量增长的重要力量。潼关县地处三省交界，临近西安、洛阳、郑州等城市，拥有丰富的"城市矿产"资源，还拥有5000余万吨黄金尾矿资源，为潼关县发展稀贵金属回收产业奠定了良好的资源基础。稀贵金属回收产业属环保产业，是国家重点支持的朝阳产业。潼关县应高度重视，借鉴永兴"无矿开采"循环经济模式，加强与永兴县的交流与合作，积极发展稀贵金属回收产业。

第四，树立全产业链理念，有序推动产业横向扩展和纵向延伸。永兴和深圳金银珠宝产业发展实践表明，现代黄金珠宝产业发展实质上是一个依托区域比较优势，选择关键产业链环，并逐步实现产业横向扩展与纵向延伸的过程。因此，潼关要依托区域优势，科学有序选择和推进黄金产业链发展。近期，一是应发挥其区位条件与良好的黄金产业声誉，建立区域性黄金珠宝批发交易市场，以市场环节为突破口，寻求黄金产业突破之道；二是要加大域内资源整合，做强黄金矿产资源采选环节；三是依托中金冶炼，依赖含砷难选黄金矿石冶炼技术，加快建设1000吨难选冶炼项目，建设全国含砷难选黄金矿石冶炼中心，做强黄金冶炼产业链环。未来，通过培育形成市场，以市场为导向，发展本区域的黄金饰品、电子信息器件等精深加工产品。然后，以产业关联带动，逐步发展辅助材料、设计包装、珠宝器材、加工设备等相关配套产业以及黄金工业旅游、黄金文化、黄金品牌与咨询服务等高端产业链环。

第五，合理发挥政府职能与作用，积极培育和推进黄金产业发展。永兴和深圳金银珠宝产业发展的实践历程表明，政府在黄金珠宝产业发展过程中发挥着重要的作用。潼关县黄金产业面临产业链部门分割，多头管理的现状。潼关应认真学习总结永兴县和深圳市在整合政府管理资源、强化产业管理，争建国家示范区和基地建设，争取中央和省项目投资，市场培育，产业平台建设，优惠政策等方面的经验，科学制定潼关黄金产业战略规划，加快建设有效的产业平台，积极构建高效的政策体系，合理发挥政府职能与作用。

第六，健全和完善黄金产业协会功能，发挥黄金行业协会的积极作用。深圳黄金珠宝首饰行业协会在深圳珠宝行业发展方面发挥了重要作用。潼关也应健全和完善黄金产业协会功能，加强和完善协会在政策传达、行业自律、公共服务平台建设，举办会展，加强区域行业间交流，推进"潼金"品牌建设方面的职能作用。

第三节　潼关黄金立县的条件评价

一　潼关基础条件分析

（一）区位交通

潼关位于东经110°09′30″～110°25′32″，北纬34°23′30″～34°39′00″之间，北濒黄河，南依秦岭，黄河、渭河、洛河在此交汇。总面积526平方公里，总人口15.66万，是全国著名的产金大县。

潼关地处陕西东部，西连华阴，东接灵宝，位居秦、晋、豫三省交界的黄河三角地带，是连接西北、华北、中原的咽喉要道，战略地位十分重要，历来是兵家必争之地。在经济快速发展的今天，潼关的区位优势依然明显，作为陕西东大门的门户，潼关位居西安、太原、郑州三大城市经济辐射圈中心，处于关天经济区与正在构建的黄河金三角经济协作区核心地带，是西部大开发的桥头堡。潼关交通便捷，陇海、同蒲铁路交会于城西，310国道、101省道、西潼高速公路穿境而过。

（二）资源条件

1. 农业资源相对贫瘠

潼关属半干旱、半湿润旱作农业区，光能资源较充足，而热量和降水量偏少，境内年平均气温12.8℃，年降雨量625mm。潼关地形由南向北呈现秦岭山地、台塬沟壑和黄渭河谷三种类型，黄土台塬沟壑面积最大，占总面积的43.8%，为粮、棉主要产区。潼关境内黄河川道和黄土平原大部分是耕地，森林和草地主要分布在秦岭山地，主要有乔木林、疏林、灌木丛和荒山草坡。潼关水资源总量为9028.7万立方米，人均水资源占有量624立方米，耕地亩均水资源占有量527立方米，分别为全省人均、耕地亩均水资源占有水平的50%和65%，不足全国人均、耕地亩均水资源占有水平的1/3。潼关农业人口12.3万，耕地17万亩，沟坡荒地20万亩，人均耕地1.38亩。农作物有72种，主要有小麦、玉米、棉花等，其中粮食作物18种，经济作物46种，饲料、绿肥作物8种。全县粮食作物播种面积20余万亩，以小麦、玉米为主，粮食总产基本稳定在5万吨。果蔬以花椒、芦笋、黄花菜、铁杆笋、苹果、核桃为主，作为酱菜原料的铁杆笋具有很好的品质。由于潼关地形沟壑纵横，且山坡、草场面积大，水资源相对不足，农业基础较差。受地理和气候条件影响，农产品的产量受到一定制约。

2. 黄金资源开发潜力巨大

潼关南部山区属于小秦岭的一部分，是我国著名的贵金属成矿区，蕴藏有丰富的金、银、铅、铁、大理石、石墨、蛭石等矿产资源，尤其以黄金资源最为丰富，是小秦岭金矿田的重要赋存地，金矿脉在南部山地普遍存在。目前以不同工作程度所圈定的含金石英脉超过500条，平均每平方公里有4~5条含金石英脉。矿石类型主要为金—黄铁矿—脉石英型和金—多金属硫化物—脉石英型。从矿体规模、矿石品位来看，呈现东强西弱的特点，一般品位在3~8克/吨之间，平均品位5~6克/吨，局部或个别矿体可达10~30克/吨。从密集程度来看，其分布可划分为三个矿区：东桐峪金矿区、麻（峪）太（峪）金矿区和西桐峪金矿区。

20世纪70年代黄金矿产开发至今，潼关小秦岭浅表层矿体已消耗殆尽。2008年末，潼关县境内金矿保有储量182.8万吨，黄金资源储量11.218吨，地探增储3.626吨，掘进36508米。伴随着潼关东部浅层黄金资源的日益减少和枯竭，黄金资源量已经严重制约潼关黄金产业发展。另外，潼关黄金尾矿储量约为5000万吨，含有金、铜、银、铅、锌等多种金属。随着多金属回收技术水平的提高，这些尾矿资源成为有色金属资源综合回收利用的宝贵资源。

2010年8月22日，小秦岭地质找矿研讨会召开，与会专家学者经过论证认为：潼关县内不同类型、不同方向、不同矿物组合金矿体是深部同一成矿热液运移——上下沉淀过程在不同边界条件下的具体表现，均受构造控制。县域东部表现为脆韧性过渡条件下以由南而北挤压作用为主的矿体，中部以南北挤压条件下在两组剪节理基础上形成的南北向纵张断裂体系中充填的矿体为主，西部以缓向南北张剪性平直脉体为主，中、西部深部应具有类似东部浅表层矿体的成矿条件与背景。有关学者和单位通过不同方法进行预测，潼关地区金矿资源量应在 300 吨以上,由陕西省地矿局第六地质队探明的黄金储量为 100 余吨,根据有关成矿理论预测,区内潜在资源量有 200 余吨。可见,潼关小秦岭矿带中西部深部极可能蕴含着丰富的金矿石资源,具有巨大的开发潜力。

3. 旅游资源丰富独特

潼关历史悠久,文化积淀厚重,旅游资源丰富。现有旅游观光资源共计 26 处,主要分为三类:人文旅游资源,潼关自古以来为兵家争夺战略要地,在我国军事史上地位独特,以潼关古城、十二连城、仰韶文化为代表的遗址遗迹,体现历史文化的厚重性;自然生态旅游资源,潼关的山川形势被古人描绘为"重关踞天险,黄河曲抱城",以黄河、台塬、秦岭为要素的黄河大弯、三河交汇、泉湖湿地、长桥飞跨、始祖山等河流湿地风光和山地景观,体现出山河风情的壮美;黄金旅游资源,潼关曾为我国三大黄金产地之一,利用黄金生产过程中从采掘、冶炼到加工的完整工艺作为一种工业旅游资源,具有极其强烈的旅游吸引力。另外,当地民间演艺活动和地方特色小吃享有盛名,"古战船""背芯子""踩高跷""万盛园酱菜"已被列入陕西省第二批非物质文化遗产保护名录。近年来,潼关依托其历史文化、地理区位和资源禀赋,以"三黄三古"(三黄:黄河、黄金、黄土地;三古:古城、古关、古战场)为重点发展旅游业。

(三) 经济社会概况

潼关县行政辖属渭南市,下辖 4 镇 4 乡,2012 年全县常住人口 15.66 万,人口自然增长率为 3.66‰。城镇化率由 2005 年的 25.9% 增长到 2010 年的 41%,城镇化水平稳步提升。

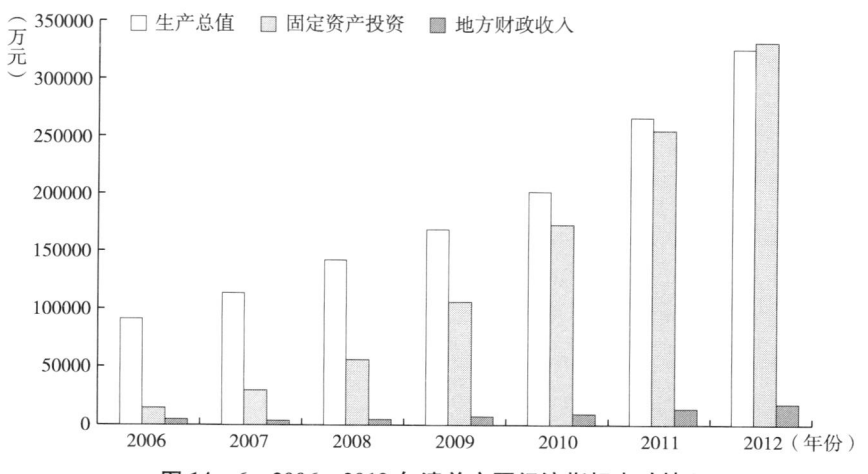

图 14 – 6　2006~2012 年潼关主要经济指标变动情况

"十一五"时期以来,主要经济指标连年攀升(见图14-6)。2006~2012年,全县生产总值由9.912亿元增长到32.797亿元,年均增长率达23.7%;固定资产投资增幅更大,由1.53亿元增加到33.4亿元;地方财政收入由3690万元增长到19230万元,增加了近5倍。人民生活水平不断提高,城镇居民人均可支配收入由2005年的6859元增加到2012年的21089元,年均增长18.1%。农民人均纯收入由2005年的1852元增加到2012年的6388元,年均增长19.5%。同时,民居、出行、通信等条件都明显改善,消费结构逐步升级。社会保障体系不断完善,城镇医疗保险覆盖面达到90%以上。

二 产业发展基础

(一)发展现状

1. 典型的"二、三、一"产业结构

"十一五"以来,潼关三次产业结构变动呈现出一产徘徊、二产上升、三产下降趋势,第一产业比重一直在10%左右徘徊,第二产业比重在2010年首次超过第三产业,年均上升4.66个百分点,第三产业比重逐年下降,年均下降4.68个百分点。三次产业增加值的增速都保持在平稳水平,相比而言,第一产业增加值增速比较缓慢,年均增长略高于7%,第二产业增加值保持高增长,年均增长22.5%,第三产业增加值增长较快,年均增速达到11.6%(见表14-4)。从三次产业比重的变动趋势看,以黄金产业为主导的第二产业比重呈逐年上升趋势,黄金工业发展迅猛,并且极具潜力。

表14-4 "十一五"以来潼关县三次产业发展状况

单位:亿元,%

年 份	第一产业		第二产业		第三产业		三次产业结构比例
	增加值	增速	增加值	增速	增加值	增速	
2006	0.73	13.7	2.15	17.4	4.95	10.7	9.3:27.4:63.6
2007	1.04	7	2.49	27.2	5.29	9.6	11.8:28.2:60
2008	1.43	7.9	5.46	24.5	6.17	13.3	11:41.8:47.2
2009	1.51	7.5	7.45	21.8	8.03	13.3	8.9:43.8:47.3
2010	1.92	6.4	9.6	23.5	8.78	12.1	9.5:47.3:43.2
2011	2.61	6.7	13.97	22.9	10.22	10.8	9.72:52.14:38.14
2012	2.99	5.9	18.15	20.5	11.65	11.5	9.13:55.35:35.52

2. 第一产业以种植业和畜牧业为两大支柱

种植业和畜牧业是潼关第一产业的两大支柱，种植业以粮食和蔬菜的种植为主，畜牧业以猪羊肉和禽蛋生产为主。2012年，全县第一产业总产值为5.25亿元，其中种植业产值达到3.01亿元，占第一产业总产值的57.3%。畜牧业产值达到1.75亿元，占第一产业总产值的33.3%。由此可见，潼关种植业和畜牧业两大产业的产值占全县第一产业的90%以上。

3. 第二产业以黄金产业为支柱

改革开放以来，由于资源禀赋条件，黄金工业成为潼关县的支柱产业。从1979年开始起步，当年生产黄金358两，1985年生产黄金10100两，步入万两黄金县，1989年黄金突破1吨，从1990年起黄金产量进入快速增长阶段，1993年跻身全国第三产金大县，成为国家重要的产金基地。"十一五"时期以来，黄金产量增长迅速，2012年黄金产量达14.395吨，比上年增长27.1%（见图14-7）。30年来，累计给国家上交黄金247.3万两，上缴财政6个多亿。2012年，全县第二产业增加值为18.153亿元，其中黄金产业占93%，建筑业占6.1%。目前，潼关县共有规模以上工业企业15户，其中黄金企业就占到14户。全县规模以上工业企业完成工业总产值47.8亿元，同比增长21.4%，其中14户黄金企业完成47.5亿元，占工业总产值的99.4%。长期以来，黄金产业对潼关县的财政贡献度在70%以上。黄金产业有力支撑着潼关经济，为整个县域经济发展做出了巨大贡献。

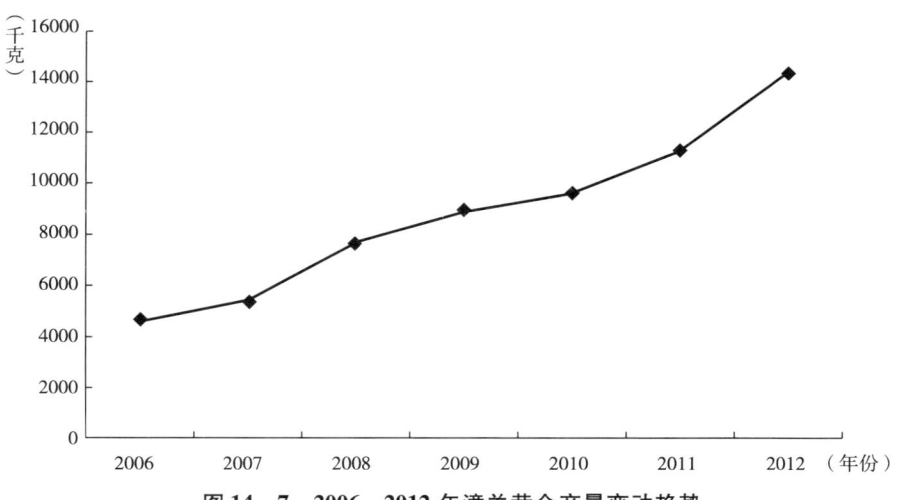

图14-7　2006～2012年潼关黄金产量变动趋势

资料来源：潼关县黄金局提供数据。

4. 第三产业以传统服务业为主

商贸业是目前潼关第三产业的唯一支柱，批发零售业和住宿餐饮业是商贸业中的主要产业。2012年，全县社会消费品零售总额为8.21亿元，其中批发零售业实现销售额7.39亿元，占到近90%，住宿餐饮业实现营业额0.82亿元，占到10%。

（二）产业评价

由于农业发展条件的制约，第一产业比较落后；第三产业以传统服务业为主，发展层次较低；第二产业中的黄金产业作为潼关工业经济的支柱产业，引领第二产业比重逐年提升。长期以来，潼关县域经济形成了以黄金产业为主导，以农业、旅游、文化、商贸为辅的产业结构。

纵向比较，潼关黄金产业实现稳步快速发展，产业质量有了明显提高。黄金生产企业产值在2011年和2012年分别达到39.39亿元和47.5亿元，利润分别为6.2亿元和6.3亿元，产值连续多年占到规模以上工业企业总产值的95%以上。横向比较，黄金产业整体依然处于传统工业阶段，产业增长呈现"三高"为特征的粗放型增长。在潼关中、浅部黄金矿产资源枯竭，深部探矿尚无重大发现条件下，潼关县域经济发展面临巨大风险，也面临产业内部的转型升级，包括黄金探矿从浅表层向中深部转型，黄金生产从无序向有序转型，黄金传统产业向科技生态黄金产业转型。因此，需要继续巩固壮大黄金产业，并利用资源优势不断延伸黄金产业链，围绕潼关黄金、有色金属冶炼、尾矿回收利用、新型建材加工、农副产品加工以及黄金文化旅游，建设可持续发展的产业体系，从而形成以黄金产业链为主轴，以黄金文化旅游为纵轴，通过以线带面，实现县域经济的全面突破性发展。

第四节　潼关黄金立县的环境分析

潼关面临良好的国际、国内经济发展背景，具有广阔的黄金产业发展前景和良好的区域发展环境，同时，也面临国内产金大县、周边邻县竞争的激烈挑战和生态环保政策的巨大压力。

一　发展机遇

（一）面临良好的国内外经济发展环境

从国际看，外部环境总体上有利于经济加快发展。从全国来看，中国依然是世界上经济增长最活跃的区域，工业化、信息化、城镇化、农业现代化将成为未来经济增长的动力，未来中国经济依然将保持较高增长速度。良好的国内外经济发展环境为潼关经济发展提供了有利的发展环境。

（二）黄金产业高速发展的历史机遇

近10年来，世界黄金产量稳步增长，年均增速3.6%，世界黄金需求年均增速超过5%，2011年增速达到12.3%。伴随着世界经济的发展和消费水平的不断提高，未来世界黄金产业将继续保持稳定增长态势。目前，中国已经连续六年位居全球黄金生产大国之首，并成为仅次于印度的全球第二大黄金消费国。中国经济的高速增长和日益增长的黄金需求消费，成为推动中国黄金产业发展的强劲动力。预计2020年，中国将成为全球最大的黄金需求国。因此，潼关黄金产业将面临强劲的市场需求和难得的发展契机。

（三）面临良好的政策发展机遇

潼关地处关中—天水经济区和晋陕豫黄河金三角经济协作区重叠区域，是陕西东大门建设的重点，享受多重政策优势。《关中天水经济区规划》明确提出打造华山—潼关旅游精品区，建设华山人文自然旅游景区，为潼关黄金产业与旅游、文化、农业融合形成黄金旅游、黄金文化、黄金主题休闲农业等新兴产业提供了良好机遇。《晋陕豫黄河金三角经济协作区》提出，整合区域资源，发展特色产业，为潼关、灵宝合作发展黄金产业与循环经济提供了新的机遇。陕西东大门建设是省上重点投资项目，将为改善潼关生态环境，形成黄、渭绿色走廊，建设生态景观和景区创造条件。

二 面临挑战

（一）国内产金大县带来的激烈行业竞争

潼关曾是我国著名产金大县，拥有辉煌的产业业绩。伴随着资源的枯竭和改革步伐的放缓，潼关不仅与国内传统一流产金大县（市）招远的距离不断拉大，而且与昔日同一阵营的灵宝差距也进一步增大。2011年，招远与灵宝分别以产金69.28吨和44.2吨位于全国产金十强县第一、第二，分别比潼关县高出58.28吨和33.2吨。并且，招远不断推进黄金产业转型，已经形成了集黄金勘探、采选、冶炼、首饰加工销售、综合利用、金融交易、黄金文化旅游等为一体的黄金产业链条。未来，国内黄金产业将进入行业整合与大发展时期，黄金产业面临更为激烈的竞争，潼关黄金产业不仅面临招远、灵宝的竞争压力，而且还面临新兴产金大县的挑战压力。

(二) 邻县竞相发展带来的区域竞争

新的发展时期，陕西提出建设东大门，渭南市提出跨越发展的宏伟目标，对各区县，尤其是潼关，经济社会发展提出了较高的发展要求。目前，潼关经济总量占渭南1区两市8县经济总量的比重不足3%，与渭南韩城、临渭区、蒲城县分别相差约100亿元、90亿元、50亿元，存在较大差距。潼关县周边的大荔、华县发展迅猛，与其相比也还具有不小差距，潼关要想圆满完成陕西"东大门"建设任务，实现进位赶超、跨越发展，还面临较大的区域挑战与压力。

(三) 生态环境压力带来严峻挑战

黄金采选与冶炼是传统的高耗能、耗水与污染产业，给当地资源与环境带来较大发展压力。在国家加大环境治理，推进生态建设背景下，对产业发展提出了更高的进入门槛和更高的生态环保发展要求。潼关黄金产业整体依然处于传统发展阶段，面对严峻的环保要求，进一步加大了潼关黄金产业转型的迫切性，也加大了黄金产业发展的成本和升级压力。

第五节　潼关黄金立县发展战略研究

一　战略选择

区域产业发展战略是区域经济发展战略的核心内容，是对区域未来主导产业选择与发展的长期性、总体性的安排与谋划。在当前浅部黄金矿产资源日益枯竭，黄金产业面临发展风险，人们对县域主导产业选择认识意见出现不统一的背景下，重新审视潼关县域产业发展战略，对于客观认识县域条件变化，正确选择主导产业，统一发展思想，形成发展合力具有重大意义。

从县域资源禀赋来看，潼关县与周边区域比较，最为突出的资源优势：一是黄金矿山资源，潼关县小秦岭黄金矿带在国家金矿资源中占据重要地位，其中深部探矿具有极大的发展潜力，在未来国家黄金矿山资源开发格局中更具有不可小觑的重要地位。二是文化旅游资源。以"三黄三古"为代表的文化旅游资源特色明显，优势突出，且面临渭南市联合打造华山—潼关旅游精品区的良好机遇，具有极为广阔的市场发展潜力。这两大资源是潼关最重要、最具优势的资源，也是形成区域主导产业最重要的资源基础。

从县域产业基础来看，当前潼关已经形成以黄金为主导的产业体系。2012年，潼关黄金产业增加值占地区生产总值的51.2%，已经成为潼关县域经济的支柱产业和县域经济增长的最重要拉动力量。伴随着黄金产业的发展，其所占比重和影响依然不断升高。从需求弹性、关联强度、技术水平来看，潼关县农业、旅游、文化、商贸、物流难以成为区域主导产业。

从产业间的相互关联来看，黄金产业是关联度较高的产业。在黄金产业自身发展壮大的同时，可依托资源优势，带动其他产业的发展。一是通过黄金产业的发展壮大，有利于实现工业反哺农业，使黄金工业带来的成果加大对农业和农村的支持力度，促进农业发展。二是充分利用国家支持低品位、难选冶、共（伴）生矿产资源开发和综合利用的产业政策，积极开发其他矿产资源。三是充分利用潼关丰富的矿山矿渣资源，建设新型建材生产基地，利用黄金尾矿制作矿渣砖、矿渣水泥、微晶玻璃等，努力培育新的经济增长点。四是黄金产业与旅游发展相融合，打造黄金工业旅游项目，且串联其他旅游资源，形成互动发展，从而促使更多剩余劳动力就业，促进贸易和消费，推动三产向更高层次发展，也是资源型城镇转型的一种途径。

从发展环境来看，潼关经济发展面临良好的国际、国内经济发展背景，面临世界、中国黄金产业大发展的历史契机，面临关中—天水经济区、黄河金三角双重政策优势和陕西推动文化旅游大发展，建设陕西东大门的发展机遇和有利条件。

因此，潼关未来区域发展要坚决立足本地黄金矿产和文化旅游两大优势资源，把握世界黄金产业大发展的历史机遇，紧抓国内文化大发展、大繁荣的发展契机，确立"黄金立县"的县域发展战略，以做强做大黄金产业为龙头，实现黄金相关产业的融合联动发展，通过区域旅游产业协同带动县域农业、商贸、物流等相关产业联动，实现县域经济的转型跨越发展。

二 总体要求

（一）战略思路

深入贯彻落实科学发展观，紧抓世界黄金产业大发展与关中—天水经济区、晋陕豫黄河金三角规划深入实施，建设"三个陕西"和陕西东大门的历史机遇，以打造全国一流黄金产业集聚地为总体目标，实施强化资源利用、转型升级、集群推进、产业生态化四大策略，重点推进强化资源保障、构建生态产业体系、实行市场创新、推进新型城镇化四大任务，完善产业支撑体系，强化规划保障落实机制，通过努力将黄金产业打造成为潼关竞争优势突出、综合效益明显、关联带动较强、健康持续发展的区域性主导产业，成为潼关实现跨越发展，富民强县的产业根基，成为推动潼关经济转型和新型城镇化进程，实现全面建设小康社会任务的强力保障。

（二）战略定位

潼关在实施"黄金立县"发展战略过程中，必须科学确定战略定位。综合考虑潼关拥有的独特区位交通优势，充满潜力的资源条件，良好的黄金产业基础，潼关黄金立县战略应定位为：亚洲最大的黄金难选冶炼产业基地、国家有色金属循环利用示范基地、西部最具特色黄金旅游景区、西部重要的黄金珠宝加工产业基地和中原地区重要的黄金珠宝批发零售交易中心。

——亚洲最大的黄金难选冶炼产业基地。目前，全国黄金冶炼正在向规模化、大型化方向发展。其中，中国黄金中原冶炼厂正在三门峡建设年产60吨黄金、亚洲最大的黄金冶炼基地，山东招金黄金冶炼规模已经达到2100吨/日，灵宝黄金股份公司黄金冶炼规模为1000吨/日，正在新疆建设日处理300吨的金精矿冶炼项目。依据中国黄金冶炼产业区域布局，结合潼关实际，依托潼关中金冶炼，加强含砷、含碳、含硫等多种难处理元素的金精矿难选冶技术创新，发挥国内黄金难选冶炼技术与工艺优势，推进日处理1000吨难选冶项目建设，使潼关难处理金精矿冶炼规模达到1600吨/日，努力将潼关建成亚洲最大的黄金难选冶炼产业基地。

——国家有色金属循环利用示范基地。以黄金为主的多金属循环利用是现代黄金产业发展的有效模式。国家积极推进矿产资源综合利用示范基地、城市矿产示范基地建设，大力促进有色金属产业转型升级。湖南永兴是以有色金属"三废循环利用"为主题的国家可持续发展实验区，铜陵正在建设国家级铜矿资源综合利用示范基地，在经济效益和发展方面取得了良好的成绩和经验。潼关应顺应世界黄金产业发展趋势，借鉴永兴"无矿开采"循环经济模式，依托丰富的城市矿山资源，发展黄金、银、铂、铜等多金属综合回收利用产业；推进尾矿综合利用与开发，加强低品位矿石回收利用，建设铅锌产业链和硫化工产业链，发展新型建材，构建有色金属循环利用产业体系；推进建设潼关县循环利用产业园区，联合灵宝，共同打造高效循环经济发展平台；重视矿区生态修复治理与灾害防治，建设绿色矿山，努力把潼关建成国家级有色金属循环利用示范基地。

——西部最具特色黄金旅游景区。黄金历史久远，黄金文化源远流长，黄金旅游成为人们欢迎的新宠。目前，国内已经形成"东有招远""南有上杭"

"北有夹皮沟"的黄金旅游格局。西部地区尚无具有影响的黄金旅游景点,黄金旅游市场亟待开发。潼关黄金开采与冶炼历史悠久,毗邻华山风景区,地处以"奇""险""秘"为特征的"兵马俑""华山"旅游线路延伸线上,潼关小秦岭金矿矿山公园已被国土资源部列入第三批国家矿山公园,具有发展黄金探秘旅游的良好条件和基础。潼关应紧抓华山大风景区建设机遇,积极承接华山旅游辐射,以"黄金"为主题,围绕"黄金资源",依托小秦岭国家黄金矿山地质公园、黄金探秘游、黄金一条街、黄金工业旅游走廊等项目,积极发展黄金旅游;围绕"黄金文化",依托黄金博览苑、黄金矿石工艺品、黄金餐饮、黄金主题休闲农业,积极发展黄金文化旅游;围绕"黄金品质",依托杨震廉政教育基地项目,弘扬廉政文化,建设全国廉政教育基地。通过发展黄金工业旅游、文化旅游、创意产业,打造西部最具特色黄金旅游景区,形成"东有招远""南有上杭""北有夹皮沟""西有潼关"的黄金旅游大格局。

——西部重要的黄金加工产业基地。黄金加工是黄金产业的核心环节,是黄金产业转型升级的方向和重点。目前,全国已经形成以深圳为中心的全国性黄金珠宝加工产业中心,以北京、上海、西安等特大型消费市场和以招远、莱州等产地为中心的区域性黄金加工产业基地。西部黄金加工产业发展滞后,西安黄金加工生产依然处于起步发展阶段。伴随着西北黄金饰品及黄金工业应用市场的不断扩大,当地加工优势逐步强于远距交易优势,西北地区黄金加工产地快速发展成为必然。潼关应以区域黄金市场建设为契机,适应日益扩大的区域黄金珠宝市场需求,依托天和骏业精深加工项目,引进国内外知名黄金加工企业、研发机构,发展黄金饰品、工艺品等黄金珠宝产业。同时,大力推广黄金在电子工业、航空、航天工业中的创新应用,推进高附加值黄金加工业发展。未来,将潼关建设成西部重要的黄金珠宝加工产业基地。

——中原地区黄金珠宝批发零售交易中心。深圳是全国黄金珠宝批发交易中心。在中原地区,西安、郑州特大城市形成了全国二级珠宝批发零售交易中心,渭南、宝鸡、洛阳、三门峡、运城等地级城市,形成了地域性的黄金珠宝零售市场。潼关依托其黄金产地知名度和区域黄金珠宝饰品市场基础,初步形成了辐射晋、陕、豫黄河三角地区县级城乡的黄金珠宝批发零售市场。依据全国区域性黄金珠宝市场分布格局,立足潼关黄金珠宝市场发展基础和现状,潼关应积极推进市场创新,通过建设潼关县黄金苑项目,改造提升黄金交易街,建立黄金电子交易与期货交易系统,完善金银珠宝交易服务,优化交易环境,实施立体化宣传与营销,扩大潼关黄金交易市场在周边区域的影响,将潼关建成定位合理、环境良好、覆盖中原城乡市场的黄金珠宝批发零售中心。

（三）发展目标

总体目标是将黄金产业建成集勘探、采选、冶炼、加工、交易于一体的全产业链条，能够带动关联产业发展，推进新型城镇化进程，增加人民收入，改善县域自然生态的区域主导产业。

——经济持续发展。

黄金产业持续快速发展。2015年，黄金产业产值达到300亿元，增加值90亿元，县域经济增长贡献率75%以上。2020年，黄金产业产值达到600亿元，增加值180亿元，县域经济增长贡献率85%以上；资源开发规范有序。2015年，整合资源企业为2家，加大中深部探矿投资力度。2020年，把矿山企业进一步整合为1家，达到资源的整装勘测及开发一体化，提高资源利用开发水平；黄金冶炼实现上规模。以潼关中金冶炼日处理1000吨黄金难冶选项目和天和苑年精炼35吨黄金为重点，扩大精炼规模，2015年，黄金精炼产能达到50吨。2020年，实现年产能100吨精炼黄金。黄金加工逐步深化。推进潼关黄金珠宝饰品加工与黄金电子工业、航空、航天工业应用深化发展，2015年，县内黄金加工用量占年产精炼金的20%以上。2020年，县内黄金加工用量占年产金的70%以上。市场辐射不断扩大。2015年，以黄金苑和黄金交易街区为中心的市场体系建成，黄金珠宝饰品交易额达到30亿元。至2020年，建成黄金投资中心，黄金珠宝饰品交易额达到300亿元。

相关产业联动发展。以黄金产业为主导，发展黄金主题休闲农业、黄金文化、黄金旅游、黄金创意、黄金贸易与物流，带动潼关旅游、贸易与物流产业联动发展，使之成为带动潼关县域经济发展的新的增长点。2015年，实现销售收入50亿元。至2020年，实现销售收入350亿元。

——新型城镇化稳步推进。

推动黄金产业转型升级，推进潼关新型工业化进程，以工业化带动新型城镇化，以新型城镇化促进新型工业化。2015年，潼关工业化率达到75%，城镇化率达到60%；城乡基础设施与社会事业投资进一步加大，覆盖城乡基本公共服务逐步完善；城镇居民人均收入与农民人均纯收入分别达到38400元和11000元以上，城乡收入比进一步缩小；产业年均创造就业岗位逐步增加，城镇失业率控制在4%以内。2020年，潼关工业化率达到80%，城镇化率达到75%；城乡统筹协调发展，城镇居民人均收入与农民人均纯收入在2010年基础上实现翻番；城乡居民实现充分就业，城镇失业率控制在2%以内。

——生态环境持续改善。

以黄金工业为重点，推行清洁生产工艺，构建循环产业体系，搞好综合利用，严控企业"三废"排放，推进绿色矿山建设。2015年，企业"三废"排放达到国家或地方规定标准，"零排放矿山"建设顺利推进，矿区绿化覆盖率和复垦率达80%以上。全县万元GDP综合能耗下降15%，森林覆盖率达到48%以上。至2020年，绿色矿山格局基本建立，矿山地质环境保护和矿区土地复垦水平全面提高，潼关万元GDP综合能耗、森林覆盖率、二氧化硫排放量与化学需氧量排放量均优于全省平均水平，力争建成全国生态文明示范县。

三　战略布局

（一）布局原则

1. 集约利用原则

综合考虑潼关各类资源禀赋、分布及发展空间，在潼关县域产业园区内增加土地、资金、技术和劳动力等要素的投入，重视土地本身的资产属性，并将其纳入资源保护体系。在国家相关法律法规允许的范围内，最大程度实现产业用地结构合理化、最优化，使产业用地投入产出比和土地利用率最佳。同时，要结合黄金产业特点，考虑资金、技术及劳动力等要素的供求状况，确保产业可持续发展，并实现各要素投入产出比最佳。

2. 产业集群原则

产业集群的核心是在一定空间范围内产业的高集中度，这有利于降低企业的制度成本，提高规模经济效益和范围经济效益，增强产业和企业的市场竞争力。潼关在布局黄金及关联产业时应在产业现状基础上引导产业项目向特定空间聚集，形成产业的区域化布局和专业化生产，发挥产业的集群效应。应围绕潼关中金冶炼、潼金等优势企业和龙头产品，延伸产业链，增强产业配套能力，不断壮大产业实力，整合各种资源，形成稳定、持续的产业竞争优势集合体。

3. 可持续发展原则

潼关黄金及关联产业布局必须注意节约资源和保护环境，防止对黄金矿产资源的过度开发和对环境的过度破坏。潼关产业布局要符合国家产业政策和上位规划对产业发展的总体定位和战略指导，既满足当前产业发展的需求，又为未来产业发展留有足够的空间。在尊重市场选择的前提下，正确处理潼关县域产业发展与人口、资源、环境之间的关系，坚持经济效益、社会效益和生态效益相统一，以循环经济的发展理念，引导产业实现资源节约型与生态友好型布局。

（二）空间布局

潼关黄金产业将形成黄金矿产资源开发，有色金属循环经济，黄金冶炼加工，黄金贸易和黄金文化旅游五大功能区。

——黄金资源开发区。

黄金资源开发区位于秦岭北麓地区，东接河南省和循环经济区，西至安乐乡，310国道以南、秦岭以北，辖太要、代字营、桐峪、安乐4个乡（镇）部分地区，面积49平方公里。该区以黄金矿产资源为依托，进行多种金属的勘探、开采和浮选。

——黄金产业循环经济区。

潼关县与河南灵宝联合打造秦豫工业新区。该区位于代字营乡西埝村以东、310国道以南与河南交界处，面积13.5平方公里。该区主要进行非黄金的冶炼，同时将采选冶炼企业产生的尾矿进行无害化处理，综合回收利用，生产水泥添加剂、道路用砖、墙体用砖等建筑材料，以化工、矿山机械、黄金精细加工等产业的引进，延伸产业链条，发展循环经济。

——黄金冶炼加工区。

黄金冶炼加工区以中金冶炼日处理400吨、1000吨难选冶炼项目、天和苑年产35吨黄金精炼和加工项目为中心，分别位于城东镇上屯村、下屯村和潼关县城东南1.5公里紧邻潼关冶炼公司处和连城街西段，规划面积1平方公里。该区主要以黄金冶炼及其下游产品精深加工为主。

——黄金（饰品）贸易区。

黄金饰品贸易区包括潼关黄金苑和潼关黄金街区，主要以黄金文化展示、黄金旅游、黄金交易、金银饰品加工与销售为主，包括黄金文化广场、黄金博物馆、黄金卖场、黄金文化论坛会址、商务会所以及黄金步行街等功能区。

——黄金文化旅游区。

黄金文化旅游区主要集中于县城，以小秦岭国家黄金矿山地质公园、黄金一条街、黄金苑、杨震廉政教育基地、黄金主题休闲农业等项目为依托，发展黄金旅游、黄金文化和黄金创意产业。

潼关黄金产业将带动全县相关产业关联发展，县域经济从南向北形成五大产业功能板块，形成核心辐射、板块撬动的空间发展形态。

（1）黄金产业板块。以黄金工业为依托，在县域南部以黄河金三角工业园区、黄金精深加工集聚区、黄金资源集聚区为核心，以重大项目建设为支撑，打造以黄金勘探、采选、冶炼、深加工、销售、黄金文化旅游为一体的黄金产业板块。

（2）农牧果畜板块。在县域中部及县城西沟生态发展区，以果、菜、花、畜牧养殖为核心，推进高效农牧、观光农业、设施农业发展，打造绿色农牧产业板块。

（3）生态宜居板块。依托县城，加快发展文化、金融、商贸、总部经济、信息与居住服务业，打造生态宜居板块。

（4）文化旅游板块。沿黄河、渭河，建设滨河大道与黄河防卫河堤景观带，连接黄河湿地公园、杨震廉政教育基地、古城景区、物流港旅游，打造文化旅游产业板块。

（5）商贸物流板块。在秦、晋、豫三省交界处，依托中国潼关物流港，以农副产品、农业生产资料、建材为主，打造现代物流产业板块。

第六节 潼关黄金立县发展策略分析

一 总体策略

围绕"黄金立县"，实施大资源策略，对内促整合，对外扩资源，强化产业资源保障；实施转型升级策略，发挥黄金、旅游两大资源优势，促进旅游黄金产业融合发展，加速产业转型升级；实施集群推进策略，加快黄金园区建设，打造高效产业发展平台，促进集群化发展；实施生态化策略，构建黄金循环产业体系，促进产业生态化发展。

（一）推进内部资源整合，促进外部资源扩张

黄金采选冶炼是资源决定型产业具有"拥矿者为王"特点，其核心是占有黄金矿产资源。借鉴招远、灵宝等地资源整合发展的经验，按照"对内促整合，对外扩资源"的思路，实施资源整合策略，不断强化资源保障。一是遵循矿产资源开发最优规模化经济规律，严格执行国家相关规定，政府强势推进小秦岭潼关段黄金矿产资源整合工作，对于资源利用与环保水平不达要求，存在安全隐患的矿山坚决予以整合，通过优化整合促进对境内资源进行统一规划和开发。二是积极培育大型企业集团，推进黄金企业上市，加强招商引资，建立矿产投资风险基金，深入推进中深部探矿工作。三是以潼关龙头企业为依托，立足潼关，面向埠外，借助技术和管理优势，加强对国内外，尤其是西部地区资源的整合，推进区域纵深合作。

（二）推动黄金旅游文化融合，加速产业转型升级

伴随着资源的日益减少，资源性产业面临转型发展，寻求替代产业的任务。产业转型升级是潼关黄金产业发展的必然选择。因此，潼关要实施转型升级发展策略，加快推进黄金产业转型，促进产业多元化发展。一是加强技术创新，开发高附加值的黄金精深加工产品，通过产业内创新，促进黄金产业升级。二是横向扩展，加速向旅游、文化、休闲农业关联产业投资，通过产业间创新，培育形成黄金主题创意农业、黄金文化、黄金旅游、黄金商贸、黄金餐饮等新兴产业，并以此带动潼关旅游、文化、农业、商贸、物流产业，形成县域后续替代产业。三是促进交易，建立区域性金银珠宝市场，树立潼金品牌，通过市场创新拉动黄金产业升级。

（三）加快黄金产业园区建设，推动产业集群化发展

产业集群是现代产业发展的新型组织形式，是实现区域创新，提升区域竞争力，推动区域增长的重要方式。潼关要实施集群推进策略，促进实现黄金产业创新系统，提升产业竞争力和区域经济增长推动力。一是要推进潼关黄金工业园区、天和骏业黄金文化产业园、物流港等园区建设进程，加强公共基础与配套设施建设，促进企业进园发展，打造黄金产业高效发展平台。二是积极培育和引进各类服务中介组织，加强产业的融资、信息、法律、评估、咨询服务，促进企业间联系和沟通。三是建设黄金产业公共服务中心，打造包含"投融资、信息服务、商务服务、检测检验、教育培训"于一体的良好产业服务平台。

（四）构建循环产业体系，促进产业生态化发展

几十年来，潼关黄金产业以粗放发展方式为主，资源浪费严重，浅层资源日益枯竭，矿山生态遭到极大破坏，生态环境日益恶化，县域发展与生存环境亟待改善。实施产业生态化战略是潼关黄金产业持续发展与县域经济持续增长的必然选择。潼关要坚持构建生态产业体系，保障区域持续发展。一是推进构建黄金产业循环经济，重视资源综合利用与低品位矿石的回收利用。二是借鉴永兴"无矿开采"循环经济模式，积极发展稀贵金属回收产业。三是依托园区积极发展循环经济，构建园区循环经济体系。四是加大矿山生态治理，建设国家绿色矿山示范基地。

二 策略措施

"黄金立县"战略的核心是将潼关黄金产业不断进行纵向延伸和横向拓展，使黄金产业做强、做优、做细、做实，符合循环经济发展要求，黄金产业发展的同时，解决好矿区及其周边的生态环境问题是产业健康持续发展的难点。

黄金产业的纵向延伸主要是在符合循环经济和清洁生产相关要求下，统筹协调矿产资源勘探、采选、冶炼、加工、交易等诸多产业环节。黄金产业的横向拓展是以黄金产业发展为主导，带动区域的农业、旅游、文化、商贸、物流以及相关配套基础设施和地区生态环境质量同步提升，构建区域生态经济系统。"黄金立县"策略重点主要包括以下四方面内容。

（一）强化资源保障，推进产业持续发展

1. 开展公益性地质矿产调查评价

一是加强基础地质调查。2014年前完成全县1∶25万综合地质调查，更新一批基础地质图件。完成全县1∶5万地质矿产调查；开展1∶10万～1∶5万矿山生态环境和地质灾害综合地质调查和区划工作。二是结合勘探开发过程形成的资料，对小秦岭地区成矿地质条件、控矿构造、成矿作用过程及矿床与矿体分布规律进行综合研究，并指导下一步的勘探工作。三是进行黄金资源深部成矿潜力研究。四是重视低品位金矿资源分布调查与评价研究，给企业开发黄金资源提供基础资料。

2. 鼓励商业性地勘

鼓励引导企业、个人和外商投资，参与以市场需求为导向、以经济效益为目标的商业性矿产资源勘查。发挥市场优化配置资源的作用，及时向社会发布公益性矿产调查成果信息，适时组织探矿权出让和转让活动，鼓励国内外投资者通过市场竞争方式取得探矿权，进行商业性矿产勘查。鼓励矿山企业建立资源耗竭补偿机制，进行后备资源、后备基地勘查。通过勘查，增加探明资源储量，提高资源保证程度。

3. 整合黄金勘探开采企业，促进地区产业集聚发展

加大黄金资源整合力度，推动黄金矿产资源向优势矿山骨干企业聚集，形成东桐峪金矿区、麻（峪）太（峪）金矿区、西潼峪金矿区三大整合区。通过市场和政策引导，发展具有国际竞争力的矿山企业集团。继续支持和帮助非国有矿山企业的发展。以政府为主导，以矿权为主体，引进有实力的企业和集团，通过入股联营、收购兼并、赎买退出等多种方式，强力推进矿产资源整

合，2015年，对全县矿山企业进一步整合，把现有的15家资源型企业整合为2家，中国黄金集团公司和陕西潼关黄金集团公司两大集团的黄金产量占到全省黄金产量的80%以上。2020年，把现有的15家资源型企业进一步整合为1家，达到资源的整装勘测及开发一体化水平。

4. 利用外部资金，对外扩张资源和市场

利用外资勘查、开发县内矿产资源。改善投资环境，完善、规范矿业权市场，创建有效率、有秩序、公平、透明的市场环境，保护矿业权人合法权益，积极引进省外、国外资金、技术和人才，勘查、开发利用潼关县矿产资源，提高矿产资源开发利用水平，改善矿山生态环境。积极扩张外部矿产资源。鼓励支持潼关大型矿业企业到中西部地区，到条件有利的国外地区勘查、开发和利用矿产资源，开辟黄金矿产的稳定供应渠道，保障黄金产业持续发展。

（二）推进黄金循环产业经济，加强区域生态环境保护

打造具有潼关特色的"黄金生态产业"，诸多黄金产业链是交错连接、有机联系的复杂系统。黄金产业纵向延伸，主要包括黄金资源勘探、采选、冶炼、深加工、市场销售与交易，应用服务六大环节。横向"软"方向扩展主要包括黄金旅游、黄金文化、黄金创意产业，横向"硬"方向扩展主要包括非金属矿资源开发、多种金属综合再利用、循环经济、黄金工业领域应用等关联产业（见图14-8）。

1. 构建完善区域循环经济产业发展体系

第一，构建区域循环经济产业体系。

构建有色金属循环经济产业链体系（见图14-9）。重点建设采选—尾矿—有价组分—冶炼—有色金属，冶炼—废渣—有色金属，冶炼—炉渣—建材，冶炼—尾气—磷、硫—化工产品，冶炼—余热—发电，冶炼—有色金属—再生金属—冶炼六条产业链。引进贵金属采、选、冶项目，对矿石和废料中的黄金、白银、铟、铋、铅、铜、铁等有色金属充分加工，对废石、废渣、废水等"三废"物料综合回收利用，延长产业链条，促进县域经济持续快速健康发展。

整合西部难冶选金矿资源，扩大难处理金精矿冶炼规模。在潼关黄金工业园区现有基础上，承接产业转移，通过完善循环经济产业链条，依托矿产资源优势，按照黄金产业链条的特点，重点发展黄金及多种金属的勘探、开采、浮选、冶炼、加工及销售，并对其产生的废石、废水、废渣等"三废"物料进行综合性回收利用，同时发展化工、建材、精细加工等产业，延长产业链条，发展循环经济和低碳经济，打造西部最大的黄金产业园区。工业园区主导产业以多种金属勘探、开采、浮选为主，是黄金及多种金属探、采、选的聚集地；加

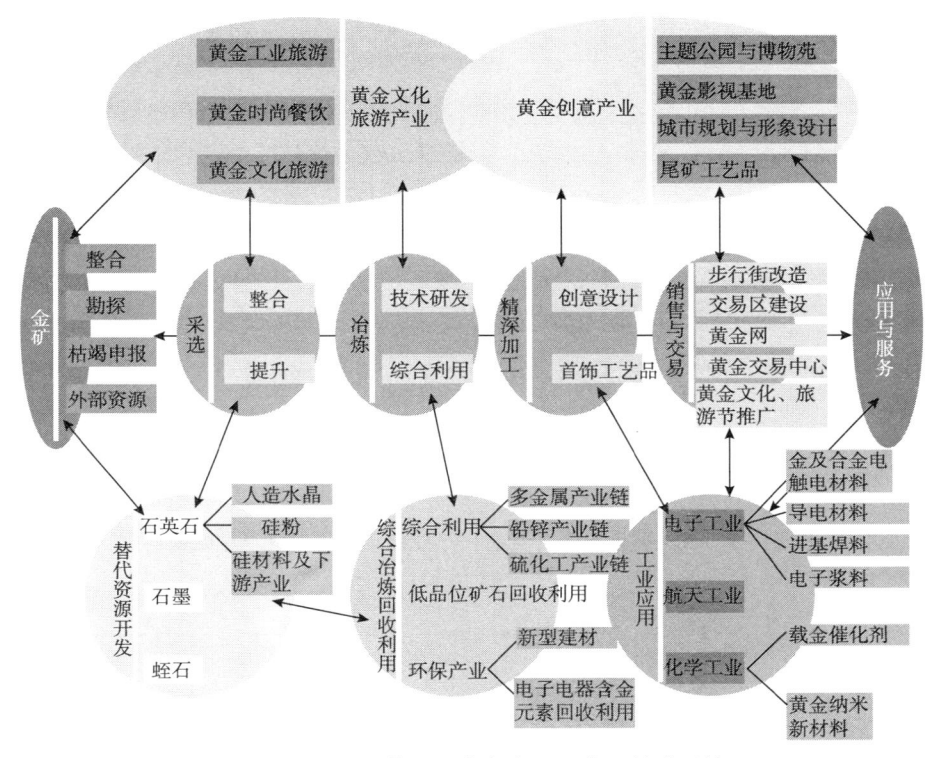

图 14-8　潼关黄金（有色金属）产业关联系统

工区位于县城东部，是黄金冶炼、精炼及附属产品的精深加工基地；黄金饰品贸易区面积约 1 平方公里，以古城修复和黄河景区开发为依托，以县城黄金首饰街为支撑，建立黄金饰品加工、展示、销售的旅游贸易区；循环经济区以"三废"物料综合利用为主，以造纸、化工、建材、加工等为辅，发展循环经济，是当前重点开发建设的功能区。

第二，完善产业园循环经济链条。

以潼关黄金产业园区为依托，依托潼关中金冶炼公司精炼黄金规模优势和难冶选优势，努力将中金冶炼公司打造成亚洲最大的黄金冶炼企业，将潼关打造成亚洲最大的黄金冶炼产业基地；以中金黄金冶炼、中金矿业、潼金等龙头企业为重点，以重大项目为抓手，积极打造集黄金勘探、采选、冶炼、加工、销售、黄金旅游、创意产业为一体的黄金产业集群。按照探矿—采矿—选矿—冶炼—加工—销售的流程，本着延长产业链条，减少废弃物排放、综合利用资源、保证效益最大化的原则对园区产业进行前向、后向联系，兼顾产业之间、企业之间横向联系，达成纵向一体化和横向一体化（见图 14-10）。

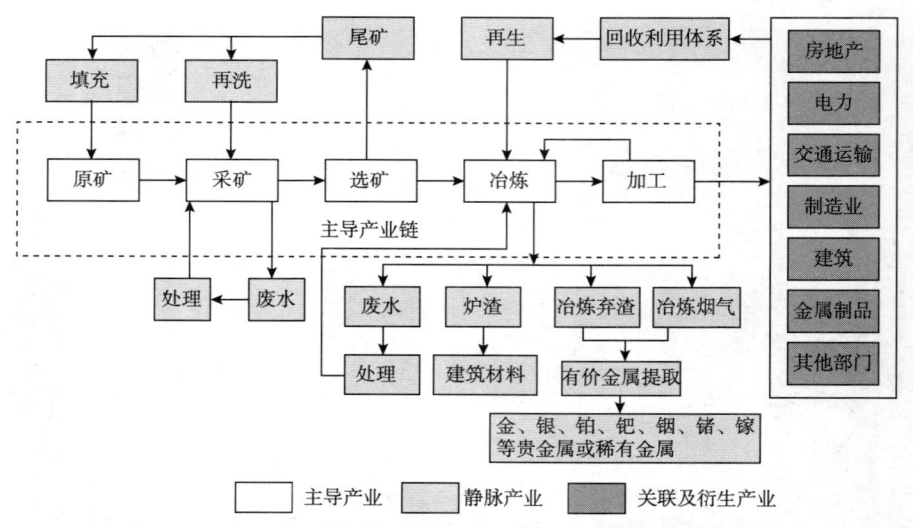

图 14-9　潼关有色冶金（黄金）产业循环经济流程（区域层面）

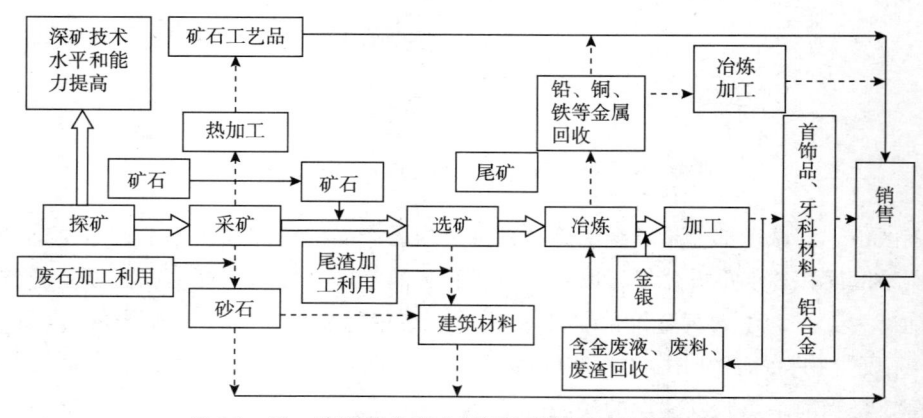

图 14-10　潼关黄金产业循环经济流程（园区层面）

第三，重点打造三大产业链。

重点打造三大产业链（见图14-11）：一是打造黄金多金属产业链。使金精矿冶炼能力和质量以及金、银、铜等回收率大幅提高。同时，延伸产业链，生产铜带、铜箔、铜产品等市场需求较大的下游产品。二是打造铅锌产业链。整合县内铅业中、小企业，形成几大重点规模企业，引进国内新工艺，建设烟气制酸、烟尘提锌、湿法炼铅、废渣提金银、尾渣添加制水泥等铅业产业链。三是打造硫化工产业链。实施硫铁矿综合利用，生产硫酸和化肥，实行余热发电、废渣综合利用、多金属回收铜、银、金、铅锌、铁精粉等，实现硫铁矿资源的综合利用。

```
黄金冶炼产业链条
├── 新型有色金属冶炼和加工基地
│   ├── 黄金多金属产业链
│   ├── 铅锌产业链
│   └── 硫化工产业链
├── 低品位矿石回收利用
└── 新型建材基地 电子电器旧物金属元素回收利用加工基地
    ├── 矿渣砖、尾矿砼小型空心砌块
    │   彩色光亮室外地坪砌块
    │   矿渣水泥、发展微晶玻璃
    │   新型贴面材料等环保建材产品
    └── 金属元素的回收利用
```

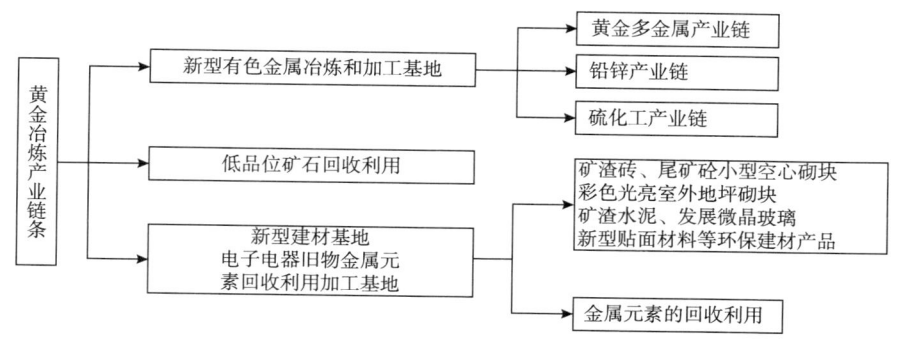

图 14-11　潼关黄金冶炼产业链

在发展潼关黄金产业过程中，要树立泛黄金与循环经济观念，着力构建全产业链，大力推动黄金勘探、采选、冶炼与深加工，注意尾矿与低品位矿石的利用，实现以黄金为主的有色金属冶炼，积极发展黄金文化、旅游与创意产业，促进产业关联式发展。积极引进国内外知名黄金加工企业，工艺大师，发展黄金饰品、工艺品等黄金珠宝产业。推广黄金在电子工业、航空、航天工业中的创新应用，推进高附加值黄金加工业发展。力争 2015 年，实现黄金县内加工用量占年产金的 20% 以上。

2. 重点抓好黄金产业循环经济关键环节

第一，提升矿石采选的效能与效益。

加强低品位、伴生矿石资源的管理，采取先进技术，开展低品位矿石资源利用，提高黄金资源回采率和选矿回收率。根据资源状况、产业特色、地理环境以及全县统筹安排的需要，以黄金为主，多种金属矿石综合加工利用的工业聚集区。主要以多种金属矿产资源为依托，充分利用华夏金城的知名度，加大招商引资力度，发展循环经济，发挥资源最大效益。对黄金伴生矿中石英石利用的同时，既可以充分实现废弃物利用，也有助于环境保护；在综合回收利用技术允许条件下，黄金矿石伴生的其他金属元素与非金属元素自然成为与黄金伴生的兄弟产业。这一产业的发展既避免了资源浪费，也提高了黄金产业综合效益；通过改造、技改、扩建潼关中金矿业日处理 2000 吨金矿石采选项目，推进太洲日处理 1000 吨金矿石采选项目以及其他日处理 2000 吨金矿石采选项目建成投产，提高矿产资源采选上规模、上水平。引进先进采选工艺和高技术人才，对黄金等多种金属的勘探、开采和选矿环节进行针对性的改造和投资，提高整个产业生产规模和生产能力，延长可利用资源的服务年限，拓展产业发展空间和产品格次。

第二，提高黄金产业清洁生产水平。

加强技术协作、合作力度，提高冶炼环节废弃资源的循环经济利用水平。支持潼关中金冶炼有限责任公司继续加强黄金难选冶技术与工艺研究，积极争取湿法冶炼和难选冶项目，对黄金矿山采矿、选矿、氰化、冶炼的生态工业和循环经济关键技术进行集成创新及工艺优化改造。推动冶炼废渣、废气、废液和余热资源化利用。推动从冶炼废气中回收铅、锌、铜、锑、铋和硫、磷等。开发利用离子交换法、膜分离法、微生物分解法等水处理新技术，实现多种有价金属离子综合回收利用。推进从冶炼废渣中提取有价组分，从赤泥中提取回收铁、贵金属、碱等，从铜冶炼渣、阳极泥中提取稀贵金属，从铅锌冶炼废渣中提取镉、锗、铁等，从黄金矿渣和氰化尾渣中提取铜、银、铅等。推动冶炼废液的综合利用，从氧化铝母液回收镓、钪等，从电解液回收镍等。加强对废石、废渣、废水、烟、尘中的有价元素的综合回收利用。同时，还应加强对采场系统、提升运输系统、通风系统等重点部位进行技术改造。此外，充分利用潼关丰富的矿山矿渣资源，建设新型建材生产基地，变废为宝，大力培育新的经济增长点，重点利用黄金尾矿制作矿渣砖、尾矿砼小型空心砌块、彩色光亮室外地坪砌块、矿渣水泥、微晶玻璃，新型建材贴面材料等环保建材产品，以及土壤改良剂和矿物肥料。

第四，打造冶金静脉产业示范基地。

借鉴湖南永兴发展模式，完善冶金静脉产业链。面对黄金资源枯竭，工业用金的电子电器废物为黄金和其他金属元素回收利用提供了新的来源。以电子电器废物提炼贵金属的环保产业成为未来潼关黄金产业发展的一大接续力量。抓住国家鼓励发展电子电器综合回收利用的政策机遇，引进重点企业，建立电子电器金属元素回收利用加工基地，通过废旧电子电器拆解，实现金属元素的回收利用，获取有色、黑色金属，塑料、玻璃以及零部件等产品。积极推广应用从废铅酸蓄电池提取废酸和铅等，从废镀锌钢板提取锌，从废感光材料提取银，从废催化剂提取铂族元素和稀土材料等，从废弃电子产品提取贵金属。充分利用境外可用作原料的废有色金属资源。推进再生铜、再生铝等再生金属高值利用，提高在有色金属产量中的比重。通过回收周边地区的废旧金属制品和原材料、有色金属尾矿、各有色金属冶炼企业在生产过程中产生的炉渣，炉灰，炉砖，烟囱灰以及阴沟泥等，铜、铅电解精炼的阳极泥、生产和使用金银场所产生的废弃物、电子废弃物，从"三废"中提炼金、银、钯、铋、硒、锑、铂、铟、镍等金属，并开发生产相关的深加工产品。规划期末，将潼关打造成黄河金三角电子电器金属元素回收利用加工生产中心，将工业园区逐步打造成黄河中游乃至西部的"有色冶金静脉产业示范基地"。

3. 矿区生态修复环境治理与灾害防治并举

矿区生态环境修复治理应贯穿于矿山开发的过程中，遵循"在开发中保护，在保护中开发"的原则，按照轻重缓急分步、分区治理，须确定责任主体，做到"谁破坏，谁治理"；鼓励矿山企业主动治理，推行"谁治理，谁受益"的原则，矿山恢复治理时应顾全大局，遵循环境效益—社会效益—经济效益并重，使矿山环境治理达到：改善矿业活动引发的资源毁损现状、降低矿区地质灾害发生的可能性、修复矿业开发造成的植被生态破坏、治理矿区水土污染、恢复矿区水土功能。应贯彻"污染防治与生态环境保护并重，生态环境保护与生态环境建设并举；以及预防为主、防治结合、过程控制、综合治理"的指导方针，推行循环经济3R技术原则，包括：发展绿色开采技术，实现矿区生态环境无损或受损最小；发展干法或节水工艺技术，减少水的使用量；发展无废或少废工艺技术，最大限度减少废弃物的产生；矿山废弃物按照先提取有价金属、组分或利用能源，再选择用于建材或其他用途，最后进行无害化处理处置的技术原则。

要把有色金属选矿厂的选矿水循环利用率在2010年基础上分别提高3%；历史遗留矿山开采破坏土地复垦率达到45%以上，新建矿山应做到边开采、边复垦，破坏土地复垦率达到85%以上。政府主管部门应建立和完善矿山生态环境保护与污染防治的考核指标体系，将下述指标纳入考核指标体系：①采矿回采率、贫化率、选矿回收率、综合利用率等矿产资源综合开发利用指标；②固体废弃物综合利用率、水重复利用率等废弃物资源化利用指标；③土地复垦率、矿山次生地质灾害治理率等生态环境修复指标。鼓励矿山企业开展清洁生产审核，优先选用采、选矿清洁生产工艺，杜绝落后工艺与设备向新开发矿区和落后地区转移。

（三）推进产业深度融合，加速产业转型升级

农业、旅游、物流等一、第三产业与冶金第二产业而言，对自然资源和生态环境的不利影响较小，在带动地方经济发展的同时，在一定程度上有利于生态环境的保护和改善。从循环经济视角看，这种替代作用符合循环经济"减量化"原则。因此，发挥黄金主导产业的强关联作用，围绕潼关黄金生产与加工、有色金属冶炼，加快推进黄金产业向接续产业和替代产业转变，大力发展黄金旅游、现代物流、现代农业等接续替代产业。建立加强产业配套工作机制，制定优势产业配套规划或产业配套协作投资目录，明确当前及今后一段时期的产业链和产业群发展方向，目标及措施，推进产业链横向扩张，为产业发展提供配套支持。借鉴苏州等地经验，成立产业配套服务机构，专门负责产业链和价值链研究，定期公布各类产业发展动态和上下游产品供求信息，为企业调整产品结构和投资者确定投资方向提供服务。

1. 做精潼关黄金旅游

潼关应立足本地区位优势、经济优势、文化资源优势，横向扩展，与本地旅游、餐饮、文化紧密结合，积极发展黄金文化旅游、黄金餐饮和黄金创意产业。规划期末，使潼关黄金旅游、黄金餐饮和黄金创意产业开好局、起好步，初步形成陕西东部旅游线上的知名景点。远期，使黄金旅游、黄金食品和黄金文化创意产业成为关中地区的特色旅游、休闲旅游的重要基地，并成为带动全县经济发展、实现财政收入的一支新兴产业力量。

第一，嵌合黄金饰品生产科普知识，发展黄金工业观光游。围绕潼关黄金"勘探—采矿—选矿—加工—销售"等产业链环节开展黄金旅游。以秀丽的山水风景为依托，鼓励科考探险，开展寻金勘探寻觅游；以黄金为主题，建成以参观黄金生产、了解黄金文化、掌握黄金知识为特色的黄金主题公园；设立黄金生产加工旅游项目，通过古代炼金、近代炼金和现代炼金工艺展示，让游客参观体验黄金生产的进化演进过程，也使游客进一步认识现代化选矿、氰化、冶炼等工艺流程，充分向人们展示古今炼金之术；利用废弃矿洞，开辟矿井体验区，让游客乘坐矿车参观黄金的原始形态和感受矿工的地下世界；提升潼关黄金步行街形象设计和加快黄金销售市场建设，开展黄金商品游。同时，借助黄金工业园区的小秦岭的自然风景、潼关古城的人文资源，发展集山水、工业、科技为一体黄金旅游，由此带动第三产业发展，为潼关经济和社会发展创益。

第二，糅合地域文化要素，发展黄金文化旅游与时尚餐饮。以黄金文化为主题，建设黄金主题公园和黄金博物苑。建设黄金主题公园，集中展现黄金的生产、加工、交易等过程。提升黄金步行街形象和档次，加快建设工业园区饰品贸易区和黄金贸易网络平台，积极促进县域1~2家重点黄金企业成为全国贵金属交易市场会员单位。扩大开放，加强与全国、世界黄金组织与企业的交流，积极参与国内外各类黄金珠宝推介会、文化节；突出黄金主题创意，参加广交会、西洽会等会展、会议，广泛宣传潼关黄金；举办西部，乃至全国黄金首饰展销会与文化节，打造"潼关黄金"（潼金）品牌，建设西部黄金产品集散地。发展黄金博物苑项目，挖掘和营造"华夏金城"黄金文化底蕴和文化氛围。借助文化大繁荣、大发展势头，依托国内外雄厚的影视力量，建设黄金影视基地。以黄金为创作体裁，深度挖掘区域历史文化资源，拍摄反映潼关区域文化历史、改革开放新发展和黄金文化的纪录片、影视剧，采用"姚家大院"旅游模式，以影视剧为载体，宣传潼关黄金、潼关旅游和潼关文化。以建设陕西东大门为载体,加快实施古城景区、三河口湿地公园、岳渎公园、物流港金三角休闲度假区、杨震廉政博物馆、泉湖风景区、城南风景区、潼关小秦岭金矿国家矿山公园等一批文化旅游产业项目,抓紧古城景区的山河一览楼主体收尾工作,加快完成钟楼、女娲祠和三河口湿地公园景区配套设施。此外,通过将"暮夜却金"等典故融入杨震廉政教育基地二期项目的建设,旨在与时代发展的需要相结合,使旅游成为寓教于乐的载体。

第三,以黄金文化创意为主题,开发地方特色旅游产品。突出"华夏金城"城市形象定位,进行城市规划和设计,建设标志性城市建筑物,以"黄金大道""鑫馨路""金城街"等凸显黄金文化的名称命名城市道路、建筑以及餐饮商铺,建设黄金特色景观。依托本地丰富的金矿石、花岗岩和石墨石积极开发矿石工艺品。利用黄金矿石及尾矿发展黄金工艺品。随着黄金价格的节节攀升,黄金投资日益升温,"金矿石"因为面世稀少、采集不易而显得弥足珍贵,投资和收藏"金矿石"的热潮已悄然兴起。金矿石稀有珍贵、藏金纳银,富含多种贵金属,尤以黄金含量为最。金矿石为天成宝藏、天赐地质标本,置之室内,镇宅辟邪;陈之案头,以为鉴赏。故金矿石为收藏之珍品。举办西部黄金文化节或中国黄金珠宝首饰展销会,以此为平台,整合潼关黄金、人文历史、乡土文化等要素,充分采用陕西皮影、泥塑、雕塑、秦腔、社火等传统表现形式和动漫、网络、三维空间等现代表现形式,将陕西的黄金文化与黄土文化、黄河文化与西部民俗风情充分融合展现。同时,要尤为重视黄金网络的建设,利用这一平台积极推广宣传、辐射全球,吸引世界眼球。同时,创意开发黄金冰淇淋、黄金圣代、黄金果酱、黄金葡萄酒、黄金沙拉、黄金饼、黄金鲶鱼汤等时尚餐饮,满足旅游的多种需求。

2. 做强潼关现代物流

中国潼关物流港项目经过前期开发和中期大规模建设,作为适度超前的商贸物流园区,规划期末,使园区具备各项设施及服务功能,商贸和物流企业的组织经营均具备较高管理技术水平,当前园区发展的主要任务就是实现中国潼关物流港的最终发展目标,即建立专业化、规模化、信息化、生态化、品牌化、国际化,并具有独特性、开放性、领先性、带动性和可扩展性的综合型商贸物流园区,使其成为西部商贸物流基地和国家级示范物流园区。下一步应重点围绕港内配套水、电、网络、绿化等基础设施的服务功能的建设和完善,做好移民拆迁安置和物流大道与北赤路连通工程。此外,不同档次的商务酒店、餐饮服务设施、休闲娱乐设施、招商宣传景观标志等建设也应同步跟进。

基于中国潼关物流港项目及黄河国际物流园区位于秦东镇西北村和十里铺村附近,按照总体发展规划,建设陕晋豫"黄河金三角"物流港将采取"统一规划、分期开发、滚动发展"的建设实施战略。落实陕西大件物流一期工程及西北物流、锦绣物流、九川物流等企业投资顺利落地；加强与山西芮城县、河南灵宝市沟通合作，确定两县市规划与中国潼关物流港项目的衔接，并商讨三方共建实施方案。

3. 做实潼关现代农业

在黄金产业作为潼关支柱产业的同时，仍然需要现代农业作为基础。现代农业的发展对于潼关黄金企业兼并重组后吸纳、分担剩余劳动力具有重要作用。以潼关酱菜、优质果蔬、特色畜牧业等为龙头的地方特色产业，应积极引进重点企业，在农副产品深加工和发展自有品牌方面进一步挖掘潜力，继续探索"订单农业"、土地托管等现代农业产业模式，积极发展现代农业园、家庭农场、农业专业合作社等。同时，应鼓励为黄金工业提供配套的机械制造、修理企业，在继续支撑黄金工业生产的同时，加大为农业机械提供配套的技术服务；加大对农业的投资力度，提高黄金工业发展产生的附带效益反哺农业的程度。

（四）创设特色优势品牌，拓展产品市场影响

潼关要扩大开放，加强与全国、世界黄金组织与企业的交流，举办西部乃至全国黄金首饰展销会与文化节，创立"潼关黄金"（潼金）品牌，打造西部一流的黄金产品集散地。

第一，加大黄金交易步行街改造力度，提升黄金步行街形象。整体着眼，统一规划，改造潼关黄金交易二街、三街，提升黄金交易一街，扩大交易街规模，发展黄金珠宝街区经济。改善黄金街区及周边交通状况，增加厕所、垃圾箱、路灯、绿化、乘车点等公共设施，加强市场治安、公共卫生等基本服务，优化黄金交易街区商业环境。完善黄金珠宝检测、公证、担保、法律与信息服务，建立网上销售系统，实行网络化、规范化、制度化市场管理，为商户提供良好的市场环境和优质的服务。

第二，加快黄金苑建设，打造集旅游、黄金交易、休闲、娱乐一体化的城市商贸综合体。融合"三黄三古"文化，建设黄金文化广场、黄金博物馆、黄金论坛及商务会所，塑造黄金产业文化氛围；建设黄金白银饰品贸易区，黄金白银饰品加工展示区，打造集展示休闲、贸易为一体的高端交易环境。设立潼关黄金交易中心，积极开展黄金实物交易和投资交易。黄金投资中心以投资为主要业务，采取国际通行的价费分离方式，直接连线上海金交所实时价格系统进行交易。初期积极开展实盘代理黄金交易、现货延期交收交易、潼金牌金条交易（销售与回购）、潼金银章交易、黄金旧料及其他黄金制品回收等业务。

第三，建设黄金网络销售平台，打造西部黄金第一网。加强与国家、省级黄金协会，勘探、采选冶炼、设计等研究机构，高校，黄金大型企业集团，银行，证券公司等合作，建设黄金销售网络平台，扩大黄金销售半径。

第四，广泛参与世界、国内黄金交易会，积极筹办西部黄金会展，推销潼关黄金，打造"潼金"品牌。支持和鼓励本地企业积极参与世界、国内知名会展扩大对外交易与合作。联合筹办西部黄金会展，寻求合作发展机会，扩大潼金在西部乃至全国的影响力。

第五，联办中国黄金文化节与旅游节，推介陕西东线神奇游黄金线路，以黄金文化和旅游营造氛围，扩大潼关黄金旅游影响。加强与国内产金大市（县）合作，联办中国黄金文化节和黄金旅游节，营造黄金文化氛围，吸引世界眼球。通过塑造、推介"兵马俑—华山—潼关黄金"三足支撑的、名副其实的黄金旅游线路宣传，扩大潼关黄金产业影响力。

（五）加快新型城镇化进程，加速生态化建设步伐

完善城市配套基础设施建设，实现新型城镇化和生态化同步推进。

1. 推进新型城镇化建设步伐，完善城市配套基础设施

第一，促进城市整体服务功能改善。依托黄金产业发展，带动全县公共基础设施的整体改造升级，优化产业发展环境，促进相关的黄金旅游、现代农业等关联产业同步发展。按照"东延、南伸、西进、北扩"空间扩展方向，以"四纵八横"的干线城市道路为经纬，拉大城市骨架，形成四大城市功能区，即北新街以南的老城区，北新街到四知街为界的新区，四知街以北至北塬的北新区，西沟以西的西部生态区。加快旧城区改造，推进新区与北新区的开发建设，发展县城西部生态区。积极推进城市北扩，高标准、高起点，加快新区和北新区开发建设，努力打造行政、商贸、居住新中心。做好县政府北迁工作，加快行政中心工程建设，加速行政中心北移，推进新区发展进程；重点抓好和平路北段延伸工程，连城街工程，秦关大街，县城北新区城市主干道等工程项目，加快建设与完善新区城市道路体系；加快建设包括五星级酒店及配套在内的明大综合广场工程，推进四知中学、四知小学建设工程，潼关县人民医院整体搬迁项目，影院项目建设，加强城市酒店、公园、教育、医院及其他配套基础设施，完善城市功能；以北新街住宅小区建设为重点，积极推进房地产开发与居住社区建设，聚集人气，建设现代、和谐、魅力潼关新城区。完善旅游相关的水、电、路等基础设施；支持旅游企业发展，培养造就一批质量高、服务优、功能全的旅行社和旅游服务工作团队，加快旅游餐饮、住宿业的发展，加大旅游纪念品的产销力度；制定高端人才引进的规划和激励政策，不断提高旅

游管理水平和服务质量；发展壮大已有景点，加快推进正在建设的景区，精心策划尚未开发的旅游资源。选好以黄河、渭河风情为主导的生态文化游览区，以黄金生产工艺为核心的黄金工业文化游览区。积极承接华山旅游的辐射，核心抓好古城景区和杨震廉政教育基地旅游项目建设，把古城景区建成集旅游观光、自然生态、人文历史于一体的华山潼关旅游精品区，把杨震廉政教育基地打造成黄河金三角集旅游、廉政教育为一体的特色旅游景点。此外，要加快中国潼关国际物流港基础设施建设，加大招商引资力度，争取大企业大项目落户物流园区。同时，要以此为契机，加强配套产业建设，壮大餐饮住宿、交通运输、文化娱乐、休闲旅游等相关服务业。

第二，完善交通和能源保障体系。完善县乡路网和交通枢纽体系、提升乡村公路等级。公路建设要以黄金产业园区路网建设为主，县乡公路和通村路建设同步升级和改造。重点改建通乡镇公路56.34公里，实现3条县道二级化。改建乡道30余公里，争取50%的乡道实现三级化。路网及园区产业路建设。重点抓好城北路、蒿岔至桐峪、太要至洛南、310国道至桐峪镇等9条路网建设项目，基本消除断头路，完善县域路网体系。通村路建设。新改建四级通村水泥路128.5公里，通自然村水泥路（沥青路）比例达到90%，通村四级路比例达到65%。争取到2015年，全县公路总里程突破1000公里，新增公路里程237公里。全县的县、乡公路技术等级、通行能力、抗灾能力得到显著提高，实现全县公路网络化。通行能力进一步增强。客运站场建设。新建县城二级汽车客运站1个，五级客运站3个，基本实现每个乡镇及主要客、货运集散地拥有1个五级客运站。进一步发展通村客运，配套实施农村客运招呼站、遮雨棚等站点建设，基本满足广大农村群众出行需求。适应经济社会发展需要，进一步完善农村电网和县城电网改造，推广使用清洁能源，不断改善供电质量，提高供电可靠性，扩大电网覆盖面，逐步实现综合自动化管理为主导的运行体系。继续发展农村沼气能源，推广使用太阳能等可再生能源。建设天然气管道，扩大区域内天然气的使用范围，增强区域基础设施的服务功能。

2. 加强生态化城市创建力度，改善城市生态环境质量

第一，环境污染防治。以创建国家级卫生城市，省级环保模范县城，省级园林县城为契机，加大小街小巷和城中村的整治力度，以南新街西段及西环路开通工程、县汽车站、中心广场改造及人防工程、城区天然气利用工程、城市垃圾处理场等工程为重点，完善老城交通设施、广场、文化、体育、天然气、垃圾处理等配套设施，增强老城区商贸服务、生活居住、文化信息功能。加强城市绿化与景观环境建设，改善居住区环境，注重周围山体、沟壑、河流的治理和绿化工作，在老城区改造中加强对环境的保护，挖掘城市文化底蕴，不断

提升城市品位。加快新区与北新区开发。积极防治大气、水源和固体废弃物污染，着力抓好环境治理。增强重点企业工业污染物排放总量控制力度。加大城市环境管理力度，加快城北污水处理厂和秦东污水处理厂建设，提高城市生活污水、生活垃圾和医疗垃圾集中处理率和无害化处理率。控制农业面源污染、重金属污染、农村生活污染，保护农村饮用水水源。到2015年，全县功能区划要分别达到一级和二级大气环境质量标准，工业废水排放达到二级标准，饮用水质达标率达到100%，工业固体废物综合利用率和工业用水重复使用率分别达到60%和80%以上，城市生活垃圾无害化处理率达到90%以上。

第二，生态环境治理。加强森林资源保护建设，加强封山育林、植树造林、退耕还林工作，全面实施山川秀美工程。继续强化黄土沟壑区、秦岭土石山区和黄河、渭河护岸区三大重点区域的生态环境保护工作，加快东山森林公园建设步伐。通过实施潼关县秦岭北麓生态环境恢复综合治理工程、寺底河、潼洛河流域综合治理工程、潼关三河湿地保护恢复项目工程、潼关矿山采空区综合治理项目、大型尾矿防护工程、恢复植被和南部山区水源涵养林地保护等建设项目，全面推进生态建设，提高环境质量，努力打造山川秀美绿潼关。发展县城西部生态区。大力实施东西沟生态环境综合治理、城市绿化工程，促使生态优美，环境美化。以住宅面积10万平方米添景苑小区建设为重点，加快对周边土地的开发与利用，逐步建设生态潼关西城区。结合建设东大门绿化工程，滨河路绿化、沿河绿化、生态环保工程，努力将潼关打造成陕西绿色东大门与生态宜居城市。以生态绿化为重点，以黄河湿地公园、陕西东大门、旅游自驾游宿营地等项目为支撑，建设滨河大道、黄河防卫河堤景观带，着力打造沿河精品旅游区。在重点推进潼关南片区城市建设的同时，适时推进城市北片区发展。港口、泉湖、秦东以古城保护、旅游、物流产业发展为需求导向，加快景区、园区道路、供电、供水、排水、绿化及旅游、物流等专业配套建设，以产业带动城镇化，以城镇化促进产业发展。

第三，生态水利建设。加强水利设施建设。实施防洪减灾工程、城乡供水工程、水保生态治理、节水灌溉工程及其他建设工程等五大工程，完善水利基础设施。防洪减灾工程。实施病险水库除险加固项目、防洪工程项目、防汛撤退路工程、渭洛河下游综合治理项目，初步建立与经济社会发展相适应的防洪减灾体系，在南山支流、黄河、渭河等重点河段，初步建立山洪灾害防治区防灾减灾体系和减灾风险管理机制与完善的防洪预警和防洪指挥系统。城乡供水工程。以开采深层地下水为主，以县城为中心辐射农村，建设集中连片供水工程。规划期间，实施县城供水与农村饮水安全两大工程，使县城自来水普及率达到99%。解决4万农村人口安全饮水问题，农村自来水普及率达到95%以上。水保生态治理。实施陕甘宁水土保持综合治理项目、陕西东大门水保生态综合治理项目、列斜沟小流域综合治理、坡耕地综合治理与潼河川小流域综合治理等项目，加强水保治理。到2015年，完成治理水土流失面积40平方公里，基本建成全县水保监测网络，进一步改善生态条件。节水灌溉工程。实施灌区改造、基本农田及小型水利设施建设工程、基本口粮田建设、节水灌溉工程。新增灌溉面积1.5万亩，节水灌溉面积占有效灌溉面积的80%以上，灌溉水利用系数达到0.6以上。其他供水工程。完成陕西潼关物流港供水工程、工业园区供水工程、县城东西沟水面建设以及设施农业供水等建设任务。

三 保障措施

1. 加强组织建设，强化规划实施保障

成立规划实施领导组织，建立机制、狠抓落实。尽快成立规划实施领导小组，围绕规划目标，分解任务，落实部门，明确权责，建立奖惩机制，促进规划有序实施。以项目为抓手，以招商引资为手段，吸引大资金、大项目、大客商落户潼关。

构建高效政策体系，合理发挥政府职能与作用。潼关应加快整合政府管理资源、强化产业管理，争建国家示范区和基地建设，争取中央、省项目投资，培育黄金市场，立足实际，着眼全国黄金珠宝市场格局，考虑周边西安、渭南、运城、三门峡、灵宝等珠宝市场状况，规划建设定位科学、合理的区域性黄金珠宝首饰市场，以此带动潼关黄金精深加工、文化旅游与相关配套产业发展。出台有效的优惠政策，科学制定潼关黄金立县战略规划，加快建设高效的黄金产业发展服务平台。

建立潼关黄金产业协会，发挥黄金行业协会积极作用。加快建立黄金产业协会，加强和完善协会在政策传达、行业自律、公共服务平台建设，举办会展，加强区域行业间交流，发挥"潼金"品牌建设方面的职能与作用。

2. 加强投融资平台建设，提供产业发展资金保障

制定黄金企业扶持政策。县政府应从税务、工商及制度上加强对黄金企业，尤其是工业园区企业的管理，降低其经营风险和信用风险。在税收上除对新入园企业给予优惠外，对工业园区经济发展贡献大的企业应给予税收奖励。政府、银行和中介等机构和部门要提供黄金企业的信用信息，建立各类企业的信用档案库，为企业从金融机构获得担保贷款和信用贷款建立信用基础。

鼓励和引导社会资本进入黄金产业，促进股权投资基金业的发展。潼关应

依据中央有关法律规定，遵照陕西省和渭南市的有关文件精神，加快制定《潼关县促进股权投资基金业发展办法》，鼓励和引导社会资本参与黄金资源勘探、黄金企业整合、城镇基础设施建设、黄金文化旅游资源开发与经营，实现县域经济发展和企业获得高额回报的双赢。

发展融资租赁业。通过融资租赁，园区企业不必仅仅依靠自我积累去购买设备，而只需用现有资产、效益以及未来的收益作为保证，提供租赁公司认可的担保，即可占用并使用设备，利用产生的效益向租赁公司支付租金。企业进行融资租赁的成本比贷款低，风险较小，而且其方式灵活、方便，比长期贷款和发行股票、债券受较少限制。

引导和鼓励金融机构强化对中小企业的金融服务。对重大科技产业化项目、科技成果转化项目给予优惠信贷支持。建立完善中小企业技术创新知识产权信用担保制度，完善信用担保体系，为中小企业融资创造良好条件。积极支持优势企业实行跨行业、跨所有制的联合重组。鼓励优势企业通过上市融资、发行债券等途径，解决制约企业发展的融资瓶颈。

3. 完善研发检测平台，推动产业发展升级

依托黄金协会、黄金公司、国内外高等院校和科研院所、质量技术监督部门，整合潼关现有的黄金及贵金属科技资源。建立创新支撑体系，建设国内一流的开放的高水平的研发设计中心，协助黄金企业解决黄金产品在生产加工制造过程中的技术难题，帮助企业掌握和提高产品设计水平。鼓励企业开展技术进步、新产品研发和设计、改进管理和建立现代企业制度等各类创新活动。

对企业的技术进步活动在一定范围内给予财政贴息支持，重点支持对全行业具有带动作用的项目。对于创新活动，除了对取得显著成绩的企业继续给予奖励外，也要把支持措施前移至创新活动过程，通过引进国内外顾问咨询机构，向企业传授进行技术和管理创新的专门技术。鼓励和推动企业与高等院校、科研院所、专业服务机构合作，建立企业技术创新中心，对研发能力较强的公司提供包括融资、人才等方面的支持。积极联系陕西省质量技术监督管理部门，力争在潼关黄金苑设立黄金珠宝首饰检测鉴定专门机构，服务群体主要定位为中高端黄金珠宝饰品的游客；鼓励潼关黄金饰品交易企业联合申报在黄金珠宝首饰街成立黄金珠宝首饰检测鉴定专门机构，服务群体主要定位为到潼关旅游的中低端黄金珠宝饰品的游客。

加快建立潼关黄金检测技术研究所，建立潼关贵金属和珠宝研发、检测、鉴定、培训公共服务平台；构建贵金属和珠宝产学研创新联盟；推进黄金及其他贵金属珠宝企业与高等学校深度合作，共建相关领域重点实验室、工程技术

研究开发中心，合作开展相关领域科学研究和科研成果转化及产业化；加强行业协会（商会）建设，发挥行业协会在行业自律和诚信经营、信息咨询、加强企业与政府沟通等方面的服务协调作用。

4. 建立黄金产业服务平台，加强企业信息服务

依托潼关黄金信息协会，建立潼关黄金产业信息服务平台，除了为黄金产业政府管理部门提供网上办公之外，其公共服务功能主要是：支持企业上网，推进企业信息化，搞活社区信息服务。专门设立企业信息服务器，为企业建立统一共享的数据库和网站或网页，搜集、整理、发布有关企业招商、招聘以及市场供销等信息，降低企业信息化开发和运营成本；市场信息、政务信息、社区信息的采集、加工、更新与发布服务等。

创新贵金属和珠宝人才培养机制，加大贵金属和珠宝人才培养力度，提高行业队伍整体素质；引导和扶持有基础有条件的高等学校、职业院校围绕发展黄金及其他贵金属珠宝产业调整优化学科专业结构，加强办学条件建设，提升人才培养质量，增强对产业发展的支撑力；按照"优势互补、资源共享、互利共赢"的原则，促进校企合作制度化、常态化，大规模推进职业教育校企合作；推进黄金及其他贵金属珠宝企业与高等学校深度合作，共建相关领域重点实验室、工程技术研究开发中心，合作开展相关领域科学研究和科研成果转化及产业化。

加强对技能型紧缺人才和高端人才的培养及特殊岗位职业培训。加强黄金及其他贵金属珠宝产业从业人员继续教育工作，支持、依托高等院校和职业技工院校与企业合作开展从业人员学历教育、职业道德和职业技能培训，培养技能型紧缺人才；依托省内重点高等学校开展黄金及其他贵金属珠宝产业高端人才培训；加强与国内外专业机构的交流与合作，强化特殊岗位职业培训，推动建立陕西省黄金及其他贵金属珠宝产业职业技能培训中心，加快开设首饰设计师职业鉴定资格认证；进一步巩固和扩大黄金投资分析师队伍。

在规划期内，建成面向生产、面向企业，为生产一线提供中高级技工及专业设计人才的潼关黄金职业技术学校。学校建设除政府投资外，还应吸纳企业投资。在管理模式上，应引进现代企业的制度和运作机制，将其办成一所高水平有活力的新型职业学校。建设技校的同时，应鼓励和推动企业与相关高等院校合作，组织本企业经营管理人员和技术人才培训，培养一批熟悉市场运作、有开拓能力、善于管理的高素质管理人才；培养一批适应技术进步需要，熟练掌握专业技能，能解决高难工艺问题的高级技工。

5. 积极申报各类示范区，最大限度争取优惠政策

借鉴永兴经验，立足潼关黄金产业发展实际，多渠道、多方面、最大限度争取成为陕西省循环经济示范园区、陕西省新型工业化示范园、国家级有色金属循环示范园区、国家绿色矿山试点单位及国家级生态县,最大限度争取国家财政支持、项目投资、税收减免、贷款贴息、投融资倾斜、勘探基金支持等重大优惠政策,最大限度发挥各级政府对潼关黄金产业发展的促进与推动作用。

参考文献

曹林、孙薇:《潼关黄金产业发展规划(2011~2020)》,2010。

曹林、李艳:《潼关县经济和社会"十二五"发展规划》,2011。

曹林:《永兴县、深圳市两地金银珠宝产业发展调研报告》,《陕西省社会科学院院报》2013年第4期。

裴成荣、曹林、周宾、张馨等:《潼关黄金立县战略规划》,2013。

图书在版编目（CIP）数据

区域产业发展规划理论与实例 / 曹林著 . —北京：社会科学文献出版社，2014.1
　ISBN 978 - 7 - 5097 - 5160 - 2

　Ⅰ.①区⋯　Ⅱ.①曹⋯　Ⅲ.①区域经济发展 - 产业发展 - 经济规划 - 研究 - 中国　Ⅳ.①F127

　中国版本图书馆 CIP 数据核字（2013）第 238609 号

区域产业发展规划理论与实例

著　　者 / 曹　林

出 版 人 / 谢寿光
出 版 者 / 社会科学文献出版社
地　　址 / 北京市西城区北三环中路甲 29 号院 3 号楼华龙大厦
邮政编码 / 100029

责任部门 / 皮书出版中心（010）59367127　　责任编辑 / 陈　颖
电子信箱 / pishubu@ ssap. cn　　　　　　　　责任校对 / 谢　敏　李　敏
项目统筹 / 陈　颖　　　　　　　　　　　　　　责任印制 / 岳　阳
经　　销 / 社会科学文献出版社市场营销中心（010）59367081　59367089
读者服务 / 读者服务中心（010）59367028

印　　装 / 三河市尚艺印装有限公司
开　　本 / 787mm×1092mm　1/16　　　印　　张 / 21.25
版　　次 / 2014 年 1 月第 1 版　　　　　字　　数 / 403 千字
印　　次 / 2014 年 1 月第 1 次印刷
书　　号 / ISBN 978 - 7 - 5097 - 5160 - 2
定　　价 / 79.00 元

本书如有破损、缺页、装订错误，请与本社读者服务中心联系更换

▲ 版权所有　翻印必究